U0795023

新编21世纪新闻传播学系列教材

基础课程系列

比较新闻学教程

跨文化视角

单波 曹皓 著

Introduction to Comparative Journalism Studies

An Intercultural Perspective

中国人民大学出版社
·北京·

内容简介

《比较新闻学教程》以多学科的比较理论与方法搭建知识平台，建构“新闻文本-新闻记者-新闻生产-新闻消费-媒介体系-全球新闻流与新闻关系”的比较新闻学知识框架，将学习者引向探索立于多元交往世界的全球新闻发展道路。

作者在讲解中穿插有大量典型案例。通过案例研究，学习者可直面全球与地方、地方与地方之间的新闻传播关系事实，消解西方中心主义和民族中心主义的比较观，在马克思主义交往理论的指导下，重建全球新闻多样性互通的世界普遍主义，从而回归人类比较实践的跨文化视角。

本教材可供修习比较新闻学、跨文化传播、国际新闻与传播等课程的高年级本科生和研究生使用。

作者简介

单波　哲学博士，教育部人文社会科学重点研究基地武汉大学媒体发展研究中心主任，武汉大学新闻与传播学院教授，中国新闻史学会副会长。主要从事比较新闻学和跨文化传播研究，代表作主要包括《心通九境：唐君毅哲学的精神空间》（人民出版社2001年版，北京大学出版社2011年版）、《跨文化传播的问题与可能性》（武汉大学出版社2010年版）、*The Ethics of Intercultural Communication*（Peter Lang Press，2015）等。

曹皓　美国得克萨斯大学奥斯汀分校传媒研究博士，教育部人文社会科学重点研究基地武汉大学媒体发展研究中心研究员，武汉大学新闻与传播学院副教授。主要从事新媒体技术、国际传播、比较新闻学、身份政治等领域的研究，曾在以下多家期刊发表学术论文：*Big Data and Society*；*Convergence*；*Feminist Media Studies*；*Media*，*Culture and Society*等。

教育部人文社会科学重点研究基地重大攻关项目“互惠性理解：
网络社会跨文化对话理论与方法创新研究”（22JJD860007）
阶段性成果

总序

中国人民大学出版社策划出版的“新编 21 世纪新闻传播学系列教材”，是一套在新闻传播学领域内密切联系新闻传播工作的实际，广泛吸收新闻传播学的最新研究成果，高挹遐揽，取精用宏，供 21 世纪的高等院校新闻传播院系教学使用的系列教材。

20 世纪初以来的 120 年，是世界新闻传播事业飞速发展的 120 年。这一百多年来，随着科学技术的不断发展，继报纸、期刊、通讯社之后，广播、电视、网络、自媒体等多种新媒体相继问世，新闻传播的媒介日趋多元化，新闻传播的手段日趋现代化，“地球村”变得越来越小，新闻传播事业对世界政治、经济和文化的影响则变得越来越大。

这 120 年，也是中国新闻事业飞速发展的 120 年。尤其是中国改革开放以来的 45 年，发展进入快车道。

21 世纪以后，中国新闻事业发展的势头更为迅猛。报纸、期刊、通讯社、广播电台、电视台的数量在宏观调控下，虽无大变化，但软硬件的实力都有了很大的提高。进入新时代，媒体融合发展有序进行。据 2022 年 5 月中国记协发布的《中国新闻事业发展报告》和 2023 年 2 月国家新闻出版署发布的《2021 年新闻出版产业分析报告》的最新统计数字，2021 年全国共出版报纸 1 752 种，总印数 283 亿份。共出版期刊 10 185 种，总印数 20.1 亿册。全国共有广播电视播出机构 2 542 家，地市级以上广播电视播出机构开办的广播电视频率频道 2 366 套，其中广播频率 1 166 套、电视频道 1 200 套，另有各级教育电视台开办的 38 套教育教学类频道，中央广播电视总台和全国 25 家省级电视频道基本实现高清化，全国地市级台电视频道已有 73%实现高清化。

另外 2023 年 3 月中国互联网络信息中心（CNNIC）发布的《第 51 次中国互联网络发展状况统计报告》显示，截至 2022 年 12 月，中国网民规模已达到 10.67 亿，互联网普及率达到 75.6%。其中，手机网民数量为 10.65 亿，网民中使用手机上网的比例为 99.8%。网络新闻用户规模达 7.83 亿，占网民整体的 73.4%，短视频、生活平台、“两微一端”成为网民获取新闻信息的重要渠道，抖音、快手、小红书等应用逐渐从娱乐、生活、社交平台转变为具有新闻属性的信息平台，成为网民获取新闻信息的重要渠道。2022 年上半年，新华社、中央广播电视总台、《人民日报》等八家主要央媒机构累计生产 1.5 万篇爆款短视频内容，“央视新闻”微博开设党的二十大相关话题，总阅读量突破 147 亿。网民个人、自媒体等也纷纷利用短视频、生活平台等跟进舆论热点，传播新闻信息，为人民群众及时获取热点资讯创造了条件。

这样大的发展规模，这样快的发展速度，在世界和中国新闻事业史上都是空前的。回顾既往，盱衡未来，新闻传播事业在新时期还将保持旺盛的发展势头。新闻传播，作为上层建筑中意识形态的一个重要组成部分，在全面准确地宣传党的基本理论、基本路线和基本方针以及各项决策，反映人民群众的伟大业绩和精神风貌，以及推动改革开放和社会主义现代化建设等方面，必将继续发挥重要的作用。

与新闻传播事业的发展相配合，这 120 年来，为中国的新闻战线培养和输送人才的中国新闻教育，也有了相应的发展。中国的新闻教育起始于 20 世纪初，迄今有 110 年的历史。中华人民共和国成立前的 30 年，虽然先后在个别院校中设立了新闻系或新闻专科，但规模都不大，设备也不够完善，在校学生人数，最多的时候不超过 400 人，30 年间累计培养出来的毕业生还不到 3 000 人。中华人民共和国成立后，为了给新闻事业培养人才，新闻教育有了新的发展，但到 20 世纪 60 年代中期为止，全国的新闻教育机构也还只有 14 家。当时全国只有 343 家报社、78 座广播电台和 13 家电视台，革命老区来的新闻工作骨干正当盛年，足以支撑大局，新闻系和新闻专业的学生统招统分，基本上能够满足中央和省市以上新闻单位梯队建设方面的需要。“文化大革命”爆发后，新闻事业进入低谷，新闻人才的培养也被迫中辍。拨乱反正之后，新闻事业有了飞速的发展，但新闻工作的人才却出现了断层，明显供不应求，因而极大地推动了新闻教育的发展。中国的新闻教育得以重整旗鼓并得到空前迅猛的发展，主要是改革开放以来的这 40 多年的事情。40 多年来，中国新闻教育和中国新闻事业同步发展。根据教育部数据，截至 2021 年，全国设有新闻传播学类院、系、专业的高校已由改革开放之初的两三所增加到 727 所，本科专业布点在全国共计 1 439 个，覆盖以下 10 个专业：新闻学、广播电视学、广告学、传播学、编辑出版学、网络与新媒体、数字出版、时尚传播、国际新闻与传播、会展（交叉专业）。新闻专业的教学已从单一的大学本科教育，发展到博士生、硕士生、本科生、大专生、成人教育、函授教育等多层次的格局，不少院系还设置了新闻传播学方向的博士后流动站。改革开放之初，全国在校新闻系科学生总共只有 500 来人，现在仅在校本科生就有 14 万人左右，硕士和博士研究生 4 万人左右，办学层次、办学规模、办学水平都有了很大的提升。进入 21 世纪以后，随着新闻传播事业的加速发展和新闻战线人才需求的不断增加，中国的新闻教育将由规模扩张迈向高质量发展。

一般说来，新闻教育质量的高低，起决定作用的主要是两个因素：一个是师资，一个是教材。两者之间，教材的作用更大。这是因为，师资的多少和良窳，往往受办学主客观条件的限制，而教材一旦完成，就可以直接嘉惠于学子，风行四海，无远弗届。进一步说，一部好的教材，不仅可以满足教学的需要，培养出一大批人才，而且还可以同时拥有一定的学术含量，推动新闻传播学研究的发展。1919 年出版的徐宝璜的《新闻学》，1927 年出版的戈公振的《中国报学史》，就是这方面的很好的例子。这两本书都是作者在高等学校从事新闻学理论和新闻史教学时作为教材编写出来的，出版之后，立即引起世人的关注和推崇，一再重版，历久不衰，至今仍然是公认的新闻学理论和新闻史方面的传世之作和经典之作。正因为这样，新闻教育的前辈们，历来十分重视教材的建设。中华人民共和国成立初期的十来年，坊间出版的新闻学方面的书籍，绝大部分是教材。改革开放以后，新闻传播学研究空前繁荣，新闻学方面的书籍大量问世，但教材仍然在其中占了很大的比重。这些教材，覆盖了新闻传播学的方方面面，经过出版家和众多作者的长期努力，门类和品种基本配套齐全，曾经为同时期的新闻教学做出过重要的贡献。但是，随着时间的推移和新闻工作实际的飞速发展，这些教材的体例日显陈旧，观点和内容也亟待调整和更新。一些属于学科前沿和科技含量较高的新开课程的教材尚付阙如，使现有的教材出现了不少缺口。在 21 世纪已经到来之际，集聚力量，重新编写出一套体系完整，门类齐全，能够为 21 世纪的新闻教育和新闻人才培养服务的新闻传播学的系列教材，已经成为人们的共识和新闻业界与新闻教育界的迫切需求。

呈现在读者面前的，就是应这样的需求产生的一套系列教材，它将涵盖新闻学、传播学两个二级学科的方方面面内容，满足新闻、广播、电视、广告、媒体经济、新媒体等多个专业的教学需要。负责这些教材编写工作的，是中国人民大学、复旦大学、北京大学、清华大学、中国传媒大学等多所著名院校长期从事新闻传播学方面教学与研究工作的专家学者，其中有相当大的一部分编写者是相关学科的国家级的学术带头人，堪称一时之选。收入本系列的教材中，既有国家级重点教材，也有部级重点教材，其他的也是经过严格筛选的精品，所以，本套系列教材的质量是有保证的，其权威性也将得到社会的认同。

21世纪是一个高度信息化的时代，是信息经济和知识经济占主导地位的时代。信息经济和知识经济有两大支柱，一是以高科技为代表的传播技术产业，二是从事新闻和信息产品生产的媒体产业。新闻传播学作为将这两大领域有机联结的桥梁，在今后的国家建设和社会发展中必将发挥越来越重要的作用。中国人民大学出版社经过精心策划，隆重推出这套系列教材，是具有高度的前瞻性和战略眼光的。在这里，我谨代表编委会和全体作者向中国人民大学出版社表示由衷的感谢。

这套系列教材开始策划于20世纪的最后一年，21世纪初起陆续问世，迄今已编写出版了180余种。在体例和内容的创新和开拓等方面，远远超过同时期出版的同类教材。其中有些教材，还根据整个新闻传播理论与实践的发展和新闻传播学教学与研究的发展，陆续做了必要的补充和修订，重新出版，实现了内容的与时俱进。

这批教材的问世，将会为新闻传播事业和新闻教育事业的发展和繁荣、为21世纪新闻传播人才的培养做出它应有的贡献。这是出版者和全体作者共同的一点希望。是为序。

方汉奇

2023年7月

于中国人民大学宜园

目录

导论

比较新闻学：意义、问题与多学科路径

非常荣幸能和诸君一同走进比较新闻学领域，开始一场独特的旅行！

“比较”的确可以称得上是“旅行”，因为它意味着走出自己的社会文化生活领地，脱离思维定式，在未曾预料的场景遇见未知的人和事。等到行至遥远的地方，我们有可能被邀约透过倒转的望远镜，看见熟悉又陌生的自己，获得顿悟的快感，也会如临深渊，感受不期而至的认知风险。

新闻的比较气息如此明显：作为公开传播的信息，新闻与现代化发展程度相关，社会越开放，越是现代化，人们通过新闻信息交流建立起互动的社会化生活、满足生存和发展需求的愿望就越强烈；作为文化现象，新闻传播在特定的文化圈中成长，传承着文化，受制于文化，开放并改变着文化，同时，还通过新闻文化的创造，形成各文化圈的连接、对话或区隔；作为流通的商品，新闻传播力求用时间消灭空间，制造全球与地方、地方与地方之间的传播关系；作为公共知识或“舆论纸币”，新闻表现着同质性与异质性。可以说，在多元文明交流互鉴的过程中，比较新闻学是重要的话语实践场域。

这种扑面的比较气息从何而来？从马克思主义的视野来看，人的历史是从生产满足物质生活需要的资料开始的，这种生产形成了人们之间的物质联系，构成人们的物质交往，而随着生产力和社会分工的高度发展，人们之间的普遍联系得以建立，精神交往逐步扩展。人们在交往过程中一点点摆脱地域性的存在，打破旧有的权力竞争关系，拓展自己的交往空间。正因如此，新闻传播存在于人们的物质交往与精神交往的历史过程中，新闻成为一种比较性的存在，须置于跨文化比较视野展开探索。

一、作为方法的比较

比较伴随着人类的发展，是人类发现自我、完善自我的基础。早在西周末年，史伯提出的“和实生物，同则不继”便饱含比较思想，意思是相异的事物相互协调并进就能发展，而以相同的事物叠加，其结果只能是窒息生机。

后来孔子以“和而不同”和“同而不和”来辨别君子和小人，“和”由此深入到中国人的比较思维。而西方比较（comparative）一词的拉丁词根［“com -”（共同）+“- par -”（相等）］，意味着平等地汇聚在一起，比较的逻辑不是分离的逻辑，而是“以和谐的方式生活在一起，尊重彼此的差异”①。由此看来，中西方对于比较的认识是相通的，区别在于，西方人不像中国人那样追求折中与和谐，而是喜欢从一个整体中把事物抽绎出来，对事物的本质特性进行逻辑分析。

无论是地方性的经验接受理性的审查，还是超地方性的理性接受地方经验的检验，都表明经验愈广泛，检验便愈有说服力，而这种检验是在建构距离与差异的比较思维中展开的。同时，我们又常常受事物发展的不确定性、距离与差异的不确定性的干扰，或者受自身偏见的干扰，使比较失去可能性。因此，为了克服干扰，我们必须研习比较思维，理解与之匹配的精神气质。

人类在认识中观察到事物之间的同一性，也看到它们之间彼此对立与差异的关系，由此产生了比较方法。比较方法承认同一与差异是事物存在的特性，并且利用同一与差异特性认识事物，将之作为一种重要手段。

在社会交往中，人们对比较的需要根深蒂固，而科学的比较起源于人的主体性的确立。17 世纪，笛卡尔在说出“我思故我在”的同时，也使比较从异端模式的重压之下走了出来。他在《谈谈方法》一书中说出的一句话充满科学比较的味道：“我们的意见之所以分歧，并不是由于有些人的理性多些，有些人的理性少些，而只是由于我们运用思想的途径不同，所考察的对象不是一回事。”② 这样就以主体哲学的相对论消解了经院哲学的绝对论。

培根曾制定过把技术应用于科学的发展大纲，其中就有比较解剖学、比较人类学，使比较成为经验主义的基本思维方法。到 19 世纪，进化论派人类学兴起，斯宾塞（Herbert Spencer）、泰勒（Edward Burnett Tylor）、摩尔根（Lewis Henry Morgan）等人专注于文化进展的阶段，比较由此成为通行的、基本的研究方法。引人注目的是，几乎所有从事比较研究的学者都进行跨文化的田野调查，构建了基于西方与非西方的比较学。

比较有广狭之分，广义的比较指的是对同一总体（或其样本）在不同时点之间的比较，或对不同总体（或其样本）在同一时点之间的比较，以及对同一总体（或其样本）在不同媒体（或不同事件）之间的比较。举例来说，

---

① GLENN，PATRICK. Comparative legal families and comparative legal traditions［M］//REIMANN M，ZIMMERMANN R. The Oxford handbook of comparative law. Oxford：Oxford University Press，2007：92.

② 笛卡尔．谈谈方法［M］．王太庆，译．北京：商务印书馆，2000：3.

当我们将《申报》作为一个样本进行比较研究时，我们既可以比较它在美查时期和史量才时期的报道风格变化，也可以比较它与《纽约时报》对梅兰芳访美的报道，以及不同媒体对《申报》报道的转引与评价。

而狭义的比较是指专门从事总体或宏观（即相对于个体或微观）层面上国家、社会或文化的比较。比如，“天人合一”与“天人分裂”对中西新闻观念的影响，意识形态的差异对中西新闻价值取向的影响，市场经济与新闻自由的关联，等等。

请注意，越是个体或微观的比较越是具有比较大的适用范围，越是总体或宏观的比较越是具有比较小的适用范围。其原因在于，个体或微观的比较意在把比较的对象与范围不断扩充，深入事物的各个向度中，获取多维的、本源的认知，从而探寻事物发展的规律；而总体或宏观的比较则从抽象观念或整体结构出发，看似“一览众山小”，实际上只是站在预设的理念“山头”看事物，制造了某种认知控制。

从事比较的人有时候很迷恋后一种比较，毕竟那里面包含着诱人的思想性，以及由思想家们建立的整体分析传统。可是，他们一旦沉入现实生活去观察，就会明白，必须有限度地界定他们的研究对象和研究范围。

你怎么看？

阅读来华留学的美国青年华纳的短文《被“标签化”的中国人》，谈谈你的感受。

《被“标签化”的中国人》

比较的操作性概念主要包括差异性（difference）与相似性（similarity），同质性（homogenity）与异质性（heterogeneity），二元对立（binary opposition）和多元性（plurality），纵时性（longitudinality）、历时性（diachronicity）、异时性（asynchrony），以及偏差（deviation），通过这些概念，我们可以进一步理解比较方法。

比较首先得认知事物之间相异与相似的程度，这便是差异性与相似性。其实，相似性的比较只是有意识地控制了比较对象之间的一些差异，以更好地分析另外一些差异。比如，我们比较君主立宪制国家报道王室新闻的相似性，忽略一些不同点，凸显一些共同点，以便与非君主立宪制国家王室新闻报道形成对照。

同质性与异质性来源于“传统-现代”社会的二元认识模式，前者指具有共同价值取向的传统社会，后者指价值取向较为多元的现代社会。但是，现代社会也有同质性，如时尚化、标准化、“麦当劳化”等。因此，更为全面的表达就是，异质性是现代社会的本质内核，而同质性则是其形式表征，二者悖论性地存在于同一社会。①

二元对立源于结构主义的分析范畴，用来说明意义如何在二元对立的词语系列中产生。② 多元性假定现代工业社会的关键特征在于它们是某种不断趋向分化与多样结构的运动，其结果就是出现由不同利益集团构成的“多元状态”，这些利益集团都想进入并控制每个政治与制度领域，并为此展开竞争。以上概念都表明比较方法注重比较空间的建构，使研究对象在有限的空间里呈现特性与共性。与此同时，比较方法在时间上也有精到安排，使研究落实在不同的“时态”上。

纵时性比较关注持续的、渐进的发展与长时段的变迁，而不讨论突发性的历史事件。比如，有人以世纪为时间单位，比较三十个世纪的中西差异，呈现差异的渐变。③ 历时性比较依赖于非时间框架的一系列同时性比较，分析两个或若干个不同时期而不考虑中间的发展时期。比如，比较多国新闻媒体在 1955 年、1985 年、2005 年纪念二战的报道，呈现战争记忆的差异。异时性比较是时空双重性的比较，它涉及两个或更多的国家、文化区域在不同时期的比较。④ 比如，19 世纪末美国新闻业与 20 世纪末中国新闻业的比较，考察繁荣与腐败并存的社会背景对新闻业的影响。

一个完整的比较最后还得面对一些偏差，比如不规则、异常、例外和独特性等，说明正常与不正常、合理与不合理的内在关联。

二、比较的多元意义

比较的意义并非先于分析而存在的一种给定的或不言而喻的东西。也就是说，我们在谈论比较的时候，必须通过比较研究的实践来体验其意义。事实上，比较的意义生成于比较的过程，研究者与不同事物相遇的时候，形成了怎样的研究兴趣，试图在什么范围内展开调查，用什么样的方式进行分析，最终要解决什么问题，所有这些都包含着比较的意义。

第一，比较源于人的自我意识，任何比较研究都或隐或显地表现着认识自我的需要。有人说人类学家格尔茨（Clifford Geertz）的比较研究缘于对远

---

① 周建国．同质性还是异质性?：关于现代社会特征的一种解释［J]．社会科学家，2009（12）：9－12.

② 费斯克，等．关键概念：传播与文化研究辞典：第 2 版［M]．李彬，译注．北京：新华出版社，2004：27.

③ 魏得胜．三十个世纪的中西之别［J]．书屋，2003（2）：13－19.

④ 杜甘．比较社会学：马太·杜甘文选［M]．李洁，等译．北京：社会科学文献出版社，2006：39－40.

方文化的迷恋，主要在伊斯兰世界如印度尼西亚的巴厘岛、爪哇岛，摩洛哥等地从事田野工作。其实，我们应该知道，在研究方法上，他总是把自我放在观察之中，他所观察的对象正是那些包括人类学者自身在内的、给予他们的世界一定意义的人。在研究目的上，他试图揭示不同的民族精神所呈现的政治文化如何左右国家形态，而其中相对照的是西方国家的权力结构。因此，他的比较研究呈现了一个客观的意义，一个人了解其他文化后将会更好地了解自己的文化。

第二，通过比较扩展认知的范围，认知各种文化之间的差异，理解“他者”以及“我们”与“他者”之间的距离，进而帮助自己进行选择判断，以便发展自我。19 世纪以来的西方文化人类学者大多进入非西方的国家和地区展开研究，其基本前提是将全世界各种不同的文化作为样本，以其田野调查等得到的资料做比较研究，以便验证关于人类行为的西方式假设。

其中有这样一个典型案例，西尔斯（Robert Sears）等人在 1950 年前后曾经研究美国堪萨斯市儿童教养与人格的关系，研究重点是想了解儿童断奶的时间与断奶时间在儿童情绪上引起困扰不安的关系，最终发现凡是断奶的时间愈延后者，引起儿童情绪上不安的情形愈严重，但其研究结果仅仅代表一个民族或文化的情况，是否适合于人类不同的民族或文化呢？另一位学者怀廷（John W. M. Whiting）对此充满疑问，他同样用西尔斯的变量，对 75 个不同的文化区域进行考察，发现结果正好相反。在多个民族文化中，断奶的时间愈延后，则引起儿童情绪不安的情况愈轻微。[①] 这样一来，不仅可以发现多元文化领域中人类行为的变化幅度，还可以免去单一西方文化范围的局限，扩展对人类行为的了解范围，建构西方与非西方的文化距离，反过来在客观上丰富西方人的自我认识。

但是，这个案例也预示着比较的另外一种意义，即把自我认识方式加诸他者，虽然扩展了认识范围，修正了研究发现，但骨子里还是自我中心的扩张，并不一定会帮助西方人建构完整的自我意识。其结果反而是萨义德（Edward Said）所讲的东方主义话语的后果：西方不仅形成了对他者文化在学术上带有倾向性的研究，而且还带来了在客观世界、政治、社会生活、文学作品中所持的根深蒂固的偏见。

第三，认知各种文化之间的关系，进而一方面建构自我认同，一方面与他者建立交流关系，选择自己的生活方式。马克斯·韦伯（Max Weber）曾直观感觉到，法国读者要求记者在进行报道时表明个人立场，相反，美国读者却要求从报纸上获得事实真相。然后，他又把这种差异解释为民主的文化

① 李亦园．文化比较研究法探究［J］．思与言，1976（5）：277－289.

差异，即美国人更相信自己的理性判断，只需要记者提供事实，而法国人则强调民主参与，愿意将自己的价值观融入报道之中。这种比较有助于建构自我认同，因为认同的建构总是与对他者的独特理解和认知相联系的。但是，它忽略了另一个层面，即两种对立的价值观是否存在交流关系。再者，面对不同的价值观，身处其中的人们又是怎样选择的呢？

以色列比较新闻学家科恩（Akiba A. Cohen）曾说："我向来相信在比较的背景下进行研究的重要性。除了个人兴趣或好奇心驱使我想认识一些事情在别处的面貌，我想从事比较研究的主要原因是它可以帮助研究者更了解自己所处的环境。就以电视新闻为例，若我只是研究新闻在以色列如何制作、报道，如何被以色列观众理解，我将缺乏对电视新闻的整体了解。虽然电视新闻的基本价值观很相似（至少就民主社会而言），但当中仍有相异之处，若说到非民主社会，分歧就更明显了。因此，透过研究不同国家或社会，就能让人对自己身处的国家或社会更具洞见。"① 实际上，作为身处欧亚交界边缘的国度，以色列接受着东西方文化的双重熏陶，形成了独具特色的文化模式。而这种文化模式又影响着其中的学者，让他们既能够在不同文化交汇当中建立联系，又能够更好地认识自我文化。

第四，比较的过程是与他者进行对话的过程，通过对话，人们可以创新价值观念，分享共同价值，也可以认识发展环境，调整发展方向，同时找到解决人类社会分裂性的可能途径。"对话"（dialogue）仿佛是一种流淌于人们之间的意义溪流，它使所有对话者都能够参与和分享这一意义之溪，并因此使人们能够在群体中萌生新的理解和共识。从这个意义上讲，比较的目的不是消除差异，而是求同存异，不是让一方的声音盖过另一方，而是让双方在平等的基础上相互交流，实现"多种声音，一个世界"的文化对话。

与此同时，比较被人们当作科学方法来使用，人们意识到进行纯粹单一的事物研究或把事物放在单一的环境里研究，是没有前途的，也是不合理的。在一般研究者看来，比较是发现发展规律（排除非规律）的唯一手段，没有比较就没有研究。我们只有将某一社会与其他社会做比较之后才能看到这个社会的特点。比较研究最大的作用莫过于能够检验宏观变量对个体行为的影响。

但是，比较也是充满风险的科学探索：一是常常使人简化、极化或弱化彼此的文化，将应有的丰富性大大削弱；二是时时面对可比性的难题，即强调比较的时代共通性时，往往用一种标准或框架将比较的双方同质化，强调比较的跨时性时，往往因为找不到统一标准而否认有效的对比和对话的可能

① 李立峯．新闻业、新闻记者与全球比较研究［J］．传播与社会学刊，2017，39：1－27.

性；三是通过建构二元的比较框架，导引出合理性的文化排斥，不仅有自我中心论和西方中心论所带来的严重意识形态暗示，而且还有专业主义的职业意识形态给既有秩序合法地位，强化对西方新闻观念的依附。具有反讽意味的是，这种比较以科学的名义，让我们用比较思维开掘各种文化资源，摆脱单一思维的束缚，同时，又寻求建构基于西方偏向的全球新闻业的普遍性，驯化非西方新闻业，偏离相异而相容、相感、相通的新闻世界，从而形成比较的悖论。

人类在比较中寻找自我发展的意义，试图通过比较调适自我，在多元复杂的世界中寻找方向，找到既属于自己又具有对话性的价值判断，以及保持自我特性的“差异权”；同时，通过比较选择适合自己的发展道路，恢复自己在多元化社会的“选择权”，建构文化间的自由交流空间。

三、比较的精神表现

比较是人的文化精神之表现，不同的文化精神支撑着不同的比较。中国人与西方人的相遇，经历了明清时对西方人的“俯视”，以鄙夷的眼光看四邻与近代西方文化；鸦片战争以后，又经历西方人的“俯视”，即被视为西方文化系统之外的落后文化；而自认是落后文化的中国人则以高攀羡慕的眼光“仰视”西方文化，转而以西论中。显然，中西文化比较中“俯视”与“仰视”的弊病折射出某种文化精神的扭曲。

随后转向“平视的眼光”或“超越的眼光”，即着眼于中西文化的整体，追溯到中国文化的本源处，在人的本心本性的本体论层次上，去通观中西文化的整体。这在精神上超越了以往的比较方法：一是从整体出发，可以有效地考察中西文化的各个价值层面；二是站在整体的角度能有效地看到中西文化的辩证发展及其互动互补；三是使比较通向文化的主体性与创造性。

比较不是为了建构一个无个性、无差别的世界，或教化他者、规训他者的权力，那是比较的悖论，也是终结比较的死路。建构相异而相容、相感、相通的世界，才构成了比较存在的理由。正是因为存在比较的悖论，所以比较的精神表现是在矛盾中展开的。

（一）比较与比附

一般说来，人的感知是从对比开始的，它总是倾向于把彼此不相容的表象放在同一个概念下并列，以引起注意。因此，凡是不完全相同的地方，都会随相似性的发生而伴有对比：使“不同”在“共同”的基础上凸显出来。但是，可比性的问题不明晰，就会使比较转化为比附。除了“谁为竹林贤，风流相比附”那种附庸风雅的意思，比附意味着在没有找到事物之间的区别与联系的情况下，忽略差异，不顾历史性，片面而简单地强调相似性，并站在本位文化的立场解释这种相似性。

明末儒生与传教士相遇时，就存在儒家伦理与基督教教义相互比附的现象，其中所表现的调和心理其实就是一种以本位文化为中心的文化优势心理。到了晚清，比附似乎成了中国人的专利，流行的话语就是“西学中源”说。其中“西学暗合《周礼》”说，以《周礼》中的“询群臣，询群吏，询万民”比附西方的下议院，以《周礼》中的“陈诗观风”“陈书知政”比附西方近代的新闻舆论监督；而“西学暗合诸子”说，以《管子》比附西方的商学，以《商君书》比附西方的农学，以《墨子》比附西方的科学，诸如此类。①

客观而论，两种文化接触之初，免不了曲为比附，为的是以“旧学”对接“新知”。但停留在比附上是危险的，既看不清异质文化，也会使自我迷失在某种相似性的表象里，把相似性当作普遍性，同时，渐渐习惯于把认识不清的异质文化放在自己的文化框架里解释，加深了盲目的文化优越感。

面向比较本身，追究可比性的来源，探究可比性在怎样的环境中和条件下发生，这是一个在开放的语境中发现自我、创新自我的过程。比较所要告诉人们的是，文化间的相互影响和吸收不是一个“同化”“合一”的过程，而是一个与不同性质的文化进行对话、在不同环境中转化为新物的过程。人们经由比较形成一定的文化自觉，对自身文化有“自知之明”，既明白它的来历和形成过程，又能够感悟其特色和发展趋向，达到更高水平的精神开放。

（二）绝对论与相对论

在哲学上，绝对和相对是指事物既相互区别又相互联系的两重属性，但是，比较研究往往导向一边，陷入绝对论或绝对的相对主义。比如种族比较，早期研究者根据进化论的知识推论，人由于“进化度”不同，自然地归属于价值不等的种族，应当以不同的方式对待他们。这里犯的错误，就是把进化论的知识绝对化、把价值绝对化，而没有考虑进化与价值的相对意义。

当代研究者转而以相对主义的种族或文化多元论为基础，强调种族或文化之间的绝对差异，建构种族或文化距离。此时，不仅使差异绝对化，断开了种族或文化之间的交往关系，而且还使对差异的宽容绝对化。人们通常在两种意义上使用“宽容”：一种是指不同意他人的观点，但允许其持有这一观点；另一种是认为各类观点都同样正确，并不存在价值上的高低优劣。前者

① 马克锋．近代中西文化互动的历史考察［J］．教学与研究，2005（4）：60－66．

是自由主义宽容观，逐渐演变为对种族或文化间的冷漠、回避的忽视；后者是相对主义宽容观，逐步掩盖相互排斥、蔑视的道德困境。

（三）多样性与统一性

从全球文化的视角来看，文化的多样性与统一性的平衡对所有的发展和进化形式来说都是基本的。没有多样性，人类文化的各个部分就不能形成一个能够生长、发展、繁殖和创造的实体；没有整合，各个不同的成分便不能结合成一个统一的能动结构。①

这样的比较设计能表达出文化多样性统一的完美形式与结构，但未能面对其中的一些问题：文化多样性统一由谁主宰？与哪些“权力”有关？对谁有意义？主流与边缘的关系对文化的发展带来了怎样的危险？其实，文化的多样性统一的可能性存在于文化适应过程之中，比较研究应关注这一过程，调整思路，研究如何既保持文化差异和平等竞争的权利，又维护文化互动交流、自由创造的权利，这样才真正符合比较的精神。

（四）自我中心与平等对话

比较研究是一个人走出自我的过程，也是一个不断祛除自我中心的过程。但是，民族优越感这种自我中心意识很难摆脱掉，相反还衍生出某种程度的专制人格或偏执，即便是学贯中西、视野宏阔的现代新儒家们也免不了文化本位的偏执，而那些走进非西方世界的人类学家也难以克服现代性的偏执。这使得比较加重了自我中心，也加剧了文化间的不平等。之所以会这样，是因为自我中心总是使“我们”与“他们”的二元对立或隐或显地呈现在比较过程之中，而这种二元对立的核心是价值不平等。自我中心已经象征性地垄断了文化间的权力关系，着迷于自身，而歧视他者。

有一个典型的例子，在亚马孙雨林的土著中存在一种普遍的观念，即要增强自身的力量就只能将危险的他者消化掉，于是形成一种“食人风俗”，如亚诺玛米人或是图皮南巴人进食敌人尸体的碎片。很多人类学家基于自我中心的立场，以此呈现非西方文化的野蛮，合法化西方与非西方的权力关系。但是，法国人类学家列维-斯特劳斯却跳出欧洲中心主义的他者化想象，把它与现代社会的“吐人肉风俗”联系起来，这种现代风俗把那些具有危险的人物排斥在外，“把那些人永久性或暂时性地孤立起来，把他们关在为达到这种

① 拉兹洛. 多种文化的星球：联合国教科文组织国际专家小组的报告［M］. 戴侃，辛未，译. 北京：社会科学文献出版社，2001：1.

目的而特别建造的机构里，使他们失去与其同胞接触的机会”[①]。这样一来，他把现代人与原始人、西方人与非西方人放在人性的层面进行考察，发现了人性发展的某些相似性，从而解构了欧洲文化中心主义。

其实，任何比较都要以平等对话为基础，把我们与他们放在人类发展问题上进行观察，做到倾听他者的声音、以文化间的理解为目的，这样才能发现真问题。要走向平等对话，研究者可借鉴现象学的方法，即“面向事情本身”，抗拒自己的偏好，把自己的偏好悬置，使之不成为证明的依据，然后再去看见他者、理解他者。

四、比较新闻学的基本问题

比较新闻学研究两个或两个以上的新闻对象如何受到宏观层面（体制、文化、市场等因素）影响，并在某一理论框架中，阐明情境因素如何造成两个或两个以上的新闻对象之间的相似性与差异性。它使我们超越单一视野、单一理论、单一研究范围，发现新闻传播领域的新问题。

但是，比较如何能突破比较者的局限性，超越“我们与他们”的二元对立的想象，认知人类新闻传播活动的多元性与复杂性，以及全球与地方、西方与非西方、地方与地方新闻业的复杂关系？这便是比较新闻学的根本难题（problems）。在解决难题的过程中，我们需要面对相似与差异、同质与异质、多样与统一、绝对与相对、真理与宽容、对立与超越，提出新闻比较领域可质疑的问题（questions）。针对新闻比较的难题和可质疑的问题，我们还要进一步形成可讨论、争辩的对象性问题（issues），以便明确研究方向。

下面提出来的就是这样一些集难题、问题于一身的基本问题，有助于我们拓展新闻比较的思维空间。

（一）二元对立的难题及其批判性议题

二元对立的新闻比较常常陷入这样的迷思：全球新闻业发展不平衡，要摆脱西方新闻业主导的局面，必须全盘移植西方先进的新闻理念，不用比较；各国新闻业归属于不同的意识形态和政治制度，没有什么可比的。

前一种迷思把现代新闻业视为朝向西方现代性力量的单维独进式的发展，有人甚至一边面对西方新闻业大喊“狼来了”，一边崇尚“狼”的力量，大叫“我们也要成为狼”，表面上以提升传媒竞争力为目的，实际上已经顺从西方和非西方之间的支配与被支配的权力关系，失去了创造性。

---

① 列维-斯特劳斯．忧郁的热带［M］．王志明，译．北京：中国人民大学出版社，2023：506.

后一种迷思视自我发展为封闭式发展、排他性发展，表面上追求新闻业发展的独特性，实际上已经把地方新闻业置于全球新闻业之外了。要想从迷思中走出来，必须面对这样一个事实：地方新闻业一直在寻找一种可以使自身与政治、经济、文化、社会背景相协调的方式，同时也与西方和非西方新闻传播体制发生广泛的联系，新世界信息与传播秩序的建构深深植根于这种联系之中。

二元对立的新闻比较也可以通过辩证思考转向新闻批判的议题，反思新闻传播中的权力支配关系。比较典型的批判性思考主要包括：

第一，反思新闻话语的“我们-他们”二分模式，即在国家、民族、文化、阶层、性别、宗教等层面划分“我们”与“他们”，使“我们”成为报道的中心，“他们”被报道忽略甚至遭遇新闻话语歧视，从而进一步强化了主流群体与边缘群体、主流文化与边缘文化、男性与女性之间的权力关系，使用并生产权力话语。作为边缘的“他们”卷入的事件只有影响到“我们”或使“我们”感兴趣时，这些事件才具有新闻价值。

第二，反思国际新闻的单向流动，即在发达国家与发展中国家、西方与非西方、前殖民国家与其殖民地之间存在的国际新闻报道的单向流动。西方在全球新闻信息流中占据绝对主导地位，发展中国家媒体往往要以西方媒体为中介报道全球与地方新闻。

第三，反思“西方化”和“去西方化”。随着“去西方化”语境在政治、经济领域的出现，新闻传播领域的“去西方化”也渐成气候，通过反思全球化新闻传播体系，寻找失落的国家的、民族的新闻传播体系，面向不同的语言、政体、权力结构、历史文化、经济基础和国际关系，或与媒介的跨国资本主义发展相抗衡，或批判并修正西方的传播体系和新闻理念，使之适合于本土环境。这就形成了“西方化”和“去西方化”相互交织的现象。因此，一方面分析西方新闻传播体系对非西方的影响，并把它放置在西方与非西方的权力关系中考察，另一方面通过平行研究展现多元主义视野内“去西方化”的新闻实践，揭示中西新闻传播体系的多元关系。

（二）可比性问题

首先，在遭遇“可比性在哪里”的疑问时，我们一般会求助于翻译理论提出的“功能对等性”（functional equivalence）加以应对，即注重读者反映，以最贴切、最自然的对等语再现原文信息，使译文读者能够达到和原文读者一样的理解和欣赏原文的程度。它带来的启发就是在言语传播里寻找那些能构成共同理解的概念，建构对等性基础。

在比较新闻学领域，最具有功能对等性的概念是新闻文化，涵盖新闻机构角色、新闻的认识论、新闻伦理意识形态在内的一套价值概念，以此统摄不同国家记者的职业观念。在这里，通过新闻职业观念的对等性确定变量，进而测量确定的差异与距离，呈现新闻文化的谱系。但功能对等性并不足以构成可比性的基础，反而可能通过对差异与距离的建构，把新闻观念区隔化、静止化，消解可比性。

其次，为了超越对等性难题，我们会寻找情境因素，由归纳转向情境化，检验差异和距离的假设，由差异研究转向概念有效性验证，探索新闻观念变化的事实，面向两个核心问题：不论情境如何，什么东西总是存在？研究对象如何在不同的情境中运作？在将情境作用理论化之后，最终通过比较对象的互动关系巩固可比性的基础，在时间维度与空间维度追寻两个基本问题：什么样的历史条件与现实条件造成了比较对象之间的关系？什么样的传播空间造成了比较对象之间的联系与隔离？

新闻比较总是与这样的情境相联系：新闻机构之间的频繁访问、交流，记者之间的竞争与合作，新闻的风格、内容、理念的接受与改造，新闻机构与受众之间的互动和对话。这些情境将会凸显整体性比较的意义，观察者如果参与其中，实现从自我的观点来阐释他者、再从他者的观点来阐释自我的双向诠释，就使比较真正进入交往的境界了。

在任何社会文化活动中，互动意味着共同的形式和多样化的意义或内容之间的结合。在新闻传播领域，纳入比较视野的主要有两种互动，即新闻机构与社会的互动，以及不同国家和地区的新闻人之间的互动。研究者一般热衷于前一种互动的比较研究，因为里面包含了丰富的社会内容；而对后一种互动颇感迷惑，认为新闻领域的“职业意识形态”自西方向东方扩散，并逐渐趋同，从而产生可比性的疑问。事实上，现有的研究表明，新闻生产离不开其文化、政治和历史背景，因此，我们必须在不同文化中检验理论解释的适用性。对话则意味着意义的分享，并因此能在新闻共同体内萌生新的理解和共识。

（三）比较的偏见与对话的可能性

在比较新闻学和比较传播学领域，高被引的前 51 位学者中有 28 位来自欧洲、23 位来自美国，最多被引用的 53 份文献中无一来自欧美以外的国家，处于比较研究文献引用网络中心的学者均来自欧美，他们是古尔维奇（M. Gurevitch）、布鲁姆勒（J. G. Blumler）、哈林（D. C. Hallin）和汉尼茨（T. Hanitzsch）。[①] 几乎所有的理论都来自西方发展出的概念和方法，而非西方只能作为分析对象和

① SO Y K C. Mapping comparative communication research：what the literature reveals ［M］ //CHAN J M，LEE F L F. Advancing comparative media and communication research. New York and London：Routledge，2017：12－35.

案例。无论结论如何，这些研究都有一个共同的假设：西方产出理论，非西方只产出个案和数据，人们习惯于以西方为中心去解读边缘的新闻传播经验和数据，自行生产偏见话语。

从本义上讲，比较就是走在社会的边缘、文化的边缘，在边缘可以看见两个或两个以上系统的互动与交叉，看见正在发生改变的关系。因此，比较还可以从“批判地方主义”（critical regionalism）的视角展开，以批判性的立场对欧美霸权中的地方主义进行谱系学解构，再把地方与地方相互勾连，把地方与更大范围的政治模式、历史和文化相连接。在这一视角下，地方不是确定的、有边界的场所，而是由文化、历史、权力关系、政治等多重角力而建构的领域。

五、比较新闻学的多学科路径

新闻传播是植根于人们的物质交往与精神交往的实践活动，既具有地域性、对象性、历史性、文化性，又不断突破人类交往的局限性，在通向普遍交往的过程中建构世界新闻共同体。新闻在这种实践背景下形成了广泛的、多样的互动关系，以及复杂的、多变的问题，可以概括为前面所分析的新闻比较的总体性问题。

这些问题决定了新闻比较必须整合文化、社会、文学、政治、经济、法律等领域的比较视野，建构多学科路径。同时，作为公共知识的生产，新闻成为交往实践的核心部分，既构成我们眼中的公共论域，也为比较研究的各种视野所覆盖，这客观上为比较新闻学预备了思考的路径。

（一）实践哲学路径

为什么新闻比较要从实践哲学出发？这涉及比较的客观性与整体性问题。站在理性的角度进行比较曾经是让人激动的口号，但实际上，在认识的过程中，理性可能满足了客观性，却由于理性的限度而难以达到整体性。实践是以生活的、感性的方式把握对象，呈现人类社会特殊生存方式的特征，体现人和社会的主体性、创造性、社会历史性，构成了通向比较的客观性和整体性的基础。

也许还是会有人提出疑问：实践具有不确定性，如何站在实践的角度进行比较？换一个角度即可消解这个疑问。实践的不确定性表现的是实践标准的相对性、条件性，沉浸在具体的实践情境之中可以避免比较的绝对化、非语境化。新闻传播是随着社会分工而分化出来的具有相对独立性的实践形式，既连接着人对新闻传播的认识，又包含各种建构新闻传播制度、专业规范、社会互动关系的实践活动。因此，从新闻实践出发既可以立于主体性角度通观全球新闻业之大全，进行综合创造，又可以立于主体间性角度建构地方新闻业的交往、对话和理解关系。

实践哲学的一些基本理念会启发我们的比较思维：其一，随着实践的发展，一般会逐步分化和产生各种具有相对独立性的实践形式以及相应产生实践职能的社会分化。我们由此会思考，新闻业这种独立的实践形式是如何从不同地方分化出来的，又经历了怎样的社会分化过程。其二，实践活动就是要把实践观念具体化、现实化。在这个意义上，新闻观念是如何在地方新闻实践中被具体化、现实化的？其三，一定的实践方式综合地反映着人类实践活动的自觉性之高低、能动性之大小以及社会性的发展程度，并决定着人类改造世界的深度。这无疑拓展了新闻实践方式比较的思维空间。

前面提到，比较的原始意义是“以和谐的方式生活在一起，尊重彼此的差异”。现代人习惯于讲“优胜劣汰，适者生存”，其结果是“去和而取同”。如果以此为比较的出发点，则很容易使比较走向同一，用绝对的标准和主观的尺度来裁定一切事物，导致更大的偏见。要避免这一点，必须转向主体间性，即一方面注重主体间存在的差异性与多元性，另一方面把交往、对话和理解当作弥合主体间差异的基本方式。

新闻业的发展有很明显的特点：作为一种现代性的体系，它是从西方开始成形的，虽然其内部并非统一的，但它还是携带着现代性的力量，即技术的、政治的、资本的、宗教的力量，向非西方世界扩散而去；在打破各种地方性传播体系的同时，又为各种地方性经济、政治、社会文化体系所改造，形成了各式各样的现代性新闻体系，从而构成了多样的、非平衡的全球新闻体系。基于这一特点，比较新闻学一般遵循三个原则：

其一，一切从新闻传播实践出发，把握新闻业的整体性。

其二，影响研究与平行研究并重，双向观察新闻传播领域的西方化与去西方化现象。

其三，把自我置于各国新闻业之间、新闻业与社会之间的互动与对话的场域，实现语境化的双向诠释。

（二）文化人类学路径

新闻传播是人类日常生活的重要组成部分，它创造着自己的习俗、规则、道德、趣味、仪式、生产与消费，并与人类其他领域的日常生活发生着广泛的互动与对话关系，同时，在不同的新闻文化之间也发生着广泛的互动与对话关系。于是，你会发现，互动与对话关系形塑新闻传播的相似性与差异性，要理解这一点，必须从文化人类学入手。

人类学先驱往往选择深入实地，到一个既定区域内，对感兴趣的特殊社会现象的形式加以比较，以便找出某些基本类型，并把所研究的形式划分到这些基本类型中去。同时，研究者对不同区域的文化特质和异质文化的共通性的观察，也构成了可比性的来源。

其方法论基点是，人类学的目的不是决定某种文化比另一种文化更先进，而是探寻造成特定人类行为或思维的文化原因。如果带着“先进”与“落后”的先入之见，那么所做的观察往往容易陷入文化进化论的偏狭之中。因此，研究者需要与他的研究对象进行平等的互动，通过“参与式观察”来达成研究的目的。

放大镜

玛格丽特·米德的《三个原始部落的性别与气质》

美国人类学家玛格丽特·米德（Margaret Mead）分别对住在山区的阿拉佩什人（Arapesh）、住在河边的蒙杜古马人（Mundugumor）和住在湖边的德昌布利人（Tchambuli）的生活进行比较，以探究是文化还是性别等生物因素决定男女各自的气质，同时也探讨了社会中正常行为和不正常行为的区别。在这三个地理位置极为接近的部落里，拥有相似气质与相同性别的社会成员所受到的社会评价与认同却截然不同，造成这种现象的原因是什么？米德在对同一现象所产生的不同结果进行比较分析的基础上发现，那种认为人的气质是由其生物属性决定的观点并不可靠，社会文化通过对儿童的教养、对特定行为的鼓励与惩罚、对英雄人物的描绘等手段，有选择性地强调某些气质而压抑其他的气质。

虽然这种文化决定论的观点没有充分考虑文化中的例外现象，但米德对文化选择性的观察会启发你思考这样的现象：在不同的地区，硬新闻与软新闻在多大程度上对应于特定社会的性别阅读选择？新闻的软化或“女性化”是如何通过社会文化选择来实现的？新闻媒体的同质化与异质化体现了怎样的社会文化逻辑？

与文化决定论的思路不同，文化人类学的结构主义论者关注一种文化意义会透过什么样的相互关系（也就是结构）被表达出来。为此，他们通过对地方的特定习俗或仪式过程进行观察，揭示在一个特定文化的深层结构当中，意义是如何被创造或再造的。其方法论基点在于，在任何文化结构当中，意义的创造与再造都有其特定规律，原始社会里人的言谈举止、习俗仪式、宗教神话等文化现象不仅在与现代文化的差异中显示自身的价值，更因为人们内在的思维结构具有共通性，从而产生了比较的可能。

这就给我们一个启发，即比较不同社会文化里人的思维结构，从而将文化与行为的互动过程呈现出来，就能弄清楚文化如何影响人的思维这一问题。比如通过人们对媒介与生活、新闻与现实的思考，就能呈现文化与新闻传播的互动，也能看到新闻的偏向是如何通过这种互动被表达出来的。

解释人类学把文化视为特定地方性知识的产物，认为人类学家工作的对象是比较不可比较的文化，在承认地方性知识体系和解释话语的自主性的同时，努力寻求人对社会解释的共用符号媒介；文化不应被单纯地视为某种结构，而应视为“人”的文化，人对文化行为的解释、赋予的意义，才是人类学比较研究的主要目的；正因为人的社会活动有其规律性，人类学家应当从各个特殊的地方性知识的细节中寻求普遍规律，理解不同文化当中的共通性意义符号。唯此，不可比较的文化才具有可比较的意义。

不过，人类学家的视角毕竟只是一个方面，如果采取“主位”与“客位”的双重视角，将研究对象对自己的行为进行的解释与人类学家对这些行为的解释进行比较，则可以使这种方法更加全面。现代新闻业常常与地方性知识生产联系在一起，比如新闻专业主义的本土化、公民新闻的社会运动建构、各种社会阶层与群体的媒介使用、文化问题的媒介建构等，显然也可通过解释人类学进行比较研究。

（三）比较社会学路径

新闻是人的社会化发展的成果，同时，也成为人的社会化的工具。新闻业以何种形态存在？体现怎样的传播效果？新闻会表现怎样的风格？新闻记者将倾向于什么样的职业行为？这些都是社会选择的结果。因此，新闻比较形成对社会比较的路径依赖。

比较社会学的创始人之一迪尔凯姆（Émile Durkheim）认为，人类社会的复杂性决定了每一个社会类型都有自己的特质与组合程度，不可能将所有社会类型合而为一，沿袭一模一样的发展阶段。社会的继承形状，不是几何上的直线形，而是像一棵树那样，树干枝叶参差不齐，各不相同。

由此出发，形成了迪尔凯姆的比较社会学方法，即从每一个社会本身入手，先从这棵大树上选取具有代表性的枝丫，将一个社会中发生的事实作为比较的材料；进而分析承载着这些枝丫的躯干，来比较同一社会类型中各个社会所发生的事实；然后还可以选取森林中其他的树木来和这棵大树做对比，将不同社会类型中各个社会所发生的事实作为比较的材料。通过社会历史对照，观察同样的现象在相同条件下随着时间的推移而发生的演变情况在各个社会中是否相同。然后将这些不同社会中观察到的变化情况进行比较。[①] 进

① 迪尔凯姆．社会学研究方法论［M］．胡伟，译．北京：华夏出版社，1988：111．

而将一个社会类型中的社会制度所表现出来的各种不同形态，在以往各种不同类型的社会中进行比较。最后，则是解释差异背后的原因，而且社会现象的确切原因应该从那些以往的社会现象中去寻找，必须在这种现象与某种社会目的的关系中去寻找。

迪尔凯姆特别强调，社会学的目的不是发现社会现象之功效，而是首先定义某种社会现象，并与其他社会现象进行区分，进而解释造成这些社会现象之间差异的原因。其比较社会学方法特别强调对社会事实材料尤其是统计学数据的演绎与归纳，并以民族志所搜集来的材料作为辅助分析。对于扎根于不同社会形态的新闻业来说，这无疑提供了科学的分析方法。

与迪尔凯姆不同，马克斯·韦伯侧重贯穿于文化整体中的理性要素这个线索，将每一个文明独特的理性内涵与他所熟知的西方近代理性特质相对照，以凸显西方近代文明的特质，颇有些自我中心主义的比较味道。这与韦伯所使用的“理想型”（ideal type）方法有关。根据韦伯的解释，理想型是一个纯粹的心灵建构，这样的一种类型从来没有在历史、社会的现实里真正存在过，我们顶多只能发现有极相近的情形而已。[①] 但只有通过清晰的理想型建构，才能让我们从纷繁复杂的经验材料中找出最为关键的要素。

这是一种与描述性的比较分析极为不同的抽象比较。以比较宗教社会学的研究为例，韦伯首先着手的是分析中古以后西欧历史的演变，从中抽出一些他认为是促成西欧近代资本主义之发达的主要因子，再将其有系统地组合起来，提取若干就其本身而言有意义的性质，整合到一个统一的思维图像中去，构成西欧资本主义的“理想型”。再进一步检视其他文明的相关成分，将之有机地构筑成那个异文化社会的“理想型”，再以此与西欧近代资本主义社会的“理想型”做比较，从而为“近代资本主义为何只在西欧产生出来”这个问题提供解释。

理想型方法帮助我们从纷繁复杂的社会现象中去除无关的细节，而从中提炼出一个抽象的框架，这个框架并不一定真实存在，不一定代表现实，它可以是一种理论，一种视角，一种分析工具。人们往往用某一个理想型来分析不同地方的相似现象，观察其中的不适应现象，由此对理想型理论进行修正。从理论的角度来说，它需要经过一个文化适应的过程，而从他者文化的角度来说，外来的理想型则需要一个本土化的过程。

事实上，我们很难找出一个能概括一切社会现象的理想型，我们能做的就是在对一个社会的某一面向进行足够了解的基础上，提炼出一个可以将这

---

① 韦伯．学术与政治：韦伯的两篇演说［M］．冯克利，译．2版．北京：生活·读书·新知三联书店，2005．

些现象概而化之的模式，然后用同样的手法对另一个目标社会进行观察和提炼，再超越单纯的经验事实比较，而进入抽象理论范式的比较层面。这既是理想型作为比较社会学的一种方法的意义，同时也是它的局限性。

（四）比较文学路径

从一定意义上讲，新闻就是讲故事，即在事实的基础上建构出一个故事，使受众不仅看到事实的总和，而且辨识出事实之间的关系。这个特点告诉我们，新闻是一种社会建构。无论从历史还是现实来看，这种建构不仅未能脱离文学的影响，而且深深地扎根于文学的话语体系，承袭文学的精神传统和语言风格。

比较文学方法可以帮助我们了解新闻文体风格差异的文化成因，以及受到文学传统影响的新闻表达偏向（如英雄表达、悲剧表达、冲突表达、生命表达、情感表达、形象表达等）。更为重要的是，比较文学的发展为比较新闻学示范了一种层层递进的文本研究理路：从影响研究开始，再进入平行研究，然后一步步开阔视野，转向互文性、双向诠释等层面。

影响研究建构了“传播者-媒介-接受者”的研究路径：从传播者的角度研究一位作家、一部作品、一种文体、一个国家的整个文学在他国的成功、声誉和影响；从媒介的角度研究使一种外国文学的著作、思想和形式被另一个国家采纳并传播的那些个人媒介、社会环境媒介、书籍媒介；从接受者的角度探讨一位作家或一件作品在传播中发生变化的“源流”，强调接受者作为一个能动的主体对影响轨迹的改变甚至颠覆，认为从筛选、接受、模仿、过滤、误读、误释、转变到叛逆的过程，与其说是某种影响的单向流入，不如说是接受者与影响力的博弈。①

影响研究在比较新闻学领域有所改造，它关注整个西方媒介在形式、内容、理念等方面对非西方社会的渗透，以及西方媒介对新闻信息流、媒介资本、文化资本的垄断，还关注某种影响得以形成的社会文化环境与媒介竞争环境。从接受影响的角度来看，关注非西方媒介如何应对西方媒介的挑战，与西方媒介进行互动和对话，以及其在形式、内容、理念等方面的创新路径。它和比较文学的影响研究一样，难以克服一个先天的缺陷，即带有进化论和欧洲中心主义的先入之见。

平行研究克服了这一缺陷，它基于这样一种方法论：任何一个民族文学中具有重大意义的母题、典型和主题必定是超越政治和语言界限的，它们既反映出各民族文学的共性，同时又保持着地方特色。它以作品本身为问题的

---

① 梵第根．比较文学论［M］．戴望舒，译．长春：吉林出版集团有限责任公司，2010：46－89；布鲁姆．影响的焦虑：一种诗歌理论［M］．徐文博，译．南京：江苏教育出版社，2006：14．

焦点，以作品存在的方式、结构、文体、想象、韵律、式样等为研究中心，着重考察文学作品的内部关系，对没有直接影响关系的两个或多个不同文化背景的文学现象进行类比或对比，研究其同异，归纳文学的通则或模式。[①]平行比较可以开放新闻比较的时空，可以在新闻与文学、新闻与社会、新闻的历史记忆、新闻语言风格等重大主题上寻找共性，辨析差异，揭示其中可能存在的某种发展逻辑。

“互文性”（intertextuality）研究强调任何文本都是由引语的镶嵌品构成的，都是对其他文本的吸收与转化。这一方面指向一个已知的确定文本与它所引用或改写的早于它存在的文本之间的关系；另一方面，任何一个文本都可以认为是互文性的，因为它来自对过去的文本的改编，并且同时它也将会成为未来某个文本的参照。所有的文本共同构成了一个开放的意义系统，当下的文本、过去的文本和未来的文本都存在于意义的网络中。已知的确定文本是当前的文本，而先于它存在的互文文本可以被称为“前文本”。前文本包含了历时和共时两个维度，历时维度的前文本指的是文本接受者长期所处的文化和社会背景，共时维度的前文本指的是文本接受者当前所处的社会环境。一切语境包括整个世界都可以视为是文本化的，意义的理解和互动都可以看作是互文性的。

这种方法使我们关注新闻报道中的互文性现象，摆脱对新闻文本的相似性与差异性、真实性与客观性的简单比较，在对话与互动层面进行新闻文本比较，暂时把新闻业的权力关系搁置起来，聆听并吸收对方报道新闻的视角，进而形成一种新闻话语的调和与融合，保持一种平衡的对话状态。

案例分析

试着用互文性视角分析阅读材料中的案例，提炼其中蕴含的互文性关系及其意义。

新闻互文性研究案例

阅读材料：

1. ISMAIL M M，HARUN F N. Intertextuality in online news coverage of the 2011 Jasmine Revolution：a comparison between AL-Jazeera and BBC Arabic [J]. Baltic journal of law & politics：a journal of Vytautas Magnus university，2022，15 (1)：1066 - 1081.

2. SOLIN A. Intertextuality as mediation：on the analysis of intertextual relations in public discourse [J]. Text，2004，24 (2)：267 - 296.

---

① 杨乃乔．比较文学概论 [M]. 北京：北京大学出版社，2002：176.

当然，要使这种分析更有效，还必须进入诠释学的视野，体悟其方法论：第一，不同的主体在不同的时间和空间对同一对象有不同的诠释，这种解释是没有止境的，因为个体的精神世界总是不断发展变化的；第二，无论用什么方法通过作品来构成作者和读者的对话都是一种理解和诠释的过程；第三，主体和客体都是在相互认知的过程中发生变化，重新建构自身，共同进入新的认知阶段，理解的过程就是互动的、双向的重新建构的过程，也就是实现从自我的观点来阐释他者，再从他者的观点来阐释自我的“双向阐释”。①

（五）比较政治学路径

在马克斯·韦伯《以政治为业》的讲演里，“政治”就是指争取分享权力或影响权力分配的努力，为政治而生存的人，从内心将政治作为他的生命，或者是因为拥有他所行使的权力而得到享受，或者是因为他意识到服务于一项事业而使生命具有意义，从而滋生出一种内心的平衡和自我感觉。这显然暗合了新闻工作的特质，使其顺理成章地被归入以政治为业的领域。这样一来，政治就成了新闻比较的一个重要维度，其基本问题是：政治差异在何种意义上造成了新闻差异？新闻的政治危机（比如权力寻租、公共性缺失、权力依附、侵权等）表现出怎样的普遍性和特殊性？

现代比较政治学针对政治体系、政治过程和政治行为、政治发展、政治文化、政治与经济、国家与地区政治等多个方面展开研究，重点关心的是政治差异如何形成，而非仅仅描述差异。比较政治学是一门用普通概念来发现和解释各国政治体系异同的方法，通常使用那些可以在多个国家通行的概念来进行比较研究，比如民主、人权、公平、正义、公民参与等。

在方法论上，现代比较政治学研究采用系统论的视角与结构-功能分析视角来分析政治活动。系统论将体系与环境的互动关系视为输入、转换和输出，阿尔蒙德（Gabriel A. Almond）采用这个视角，将政治体系与外部环境的关系视为影响政治决策的外部输入因素，体系间或体系内部的互动过程被看作内外部环境因素（包括国际环境、政治文化、政治结构等）作用于政治体系而产生的运作，而具体的决策或公共政策被视为这种互动的结果。在这样一种因果互动链之中，政治体系被看作一个有计划、有规则的系统，其中的层次、结构与功能同时并存且相互作用，体系本身的稳定也有赖于这三个层次间的动态平衡。②

---

① 乐黛云．诠释学与比较文学的发展［J］．东南大学学报（哲学社会科学版），2003（4）：88－93.

② 阿尔蒙德，鲍威尔．比较政治学：体系、过程和政策［M］．曹沛霖，郑世平，公婷，等译．上海：上海译文出版社，1987.

在这一研究路径下，不同的国家、政体、民族乃至政治体系都被视为运动和互动的动态过程，一切差异之处或相似之处都有其前因后果可循，从而得以进行更为系统的比较与归类。这一方法为观察新闻差异的政治原因提供了有效的路径。比如，反全球化运动新闻报道框架的差异、君主立宪制国家和非君主立宪制国家对王室新闻报道的差异、实现多元文化主义政策的国家在边缘人群报道方面的内在差异等，都可在政治体系与环境的互动关系中得到解释。

作为政治发展的一部分，媒介发展可按照比较政治学的方式界定为组织和程序的制度化，而制度化就是组织与程序获得价值与稳定的过程，组织与程序可以通过适应性、复杂性、自主性和凝聚性来衡量。如果这些标准能够被识别和测量，那么，媒介系统就能在制度化水平方面进行比较。所谓适应性，就是适应环境挑战和时代的一种机能，组织和程序的适应性越强，其制度化程度就越高；所谓复杂性，就是组织分支的多样化和组织分支各个类型的歧异化，一个组织越复杂，其制度化程度就越高；所谓自主性，就是组织和程序独立于其他社会集团和行为方式而存在的程度，自主性越高，制度化就越发展；所谓凝聚性，就是一个组织团结的程度，凝聚性越高，其制度化程度就越高。

与此同时，媒介制度的稳定和变革比较与政治文化密切相连，要解释其中的原因，还可借鉴比较政治学所建构的政治文化与民主制度的关联性。其理论逻辑在于，生活满意度、政治满意度、人际信任以及对现存社会秩序的支持往往互相协调一致，塑造着人们对所处世界的态度特征，而这些特征又与民主制度互相协调，满意度、信任度、宽容度高的社会，更可能采用和维持民主制度，相反，民主制度很可能在满意度、信任度、宽容度低的社会中挣扎。[①] 由此产生一个有趣的观察角度：中西媒介制度和这种建立在满意度、信任度、宽容度基础上的政治文化，到底建立了多少关联性？

（六）经济人类学路径

新闻价值的本义是通过新闻市场实现新闻交换，这种交换体现的是新闻与人的关系，它有时候被总结为产业化的新闻公司基于生产性需要提炼的某种新闻性标准，有时候也被看作有新闻价值事件的假定性质（如重要性、接近性、冲突性、反常性、趣味性等），以及新闻消费者的假定需要。[②] 这样一

---

① 扎哈里亚迪斯．比较政治学：理论、案例与方法［M］．宁骚，欧阳景根，等译．北京：北京大学出版社，2008：94－95.

② 费斯克，等．关键概念：传播与文化研究辞典：第2版［M］．李彬，译注．北京：新华出版社，2004：184.

来，新闻交换就被理论化为某种共同标准、共同性质、共同需要，被抽象为普遍的市场竞争，比较新闻学所要做的就只是新闻媒体的市场化程度分析，难免使比较窄化。

如果转换到经济人类学视野上来，就会对交换产生新的看法：对于任何共同体而言，交换的前提总是建立在某种共同价值标准的基础上，总是意味着共同体成员某种价值共意的确立，其核心体现的是社会整合，意味着共同体内“均质性”的形成；当共同体内部在不同交换模式的演变中表现出从直接交换向间接交换的转化趋向时，就标志着共同体社会整合的规模性扩展，以及其价值共意的有效性或合法性的范围扩展。①

由此来看，关于什么样的新闻是值得报道的意见，可看作每一个新闻信息交流共同体内的某种价值共意；当新闻业追求大范围发行时，就标志着新闻信息交流共同体的社会整合规模随着资本的力量向外扩展；而对那些被渗透的共同体（包括中国在内）而言，会因为社会结构、社会习俗、文化需要、宗教背景等方面的差异，决定不同形式的新闻信息交流、不同层面的新闻价值取向。这就把新闻交换置于社会文化结构中，可以观察各种不同的市场化路径。

经济人类学对于消费问题的看法还可进一步深化此类研究。它不是让我们着眼于商品本身，而是看到商品消费背后的社会关系和文化因素，产生这样的理论想象：商品的选择持续地创造出确定的区别形式，对其他的形式进行压制或增强，因而商品成了文化的可视部分；商品是中性的，而它们的使用是社会性的。由此一来，新闻消费比较不在于新闻本身，也不在于某种假定性的受众需要，而是去观察人们选择新闻的背后隐含了怎样的社会文化意义，以及与文化消费的历史转换是否发生关联。这样就回到了新闻作为特殊商品的消费分析，摆脱把新闻作为一般商品的狭隘视野。

扩展阅读

1. 中村元．比较思想论［M］．吴震，译．杭州：浙江人民出版社，1987.

2. 何兆武．中西文化交流史论［M］．北京：中国青年出版社，2001.

3. 尼摩．什么是西方：西方文明的五大来源［M］．阎雪梅，译．桂林：广西师范大学出版社，2009.

4. 杜甘．比较社会学：马太·杜甘文选［M］．李洁，等译．北京：社会科学文献出版社，2006.

① 陈庆德，潘春梅，郑宇．经济人类学：修订版［M］．北京：人民出版社，2012：223.

5. 拉蒙，泰弗诺．比较文化社会学的再思考：法国和美国的评价模式库［M］．邓红风，等译．北京：中华书局，2005.

6. 恩格尔克．如何像人类学家一样思考［M］．陶安丽，译．上海：上海文艺出版社，2021.

7. 戈定．牛津比较政治学手册［M］．唐士其，等译．北京：人民出版社，2016.

8. 乐黛云．乐黛云讲比较文学［M］．北京：商务印书馆，2019.

9. 单波．心通九境：唐君毅哲学的精神空间［M］．北京：人民出版社，2001.

10. 沃尔-乔根森，哈尼奇．当代新闻学核心［M］．张小娅，译．北京：清华大学出版社，2014.

思考题

1. 阅读一篇比较新闻学的论文，评析其比较的精神表现。

2. 找一本你喜欢的比较研究著作，谈谈该书对你的启发。

第一章

比较新闻学的发生与发展

新闻是交往的产物，作为消息的新闻（news）遍布于人类各文明区域。从 17 世纪到 19 世纪，欧洲逐步发展出具有现代特色的制度化、职业化、市场化、社会化的新闻传播运作体系。经过两百多年的酝酿，1833 年出版的《威斯敏斯特评论》上首次出现“journalism”一词，用以指称这一体系。有新闻史家称之为“新闻业的发明”①。

以批判性的历史眼光来看，所有新闻业发展的历史都是在特定的历史时间、地理空间中形成的特定话语。同时，随着邮政体系、电报体系、交通体系、商业体系、城市体系等的发展，新闻业携带着现代性的力量向地域性的互动网络渗透，建构中心与边缘的关系，国家和地区的新闻业也界定并维护着地域性的互动网络，形成多元竞争关系。在人类互动之网分分合合的发展过程之中，新闻业把合作与竞争、连接与分离包容在自己的体系之中，由此构成比较新闻学的历史。

第一节　中西方的相遇与新闻比较的发生

中国新闻业的近代化伴随着中西方的交流与碰撞，而默运其中的是一种比较实践。19 世纪初，西方传教士再次叩开中西文化交流的大门，为了“了解清廷的政策和国家机器之运作”，他们找到记录朝廷事务的半官方报纸京报。尽管在翻译过程中不时露出对京报的不屑与嘲讽，马礼逊等传教士还是通过 news 与“新闻”、newspaper 与“京报”等的互译，把 newspaper 所承载的意义与中国文化传统及其语境建立了某种联系。②

与此同时，中国人在应对冲击的过程中建构了中国式现代新闻传播体系。这一体系既改造着传统的文化图式，又为传统的文化图式所制约；既为西方

---

① CHALABY J K. The invention of journalism [M]. London：Palgrave Macmillan，1998：76.

② 向芬，刘晓平．从 news 到“新闻”，从 newspaper 到“报纸”：兼论近代新闻语词的衍变路径以及话语实践 [J]. 新闻与传播研究，2016 (6)：117 - 125.

新闻业的现代标准所衡量，又试图突破西方的媒介垄断，让中国传播力量融入世界传播体系。这样一来，至少有两种目光加诸中国新闻业的发展过程，即西方化与去西方化。这两种目光交织在一起，使新闻比较与“新闻业的发明”几乎同步发生。

一、西方传教士的新闻比较

最早的新闻比较来自美国传教士裨治文在 1832 年创办的英文刊物《中国丛报》(*Chinese Repository*)，里面刊登了许多评价京报的文字，包括马礼逊的《京报分析》(1838 年 8 月)、亚禄克的《京报》(1873 年 2 月) 和梅尔斯的《京报》(1874 年 7 月) 等。他们站在英美还未成形的新闻理念上，品评着作为“邸报”翻版的民间出版物，一致的看法是：从新闻来说，京报是最不中用的新闻纸，里头只是政府认为对自己有益、应该发给士绅和官吏阶层看的一些奏议和皇帝的杰作罢了。这显然是以办给又穷又忙的人看的便士报为参照得出的结论。虽然便士报当时在英国只是崭露头角，但它面向平民的风格深受传教士青睐，英美式新闻的导入在很大程度上是基于这种奇妙的因缘。

放大镜

马礼逊与《察世俗每月统记传》

1807 年，热心中西文化交流的马礼逊第一次到澳门传教时，清政府禁止基督教传教士公开布道和印刷宗教书籍。他不得不改变策略，以办学和办报的方式传教，在 1815 年创办中国近代第一份中文杂志《察世俗每月统记传》。基督教的本土适应需要使西方传教士进入跨文化语境，“习华文，学华语”，注意以四书五经的格言装点他们的刊物，比如《察世俗每月统记传》的封面就写着“子曰：多闻，择其善者而从之”；或模仿中国的古典文学作品进行新闻报道，如有些新闻的结尾处往往是“欲知后事如何，且听下回分解”，“现今未知如何，下月细传”；甚至在写到海军交战时，也要写上“大战几个回合”，把中国古典小说中的交战描写用到了近代战争上来，以此增强传播的亲和力。

传教士办报活动需要审视中国的出版环境，并与之建立某种关系，从普鲁士传教士郭士立所办《东西洋考每月统记传》开始，就注意转录京报上有关中国政事的消息，充分照顾中国读者的需要。同时，裨治文创办的《中国丛报》开始刊登评价京报的文章：要么采取比附的方式去认识京报，认为京报在民间的出版只是一种默许，有悖于法律，就像在英格兰出版国会演讲一样；要么参照现代化理念予以批评，如京报充斥着委任、提拔、弹劾、调离、奖惩、发配、流放等公告，而这些事件对于不了解中国朝政的外国人而言，是不能激起他们的兴趣的，如京报“一提到皇上，就会用格言般的经典话语，庄重地抒发感恩涕零、高山仰止般的崇敬之情，用最古老的、所有最难懂的词汇来形容和描述他，把他奉为圣人、上天抑或老天爷”①。到 1838 年，传教士们基本上摸清了京报的核心主题，即政府部门与地方行政长官、军队和政治、法律事务、财政与公共工程、领土与政治事务、附属及其他各方事务。其中，在分析官员调职与任命的报道时这样议论道：“如果只是单独地把这些报道挑出来分析，那么它的唯一目的就是烦死读者。但如果将它们放置于整个大环境加以考虑，它们可能是京报里最有价值的部分。”②

晚清的文化环境显然不利于办报，但传教士从某种使命出发，试图创建一个活生生的、富有气息的见证真理的拓荒地，报纸无疑也被他们变成了拓荒的工具。为此，他们面向大众，回应世俗社会给见证真理设置的各种观念障碍。一方面，他们移用西方的平民化办报风格，把刊物办给“又穷又忙”的人看，大量报道世俗新闻，采用通俗的白话文体写作，冲淡京报的气息；另一方面，导入西方的新闻观念，从普鲁士传教士郭士立的《新闻纸略论》（1834 年）开始，就一直持续地介绍西方报纸情况和新闻自由观念，以及西方的报纸功能观念（如广见闻、通上下、寓教育）、报道观念、报业管理观念等。由此，新闻比较在中西文化互嵌的过程中展开。

二、晚清士人的新闻比较

在鸦片贸易的碰撞之中，林则徐推行手抄译报《澳门新闻纸》（1839—1840 年），专门翻译外文报纸以掌握“夷情”，这种基于“师夷长技以制夷”的译报无疑使中国人亲历西方报业，开启了中国视角的新闻比较，延伸至梁启超、严复等人的“广译五洲近事”。亲历西方报业成为一种特殊的文化旅行，旅行中的开明知识分子得以对西方新闻文化进行凝视，在中西之间建立新闻意义的连接。

王韬就是以行游的方式亲近西方报业、吸收西方新闻文化的报人。他与西方传教士麦都思、理雅各等人交游，习得报业经验，又在 1867—1870 年亲历英国报业盛况，惊羡之余，屡次通过信函介绍自己的别样体验。如《与周弢甫征君》中云：“西国月报，备载近事，诚为译出，可以知泰西各邦国势之盛衰，民情之向背，习俗之善恶，其虚实了如指掌。”在《上丁中丞书》中又

① 张西平．中国丛报：第一册［M］．影印本．桂林：广西师范大学出版社，2008：512.

② 张西平．中国丛报：第七册［M］．影印本．桂林：广西师范大学出版社，2008：232.

云："西国政事，上行而下达，朝令而夕颁，几速如影响，而捷同桴鼓，所以然者，有日报为之传递也。国政军情，洪纤毕载，苟得而偏览之，其情自可了如指掌。"1874年，王韬在《循环日报》发表《论日报渐行于中土》，成为晚清报人撰写的第一篇中西报业比较文章。

你怎么看？

王韬在中西文化之间比较报业的优势与劣势，日本学者松本君平吸收欧美新闻事业的经验写作新闻学。深入体会他们的"行"与"知"，想一想他们之间有什么共通之处和差异之处。

阅读材料：

1. 王韬．论日报渐行于中土［M］//弢园文录外编．上海：上海书店出版社，2002.

2. 松本君平．新闻学［M］. 北京：中国传媒大学出版社，2018.

自王韬时代始，中西文化的本末之辨、体用之辨已渐次流行，客观上推动了中西新闻比较的思潮（见表1-1）。这些论说表明，晚清中文报刊是非常典型的西学东渐的载体，因而始终附着了一种比较的眼光。这种比较有时仅仅只能称之为"比附"，以"古已有之"的心态将"新报"嫁接"太史陈风"，有时辨析着邸报、京报与外国新报之异，在整合差异之中建构广见闻、通上下、达民隐、通内外等现代报刊价值。

表1-1　晚清中文报刊的新闻比较文章举例

刊名	文章题目	时间
申报	邸报别于新报论	1872年7月
	英国新闻纸之盛	1873年2月
	论中国京报异于外国新报	1873年7月
	论各国新报之设	1873年7月
	论新闻日报馆事	1874年3月
	上海日报之事	1874年5月
	论字林新报言中国必能盛行新报事	1875年8月
循环日报	西国日报之盛	1874年2月
万国公报	英美新闻纸异同论	1891年7月
	英京月报馆例	1892年7月
东方杂志	日本敕定公布新闻纸律例	1904年7月
	美报特色	1907年9月
	土耳其立宪与报纸之关系	1909年4月

创办于1872年的《申报》把一批处于转型期的晚清士人置于商业报刊语境，客观上使他们在历史传统与西方价值的冲突中进入比较，又在比较中寻找中国报刊现代转型的正当性，乃至使报纸走进中国人的生活，植入中国人的日常用语，成为第一张现代意义的中国报纸。[①] 英国商人美查主政《申报》的时期（1872—1889年），流行的中西文化比较观念常常是中西思想同源，以此将西方价值“嫁接”进中国历史之中，在中国与西方、传统与现代之间寻求平衡。这个时期有54篇新闻论说涉及比较，核心在于新闻体裁、新闻理念与新闻体例比较。到史量才时期（1912—1934年），形成了至少212篇有关新闻学的论文。整体上看，比较对象涉及邸报、西洋报纸、香港报纸、东国各报，以及处于竞争关系中的大陆报纸和上海报纸。依据比较对象的不同或背景的不同，不断调整比较方式，主要有以下三种类型：

第一，借古说今。面对晚清政府的管制和民众的疑惑，通过将现代西方报纸与史记百家、山经地志、稗官小说、采风问俗、邸报、京报等比较，既说明前者相对于后者的优势，又阐明异中之同，实现与后者的对接和转化，证明自身的合法性与正当性。典型的话语是，将新闻馆之设视为“乡校遗意”，认为在邸报与新报之间，“其事虽殊，其理则一，其法虽异，其情则同也”[②]。

第二，以西论中。抗衡晚清政府打击的另一种方式是强调为兴国而择取西法，转而偏向说明西方报业在办报环境、报纸和读者数量、新闻功能、新闻自由、新闻体例等方面的优势，以此反观并改良中国报纸的功能与体例。比较典型的话语是，借《字林西报》之口，论说“中国阅报之风渐起，必将盛行新报”[③]。

第三，中西对话。这种对话式的比较分为译报、来稿和主客问答：以译报的形式评点西报对中国的报道；回应来稿以阐述本报对新闻业的理解；设置议题以展开西人与华人对话，从对谈之中管窥中西新闻之差异。比较典型的案例是，当香港西报批评《申报》“登录妖异之事、采择神鬼之说”之时，后者常常以中国志怪小说传统作辩护，满足中国读者以新异为谈资的需要，既模糊新闻与小说的边界，也包容了读者需要论。

到1896年梁启超为《强学报》创刊撰写《开设报馆议》一文时，借古说今的比较方式得以延续下来。梁启超以古代的采诗之法、邸报之法比附“新报之纪事”，甚至提出“盖诗者，即今之新报”[④] 的观点。这种以中国传统诠

---

① 傅国涌．笔底波澜：百年中国言论史的一种读法［M］．桂林：广西师范大学出版社，2006：2；徐铸成．报海旧闻［M］．上海：上海人民出版社，1981：9.

② 邸报别于新报论［N］．申报，1872-07-13.

③ 论字林新报言中国必能盛行新报事［N］．申报，1875-08-24.

④ 开设报馆议［J］．强学报，1896（1）：2A-3A.

释西方现代事物的做法，也许可看作导入西方报业的一种策略，但这种做法无疑妨碍了对那个异质的西方报业的理解。

流亡日本之后，梁启超似乎从日本人那里理解了面向西方的方法。在为《清议报》第100期所写的纪念文章里，他受到松本君平的启发，把西方新学新艺的勃兴归因于作为文明之母的思想自由、言论自由、出版自由，从而接通到现代西方精神上去理解西方报业：

> 欧美各国之大报馆，其一言一论，动为全世界人之所注观、所耸听。何以故？彼政府采其议以为政策焉，彼国民奉其言以为精神焉。故往往有今日为大宰相、大统领，而明日为主笔者；亦往往有今日为主笔，而明日为大宰相、大统领者。美国禁黑奴之盛业何自成乎？林肯主笔之报馆为之也。英国爱尔兰自治案何以通过乎？格兰斯顿主笔之报馆为之也。近日俄皇何以开弭兵会乎？吐尔斯吐主笔之报馆为之也。报馆者政本之本，而教师之师也。①

不过，这种面向西方的方法是精英主义的，依然没有偏离中国文人重建言论权威的路线，在一定程度上遮蔽了对于西方报业的认知。

三、民国时期的新闻比较

辛亥革命之后，虽然共和远未成功，但共和的理念已使中国的报业环境悄然发生改变，言论出版自由从理想转变为一种实践。报纸的角色也发生变化，制造舆论逐步为反映舆论、代表舆论所取代，独立报纸开始出现，报纸的企业化、市场化成为新闻潮流，邵飘萍把这种趋势归结为“以新闻为本位”②。

在这一背景下，新闻比较进入一种历史语境：官报体系与西方新闻业混合，外国关系嵌入独立报纸，外国新闻机构垄断国际新闻，新闻交往关系进一步发展，如北京中日记者俱乐部（1913年）、东三省中日记者大会（1913年）、中法新闻记者联合会（1918年）、万国报界俱乐部（1919年）等新闻交流机构先后成立。1914年，沃尔特·威廉（Walter Williams）博士游历中国，邀请中国新闻界出席世界报界大会，并发表演讲，他对世界新闻业的比较考证被视为中国“报界之良药”③。这个时候的中西新闻比较淡化了从文化本位、国家本位、政治本位的立场去“比附”西方新报，而是转向新闻业的时代性与专业性，直接面向新闻业的西方来源。

---

① 梁启超．本馆第一百册祝辞并论报馆之责任及本馆之经历［J］．清议报，1901，100：1-8.

② 单波．20世纪中国新闻学与传播学：应用新闻学卷［M］．上海：复旦大学出版社，2001：39-40.

③ 世界新闻纸内容之比较［J］．东方杂志，1914（11）：24-26.

留学美国的徐宝璜较早地转向作为西学的新闻学，引导人们思考民主与科学语境下的新闻。留学日本的任白涛强调新闻事业“绝对当以公众为本位”，由此进入以新闻的专业化为目的的比较，比如他在考察了中外新闻业在硬新闻与软新闻方面的发展后，提出拆除软硬的藩篱，实现“综合编辑”，既使硬性纪事软化起来，“以惹起公众的趣味为目的”，同时又使软性纪事硬化起来，“以提高软性纪事的价值为目的”①。1927 年，戈公振的《中国报学史》在人类交流史与世界报业史的大背景中对中国官报做出反省：

> 其故盖西人之官报乃与民阅，而我国乃与官阅也。“民可使由，不可使知”，为儒家执政之秘诀；阶级上之隔阂，不期然而养成。故“官报”从政治上言之，固可收行政统一之效；但从文化上言之，可谓毫无影响，其最佳结果，亦不过视若掌故，……进一步言之，官报之唯一目的，为遏止人民干预国政，遂造成人民间一种“不识不知顺帝之则”之心理；于是中国之文化，不能不因此而入于黑暗状态矣。②

显然，此时已转向以西方为方法、以中国为目的的新闻比较，这种比较在民国名记者邵飘萍那里尤为典型。在 1924 年撰写的讲义《新闻学总论》中，他围绕“新闻纸为社会公共机关”的命题展开总体论述，总揽世界新闻发展全局，在比较中探索中国新闻发展方向。这样一来，新闻比较转向进化角度讨论，《尚书》《诗经》《春秋》等被视为“新闻纸之起源”，“颇含新闻之种子”，是人类交换新知的本能表现，但邸报、京报之类的传统出版物只可视为后世“新闻纸之滥觞”，而不得“以新闻纸目之”，因为这些出版物“只发布于朝廷官吏之间不普及于社会，且未具现代新闻纸之条件”。真正意义上的新闻纸胚胎于西方通信业的母体之中，并在 17 世纪冲破母体，向着现代新闻业发展。这使得他直面西方新闻业，仔细辨析西方各国新闻的特色，探明新闻业的发展趋势。

在他看来，德国新闻业远不如英美新闻业，其原因在于，德意志“新闻纸之贩卖区域，不如他国之广大”；“德意志之国民性，喜为科学之研究，潜心于系统的组织的甚深之知识”，不如英美国民尚新奇，“喜读煽情挑发之纪事”，“其新闻纸遂偏于学艺方面，而不以兴味消息为本位”；德国之大新闻多为中央政府或联邦政府的御用机关。

遵循时代性和专业性标准，邵飘萍提炼并总结出英美新闻业的先进性，其分析方法是从英美报业市场化的观察出发的：英国“以每月或常年订阅者

---

① 任白涛．综合新闻学［M］．北京：商务印书馆，1941：72.

② 戈公振．中国报学史［M］．北京：生活·读书·新知三联书店，1955：63.

为多，其销售固定，自不必专设法以眩读者之目”，所以形成硬新闻在前、软新闻居后的习惯性排列，而美国的“流动零售者为多，故以大新闻列诸封面，易使一般人见之而引起购读之动机”①。在他看来，英国式新闻的特点是守旧的、历史的，美国式新闻的特点则是改进的、小说的，这些特点的背后是市场化手段的差异，而市场化手段的差异又是由社会风尚与国民性的差异导致的。

同时，邵飘萍的比较是从中国新闻业的发展需要出发的。中国新闻业要社会化、民间化，所以他认同西方现代新闻面向大众的时代特点；中国新闻业要独立，必须有经济上之独立，所以他侧目英美新闻的市场化；由于痛感中国缺少世界性的通讯社而不能自主发表其消息，需他国通讯社“代司其喉舌”，“所受之亏不可胜计”②，所以他专门比较西方各国通讯社的类型与特点，得出了一个富有启发性的结论，即通讯事业与新闻事业的发达，成互为因果、互相援助之势，有通讯社的国家则其新闻业更加扩展而普遍于世界，更为进步③。

与邵飘萍不同的是，黄天鹏主要考虑的是另一个问题：市场化运作的流弊又如何解决？

他借鉴徐宝璜、任白涛、戈公振等人的研究，转向以新闻事业为本位的研究，通过比较苏俄、日本、美国的新闻事业，对苏俄“国有”方式与当时国内报纸趋之若鹜的“商品化”潮流，都提出了质疑。前者形成权力支配关系，“已失舆论之精神”。后者虽然可“获得正确敏捷精详趣味之新闻，以最完美之制作而贡献于买主之读者”，可使报纸因独立而成为“社会之共器”，但亦不是新闻事业发展的正轨。其流弊在于，把新闻当作商品，一心只为博取读者的欢心，难以保证新闻之真；又因过分依赖广告，报纸常常为广告主所左右，卷入资本主义的旋涡。④ 由此，他提出了对治的方法：一是将报纸从私营转为合法团体经营，二是组织专门协会对报业进行协调管理。这个方法虽然有些理想化，与现实有很大的距离，但是提供了在以世界为参照的情况下开辟中国新闻事业的可能性。

到 1929 年，燕京大学新闻系开出“比较新闻学”课程，担任该课程主讲的欧美学者大多以西方的视野观察中国新闻业，开启了现代化思路。但是，他们并没有与中国报人想到一块，在当时的中国新闻界，对资本主义新闻体制持怀疑态度的人并不在少数，他们感受到的是，那些资本化的媒介垄断了中国的新闻发布权，“为帝国主义者制造听命于他而来侵略中国文化、

① 邵飘萍．邵飘萍新闻学论集［M］．北京：北京大学出版社，2008：150－156．
② 同①140．
③ 同①139．
④ 黄天鹏．中国新闻事业［M］．上海：联合书店，1930：168．

毒害中国社会的狗类”，而那些被买办阶级控制的报纸又做着“被御用的代言者”[①]。即便是那些坚持资本化运作的中国报纸，也试图与资本主义报业拉开距离。

1935 年，成舍我运用从欧美报业那里习得的“大报小型化”的方法，创办《立报》，形成长话短说、简明扼要、重视言论、竞争消息、广用图片的特点，其创刊词这样写道：

> 我们所标举的“大众化”，与资本主义国家报纸的大众化，确实有绝对的差异。我们并不想跟在他们的后面去追逐，而是要站在他们的前面来矫正。因为最近的数十年中，报纸大众化，已被许多资本主义者，利用做了种种的罪恶。他们错将个人的利益，超过了大众的利益，所以他们的大众化，只是使报馆变成一个私人牟利的机关，而我们的大众化，却要准备为大众福利而奋斗。我们要使报馆变成一个不具形式的大众乐园和大众学校。我们始终认定，大众利益，总应超过于任何个人利益之上。[②]

在公与私之间，中国报人大多选择了“公”，原因不外于两点：西方报纸与中国报纸之间的“买”“卖”关系，已使他们羞愤难当，无法忍受媒介垄断所带来的中西新闻业的不平等关系；中国文人对言论权威的建构总是与“天下为公”的理念相联系的。由于这种思想与情感的偏向，许多自由派报人选择了带有公共性质的媒介体制[③]，进而使得新闻比较表现出公共媒介体制偏向。

四、新闻业的中西比较与欧美比较

如果说传教士对中国京报的研究是比较新闻学萌芽的一个重要线索，那么 1895 年在维也纳召开的世界报界公会成立大会则代表了另一条线索，它形成了西方各国新闻人互动与对话的场所。

1904 年，在圣路易斯召开的世界报界议会（the Press Parliament of the World）试图跨越国家、地域、种族等的隔阂，推动世界各地记者的交流与合作，直接催生了比较新闻学。负责会议的威廉博士在 1913 年先后考察了欧洲、亚洲、美洲和非洲等地新闻事业的发展情况，写成 44 页的《世界新闻业》，而进入他的“世界”视野的报刊只有四种，即英国式、法国式、德国

---

① 中国新闻学研究会成立宣言［N］. 文艺新闻，1931－10－26.

② 成舍我．我们的宣言［N］. 立报，1935－09－20.

③ 赵超构．新国家与新报纸［N］. 华商报・星期增刊，1949－02－06.

式、美国式。[1] 这里的“世界新闻业”其实由相对发达的四国新闻业构成，其中的地方性新闻风格差异化约为西方新闻业内部差异。

此前，马克斯·韦伯在1910年德国社会学年会演讲中发表了第一份新闻社会学研究计划，认为西方新闻业充满差异，但可以在社会建制中找到一种属于西方文化精神的“公约数”，如希腊式生活的公共性（publicness）、代议制政体（parliamentarianism）、权力平衡（the balance of power）、出版业的资本需求（the capital needs）等。[2] 这便是“西方-西方”范式的开端。

20世纪初的美国人已经意识到，媒介对民主社会的作用日益凸显，并在创造“伟大社会”（Great Society）的过程中扮演重要角色。这一时期的社会科学研究有一个背景，那就是专门化、职业化的诉求在增长，并融入了学院和大学的新闻学教育中。在务实、职业化的气氛之中，比较和国际传播研究局限于描述外国媒介系统、国际新闻机构的兴起和美国国外记者的工作。《哈泼氏周刊》《文学文摘》《国家》《星期六晚邮报》上刊载了很多评述外国报道的文章，其主要类别包括“战地记者的经历”“战争新闻的采集与代价”“法国新闻界的变化”和“中国新闻业的发展”。

一般来说，这些研究以美国新闻界的历史积淀和美国新闻记者的工作环境为蓝本来分析外国的媒介结构，探索媒介作为了解世界的窗口的功能。关于外国报纸的历史性描述和现有信息主要由国外通讯记者提供。在此类信息的影响下，一种观察其他国家媒介系统的政治、文化特质的美国视野被创造了出来，这便是20世纪20年代美国产生“比较新闻学”的背景。当时的比较集中在两个方面，一是中西新闻业比较，一是欧美新闻业比较。

1922年，《密苏里大学学报》（*The University of Missouri Bulletin*）刊登了一篇题为《中国的新闻业》的研究报告，作者帕特森（Don D. Patterson）当时是密苏里大学新闻学院的助理教授，曾被派往上海《每周评论》和圣约翰大学，这使他得以考察中国的新闻业。他意识到比较新闻学还只是一种粗略的比较研究，试图寻求改变，其方法是把中国新闻业放置在社会、经济、政治背景中进行观察。他认为中国的变化可看作这样一个过程，即从古老的传统束缚中挣脱出来，接受现代文明和制度的曙光。

透过这一视角，他看到了中国新闻业的艰难蜕变，呈现出一些比较精到的观察：中国的报纸与中国风云变幻的政治气候、政党活动息息相关，因此，中国新闻业在很大程度上就是一个宣传的竞技场，有来自国内的宣传，也有来自国外的宣传。

---

① 肖东发．新闻学在北大［M］．北京：北京大学出版社，2006：52－54.

② WEBER M. Towards a sociology of the press［J］. Journal of communication，1976，26（3）：96－101.

这种政治生态产生了他所看到的新闻乱象：新闻采访通常是没有计划性的，与美国相比，中国常规的新闻运行机制早已变形。大部分新闻是从各种渠道泄露出来的，多数新闻记者要么是那些编外雇用的人，比如一些行政官员的办公室秘书，要么是因为能够提供新闻和小道消息而雇用来的，报社偶尔会派出记者或编辑参加一些聚会或者社交活动，获取一些故事题材。

在他看来，这种采集新闻的方法造成了一系列问题，包括偏向性的信息、不可避免的错误以及大量的传闻和谣言。因此，从专业性来讲，中国新闻业远远落后于西方新闻业。对中国报业来说，新闻记者很大程度上是为了实现宣传目的，为了施展个人的政治野心，派系与民族之争如芒在背；中国的新闻记者无法学习西方记者那种超然的格调，他们没有意识到，新闻敏感与判断可以把流言与谣言同真实与准确的叙述区分开来。① 应该说，帕特森对中国新闻业的细微观察超过了同时代的西方人，但也进一步强化了把中国新闻业引向西方的信念。

1925 年，美国高校开始酝酿开设比较新闻学课程，哥伦比亚大学新闻学院的坎利夫（J. W. Cunliffe）发表《比较新闻学》（Comparative Journalism）一文，主要讨论这门课的教学问题。他把“世界”限定于欧美民主与社会背景下的新闻业，着眼于民主语境下的本土差异：美国新闻界虽然是由欧洲孕育的，但与欧洲新闻界相比，无论是现在还是以前，它在诉求方面显得更民主。② 显然，民主是比较的“公约数”，而本土差异则表现为交通、大众受教育程度等因素，这种现代性理论视角是比较新闻学中“西方-西方”范式的重要方面。

当比较新闻学的视野转向“西方-中国”范式时，中国新闻业就成为西方的审视对象。根据德国学者罗文达（Rudoff Löwenthal）的统计，截至 1937 年，关于中国报业研究的西文文献共计 681 种，包括英、法、俄、德、西班牙、意大利等文字的著述。③ 其中，代表性的研究出现在 1931 年。在燕京大学新闻系任教的美国人白瑞华（Roswell S. Britton）立足于本土报业和外来新闻的共同作用，考察了 1800 年至 1912 年的中国报纸，从而揭示了中西新闻业更深层的关系。④

---

① PATTERSON D D. Journalism of China [M]. Columbia：School of Journalism，University of Missouri，1922.

② CUNLIFFE J W. Comparative journalism [J]. The journalism bulletin，1925，2（1）：15－17.

③ LÖWENTHAL R. Western literature on Chinese journalism：a bibliography [J]. Nankai social & economic quarterly，1937，9（4）.

④ BRITTON R S. Chinese periodical press：1800－1912 [M]. Shanghai：Kelly and Walsh Ltd.，1933.

你怎么看？

仔细体会白瑞华对中国新闻业的论述，谈一谈其中体现了怎样的中西之间的新闻关系。这里的“西方-中国”范式有何特点？

《白瑞华对中国新闻业的论述》

同年，美国的《新闻学季刊》(*Journalism Quarterly*) 组织了一批稿件，分别研究美国、德国、南美等国家和地区的新闻业，美国学者聂士芬 (Vernon Nash) 撰写的《1931年的中国新闻业》(Chinese Journalism in 1931) 也赫然在列。此时，他在燕京大学新闻系已经工作了七年，意识到西方人对中国的描述大多是“盲人摸象”，不过是个人感觉的记录，但他还是非常相信自己在中国的体验，认为中国一直在朝着现代化稳步前进。

值得注意的是，他并没有像帕特森那样认为中国在“朝着西方化”发展，而是感觉中国正走在中国式现代化的道路上。[1] 因为从现代性的角度来看，一方面，美国新闻业发展所经历的阶段、流通的各种出版物也都相应地出现在中国。另一方面，在中国一些大的新闻机构都是政府的宣传机构，其中中央通讯社就是一例，而每个城市那些挂着“通讯社”名字的机构都只是稍加伪装的报业组织。同时，中国通讯社和国外通讯社之间的互惠越来越多，常见中文通讯社购买国外通讯社提供的稿件，国外通讯社开始雇用越来越多的中国记者。[2]

基于现代性视野，聂士芬与在燕京大学任教的罗文达合撰《中国报业的责任因素》(Responsible Factors in Chinese Journalism) 一文，认为中国新闻业太落后，以至于与日、美、欧洲新闻业处在不同时期，尚不能与之抗衡。[3] 他们把这种落后归因于现代性因素的缺失，即交通不便，文盲太多，检查制度不统一，人民贫穷买不起报纸。

1937年，曾做过国外通讯记者的德斯蒙德 (R. W. Desmond) 创新比较新闻学研究，第一个把当代新闻界置于国际事务的舞台而展开研究，写成《新闻界与世界事务》(*The Press and World Affairs*) 一书。他确立的方法论是，要理解新闻体系，必须将之置于文化环境中。他把新闻体系看作社会体系的反映，描绘出了新闻界与社会的关系。[4] 此时，作为现代化比较视野

① NASH V. Chinese journalism in 1931 [J]. Journalism quarterly, 1931, 8 (4): 446-452.

② NASH V. Journalism in China: 1933 [J]. Journalism quarterly, 1933, 10 (4): 316-322.

③ NASH V. LÖWENTHAL R. Responsible factors in Chinese journalism [J]. Chinese social and political science review, 1936, 20: 420-426.

④ DESMOND R W. The press and world affairs [M]. New York: D. Appleton-Century, 1937.

中的“样本”，中国新闻业被看作传统且落后的、被现代西方新闻业牵引的边缘地带。

第二节　冷战时期的新闻比较

从1946年开始，美苏各自领衔的两大阵营在意识形态、政治、经济、军事等方面展开对抗，一直持续到“柏林墙倒塌”、东欧剧变和苏联解体，这便是所谓的冷战时期。意识形态的对立与现代化力量的竞争成为这个时期的两大主题。前者使得比较新闻学受到“冷战他者”（Cold War other）的牵引，而后者把比较新闻学作为比较现代化研究的一部分，简单套用现代化理论的二元对立假设。

一、“冷战他者”的新闻比较建构及其修正

在以意识形态对抗、零和博弈为主要特点的冷战思维形成之后，文化上的“东-西”比较延伸到地缘政治上的“东-西”比较，《报刊的四种理论》（*Four Theories of the Press*）就是其中的一个代表性成果。[①]其最大的预设是自由主义和苏联理论（即美-苏二元）的对立。三位美国学者将美国的价值观和以新闻自由为特征的民主理念与其他国家特别是苏联的社会和政治状况做了比较，展现了四种新闻理论，即威权主义理论、自由至上主义理论、社会责任理论和苏联共产主义理论。

“传媒的苏联共产主义理论”部分是由施拉姆撰写完成的，他所描述的苏联与美国的对立是不可调和的。

这种二元对立的观念显现在三位作者的表述之中，他们试图去辨析不同媒介所映射的哲学基础或政治信条，而这些东西都来源于西方的哲学话语或政治话语。这样做的结果便是，从西方的理念出发考察他们视野所及的媒介，把自由主义的传媒理论和制度与西方文化中的正面概念联系在一起，如“freedom of the press”（新闻自由）、“right of free discussion”（自由讨论的权利）、“open market place of ideas”（意见的公开市场）、“human rights”（人权）、“democratic society”（民主社会）、“elected democracy”（民选的民主制度）等；把“传媒的苏联共产主义理论”描述成“威权主义理论”的一种，且“威权主义”（authoritarian）负面意义被发挥到极致，如“self-imposed dictatorship”（自封的专政）、“complete control”（完全的控制）、“censorship”（检查制）、“coercion”（强迫）、“propaganda”（宣传鼓动）等。这便

是所谓“冷战他者”的新闻话语建构。

二元对立的比较建构了作为“他者”的“传媒的苏联共产主义理论”，其主要功能是定义和加强自由主义理论，使其成为合乎逻辑的、有意义的“理想型”新闻业，并为它进行解释和辩护，使“他者”成为问题。其中明显的话语策略是，定义“他者”和描述“他者”不是用他们自己的术语，而是用“我们的”（例如西方人）来定义和描述。① 这种话语策略渗透到新闻比较中，形成用“我们”照亮“他者”的惯常思维。

此后，诸多学者运用这种“冷战他者”话语展开新闻比较，并进行修正，形成了特定比较话语的延伸。其中三个有代表性的“修正”都来自美国学界内部。第一是梅里尔（John C. Merrill）在 20 世纪 70 年代不满意于教条地使用美-苏二元比较模式，提出“连续体”理论（“continuum” theory），认为一种制度可以走向威权主义，也可以走向自由主义，而且都可能通过资本主义和社会主义来实现。② 这种理论虽然没有走出“冷战他者”的模式，但具有双向反思的意义。

第二是真正向《报刊的四种理论》发起挑战的阿特休尔（J. H. Altschull）。他在 1984 年出版的《权力的媒介：新闻媒介在人类事务中的作用》（*Agents of Power: The Role of News Media in Human Affairs*）一书中指出，《报刊的四种理论》中“我们对他们”的冷战思维具有简化倾向。此时，其思想亲近西方马克思主义的批判思维，认为一切媒介都不是独立的、自为的，历来都是受到某种权势控制的工具。这自然带来对自由主义新闻体系的反思，并由此打破美-苏二元对立的比较模式。在方法上，他回避从政治制度划分新闻体系，选择从经济系统把新闻体系划分为第一世界、第二世界和第三世界，即市场经济世界新闻体系、马克思主义世界新闻体系和发展中世界新闻体系。在每个体系中，新闻媒介都是掌握政治和经济权力者的代言人，都拥有对新闻、言论自由、社会责任的看法，同时都把对方视为离经叛道；在对待政治上，苏联记者承担指定的政治任务，而自由主义系统内的记者自认为是“高于政治”的。③

第三是到冷战末期发出更加彻底挑战的汉诺·哈特（Hanno Hardt）。他认为《报刊的四种理论》建立在对于美国媒介系统的理想化认识的基础之上，

---

① SZPUNAR P M. Western journalism's ‘Other’: the legacy of the Cold War in the comparative study of journalism [J]. Journalism, 2012, 36 (1): 3-20.

② MERRILL J C. The imperative of freedom: a philosophy of journalistic autonomy [M]. New York: Freedom House, 1991 [1974]: 40.

③ ALTSCHULL J H. Agents of power: the role of news media in human affairs [M]. New York: Longman, 1984: 280-287.

不仅显示出20世纪50年代的那种反共情绪，还指向了社会科学真实的或潜在的政治任务。① 对于施拉姆来说，这个政治任务就是20世纪50年代为美国军方提供朝鲜的心理战情报，为反共的宣传战提供“胁迫之术”，而且在《报刊的四种理论》中援引自己的两篇心理战调查报告，把宣传体制赋予共产主义媒介系统。显然，他忽略了美国的宣传机制，忽略了铁幕两边存在的复杂的宣传关系。

到1995年，伊利诺伊大学的八位学者出版《最后的权利》，全方位批判他们前辈提出的“报刊的四种理论”，用“last rights”一语双关地表现一种后冷战时代的言说方式，宣称冷战时代已到了进入“临终圣礼”（last rites）的时候，而言论自由和出版自由将作为“首要的自由”（first freedom）、“持久的权力”（last rights）而存在下去。

虽然他们难以超越自由主义的傲慢与偏见，未能反思自由主义理论的有效性，但还是有效解释了威权主义新闻业这个“他者”是如何在《报刊的四种理论》中被建构的，认为《报刊的四种理论》将现代化理论的价值判断巧妙地包裹在看似中立的类型划分中，形成“一种理论下的四个例子”，即只通过西方自由主义报刊理论视角看待世界新闻业。他们转而以多样共存的方式看待各种新闻传播理念与制度实践，既反思威权主义对自由的伤害，也直面来自私人部门的对媒介权利的威胁，在辨析媒介的政治性质时，注重考察更为根本的经济性质，以及媒介成为私人工具的事实。然而，后来的事实证明，傲慢、偏见与歧视消解了批判的力量，“冷战他者”依然以不同的形式存在于比较新闻学之中。

例外的是，冷战时期的日本新闻界并不认可《报刊的四种理论》的核心地位，比美国学者更早地发现“四种理论”有名无实，只是基于一种“自由主义理论”对另外三个“类型”展开的考察，其规范性的理论框架无法导入现实新闻活动的比较分析。

内川芳美认为，将法西斯主义与共产主义理论归为同一类属是明显的问题。她更倾向于把新闻业分为绝对主义型、自由主义型（包含近代型、现代型）和社会主义型，而“法西斯主义”是现代型的特殊化形式。② 从总体上看，小山荣三的新闻比较研究思路成为日本新闻学界的内在惯性，即新闻业的发展“由于受教育程度、经济生产、人口密度、国家形态等因素而形成差异，并会在精神与政治性倾向的影响下，产生不同的新闻类型”，同时强调新闻由

① HARDT H. Comparative media research：the world according to America [J]. Critical studies in mass communication，1988，5 (2)：129-146.

② 内川芳美 . Fredrick S. Siebert，Theodore Peterson and Wilbur Schramm “four theories of the press”，university of Illinois press，1956（紹介と批評）[J]. 新聞学評論，1957，8 (0)：95-100.

内在的“精神、政治性力量”与外在的“经济、技术性力量”构成。① 这种二元性的观察，使日本比较新闻学较早地脱离“自由主义理论”的单向度思维。

1972 年美国总统尼克松访华，阿特伍德（L. Erwin Atwood）注意到，对应于中美关系的改善，1979 年《参考消息》出现明显变化：美国相关报道的版面为同类其他国家相关报道版面的两倍以上，并表现出对西方新闻的开放性。美国两大通讯社共计被引用 41 次（占全部引用次数的 51%）；路透社和法新社分别被引用 7 次；四大通讯社提供新闻及新闻片段共计 55 则，其中 68%为美国相关报道；美国紧随中国之后，成为《参考消息》第二重点报道的国家，尤其是科研类新闻中有半数报道美国科研发展。②

1979 年，美国记者、艾奥瓦大学助教波伦鲍姆（Judy Polumbaum）来中国讲授新闻学，保持了对中国新闻界十多年的观察。她在提交给美国尼曼基金会的一份研究报告中提出，理解中国新闻业的前提是超越威权主义模式的刻板印象，进入中国新闻业发展的地理、历史、政治和文化因素中去，理解它的复杂性和矛盾，因为她感觉中国媒介发展越来越多元化，比如中国新闻在内容上和形式上都越来越多元化，纸质媒体的品种也越来越多元化，大幅版面留给了读者来信、经济事务和国际新闻。她注意到中国传统中的某些民主元素，比如“忠言逆耳”，认为中国新闻观念是新旧观念的融合物。③

当然，中国新闻业免不了被作为“他者”来理解。在 1983 年出版的《全球新闻业》第一版中，美国学者梅里尔实际上把中国新闻业描述成了全球新闻体系中一个陌生的、僵化的“他者”。不过，在他的“连续体”理论中，中国新闻业的改革与变化逐步呈现出来。

二、“现代-传统”二元对立思维的影响

二战以后，现代化理论携带着西方的力量扩散开来，这一理论把欧美国家作为现代化的范本，将所有不符合这种模式的国家定义为传统国家和社会，从而建立“现代-传统”的二元结构划分，构成比较新闻学的主流话语。

1951 年，联合国教科文组织第一次出版《世界传播》，勒纳（Daniel Lerner）对照其他资料反复核查，获取了 54 个国家的可比较数据，并从中发现了“现代化模式”的首要四因素，即都市化（urbanization）、读写能力（literacy）、大众媒介参与度（mass media participation）和政治参与度（political participation）。

---

① 小山栄三．比較新聞學［M］．有斐閣，1951：1－2.

② ATWOOD L E，LIN N. Cankao Xiaoxi：news for China's cadre［J］. Journalism quarterly，1982，59（2）：240－248.

③ POLUMBAUM J. China's press：forget the stereotype［R］. Nieman reports，1992：48－53.

1957 年，在《传播体制和社会体制》（Communication Systems and Social Systems）一文中，勒纳应用“现代-传统”的框架把新闻传播体制划分为媒体传播体制（media systems）和口语传播体制（oral systems），前者对应现代社会，后者对应传统社会。[①] 在现代国家，媒体传播体制以报纸、广播和电视等为主要传播渠道，信息的发布者是拥有各种技能的专业传播者，接受信息的是异质化的大众，传播的信息内容则是中立的陈述。与之相反，传统国家的口语传播体制以点对点的口语传播为主，信息由地位高的群体发出，接受者是同质化的群体，而信息则多是告诫性的内容。在严格区分现代与传统传播体制类型的同时，以进化论视角确认“变迁总是从口语到媒体传播体制”，且后者优于前者，是每个现代国家必须具备的要素。在此基础上，勒纳发展出现代化指数以考察一个国家的传播体制，涉及日报发行量、收音机数量、电影院容量等方面。

放大镜

勒纳的《传统社会的消逝：中东现代化》

根据现代化理论的“现代-传统”框架，勒纳针对中东六个国家（土耳其、黎巴嫩、埃及、叙利亚、约旦和伊朗）展开调查，呈现这些传统国家的社会形式从萌芽、发展到成功转型的整个进程，试图建构朝向西方现代化进程的典型案例，这便产生了 1958 年出版的《传统社会的消逝：中东现代化》（*The Passing of Traditional Society*：*Modernizing the Middle East*）。

这本现代化比较研究的代表作把现代化进程分为三个阶段——都市化、读写能力和大众媒介参与度，并通过比较得出结论，都市化的发展趋势大力增强了对读写能力和媒介参与的需求，这种需求继而使控制消费的条件也变得现代化；当一个国家的大多数掌握了读写的技能，就意味着新要求的产生及其满足这些要求的方式的完善，并导引出媒介参与；随着媒介参与度的增强，人们对社会系统其他部分的参与度也有所加强。显然，在这个现代化进程之中，“传统”未被看作公民社会的一个合法要素，而是注定要被抛弃的。因此，现代传播体系的唯一功能就是推动“传统”向“现代”转型。

参考文献：LERNER D. The passing of traditional society：modernizing the Middle East [M]. Glencoe，ILL.：The Free Press，1958.

按照勒纳划定的现代化比较路线，《新闻学季刊》主编尼克松（Raymond B. Nixon）提取 85 个国家和地区的可比较数据，发现与国家传媒体系相关的三个变量，即人均国民收入（per capita national income）、成人（15 岁以上的人）

---

① LERNER D. Communication systems and social systems. A statistical exploration in history and policy [J]. Behavioral science，1957，2 (4)：266 - 275.

文盲比例（percentage of adults illiterate）、日报发行量（daily newspaper circulation）。[①] 虽然这一比较仍以西方为中心，认为在西方以外的国家，广播系统是由国家拥有或受国家控制的，但将媒介体系进一步扩展为六个层级分类。

你怎么看？

结合阅读材料将尼克松的六层级分类与《报刊的四种理论》相比较，二者有哪些相似之处，又有哪些不同？

阅读材料：

NIXON R B. Factors related to freedom in national press systems [J]. Journalism & mass communication quarterly，1960，37 (1)：13 - 28.

现代与传统的二元比较模式主宰了 20 世纪五六十年代的比较新闻学研究，新闻的专业化成为其中的核心内容，其中的代表作是美国学者麦克劳德（Jack M. McLeod）等 1964 年发表的《新闻人的专业化》（Professionalization among Newsmen），作者发明一种量表测量美国新闻记者的专业程度[②]，1969 年又以同样的方法比较拉美记者和美国记者的专业化，发现美国记者和拉美记者在各个方面的相似性明显超过差异性。

你怎么看？

结合阅读材料，分析麦克劳德所设计的量表，想一想，它是否体现了现代与传统的二元比较模式。如果是的话，它是如何建构出这种模式的？

麦克劳德的专业化量表

阅读材料：

MCLEOD J M，HAWLEY S E，Jr. Professionalization among newsmen [J]. Journalism & mass communication quarterly，1964，41 (4)：529 - 538，577.

唯一的不同在于，拉美记者更想在机构和社群中享有特权，希望得到工作单位和同行的尊重，他们对自己的工作不那么满意；相比而言，美国记者更看重工作的愉悦感，以及自己的工作能为社群带来价值。同时，那些更具有专业精神的拉美记者往往是受过高等教育的年轻男性，拉美和美国的“专

---

① NIXON R B. Factors related to freedom in national press systems [J]. Journalism & mass communication quarterly，1960，37 (1)：13 - 28.

② MCLEOD J M，HAWLEY S E，Jr. Professionalization among newsmen [J]. Journalism & mass communication quarterly，1964，41 (4)：529 - 538，577.

业”记者对自己报纸的内容更具有批判性；那些从事新闻报道或编辑工作的人，比从事媒介经营管理或其他工作的人更专业。① 这种发现打破了西方的成见，即专业记者就是来自发达国家的记者，同时也证明，新闻自由度较低的国家不一定专业度低。

到 20 世纪 70 年代中期，人们逐渐发现，这种专业化的比较分析是以西方新闻观为背景而建构的，并不一定适合分析非西方社会，而且专业化的比较研究既狭隘又肤浅，没有一个明确的反概念（counter-concept），无法换一种视角看待专业化行为和结构。随后，此范式逐渐衰落。70 年代后期，研究者吸收批评者意见，更新了现代化理论，不再把传统视为现代社会的敌人，相反，许多案例研究都倾向于证明传统可以成为现代化的载体和推动力量。

三、比较新闻学的依附理论转向

从 20 世纪 60 年代开始，现代化理论受到普遍质疑。第三世界新兴国家纷纷加入联合国教科文组织，这些国家的民族主义意识形成了与西方的自由主义意识形态的对立，平等、公平的诉求冲击着信息自由的神话；而一些西方学者也意识到，发展中国家的“现代化”不仅没有使它们实现自身的自力更生，相反还形成了对全球经济剥削制度的依附性，提升了美国资本主义的价值与利润，同时损害了自身的文化。

20 世纪 70 年代中期，人们意识到工业化的北方和发展中的南方之间信息流动不平等，联合国教科文组织提出必须建立新世界信息与传播秩序。同时，美国和英国等西方国家联合起来捍卫“信息的自由流动”。1980 年，爱尔兰人麦克布莱德（Sean MacBride）领导的国际传播问题研究委员会发布研究报告《多种声音，一个世界》，关注不平衡的传播流动的结果。

在这一历史语境下，依附理论在拉丁美洲产生，重点考察第三世界国家在现代化进程中产生的问题，形成与现代化理论相对的比较思维。依附理论主要有以下几个特点：

第一，不再从线性时间维度把发展看成社会进化的结果，转而从空间维度呈现发展的剥削关系结构，即“中心-边缘”的结构，后者的资源、人才、收益在不平等结构下都会流入前者。

第二，不再把不发达归因于第三世界国家自身的内部因素，而是从历史-结构的角度还原外部结构因素，如殖民主义的历史和当前国际分工的不平等

---

① MCLEOD J，RUSH R R. Professionalization of Latin American and U. S. journalists [J]. Journalism quarterly，1969，46 (3)：583 - 590；1969，46 (4)：784 - 789.

是第三世界国家发展的最主要阻力。

第三，不再强调第三世界国家要联系并效仿西方发达国家，而是认为正是因为这种联系和效仿让依附关系一直得以生成和维持，只有和发达国家切割，加强第三世界国家间的交流，才能实现自我独立发展。

顺着这一思维，比较新闻学开始聚焦国际新闻流的不平衡、新闻内容的不公正、新闻生产和传输手段的垄断。比如，路透社、美联社、法新社等西方通讯社垄断了新闻制作及传播渠道，将西方信息及西方视角的其他国家信息源源不断输入他国，这样，第三世界国家的人民在了解他者、获知本国的信息时，都要依赖于这些西方国家。而为迎合西方受众对这些国家的想象，并且遵照西方新闻价值（如猎奇性）的要求，这些新闻往往突出第三世界国家的人民愚昧落后、政治动荡、社会暴力丛生的景象。

此时，比较新闻学形成依附理论的转向，从多方面为“中心-边缘”的新闻传播信息流通模式提供佐证，把信息单边流动归因于殖民主义的“遗产”，以及以美国为首的跨国媒体公司对新闻生产及流通技术、基础设施、资本的控制，而第三世界国家无法控制媒介制作和传播设施的所有权，因而造成信息流通的不平等，以及边缘国家媒体的同质化、被剥削的状态；强调通过“新世界信息与传播秩序”的一系列行动，改变不平等的传播结构，从而实现第三世界国家的文化自主。

媒介帝国主义的比较研究则往往将中心和边缘视为两个不可调和的对立面，免不了形成中心和边缘互相划界、互为他者的结局。

第三节　全球本土化视野的新闻比较

1989 年末，柏林墙倒塌，人们用“拆墙”的隐喻重启人类建立普遍交往的全球化梦想。随后，全球政治、经济、文化及生态的“连接性”成为主流，促进各种边界的减弱、消失或去地域化。在这个时代，全球化转向全球本土化（glocalization）的过程，跨国资本、发展模式、文化观念在全球流通中需要融入本地现有的结构，才能获得成功。同时，全球化的力量也并没有消弭区别，而让以前被民族国家压制的语言、文化、制度多样性得以发展，并在和外来文化的互动中生成创新形式。

20 世纪 90 年代初出现的全球本土化呈现了这样一种想象：全球文化产品在行销世界的过程中，其固有的标准化的文化理念、意识形态以适应当地文化、风俗的方式得以推行，而当地的本土文化在坚守和保留自身传统的过程中，与其实现着文化融合，普遍性与特殊性是否能共存已不成问题，关键在于以何种方式共存。虽然全球本土化只是寻求调适文化差距或文化冲突的策略，没有逃脱二元对立的分析模式，但它使全球与本土的关系建构成为一种时代的潮流，客观上推动了比较新闻学的转向。

一、去西方化的新闻比较

从本义上讲，去西方化即放松西方观念的统治，解构一元论、二元对立论思维，打破西方新闻传播体系的唯一合法性，不再将非西方新闻业他者化，通过考察地方新闻业建构多样性的全球新闻业。这使得比较新闻学转入非西方语境，重建全球新闻业的认识论维度。"去西方化"作为一种知识转型，既是一种文化防御的行动，一种培育学术主权的反帝国主义策略，同时也意味着关注变动不居的全球新闻业，消解西方新闻观念的普遍有效性，倡导一种去中心化的分析视角。① 具体说来，去西方化的新闻比较研究呈现出四种思维趋向。

（一）破除现代化比较的思维定式

现代化比较的思维定式预设了现代性的发展是欧洲的早期觉醒者去"点亮"其他地区的过程，西方以外的地区只有被纳入现代性的谱系之中才能找到自己的位置。为了摆脱这一困境，比较新闻学转而亲近多元的现代性（multiple modernities），以替代单一的现代性方案②，在此基础上假设多元的现代性孕育出多样的新闻业，而多样的新闻业则反过来建构多元的现代性，从而解构以西方现代性为中心的新闻业发展谱系，建构差异化、地方化的现代新闻发展模式。

与此同时，去西方化并不意味着反西方，不是无视或切断与西方新闻业的联系。它意味着在适当的背景下增加多种方法来研究问题，从而使文化、环境、意识形态和权力等因素不被固定的理论框架遮蔽。去西方化的新闻比较研究是在重审与西方的新闻关系的前提下，保持自我，发掘新闻的独立性和文化特性。

（二）去西方化的理论反思

作为一种理论方法，去西方化采取全球政治差异的眼光看待新闻业，反

---

① WAISBORD S，MELLADO C. De-westernizing communication studies：a reassessment [J]. Communication theory，2014，24 (4)：361 - 372.

② 20世纪中叶以来，对现代性的历史地理考察发现，现代性并非超越具体历史和空间的超验存在，只有在具体背景中才能理解其确切含义。西方社会产生现代性模式尽管具有历史优先性，并且是其他地区发展现代性的主要参照，但并非现代性的唯一出路，参见萨赫森迈尔，理德尔，艾森斯塔德．多元现代性的反思：欧洲、中国及其他的阐释 [M]. 郭少棠，王为理，译．北京：商务印书馆，2017：27。儒家文明和佛教、伊斯兰教、印度教等古老文明都有潜力孕育出各自的现代性方案，并且在相互参照中救济西方现代性的弊端，参见杜维明．多元现代性中的儒家传统 [J]. 文化纵横，2010 (2)：38 - 43。

思并解构“南方-北方”二元对立层面的新闻传播的权力关系。

1988年，澳大利亚学者赫斯特（J. Hurst）出版了《比较新闻学：研究指南与读本》（*Comparative Journalism：Study Guide and Reader*）。他把比较新闻学的基本问题表述如下：不同文化的记者对新闻的态度有何差异？西方媒体对其他国家的报道有多准确或适当？西方新闻自由思想、责任观和媒介角色观在多大程度上适用于亚洲、非洲和拉丁美洲发展中国家的新闻业？这种提问的方式明显表现出多元文化主义的立场，使比较新闻学从西方化转向去西方化。

在这里，赫斯特导入“南方-北方”[①] 的二元关系，把全球新闻网络划分成“信息富国”和“信息穷国”，前者是高度发达的工业国，包括美国、西欧和日本，后者为欠发达国家，包括非洲、亚洲和拉美[②]，由此反思并解构新闻传播的权力关系，并与资本主义媒介反思遇合。例如，澳大利亚人总是批评媒体缺乏品位，发展中国家也会抱怨西方媒体带有文化偏见、不够机智、傲慢自大，还带着道德优越感；澳大利亚人还批评澳大利亚媒介所有权集中化会限制公众的选择范围，发展中国家也会抱怨西方通讯社控制国际新闻流。这一类的反思促进了新闻比较研究的去西方化转向。

1999年，英国学者詹姆斯·卡伦（James Curran）和韩国学者朴明珍（Park Myung-Jin）联合世界各国学者，展开去西方化媒介研究。他们一改单一西方视角，将世界划分为五类即转型混合式社会、威权新自由主义社会、威权管理型社会、民主新自由主义社会和民主管理型社会[③]，把中国媒体置于转型混合式社会语境下考察，既考虑到政经体系对新闻操作的影响，又顾及新闻专业文化历史发展的同根性，从“媒介文化”的模糊多变性解构新闻传播的权力关系。

（三）建构“全球南方”视角

顺应全球化的发展，从“南方-北方”的二元关系转向跨国语境的“全球南方-全球北方”，建构“全球南方”视角，关切多维度的权力结构。所谓“全球南方”视角，是基于国际和国内两个层面的权力结构，从南方的立场出发，探寻公平正义的视角。

---

① “南方”概念源自国际发展问题独立委员会的两个报告，即1980年发布的《南方与北方：争取生存的纲领》（North-South：A Program for Survival），以及1983年发布的《共同的危机：南北合作争取世界经济回升》（Common Crisis：North-South Cooperation for World Recovery），其中“南方”和“北方”的概念指向不发达国家与发达国家的二元关系，“南方”即值得“同情”的不发达国家。

② HURST J，CODDINGTON G，AVIESON J，et al. Comparative journalism：study guide and reader [M]. Victoria，Australia：Deakin University Press，1988.

③ 卡伦，朴明珍．去西方化媒介研究［M］．卢家银，崔明伍，杜俊伟，等译．北京：清华大学出版社，2011.

“全球南方”视角包含全球维度、阶级维度，以及跨国的阶级/阶层分化的维度，既承认国家间的不平等，又包含了因全球化而来的民族国家的内部分化，既有地缘政治层面的意义，也有社会文化层面的意义。“全球南方”视角关注的历史主体是全球不公正结构下受剥夺的社会群体及其成员，同时关注该主体的行动，以及在这一过程中与其他权力主体如国家、超国家组织、跨国组织、其他阶级/阶层等之间的动态关系。

比较典型的案例是，南非学者沃瑟曼（Herman Wasserman）从“全球南方”视角出发对新闻专业主义进行了审视，发现媒体伦理的规范性研究在历史上一直是高度民族中心主义的，围绕着“全球北方”展开。

他首先对专业主义和新闻伦理之间的假设提出疑问：在所有专业领域，合乎伦理的行为都是专业主义的标志，但是认同这一点并不意味着人们就哪些行为是合乎伦理的规范性理念达成共识。接着他回顾历史和现实，观察南非新闻人究竟如何践行道德义务。他看到，南非社会与英美社会有巨大的不同。南非历史上经历了排斥与镇压，在后种族隔离时代，南非社会阶层是分化的，经济上是不平等的。记者如果视自己为专业等级的一员，也就等于将自己与他们宣称要代表的普罗大众拉开距离，被认为是代表着精英利益，专业主义反倒可能会加剧社会分裂。① 对于有着严重不平等的南非来说，媒体支持社会发展和社会正义的道德义务更加强烈。

沃瑟曼的推论表明，传统新闻专业主义植根于自由主义、个人主义的社会假设，已经无法回应全球受众的多元价值和伦理需要。人们习惯于把规范伦理和职业教育联系起来，而忽视了更大范围内的道德伦理，即局限于产业、市场以及媒体自己的小圈子，而非面向社会、面向公民。由此他主张新闻伦理从自上而下式的新闻专业主义转向自下而上式的“聆听”，以开放的对话伦理弥合全球性政治、经济和社会差异。

你怎么看？

阅读沃瑟曼的《聆听：以南非视角看自下而上的新闻伦理》一文，思考如何理解聆听式的新闻伦理？它可以突破新闻专业主义的局限吗？

阅读材料：

沃瑟曼．聆听：以南非视角看自下而上的新闻伦理［J］．冯若谷，译．全球传媒学刊，2015（1）：156－172.

---

① WASSERMAN H. Professionalism and ethics：the need for a global perspective［J］. Journalism & communication monographs，2017，19（4）：312－316.

（四）全球媒介信息的双向流动

聚焦媒介内容全球流动与反流动，尤其把反向信息流看成是全球化时代的新闻业趋势。达雅·屠苏（Daya Thussu）的研究显示，全世界范围内出现了三种类型的电视信息流动：全球性的主导信息流［以美国有线电视新闻网（CNN）、英国广播公司（BBC）、美国好莱坞电影为代表］、跨国性的反向信息流［以卡塔尔半岛电视台（AL-Jazeera）、印度宝莱坞、法国国际广播电台、中国中央电视台九套为代表］和区域文化性的反向信息流（以中国香港凤凰电视台、印度电视台 Zee TV 为代表）。①

在乐观的想象中，有人甚至把半岛电视台称之为“阿拉伯 CNN”，认为它提供一种不同于 BBC 和 CNN 的新闻视野，以挑战主流新闻叙事和新闻议程，逆转全球新闻流动；创造东方和西方之间的对话、伊斯兰教和基督教之间的对话②；给无言者提供更多发声机会，支持那些受压迫者。同时，国际新闻流依然为无处不在的权力关系所架构：去西方化的新闻实践没有脱离伊曼纽尔·沃勒斯坦（Immanuel Wallerstein）的世界体系，“西方新闻业”依然充当“理想型”，世界体系中的边缘和半边缘国家出现了与中心国家为邻的新闻趋势，后者依然主导着国际新闻流。

具有反讽意味的是，去西方化的新闻比较研究呼吁反抗新闻传播的权力关系，而自身却为全球新闻业的不平等结构所塑造，免不了以西方新闻理念为中心去解读边缘的经验与数据。此外，它强化反抗性，基于特定的文化、宗教、语言、历史经验建构新闻业的地方中心，诸如“非洲中心”“亚洲中心”“伊斯兰传播范式”等，其理论建构缺乏普遍的解释力，因而很难成为主导性理论叙述；或者将某种本质的地方身份和文化作为前提，完全排斥西方价值，依赖封闭的相对主义分析路径，在某种程度上已落入与欧洲中心论相同的陷阱。同时，通过对边缘新闻经验的本质化和异国化来进行理论建构，使得这种理论建构因隔绝于跨国资本主义的发展而呈现明显的不合理性。

二、再西方化的新闻比较

东西二分由来已久，作为殖民话语盛行于欧洲扩张时期，建构西方对东方的权力支配关系。在这个殖民话语里，东方的文化和视角被看作一种偏差、

① THUSSU D K. Media on the move：global flow and contra-flow［M］. London：Routledge，2006：10-21.

② SNODDY R. “The Arab CNN?”［N］. Times（London），2002-11-01.

一种变态，并因此获得一个低劣的地位，而西方用这样一个对比项来定义自己，即通过“东方化”强化自己的“西方化”认同。

自萨义德以来，对这种“东方主义”话语的反思已流行于知识生产领域，提升了人们对西方化、东方化、他者化的敏感度，特别是他在1981年出版的《报道伊斯兰：媒体与专家如何决定我们观看世界其他地方的方式》，其中“对他者的遮蔽”已成为比较新闻学的重要反思工具。显然，封闭的“西方化”视角受到极大挑战。

庆幸的是，全球化提供了一种解决东西方分歧的可能性，即由欧洲普遍主义转向世界普遍主义（universal universalism），对东西方范式进行清晰的理解和调和。后者鼓励所有非西方文化采用它们自己的范式和方法来寻求和传播知识，认识西方或非西方方法的文化偏见和局限性，在东西方的相互理解与调和中产生一个相互依赖的全球性学术网络。

（一）重新“发明”西方新闻业

一方面，还原新闻业的地方性与多样性；另一方面，进一步把新闻业的跨国研究拓展到全球范围，建构包容多元化与全球化紧张关系的“全球-西方”（the Global and the West）范式。

根据前面的描述，比较新闻学一开始主要通过“西方-西方”比较范式建构西方新闻话语，强调新闻业的发明始于欧洲17世纪发行的第一家报纸（Gazettes）和手抄新闻，新闻业是以英美为中心的市场经济的发明，而且是资本主义成为一种历史力量的叙述形式，工业化、集中化和资本化确定了新闻领域的边界、形状和结构。①

相比于这一范式，21世纪以来的比较新闻学越来越表现出一个趋向：强调新闻业包含多样性历史，包括英国新闻业在内的所有新闻业发展的历史都是在特定的历史时间、地理空间中形成的特定话语，而且英国新闻业并非线性的现代发展过程，而是既有连续性又有断裂性，既有自由又存在公共表达自由的障碍。② 这样的历史叙事回归复杂的历史场景，在一定程度上消解了以西方新闻业“俯瞰”非西方新闻业的那份傲慢与偏见，也为建构包容多元化与全球化紧张关系的“全球-西方”范式提供了历史根基。

与此相应的改变是，在现实层面重新“发明”西方新闻伦理，使其朝向

---

① CHALABY J K. The invention of journalism［M］. London：Palgrave Macmillan，1998：76. 该书作者认为，新闻业的发明以英国为起点，从印刷媒体（press）发展到新闻领域（journalistic field），再发展为新闻业（journalism）。在新闻领域发展的过程中，主要是经济力量形塑了英国的新闻领域；在新闻业形成的过程中，从美国传入英国的采访（interview）和报道（reporting）起到了主要的作用。采访使记者对政治人物的话语有了更多的控制，报道是一种以事实为中心的话语实践。

② CONBOY M. Journalism：a critical history［M］. New York：Sage Publications，2004：25.

全球新闻伦理，如：充当全球代理人，建立一个消息灵通、多样且宽容的全球信息圈；满足世界公民的信息需求；倡导非狭隘性的理解，使用多种来源和观点来促进从国际角度对问题的细微理解。① 同时，围绕新闻文化的比较研究偏向于强调包容性，发现全球新闻文化呈现散点分布，相似性与差异性模式并不与一般的政治维度或文化维度完全一致。② 该比较研究呈现了全球新闻文化的可协商性和复杂的互动关系。

（二）建构世界媒介系统的多样性假说

以“超越西方中心”的名义建构世界媒介系统的多样性假说证明西方媒介的实践与制度已被引入世界其他系统，并且为了和其他系统的脉络相适应而被改造。在这种情况下，新闻业的“西方化”不再以单一、线性的方式发展，而是体现在世界媒介系统的复杂、多样的发展过程之中。

对于欧美学者而言，“超越西方中心”的设想带有一些自我批判的色彩，其典型的问题常常是：欧洲的媒介体制完全融合于自由主义模式吗？某种新闻理论与规范是跨国普适的吗？它是否存在于其他媒介体制中？以何种方式存在于其他媒介文化中？如何适应其他媒介文化？仔细体会一下，这些问题既没有离开西方中心，也没有否定西方中心，只是把原来被西方忽视的西方与非西方经验、现象扩充到比较研究范畴，重构具有张力的“西方化”新闻传播理论。

三、情境化的新闻比较

新闻业的全球化发展总是在多样化的情境中展开，这使得比较新闻学进一步产生以“情境”取代“中心”的趋向。1989 年，在国际传播学会（ICA）以“比较而言”（Comparatively Speaking）为名召开的年会上，与会者达成共识：比较研究首先要对系统情境敏感，我们不是仅仅比较两个单位中经验现象的独立单元和片段，相反，我们必须要理解系统和情境如何形塑这些现象。③

全球与地方形成复杂互动的互联网时代为这种转向提供了有力支撑。在新的交互模式上，在线新闻面对的不再仅仅是“本国”受众，还有范围广泛、看不见的虚拟社区，这些虚拟社区成为全球与地方、地方与地方对话的场所。

---

① WARD S. The invention of reinventing journalism ethics：the path to objectivity and beyond［M］. Montreal：McGill-Queen's University Press，2004：329.

② HANITZSCH T. Deconstructing journalism culture：towards a universal theory［J］. Communication theory，2007，17（4）：367－385.

③ BLUMLER J G，MCLEOD J M，ROSENGREN K E. Comparatively speaking：communication and culture across space and time［M］. New York：Sage Publications，1992：3－18.

这样一来，以“国家”为分析单位或语境的比较研究已经无力呈现全球新闻业的图景。此时，国家处在“全球”与“地方”之间。国家层面之于全球层面可以说是地方性的；但是从国内关系来看，国家本身就是一个多种多样的地方性身份和话语的竞争场所。

由此，比较新闻学的情境化转向变得越来越明显，大致可分为客观情境、主观情境和关系情境三个路径。

（一）客观情境

所谓客观情境是指研究者将新闻传播活动和情境看作客观存在，并将其转换为多个变量/指标，通过建立假设，收集数据，经由相关性分析等科学方法确立变量之间的因果关系，关注情境对于新闻传播结果的解释相关性，以及宏观层面的情境如何有差异地形塑新闻传播现象。

客观情境比较研究已经发展出一套固定程序：第一步是提供关于其他体制和文化的情境描述，以提高我们对不同传播活动的理解；第二步是经由情境描述辨识不同体制和文化中的功能对等，也就是确定什么是可比的、什么是不可比的；第三步是建立分类或类型，通过辨认共有特性将不同的案例归为同一类型，这些共有特性将成为发展理论时必需的维度；第四步是对各种相似性和差异性做出解释，从而理解不同情境如何塑造了不同的传播活动；第五步是预测，即基于前期确立的理论假设，对尚未研究的国家做出预判。①

（二）主观情境

主观情境是指进入传播者和传播实践的内部情境，以人类学深描法或历史学过程分析法，观察不同文化中的人们赋予特定行为的意义和价值，透视新闻传播实践背后的文化心理以及意义理解。作为一种主位研究，它要求研究者能从当地人的视角去理解传播活动和媒介文化，因为每一种传播活动都有其应对世界的现代性方式，植根于特定语言和语境。

案例分析

请以丹麦学者克劳斯·延森（Klaus Jensen）主持的“世界新闻”入户调查研究为例，讨论主观情境研究的优点和缺陷。

克劳斯·延森的入户调查

① ESSER F. The emerging paradigm of comparative communication enquiry: advancing cross-national research in times of globalization [J]. International journal of communication, 2013, 7: 113-128.

（三）关系情境

全球与地方、地方与地方之间的复杂互动使人们进一步看到关系情境，即新闻传播以人与人之间的交往为背景，在持续不断的关系中发生，同时也构成了人与人交往关系形成的现实来源。如果把新闻传播置于各种关系和世界信息交换的整体之中，那么，新闻的差异不再是区隔性的，而是补充性的。在这种情况下，新闻文本的互文性关系，驻外记者与本土助理、冲突双方的记者间的互动关系，国际新闻流的全球化与本土化等，都进入比较新闻学视野，成为全球化时代新闻生产的重要景观。

对于比较新闻学来说，全球化时代可能是“最好的时代”，因为它以连接与互动的复杂性、变化性、多样性，生成了新闻比较研究的无限可能性；也可能是“最坏的时代”，因为它蕴含的同质性的力量与消解他者的力量，可能使新闻比较研究失去意义。我们只有沉浸于新闻传播的情境化世界，才能找到通向“最好的时代”的道路。

扩展阅读

1. 单波．20 世纪中国新闻学与传播学：应用新闻学卷［M］．上海：复旦大学出版社，2001.

2. 李立峯，陈韬文．新闻学比较研究的价值和挑战［J］．传播与社会学刊，2010，13：1－30.

3. 西伯特，彼得森，施拉姆．传媒的四种理论［M］．戴鑫，译．北京：中国人民大学出版社，2008.

4. 多种声音，一个世界［M］．中国对外翻译出版公司第二编译室，译．北京：中国对外翻译出版公司，1981.

5. LERNER D. The passing of traditional society：modernizing the Middle East［M］. Glencoe，ILL.：The Free Press，1958.

6. BLUMLER J G，MCLEOD J M，ROSENGREN K E. Comparatively speaking：communication and culture across space and time［M］. New York：Sage Publications，1992.

7. CHALABY J K. Journalism as an Anglo-American invention：a comparison of the development of French and Anglo-American journalism，1830s－1920s［J］. European journal of communication，1996，11（3）：303－326.

8. WARD S. Global journalism ethics：widening the conceptual base［J］. Global media journal，2008，1（1）：137.

9. ESSER F，HANITZSCH T. Handbook of comparative communication research [M]. New York：Routledge，2012.

10. HANUSCH F，VOS T P. Charting the development of a field：a systematic review of comparative studies of journalism [J]. International communication gazette，2020，82 (4)：319 - 341.

思考题

1. 中西新闻比较与“西方-非西方”“南方-北方”“全球南方-全球北方”意义上的新闻比较有何联系与区别?

2. 按照情境化新闻比较方法设计一个比较研究的方案。

第二章

比较新闻学的方法

方法即道路（way），它通向问题的“密林”，帮助我们寻找可能的答案。同时，它也靠我们去建构，形成解释问题的思想通道。也就是说，我们要在面向问题的过程中建构比较新闻学的方法。

为此，本章将从研究焦点、研究设计、取样方法三方面进行探讨。具体说来，就是在研究重点上区分变量逻辑研究和案例逻辑研究不同的关注点；在研究设计上理解变量逻辑研究经常采用的共变法，以及案例逻辑研究常用的最相似系统设计法和最相异系统设计法；在取样方法上探寻如何保证样本的代表性，理解变量逻辑研究所遵循的随机取样原则，以及案例逻辑研究的取样方法，它们均指向特定的理论问题。一般说来，在考察“是什么”（what）类型的研究问题时，可采用变量逻辑的研究方法，以更准确描述总体特征和趋势；而针对“如何”（how）和“为什么”（why）类型的研究问题时，案例逻辑的研究方法可更好解释变量及变量与变量之间的特征和互动。

本章选取跨国比较、国家内部比较及新闻组织内部比较三个不同的宏观背景层次，对新闻文本的形式、内容、记者-用户互动的相似和差异进行阐释，以便帮助大家进一步理解比较新闻学的问题与方法。

第一节　比较研究的两种视野：普遍性与特殊性

长期以来，对于比较方法在新闻学中的位置，有两种视野的解读。一种视野认为，比较方法内在于所有新闻传播学研究过程中。尤其伴随着 20 世纪 90 年代冷战结束，全球化时代开启，许多研究都将比较作为隐含的前提。社交媒体时代的转变更新了许多方法，但比较倾向却更加凸显，被视为新闻学研究的核心承诺之一。[①] 比如，对语境的敏感和对整体的关系性的关注，要

① CARLSON M，ROBINSON S，LEWIS S C，et al. Journalism studies and its core commitments：the making of a communication field [J]. Journal of communication，2018，68（1）：6－25. 这一文章总结了这一时期新闻学研究的六大核心承诺，即语境敏感性（contextual sensitivity）、整体关系性（holistic relationality）、比较倾向（comparative inclination）、规范意识（normative awareness）、嵌入式交际能力（embedded communicative power）、方法论的多元主义（methodological pluralism）。

求研究者采取比较视野。同时，由于新的研究总是要和过去的研究对话，数据收集和分析也需要比较、衡量多种材料，因此比较的维度不可或缺。

另一种视野认为，比较研究必须将“比较”明确置于概念框架、研究设计和案例选择中，并建立研究对象的可比性（equivalence）。也就是说，比较研究需要将等价的研究对象（如新闻来源选择）置于不同的宏观背景（如政治制度、新闻文化）中，比较它们的相似与差异（见图 2-1）。

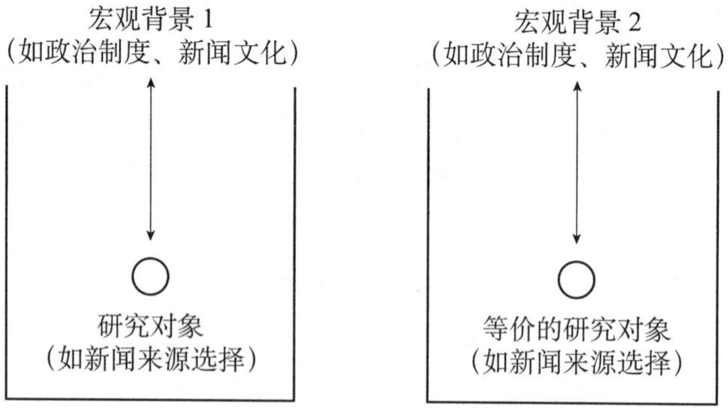

图 2-1　比较研究的框架

资料来源：改编自 ESSER F，HANITZSCH T. Handbook of comparative communication research [M]. New York：Routledge，2012：3-22。

从研究对象来说，任何与新闻传播相关的现象都可以作为研究对象，如作为新闻生产者的记者和编辑，作为新闻消费者的用户，新闻文本等。从宏观背景来说，这种考察经常聚焦于国家、政治与经济体系、文化、地区/区域、语言等层次。由于国家具有固定的物理边界，是区分政治、经济、文化等其他层次的重要框架，因此，许多比较新闻学研究都将国家作为主要的宏观背景，试图发现不同研究对象在不同宏观背景下，有何种相同或相异的特征，并通过宏观背景与研究对象的不同关联来解释其中的异同。在全球化时代，越来越多的学者试图超越国家框架，从其他层次比如图景（scapes）分析新闻传播现象的关系和边界。总之，比较研究的内涵和外延在这一视野下被更严格地定义。

第二节　比较新闻学的研究设计

新闻传播学研究常见的数据收集和分析方法有六种，包括问卷调查、实验、内容分析、深度访谈、参与式观察、文本分析。前三种被视为定量方法，它们一般采取演绎式的研究逻辑，从具体理论和解释模型出发，收集数据验证假设；后三种被视为定性方法，它们多采用归纳的方法，从数据出发来发展阐释性的类型、机制、理论框架等。定量研究和定性研究在抽样、数据收集、处理、解读等方面存在许多差异，需要我们谨慎对待。

在比较新闻研究领域，这两种类型的方法都在不同程度上被运用到实证研究中。有研究者通过分析 2000 年至 2015 年的 441 篇比较新闻研究文章指出，该领域的实证研究越来越倾向于采取定量的数据采集和分析方法，特别是内容分析法。①

但是，从比较新闻研究领域的研究设计来看，定量和定性并不是区分研究逻辑的最重要标志。相反，我们应当从大样本的变量逻辑研究和小样本的案例逻辑研究去理解研究设计的基本逻辑。其研究目标、研究方法和分析工具、解释模式等都有很大差异。

一、关注焦点：变量或案例

我们按照变量逻辑研究方法，在完成数据收集后，若把数据标准化为一个矩阵，则每一列都代表一个变量，而每一行都表示一个案例。变量逻辑研究的关注点在每一列变量。例如，在汉尼茨等人主持的比较新闻文化项目中，他们对 67 个国家的记者进行问卷调查，从 9 种不同类型的变量考察各国新闻文化的差异和相似之处，总结出不同类型的新闻文化（见表 2－1，具体内容可参看第四章第二节）。

表 2－1　变量逻辑研究举例

	国家	C9 编辑自主性： 选题	C10 编辑自主性： 强调的方面	C11 编辑自主性： 编辑协调的参与	编辑自主性指标： 综合
1	66	2.444 853	2.430 147	2.430 147	2.437 500
2	53	2.775 000	2.829 268	2.720 430	2.751 843
3	14	2.980 061	3.203 077	2.743 472	3.090 491
4	30	3.073 753	3.206 074	2.331 897	3.139 009
5	49	3.250 000	3.447 471	2.984 436	3.348 249
6	21	3.322 500	3.427 500	3.138 191	3.375 000
7	60	3.389 205	3.267 045	2.656 250	3.328 125
8	24	3.412 607	3.465 318	3.416 910	3.436 963

① HANUSCH F，VOS T P. Charting the development of a field：a systematic review of comparative studies of journalism [J]. International communication gazette，2020，82 (4)：319－341.

续表

	国家	C9 编辑自主性： 选题	C10 编辑自主性： 强调的方面	C11 编辑自主性： 编辑协调的参与	编辑自主性指标： 综合
9	43	3.436 975	3.450 000	3.335 180	3.441 828
10	34	3.461 774	3.518 911	3.564 615	3.492 436
11	37	3.494 949	3.712 121	2.930 946	3.603 535
12	9	3.509 383	3.589 333	3.142 499	3.550 667
13	38	3.552 561	3.634 278	NA	3.593 414
14	48	3.602 219	3.848 580	3.671 340	3.723 089
15	22	3.625 000	3.641 129	3.619 433	3.634 538
16	58	3.648 936	3.557 895	3.157 895	3.605 263
17	8	3.664 865	3.756 757	4.204 301	3.709 677
18	31	3.664 908	3.692 513	3.311 170	3.675 462
19	69	3.677 130	3.230 088	2.770 925	3.435 065
20	57	3.689 498	3.805 430	4.208 333	3.754 505
21	35	3.700 658	3.854 785	3.369 637	3.777 961
22	39	3.707 101	3.696 165	3.816 568	3.694 118
23	27	3.709 251	3.780 702	3.440 909	3.741 228
24	7	3.712 644	3.318 182	3.393 258	3.511 364
25	55	3.720 513	3.815 385	3.228 205	3.767 949
26	1	3.738 983	3.738 983	4.214 286	3.738 983
27	13	3.739 669	3.771 134	3.341 772	3.754 639

资料来源：截取自 Worlds of Journalism 项目 2012—2016 年数据（https：//worldsofjournalism.org/data - d79/data-and-key-tables - 2012 - 2016/）。

其中，竖排的各列指向不同变量。例如，在测量编辑自主性变量中，记者是否可以自主选题、是否可以决定强调新闻的哪些方面、是否可以参与编辑协调等作为指标都被纳入考察。在数据分析中，研究者运用统计方法，计算发现变量之间的相关性关系。该研究始终关注的是变量之间的关系；而对于每一行的案例（即国家），研究者将其视作同质化的个体。变量逻辑研究很大程度上忽视了对宏观背景以及研究对象与宏观背景的关系的考察。

与之相反，案例逻辑研究则将关注焦点置于每一行的案例。例如，在分析欧洲十八国的新闻体制时，哈林和曼奇尼对四个不同的变量——报业发展状况、政治平行性、媒介专业化、国家在媒介体制中的角色进行细致分析。其目的并不是将这些变量从各国的历史和社会背景中抽离出来，计算它们的相关性和因果性，他们关注的重点是案例，对变量的分析是为了考察不同变量的特征以及它们如何相互作用，造成案例间的相似或差异，生成不同的媒介体制类型（具体内容可参看第七章第一节）。每一个案例都视为完全异质的个体，其特征是由其内部不同变量的特点及其组合方式形塑的。

综上所述，在比较新闻研究中，变量逻辑研究将焦点放在变量之间的关系上，将其从作为宏观背景的案例中抽离。该研究路径更适用于对大样本的研究对象进行比较，从而能更好地描述变量的整体特征、趋势和关系。而案例逻辑研究则关注每个案例下变量的不同特质及其互动关系如何造成案例间的相似和差异。对特质的关注让该研究路径更适用于对小样本的研究对象进行深入考察，发现其怎样以及为何形成各种特征和关系。

二、研究设计

因为关注焦点的差异，变量逻辑研究和案例逻辑研究所遵循的研究设计方法也有不同。基于密尔（John Stuart Mill）的“共变法”（co-variation），变量逻辑研究亦寻求描述和解释因变量和自变量间共同产生的变化。[①] 共变法指的是，若两个变量总是以相同的方向和形式发生变化，则这两个变量间存在某种关联。

例如，一项大型欧洲十六国跨国比较研究试图解释民粹主义信息和用户参与之间的关系。通过问卷实验，研究者将招募到的每个国家约 1 000 个具有代表性的用户分为实验组和控制组。实验组的被试被随机分配阅读含有八种不同民粹信息的在线新闻，两个控制组则阅读不含民粹信息的新闻。每组被试至少被要求读 20 秒的在线新闻，再完成一项测试来比较其意向是否改变。研究结果显示，一般来说，反精英的民粹信息更能激发各国被试的政治参与，而反移民的民粹信息则有反效果。各国失业率和民粹党派是否当选情况也会影响民粹信息对公民政治的影响。[②] 从该研究设计中可看出，民粹信息被视为自变量，用户参与被视为因变量，通过控制前者以及其他变量（如各国的失业率），研究者试图发现这些变量之间相同或相反的方向改变，也即运用“共变法”。

---

① 密尔一共提出了五种建立因果关系的方法，本章列出三种在比较研究中最常用的方法，略去另外两种，参见 PETERS B G. The case study [M] //PETERS B G. Comparative politics：theory and methods. London：Red Globe Press，1998：137－155。

② HAMELEERS M，BOS L，FAWZI N，et al. Start spreading the news：a comparative experiment on the effects of populist communication on political engagement in sixteen European countries [J]. The international journal of press/politics，2018，23 (4)：517－538.

与此相对，案例逻辑研究则借鉴并发展密尔的“求同法”（the method of agreement）和“求异法”（the method of difference）。求同法指的是，若对相同或相似的研究对象进行数次观察，发现每次观察都有一个共同的背景因素先于或晚于该研究对象发生，则认为这个共同的背景因素与研究对象存在因果关系。求异法指的是，若对研究对象进行数次观察，发现它出现在一些场合而在另外一些场合不出现，同时在研究对象出现的场合某种因素也会出现，或在研究对象不出现的场合这种因素也不出现，则认为这个因素与研究对象间存在因果关系。

基于求同法和求异法，社会科学家将其改造为适用于实证研究的方法，构建出两种现在被广泛应用于比较研究的方法，即最相似系统设计法（most similar system design）和最相异系统设计法（most dissimilar system design）。最相似系统设计法基于求同法，即在两个或多个案例比较中，它们在多个层次（自变量）上都大体相似，唯一不同的地方（自变量）可用来解释案例（因变量）的不同。但是，大多数实证研究仅仅寻求自变量和因变量大体相似，而并不试图建立一一对应的关系。

前面提到的哈林和曼奇尼的比较媒介体制研究就使用了最相似系统设计法：欧洲各国被视为大致相同的案例，通过对自变量即各国的报业发展状况、政治平行性、媒介专业化、国家在媒介体制中的角色在不同水平方面进行比较，作者总结出三种不同类型的媒介体制。这里，四种自变量并没有与其他代表媒介体制的自变量进行对比，因而，它并没有严格遵循求同法。

最相异系统设计法基于求异法，用一组差异较大的自变量里唯一相同或类似的因素去解释因变量。同样，最相异系统设计法也没有采用一一对应的关系，大多数研究仅在差异较大的案例间找到共同因素去描述或解释研究对象的异同。同时，由于在差异较大的案例下很难建立起比较对象的可比性，因此它较少被比较研究学者使用。

但是，无论是最相似系统设计法还是最相异系统设计法，它们都不能建立严格的因果关系，因为它们都不能排除其他的混淆变量对因果关系的影响。在考察自变量对因变量的影响时，比较研究学者永远只能根据现有研究的理论框架，选取某个或某些自变量进行考察，看它们如何影响因变量。由于社会现象的复杂性，研究者无法避免遗漏那些不在现有框架中的变量影响因素，无法对所有变量可能产生的影响进行全面考察。

例如，在结构功能主义和冷战框架下，《报刊的四种理论》主要考察政治体制变量如何影响报刊体制变量，忽略了经济、社会、文化等因素的影响。自变量的选取很大程度上受到学术领域现有理论框架和研究者自身对理论的理解的影响。这样一来，研究设计必须以理论为主导，同时也会不断受到新的理论的挑战。除此之外，如果严格遵循这两种经典研究设计，也只能找到单一的自变量（单因）去解释因变量的变化。但是，在现实里复杂的社会事实和过程中，因变量的变化很可能是多个自变量之间的复杂互动造成的。

因此，这样的研究设计的目的并非为研究对象建立可推广到任何条件的、普适的理论原理，而是试图建立理想型。这些理想型是对具体情境的结论进行有限的总结，当把理想型运用到新的具体情境和案例中时会发生相应的改变。案例逻辑研究更多是为发展理论，就研究对象提出可能的解释，而非如同变量逻辑研究一样去进行假设验证。

三、取样原则

不同逻辑的研究形成不同的取样原则。变量逻辑研究需遵循随机取样原则，选取具有代表性的样本。如上文提到的新闻文化研究，就要求所有参与研究的成员国提供能代表各国所有种类的媒体。研究者希望参与问卷的记者是普通的、能代表大多数记者特征的个体。这样，该研究的结果才能推广到所有参与国的记者总体。

而案例逻辑研究无法保证样本的代表性。与常规社会活动相比，革命、战争、动乱等突发事件发生的频率很低，即使所有样本相加也仍然无法构成大样本，显然无法将代表性作为取样标准。同时，每个案例都被视为异质化的、镶嵌于特定背景和过程中的个体，没有任何案例被认为可以代表群体全貌。因此，选取案例样本一般遵循案例研究逻辑。

具体来说，根据不同的研究目的，案例逻辑研究一般采取典型案例、多样性案例、偏激案例、关键案例等取样方法。

放大镜

案例逻辑研究取样方法

典型（typical/paradigmatic）案例指选取的案例代表了研究对象整体最典型的特征，而不是那些普通的、中等的（average）样本。

多样性（variation/diverse）案例指选取的案例可以展示研究对象整体在不同情况下的变化。

偏激（extreme/deviant）案例指案例显示的结果和现有理论所假设的因果关系相矛盾，一般可用来修正或提出新的理论来解决矛盾。

关键（crucial/critical）案例一般用来检验某个理论或假设的极端或特殊情况。也就是说，一个假设如果在关键案例上成立，那么在其他类似案例中肯定也会成立。

总之，变量逻辑研究和案例逻辑研究在研究焦点、研究设计、取样方法等方面存在差异。但这些差异并非优劣之分，而仅仅代表它们适用于回答不同的研究问题。变量逻辑研究使用大样本，它更适用于回答“是什么”类型的问题。例如，哪些新闻口的记者更倾向于使用社交媒体或个人网络来寻找新闻线索？案例逻辑研究多使用小样本对其各种因素（变量）进行深入分析，它更适用于回答“如何”和“为什么”类型的问题。例如，为什么不同报纸对难民采取不同的报道框架？

第三节　案例分析

我们不可回避西方理论，同时又必须超越西方理论，在与西方对话的过程中创新比较新闻学。本节将通过一些典型的研究案例，阐述如何将上述比较研究设计运用到具体情境中，启发我们进行更多创新性的比较。

一、国家之间的新闻比较

新闻媒介的兴起，使民族国家成了“可见的共同体”，人们通过新闻媒介去阅读、围观、讨论民族国家。新闻媒介既形塑民族国家观念，又为国家观念所影响，构成国家之间的新闻比较。

受韦伯的影响，人们一般习惯性地认为，美国记者更倾向于把事实和价值进行区分并更注重提供“事实性”报道，法国等欧洲国家记者则经常将两者混在新闻报道中，并且更愿意在新闻中表达个人的价值观；同时，美国新闻界被认为更注重各方观点的平衡，而法国新闻界的党派性更强。总之，美国和法国新闻业的区别被对立为美式“客观性”（objectivity）偏向和法式“意识形态”导向的专业特色。这与两国的民主理念建构相联系，美国式的公民自治要求新闻媒体提供充分资讯，以帮助公民实现理性的自治，而法国式的民主强调每个人都有发言权，强调意见的多元性。虽然两国新闻报道的特色似乎映射出民主理念的区别，但实际上的情形却很复杂。

以法国学者勒米厄（Cyril Lemieux）和美国学者施马尔茨鲍尔（John Schmalzbauer）的研究为例[①]，他们分别从美国和法国的“中立派”（centrist）

① LEMIEUX C，SCHMALZBAUER J. Involvement and detachment among French and American journalists：to be or not to be a “real” professional［M］//LAMONT M，LAURENT T. Rethinking comparative cultural sociology，2000：148－169.

报刊和“非中立派”（non-centrist）报刊中选取记者，来了解他们的专业主义的理念和实践。从研究设计上看，该研究采取最大差异性的设计（MDSD），试图在美法两国的新闻文化差异中寻求不同记者关于专业主义的认知相似性。在取样上，中立派报刊记者均来自两国主流媒体，如美国的《纽约时报》《华盛顿邮报》和法国的《世界报》（*Le Monde*）、《解放报》（*Libération*），非中立派报刊专栏作者来自美国的《洛杉矶时报》、《印第安纳波利斯新闻》、《进步》（*The Progressive*）和《每周标准》（*Weekly Standard*）的评论栏目以及法国的《人道报》（*L'Humanité*）、《国家周刊》（*National Hebdo*）和《观点》（*Regards*）。这些样本不具有统计学意义上的代表性，但却是最能回答研究者问题的典型样本。研究采取的是案例逻辑的研究设计，将报纸的倾向作为宏观背景考虑，分析这一背景与研究对象（记者的专业主义）的关系（见图 2－2）。

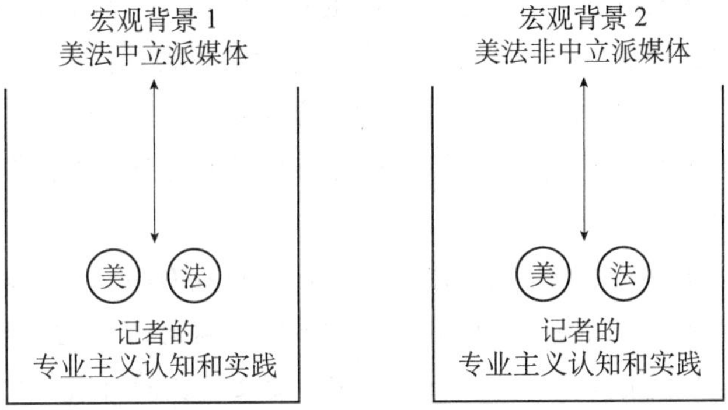

图 2－2　比较美法中立派和非中立派媒体记者对新闻专业主义的认知和实践

通过深度访谈，研究考察了美法两国记者如何区分公共职业角色与私人角色，以及平衡超脱性（detachment）和介入性（involvement）来体现专业主义。结果显示，美法两国的主流中立派媒体记者都认为新闻应当与政治分离，避免与采访的政治人物建立工作以外的朋友关系。通过切割工作时间与私人时间及语言上的疏离，他们将自己的公共职业角色和私人角色区分开来。记者们也以“诚实”为由，尽量展现社会事件中的多方观点。两国记者都认为自己应当是公共讨论的“不偏不倚的主持人”，其目的是捍卫民主。为抵御对民主的威胁，记者也会在某些时候放弃完全的中立立场。比如，法国记者会抵制给右翼国民阵线在媒体上的应答机会，美国记者也会严厉批评使用煽动种族歧视的话语和行为。

美法主流中立派媒体记者在专业主义上的趋同可以通过两国新闻业的变化来理解。一方面，法国新闻业逐渐“美国化”，慢慢趋向营利性报业的方向，吸收并学习建立了新闻学院、展开科学调查、采取专家来源等美式新闻报道方式；记者也逐渐改变之前的政治行动主义，使自己的立场更加中立。另一方面，美国新闻业则在 20 世纪 60 年代社会运动的影响下，逐渐松动客观性原则，认为自己应当积极推进公民参与和民主。总之，两国新闻业的变革使得主流媒体记者在专业主义的认知和实践上变得更加趋同，可以将其与美法两国新闻文化变革的宏观背景勾连起来，以解释二者趋同的原因。

但是，对非中立的、具有明显左/右派政治倾向的新闻工作者的考察却显示，他们和主流中立派媒体的记者持相反的立场和观点。他们不对公共角色和私人身份、新闻专业性和政治性、新闻与评论、报道和鼓吹进行严格界定。非中立派媒体的工作者认为，严格区分事实与评论、个人意见与报道既不可能也没有必要。法国左、右派记者都认为，媒体宣称仅仅提供事实而非意见是无法自圆其说的，甚至是一种“虚伪”的表述。他们不满法国主流媒体受美式客观性报道风格的影响，但也在一定程度上认同新闻应具有超然立场。左派记者表示除了极端右派观点和暴力性语言，报刊应当包括更多种声音；右派记者也否认他们和右翼国民阵线的从属关系，但对暴力性语言却更宽容。总之，法国的非中立派媒体工作者与主流中立派媒体工作者在专业主义上持相对观点。

同样，美国的非中立派媒体工作者也反对将新闻和政治完全对立起来。首先，他们认为主流媒体并没有达成它们自己声称的客观和平衡报道原则，相反，其报道往往导致权力更集中，更反传统的自由文化精英主义。左派媒体工作者明确表示他们欣赏欧洲媒体对政治事务更介入的态度，而右派媒体则一直指责主流媒体的自由主义倾向。但是，非中立派媒体工作者也部分肯定了专业主义原则，如公正报道自己不认同的观点和对新闻事实进行准确报道。

其次，美法两国的非中立派媒体工作者也表示自己的政治立场会影响新闻报道。法国的左、右派新闻工作者都将新闻事业和政治行动结合。左派记者不仅公开表达自己的党派立场，而且认为介入公共事务、揭露社会不公正是道德义务。右派记者虽然不愿意公开承认自己的党派性，但仍然依托民族主义和宗教来表达自己捍卫传统的立场，并在私下与政客们联系。与此类似，美国非中立派媒体工作者也认为私人信仰和专业报道密不可分。美国左派记者认为新闻应当是一种批判现有权力结构、变革社会的社会批评写作形式；右派新闻工作者则将捍卫传统价值视为己任。总之，非中立派媒体工作者再次对主流新闻专业主义理念进行了挑战。

最后，虽然该研究中数次提到美国社区媒体（community media）和另类媒体（alternative media）的兴起，以及法国极右翼政治势力的扩张，但并未详细阐述这些力量如何形塑非中立派媒体工作者对专业主义理念的挑战和扬弃。这尤其体现在该研究对美国右翼媒体的忽视上。考虑到美国右翼保守势力的崛起几乎和虚假新闻、舆论极化等趋势同步，它们对专业主义的挑战尤其需要后续研究更深入分析。同时，是什么因素让政治分歧如此大的新闻工作者都一致坚持专业主义原则呢？这些原则是否仍然被当今的新闻工作者推崇并实践呢？当然，这样的国别研究不仅存在于美法之间的比较，本书第三章中对美国与德国的堕胎报道比较分析也是一个具有启发性的案例。

你怎么看？

跨国比较媒介研究既具有重要性，又富有挑战性。结合阅读材料，和同学讨论一下，索尼娅·利文斯通（Sonia Livingstone）提出了哪些跨国比较的挑战，以及未来研究应如何克服这些挑战。

阅读材料：

LIVINGSTONE S. On the challenges of cross-national comparative media research [J]. European journal of communication，2003，18 (4)：477－500.

二、国家内部的新闻比较

新闻比较不仅可以在民族国家之间展开，还可以与特定国家内部的地方、族群和阶层等因素广泛关联，形成更多层级和多面向的差异性比较。通过视角的不断转换，人们可以更充分地感知新闻传播关系的多样性。

（一）地方比较

从宏观到中观，全国与地方、地方与地方之间的比较更能体现媒介体制如何嵌入地方权力关系之中实际地运作，如何影响新闻场域和实践，同样具有普遍性的理论意义。

在评述拉美国家媒介体制的个案研究时，哈林注意到国家内部的地方差异："地处首都的全国性中心媒体和其他地区的媒体之间就存在着重要的差异。地处首都的媒体更强大、更自主，而较小地区的媒体与地方有更多的瓜葛，受到更多控制，其形式从依赖政府广告到针对新闻工作者的暴力不一而足。在地方层级上经常有非常不同的社会和政治结构。"①

① 周书环．比较媒介体制研究与拉丁美洲的特色：政治传播学者丹尼尔·哈林教授访谈［J］．新闻记者，2018 (6)：43－49.

从整体上看，历史和现实中的持续性差异使意大利的媒介发展深受极化多元主义政治的影响。与自由主义模式相比，极化多元主义的新闻事业更受政治和文学的影响，新闻风格偏向评论，有鲜明的政治倾向，读者的选择也深受政治影响。虽然在20世纪后期，新闻的相对独立性和职业意识有所提升，但依然不同于自由主义模式，国家在其中扮演着强大角色。① 这里的分析暗示着，与其根据与自由主义模式的差距来定义极化多元主义模式，不如直接面向极化多元主义的现实，细腻地分析地方性实践的差异，由此形成对媒介体制的特征与变迁的更真切的认识。

（二）族群比较

新闻是社会交往的中介，多元文化社会的族群交往可能引发多样性的新闻实践，这是国家内部新闻比较的一个重要观察点。

社会学家罗伯特·帕克的《移民报刊及其控制》是关涉这一问题的经典研究。他以丰富的经验材料，向我们描绘了20世纪初期以前的美国移民报刊既广阔又细腻但“不完全的”（用他自己的话来说）图景。

美国是一个移民国家，移民人口与族群种类众多，他们基于相通的语言和文化发展起移民报刊，满足社会交往、情感联结和信息需要，在新的社会环境中调适自身的生存。这些报刊上登载广告，凝聚共同记忆，传播文化和种族意识，也讨论时代环境下的战争、阶级问题，不同族群的焦点有许多差异。移民报刊史既是移民生存斗争的历史，也是这些报刊本身为求生存而走向美国式报界的历史。因此，在社会主流价值所引导的“美国化”之下，也产生了对移民报刊的控制，控制的方式包括广告控制、战争期间的政府干预、跨种族委员会的控制等。但对于帕克来说，真正的“美国化”并不能通过移民的屈从而生成，而应该在移民“过日子”以及参与国民生活的过程中发生，这将导致一种温和的同化，本土出生者和外国出生者相结合，在更加充分的共同理解和欣赏中通过自治的手段来达致最大福祉。②

从这一图景中我们可以感受到，少数族群媒体服务于群体的实践需求和情感诉求，在同化之中寻求着差异化，但在参与社会互动的过程中，不断受到主导权力的牵引，在差异化之中又可能被同化，由此处于自由与控制之间的关系张力中。

---

① 哈林，曼奇尼．比较媒介体制：媒介与政治的三种模式［M］．陈娟，展江，等译．北京：中国人民大学出版社，2012：87－141.

② 帕克．移民报刊及其控制［M］．陈静静，展江，译．北京：中国人民大学出版社，2011.

主流新闻媒体与民族新闻（ethnic journalism）的关系，伴随着全球人口迁徙，依然在不断建构，在不同语境下形成少数媒体（minority media）、移民媒体（immigrant media）、流散媒体（diasporic media）以及社区媒体等概念。以澳大利亚为例，有论者指出，尽管在20世纪70年代，澳大利亚就确立了多元文化主义的政策，设立致力于反映和宣扬多元文化主义的公共广播电视机构，但产生的文化多元和文化融合的效果并不明显。社区媒体和普通的非英语类视频媒体构成了主流媒体之外的补充，承担起边缘或外来族群相关的少数议程。譬如在亚洲人社区，人们通过订阅新闻、观看电视剧和电影，甚至举办音乐会等社区媒体实践，在保存自身文化的同时，逐渐建构起与占优势地位的主流文化的协商空间。[①]

随着数字技术的快速发展，民族新闻进入互联网虚拟社区的语境之中，但同时也面对着不断杂糅化的转文化（transculturality）或者消解文化意义的超文化（hyper-culture），其中隐含的同质化力量有可能使得族群间新闻比较的意义变得晦暗不明。

（三）阶层比较

从社会分层入手分析新闻传播的权力关系，也是感知国家内部新闻传播关系多样性的一种视角。

在市场驱动的新闻业中，人们很容易观察到，不同的报纸面向不同阶层的读者，媒介风格关联于特定读者群的身份与偏好。英国电视剧《是，首相》中的一段经典台词戏谑地指出了这一点：

> 《镜报》的读者是自以为在治理国家的人，《卫报》的读者是自以为应该治理国家的人，《泰晤士报》的读者是真的在治理国家的人，《每日邮报》的读者是治理国家的人的夫人，《金融时报》的读者是手里攥着国家的人，《晨星报》的读者是想把国家交给别国治理的人，而《每日电讯报》的读者觉得我们正被别国治理着。《太阳报》的读者不在乎谁治理国家，只要她胸部大就好。

在一个国家内部，即使记者的职业意识形态相近，其各自所属的报纸也倾向于以不同的风格凸显自己。美国新闻史学家舒德森（Michael Schudson）对19世纪末美国新闻业的分析支持了这种观察。他指出，当时的记者普遍认同事实和娱乐并重，但是普利策的《纽约世界报》和赫斯特的《新闻报》偏

---

① 卡伦，朴明珍．去西方化媒介研究［M］．卢家银，崔明伍，杜俊伟，等译．北京：清华大学出版社，2011：313－315．

向娱乐大众，阿道夫·奥克斯（Adolph Ochs）的《纽约时报》却走上追求事实的道路。舒德森将这两种新闻模式概括为“故事”模式和“信息”模式：前者认为新闻的首要任务是为读者带来令人满意的审美体验，帮助读者诠释自己的人生，使其融入所属的国家、城镇或阶层；后者强调报纸提供不经修饰的事实，纯粹用于传达信息，与讲故事是格格不入的。

美国当时的社会分层呼应了这种差异，受过良好教育的精英阶层同信息取向相关，而工人阶层则与故事取向相关。这也就说明了为什么从 1883 年到 20 世纪头十年，黄色新闻（yellow journalism）登峰造极，但同时《纽约时报》一跃成为美国最可依赖、最受尊敬的报纸。不同媒介风格还和 19 世纪末美国的社会变迁以及由此产生的不同阶层的社会心理转变相关。《纽约世界报》竭力营造出一种全新、奇异、不可预料的生活体验，对新近接受教育的群体、刚从乡村进城的群体、工人阶级和中产阶级而言，这种体验恰好忠实反映了他们的日常生活；而《纽约时报》以“高级新闻”迎合所谓理性的、生活井然有序的精英读者，他们对生活有较强的操控力，更加独立，并积极参与社会事务，因此更看重实用知识，阅读政治新闻。

这种阶层划分与市场定位有其合理性，但同时忽略了读者作为“完整的人”存在的意义：《纽约世界报》的读者也许希望更有效地操控自己的人生，而《纽约时报》的读者也许希望生活能够更有味道。[①]

从社会分层的角度看，新闻成为生活品位或者所谓“格调”的一种符号标记。福塞尔（Paul Fussell）相当辛辣地指出，美国上层阶级的成员与贫民阶层的阅读趣味大相径庭，而没多少钱又焦虑的中产阶级常常陷入陈词滥调和老生常谈，既装腔作势，又回避现实。[②]

这一分析也为布尔迪厄（Pierre Bourdieu）的实证研究所支持：趣味判断的另一面是文化区隔。他基于问卷调查和搜集所得的统计学材料，检验不同阶层如何影响人们选择不同政治倾向的报刊。根据他对法国媒体的观察，阅读全国性日报（比如《费加罗报》和《世界报》）的可能性，随着受教育水平和社会阶级的升高而增加，除统治阶级外，男性的阅读比率普遍比女性高；民众阶级的阅读几乎完全局限于体育报纸和公共日报，在地区日报阅读中，女性的阅读比率持平甚至略高于男性。在这里，阅读的数量和质量所展示出的空间，相当确切地重现了资本的总量和结构的一般对立。报刊由此成为不同阶层的政治标记，粘贴于由资本总量、经济资本和文化

① 舒德森．发掘新闻：美国报业的社会史［M］．陈昌凤，常江，译．北京：北京大学出版社，2009：106－108．

② 福塞尔．格调：社会等级与生活品味：修订第3版［M］．梁丽真，乐涛，石涛，译．北京：世界图书出版公司北京公司，2011．

资本构成的坐标系之中（见图 2－3）。人们通过这些标记占据位置，因这些象征显示出差别。[1]

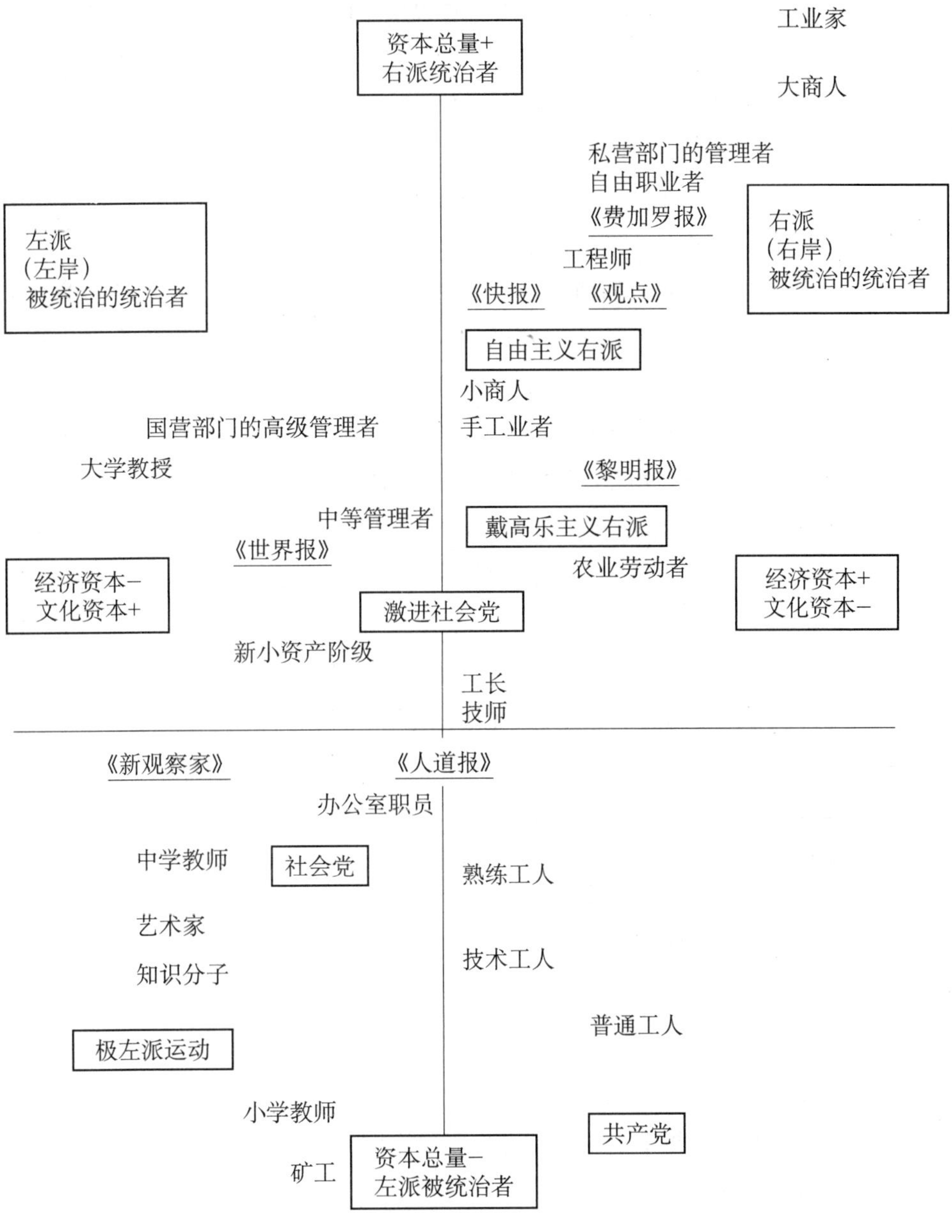

图 2－3　报刊作为阶层的政治标记

注：这个图是依据对可利用的统计数据以及不同的对应分析的一种深入阅读而构造的理论示意图，只考虑作为政治“标记”和“标志”起作用的报刊。

资料来源：布尔迪厄．区分：判断力的社会批判［M］．刘晖，译．北京：商务印书馆，2015：718.

① 布尔迪厄．区分：判断力的社会批判［M］．刘晖，译．北京：商务印书馆，2015：706，707，717.

这种实证研究导向对现实的社会批判，即使在宣称“世界是平的”的互联网时代，人们的脚下却仍是凹凸不平的地貌。由阶层视角透视国家内部的新闻比较，人们体认到，新闻传播的社会控制问题依然至关重要。

三、同一新闻组织内部的比较

一些比较新闻研究也会聚焦于同一新闻组织下的不同子单位或其涉及的子群体，考察其内部差异。

在线新闻网站如何制定并实施用户评论政策？这是互联网时代新闻组织面对的新问题。这一问题的研究专注于考察在线互动政策与用户参与度之间的关系，如设置正式的新闻用户互动社区管理员加以引导，会加大用户的参与度。但这仅能说明相关性，未能解释这些因素是如何相关的。用户评论政策研究所展现的问题是：评论政策制定中融入了哪些新闻价值、规范和假设？在执行过程中哪些因素（如技术、新闻生产、编辑室等级制度等）影响了政策实施？记者如何看待网络评论？最终形成何种记者-用户关系？①

面对这些问题，典型案例和多样性案例的结合是一种合理选择。有研究者选取一家正在经历从纸媒向网媒转型的新闻组织，在该新闻组织转型期（2008—2009年）进行了每周40小时，长达6周的观察，并对32名编辑和记者进行了正式深度访谈，以及几十次非正式访谈；同时也参与了一次有250名用户参与的制定评论政策的在线互动讨论会。选择以上活动及访谈是因为它们具有典型意义，从中可以了解评论政策制定、实施的整体性特征。另外，研究者还对5名记者进行深度访谈，这些记者分别为不同规模、不同地理位置、不同类型的新闻机构服务；通过这些访谈可以交叉验证收集到的数据。通过多方数据比照来阐释结果，比较框架暗含在研究设计中。

在数据分析中，研究主要采取建构性解释的技巧。从记者和编辑维护权威的探索性论点出发，按照扎根理论的编码方式，对材料进行了编码，从中找出新闻组织与用户之间关键的关系。研究发现，在尝试建立新的评论政策时，新闻机构内部以及用户群体产生了诸多矛盾。在该新闻机构内，编辑和记者都希望增强与用户的互动，这种互动却旨在实现新闻机构的产品增值、服务社区、调动用户等目标，即以新闻机构本身的利益为中心的互动模式；

① ROBINSON S. Traditionalists vs. convergers: textual privilege, boundary work, and the journalist-audience relationship in the commenting policies of online news sites [J]. Convergence, 2010, 16 (1): 125-143.

但对于如何实现这个总体目标颇有争议。年纪较长、资历较深的“传统派”（traditionalist）更愿意将用户评论看成是传统读者来信的延伸，因此希望对其注册、内容表现形式、禁忌话题等进行严格管理；而年轻的“融合者”（converger）则认为网络评论代表一种新的互动形式，主张评论可以匿名，新闻机构应该更少控制内容，他们也更愿意与用户互动。这两种理念的冲突，通过评论政策在实施中的角色及行为矛盾表现出来（见图 2－4）。

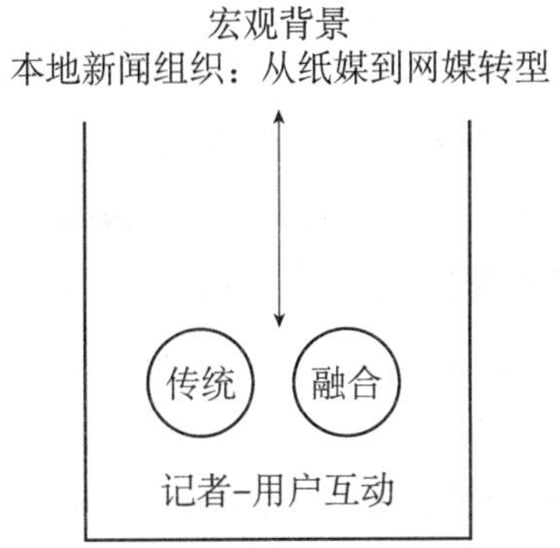

图 2－4　同一新闻机构内记者-用户互动的不同模式

用户本身对评论的看法和实践也体现了“传统派”和“融合者”的区别。前者希望评论区用户注册并有内容控制的规定，而后者不仅希望更少控制，而且把评论区当作用户间建立连接的空间。总的来说，与新闻生产者相比，用户更倾向于评论空间的独立自主性。虽然几家新闻机构都希望维持对用户及其生产内容的权力，但在竞争、技术、新员工及其新思路的推动下，都将用户要求自主的呼声加入评论政策的建立和实施中。可见，在评论政策的实施中，权力关系更加弥散、多元，这也代表了整个新闻业在网络转型中的总体趋势。

这实际上是从记者和用户两种角度比较了两种不同的分析单元，即“传统派”和“融合者”如何在网络空间互动、矛盾共存。而研究结果也修正了原有的理论假设，即新闻生产者和用户之间具有一种天然的等级权力关系。研究者试图通过编辑室内部运作的复杂性，来展示不同的新闻生产者可能会与用户建立不同的关系和互动。

但是，这一研究仅仅从“传统派”和“融合者”的年纪、资历、理念等个人特征出发，解释他们在与用户互动中形成的不同关系模式，未进一步考察这些不同的个人特征如何与新闻编辑室内部的组织及权力结构、新闻业的技术转型、市场竞争压力互动；“传统派”和“融合者”具备不同的能力或意愿，从而导致两者采取不同的用户互动模式。后续比较研究需深入扩展记者变量如何与其他因素结合，产生不同的记者-用户互动模式。

扩展阅读

1. 韦伯．社会科学方法论［M］．韩水法，莫茜，译．北京：商务印书馆，2021.

2. 伯格．媒介与传播研究方法：质化与量化研究导论：第 4 版［M］．张磊，译．北京：中国传媒大学出版社，2021.

3. 拉金．比较方法：超越定性与定量之争［M］．刘旻然，译．北京：格致出版社，2022.

4. DPORTA D D，KEATING M. Comparative analysis：case-oriented versus variable-oriented research［M］．London：Cambridge University Press，2008.

5. ESSER F，VLIEGENTHART R. Comparative research methods［M］// The international encyclopedia of communication research methods. John Wiley & Sons，Inc.，2017.

6. DOWNEY J，STANYER J. Comparative media analysis：why some fuzzy thinking might help. Applying fuzzy set qualitative comparative analysis to the personalization of mediated political communication［J］．European journal of communication，2010，25（4）：331－347.

7. LIVINGSTONE S. On the challenges of cross-national comparative media research［J］．European journal of communication，2003，18（4）：477－500.

8. GEORGE A L，BENNETT A. Case studies and theory development in the social sciences［M］．MIT Press，2005.

9. VAN DIJK T A. News analysis：case studies of international and national news in the press［M］．Routledge，2013.

10. BENFORD R D，SNOW D A. Framing processes and social movements：an overview and assessment［J］．Annual review of sociology，2000，26（1）：611－639.

思考题

1. 选取一篇近五年内出版的比较新闻学论文，从宏观背景和研究对象之间的关系方面阐释其研究设计。

2. 观察一家国际性媒体，做一个研究设计，分析其地区性版面的差异及其原因。

第三章 新闻文本

新闻文本是新闻传播过程中最基本、最核心的组织单位。不仅新闻生产围绕文本进行，而且新闻文本也是勾连新闻生产传播者、新闻用户、其他相关实体（如广告商、政府机构）等主体间互动的中介。在比较新闻研究领域，对新闻文本的相关研究远超过对新闻过程中涉及的人、组织或实体的考察。本章将主要从对新闻文本的不同研究方法入手，考察其内容、形式、意义如何在新闻生产和诠释中被建构。

第一节　新闻文本比较概述

1953 年，法国新闻学者雅克·凯撒（Jacques Kaiser）发表了世界上最早的对新闻文本的比较分析。受联合国教科文组织委托，凯撒对全球 17 份主要的日报约一周的报道内容，从其对 10 项世界热门事务的报道，比较其相同或差异之处；同时，该研究也对标题、插图、版面等进行考察。同年，国际新闻学会（International Press Institute）发表的《新闻的流动》（The Flow of the News）也对 21 个国家的主要报纸进行了类似的内容分析。这些分析对于 20 世纪六七十年代的“新世界信息与传播秩序”运动来说意义非凡，为透视国际新闻报道的不平衡状况奠定了基础。

一、新闻文本比较的内容分析

如同早期的研究，新闻文本比较研究都以国别为基本单位，聚焦于对国际新闻、对外报道的考察，分析层面也集中于对报道主题、事件、信源、表现形式等方面。20 世纪 90 年代后，随着计算机的普及、报纸电子数据库的不断完善，多国新闻文本比较变得越来越容易。这样一来，对各国的国际新闻文本和图像的比较研究，成为新闻文本研究中一个长盛不衰的主题。除此以外，新闻文本比较研究也经常聚焦于对战争、庆典、会议等各种重大国际事件报道的分析。

从方法上讲，这些研究更倾向于使用变量逻辑研究，而对新闻报道的内容分析则是比较新闻研究中最常见的研究方法。对 2000 年至 2015 年间 20 余份期刊上比较新闻研究的分析发现，其中 39%采取了内容分析法。[①] 内容分析法通过一系列标准化的步骤和量化的方式对文本数据进行处理，以寻找并描述关于文本特征的一般趋势和规律。

具体来说，遵循社会科学研究设计的一般步骤，采用内容分析法的研究者需根据现有文献提出具体的研究问题或假设。在此基础上确定、收集具体的研究样本并对其进行梳理。同时，研究者也应借鉴、参考相关研究，制作编码表（coding scheme）。由于定量内容分析至少需要两个编码者，因此，研究者应对参与研究的所有编码者进行培训并展开试编码。根据试编码的编码者间效度（intercoder reliability）的检验结果，研究者可决定是否继续进行正式编码或是对编码表等进行修改。在正式编码中，编码者对文本样本进行独立编码。编码的文本里应有至少 10%的内容是重合的，通过测算编码者对重合内容的编码是否一致，研究者可以知道在何种程度上编码者按照编码表对样本进行了准确的分类和处理。

最后，在所有编码完成，而且编码者间效度满意的情况下，研究者对结果进行进一步的描述性或解释性统计分析，报告最终的研究发现。例如，对非西方国家和地区的新闻报道“抗争范式”的考察，即使用了内容分析来比较三个非西方国家和地区各两家报纸 300 余篇报道对当地抗争的主要报道框架。[②] 总体来说，这些内容分析多聚焦于新闻文本本身，而较少将其置于多个行动者的网络中进行考察。

本节将聚焦于如何从更动态、复杂的视角对媒体报道进行内容分析，考察其如何构成其他行动者的话语机会结构（discursive opportunity structure，DOS），即一种主导的理解和诠释框架，在一定的政治文化中被认为是“明智的”“现实的”和“合法的”，有助于接受特定形式的集体行动框架。这一概念综合话语/框架理论和政治机会结构的理论，解释为什么一些话语比其他话语更成功，什么样的话语促进或制约了社会行动的成功。在这个意义上，媒体报道所代表的话语机会结构反映该社会的主导政策、制度、文化理念，并且限制草根行动者的话语空间及策略。到底选择迎合还是挑战话语机会结构，既是

---

① HANUSCH F，VOS T P. Charting the development of a field：a systematic review of comparative studies of journalism [J]. International communication gazette，2020，82 (4)：319 - 341.

② SHAHIN S，ZHENG P，STURM H A，et al. Protesting the paradigm：a comparative study of news coverage of protests in Brazil，China，and India [J]. The international journal of press/politics，2016，21 (2)：143 - 164.

由行动者本身的社会位置和诉求决定的，也会反过来影响其目标是否达成。

堕胎作为西方多个国家最具争议性的话题，在各国的争议点却并不完全相同。在自由主义、个人主义主导的美国和倾向社会福利主义的德国，两国媒体是如何构建堕胎话语并影响女性主义者争取堕胎权利的呢？①

放大镜

美德两国的堕胎法案

在 20 世纪 70 年代中期，美国和德国的高等法院都通过了关于堕胎的重要决定。1973 年，美国最高法院在“罗伊诉韦德案”（Roe v. Wade）中裁定，政府在女性孕期的头三个月没有权利干预女性是否堕胎的决定；该裁决持自由个人主义观点，认为女性的堕胎自由属于隐私等个人权利，应免受政府限制。

在联邦德国，1973 年推翻了允许在女性孕期的头三个月堕胎的法律，并且，联邦德国宪法法院在 1975 年认定胎儿也是一条生命，而国家有义务保护它。而在德国统一后，1994 年通过的法律将所有堕胎视为违法行为，但也允许还在孕期头三个月的女性堕胎，并且为接受福利的女性提供堕胎资助，对留下并抚养胎儿者提供幼儿园或其他帮助。也就是说，在福利主义政治文化影响下的德国，国家希望为女性提供有条件的堕胎，以保护女性在非自愿受孕情况下免受心理和社会的双重压力，特别是让那些贫穷女性不会因为负担不起合法堕胎去找非法堕胎而带来身体伤害。

美德两国的堕胎法案体现了两种不同的文化背景。美国的自由个人主义强调“消极自由”式的法律和政策，所以它给予女性个人堕胎自由权利，但是，除非在极端情况下，国家没有义务为女性支付堕胎相关费用或者为保留胎儿的母亲提供福利支持。相反，德国的福利主义强调国家在个人“积极自由”中的责任和义务。因此，国家既要保障胎儿的生命权，也要为怀孕及抚养婴儿的女性提供社会和经济资助。

这一案例把内容分析和两国的法律、制度、文化等宏观背景勾连，从而展示政治文化、媒体、女性主义者如何在互动中生产或挑战主流话语机会结构。基于主流媒体话语会反映并再生产社会主导文化的假设，考察美德不同的文化背景如何影响女性主义者表达其堕胎诉求，研究者使用内容分析，比较美国的《纽约时报》《洛杉矶时报》及德国的《南德意志报》《法兰克福汇报》1974—1990 年间的 2 618 份堕胎报道，分析其主要报道框架和被引用的女性主义发言人及话语。凡是频繁出现在报道中的观点和人物，都可以视为

① FERREE M M. Resonance and radicalism：feminist framing in the abortion debates of the United States and Germany [J]. American journal of sociology，2003，109（2）：304－344.

主动迎合并巩固该国主流话语机会结构。结果显示，在德国媒体上，女性主义者最常使用的观点是从性别的角度，争取将堕胎的权利作为女性的自决权。相反，在美国媒体上，堕胎权益的拥护者多呼吁堕胎权是一种免受国家干预的“个人”权利，并且这种权利是普遍的人的权利而非女性的特殊权利。

但是，如果从历史的维度分析两国媒体报道，以上区别其实并不是固定不变的。20 世纪 70 年代的报道显示，在关于堕胎的讨论中，德国的女性更倾向于采用一种自由主义式的论点，要求“我的身体我做主”。而当时的美国堕胎拥护者则更强调堕胎合法化可以保护女性免受非法堕胎带来的危险。当两国最高法院做出上述决定后，报道显示，美德的堕胎拥护者完全改变了话语策略：德国女性主义者开始大力强调保护的话语，而在美国这一诉求则大幅下降。也就是说，社会政策背景对媒体报道产生较大影响，而后者又影响了两国不同的女性主义者对堕胎议题采取不同的话语策略。

然而，对新闻报道的内容分析只能展现主流话语机会结构和某些女性主义者话语的一致性，而不能解释为什么会产生这样的重叠。因此，研究者接着对两国的主要女性主义组织进行访谈并对其组织的文件进行文本分析，以发现高等法院所塑造的话语机会结构会如何影响堕胎拥护者的话语策略。

对美国女性主义者的访谈以及文本分析显示，在高等法院把堕胎权视为女性的个人权利这样的话语机会结构下，她们试图让堕胎去污名化，认为女性并不应该为堕胎感到内疚。同时，这些女性主义者主要强调国家应该保障女性堕胎权利和对此的经济资助，而未提及如何保护和支持那些决定留下胎儿的女性。总体来说，在高等法院所塑造的以自由主义为主导的堕胎话语空间结构下，女性主义者为在媒体上获得能见度，无法把堕胎问题扩展为对生育权的讨论，而仅仅局限在如何争取实现堕胎权这项个人权利。

根据德国高等法院对胎儿生命权的裁决，该国女性主义者也迎合该话语空间结构，提出要保护胎儿的话语，强调为女性提供一个支持其个人发展的社会环境，减轻抚养负担。另外，德国女性主义者也强调女性和胎儿间不可分割的情感联系，认为如果在接受强制性的心理咨询后女性仍然选择堕胎，那肯定是万不得已的决定。德国女性主义者也提出，只有女性自己最明白选择或放弃堕胎会面临的成本和社会压力，任何其他的第三方，无论是法官还是医生，都不能代替她做出这个决定。总之，与美国的女性权益组织不同，德国的女性主义者并不专注于让堕胎去污名化，而是强调女性的弱势地位，认为她们有权利和能力做出决定是否保留胎儿。国家如果想保护胎儿的生命权，就需要为女性创造一个更友好的环境，让她们做出放弃堕胎的决定。由上可知，两国主流女性权益组织的话语策略都是迎合该国主要的话语机会结构，从而让其主张能更加有效地影响媒体、辐射大众舆论。

如果只对媒体报道进行内容分析并按照媒体报道的女性主义者进行访谈，那研究结果永远只能发现那些与媒体话语一致、迎合主流话语机会结构的女性主义者的声音，而遗漏其他的社会声音。因此，研究者亦对美德两国其他被边缘化的女性主义组织进行访谈，结果发现它们都致力于发表和主流话语机会结构不相符的观点。在美国，尤其那些为贫困有色人种服务的女性主义组织发现很多妇女无法享有生育自由，由于其主张与主流的自由主义堕胎话语相悖，因此它们的诉求无法进入媒体空间。相反，在德国，一部分女性主义组织则希望突破保护胎儿的主流话语，对堕胎去污名化，提出女性可以自主选择是否堕胎，不应该接受强制性的心理咨询。但是，和美国的非主流话语一样，它们的观点也被媒体忽略了。

综上所述，两个国家策略性迎合主流话语机会结构的女性主义者，女性主义者的主张都被媒体广泛报道，而那些与主流话语机会结构不符合的女性主义观点都被媒体边缘化了。但是，这样的结果并不代表所有的女性主义者都应该采取迎合的策略以获取媒体上的能见度，因为迎合主流话语机会结构会让女性主义者的诉求变得更狭隘，进一步边缘化那些弱势群体的利益。与之相反，挑战主流话语机会结构的女性组织虽然在短期内并没有得到媒体关注，但是从长期看却可能挑战主流话语，让堕胎问题可以包含更多样化的诉求、考虑更多群体的权益。

显然，这样的研究将新闻报道置于法律政策和行动者话语策略的关系中进行动态考察，具有方法上的启发意义。长期以来，多数比较新闻学研究对媒体报道的分析仅仅局限于文本本身，而对其在复杂社会关系中的互动与生产/再生产缺乏深入研究。一方面，媒体报道体现了美德两国截然不同的话语机会结构，反映了两国主流政治文化和法律理念的区别。另一方面，两国主流的女性主义诉求为寻求媒体的能见度，均采取了迎合媒体的主流话语机会结构的策略；而未出现在媒体报道中的诉求，都不符合或挑战了该国的话语机会结构。从话语的长期建构看，后者有可能拓宽、改变主导的媒体话语机会结构。

未来研究应将媒体话语置于其他行动者的话语网络中进行分析，考察其长期动态的建构过程。同时，这一研究还通过分析法庭文件、女性主义者访谈、草根组织的文件等，以阐释其他行动者话语和媒体话语互动的过程。这启发我们使用多种数据来源，以展现话语互动过程。

二、新闻文本的结构和图式比较

文本除了承载内容，还总是以特定的形式组织起来，即类型（type）或体裁（genre）。后者在文本内容的生产、流通和接受过程中起着重要作用。

同样，新闻文本也具有独特的组织形式，影响信息如何被书写和传播。梵·迪克（Teun A. van Dijk）的“新闻图式”（news schemata）理论有助于我们理解新闻文本的特定组织形式。

与更微观层面的“倒金字塔”式写作不同，“新闻图式”是在超结构（superstructure）层次上考察各种新闻元素如何被组织成一篇新闻稿件（见图 3-1）。它不仅指出新闻文本包含某些基本元素，而且它们的顺序还会赋予新闻内容特定的意义，指导新闻文本生产和解读。

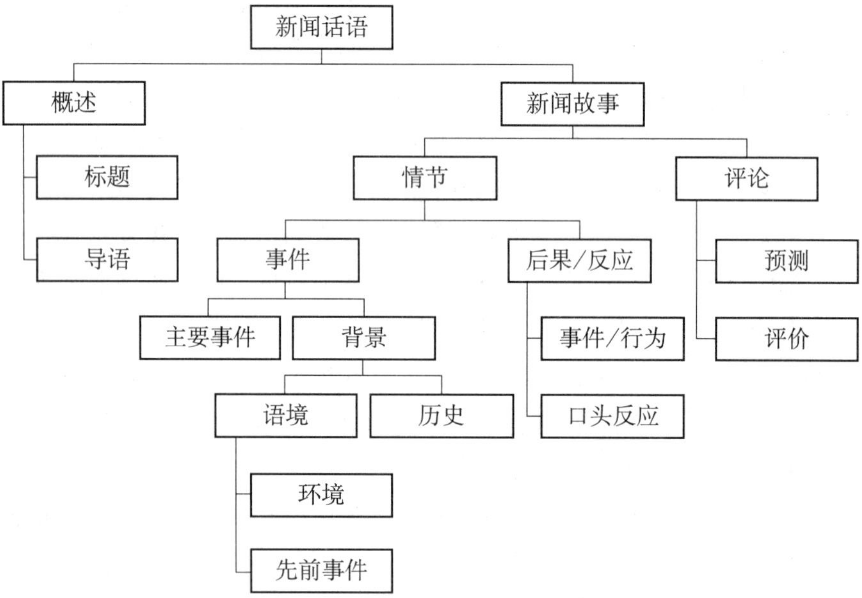

图 3-1 新闻图式结构

资料来源：改编自 VAN DIJK T A. News as discourse [M]. Hillsdale, NJ: University of Groningen, 1988。

具体来说，新闻话语（news discourse）里首先出现的是概述（summary），它通过标题（headline）和导语（lead）两部分来表达最主要的新闻事件。标题一般通过字体、字号、位置等形式来表达新闻最主要的内容，从而引导读者阅读新闻。如果标题不是总结新闻宏观层面上最重要的信息，而是选取事件中相对次要、细枝末节的信息，那这个标题是有偏向性的。紧接标题，导语位于新闻主体文章的第一句或第一段话，对标题里呈现的主题内容进行更详细的表达，一般包含“5W+1H”；同时，它也提示下面的内容。

在概述后，无论多简短的新闻都会提供一个主要事件（main event）部分，来交代主要新闻事件发生的原因和结果等。除此之外，背景（backgrounds）也是许多新闻报道里经常出现的要素，它的主要作用是将读者带入特定的情境，从而引导其对主要事件的解读。一般来说，背景信息既包括环境（circumstances，即正在发生的其他相关事件），也包括先前事件（previous events，即可能造成主要新闻事件的直接原因）；这两种信息共同构成主要新闻事件的语境（context）。先前事件和新闻事件的历史（history）不同，后者是新闻事件更遥远、更宏观的背景。总的来说，主要事件和背景一起组成新闻报道中更抽象层面上的事件，该要素主要围绕最主要的新闻故事（news story）展开。

另外一个新闻要素是后果或反应（consequences/reactions），它是关于主要新闻事件发生后的一些事件或行为（events/acts），也包括与事件相关人物的口头反应（verbal reactions）。一般来说，后者主要包括各国政府、政治家、机构、专家等对事件发表的看法；新闻报道由此可以以一种客观、不引起争议的方式来评价事件。事件与后果或反应一起构成新闻情节（episode）。最后，虽然新闻报道中经常要求把事实报道和评论（comments）分开，但前者经常也包含评论部分。评论部分既可以是隐含的、对未来事件的预测（expectation），也可以是公开表达的某种评价（evaluation）。

总体来说，新闻报道必须包含概述和主要事件，也包含一定的背景信息；其一般的组织顺序是先呈现概述和主要事件，接着逐步展示背景、后果和评论。但是，该结构并非一成不变，具体新闻报道会运用不同的方式把这些新闻要素组织起来，以强调不同内容。

下面从《国际先驱论坛报》《卫报》和《今日美国》对1984年格林纳达大选结果的报道的比较分析入手，看各报如何组织以上新闻要素。①

冷战期间，位于加勒比海地区的国家格林纳达一直亲苏联和古巴，长期被美国视为中美洲的安全隐患。1983年10月25日，美国突袭并控制格林纳达，扶持亲美政权上台。《卫报》在大选结果公布次日发布的两条相关新闻都强调了美国对选举的操纵，而《国际先驱论坛报》（该报道改编自《华盛顿邮报》）和《今日美国》却淡化了该色彩。前者在标题中提及美国总统对结果的支持态度，而后者根本未提及美国在该选举中的任何角色，还在标题中将亲美的当选人布莱兹认定为温和派。

在新闻情节中，虽然两份美国报纸《国际先驱论坛报》和《今日美国》的报道长度不同，但它们都大体遵循了经典的事件、背景、历史、口头反应和评论的新闻写作结构。从内容上，大选作为主要事件贯穿全篇报道，其他新闻要素则时而穿插进来以补充、解释和评价该事件。同时，通过策略性地

① TEUN A. News schemata［M］//COOPER C R，GREENBAUM S. Studying writing：linguistic approaches. Written communication annual：an international survey of research and theory series：volume 1. Sage Publications Inc.，1986：155－185.

选择用词，这两篇报道也将美国盟友胜选与左派的落选对立起来，将前者描绘为“自由”“公平”“稳定”的象征，从而对该选举进行积极评价。

与此大相径庭，《卫报》将美国总统里根的口头反应放在标题中，并且在主要事件和环境部分都提供了更多的细节来强调美国在该地区战略目标的实现，而非大选本身。另外，与美国两份报纸淡化评论部分不同，《卫报》对布莱兹商界支持者的反应进行了预测，认为这些保守派不会支持降低失业率等社会政策，甚至当选的亲美派会对左派进行“清洗”。《卫报》也对前任政府降低失业率等社会政策进行了报道。总之，《卫报》的报道总体上更加平衡全面，也未遵循经典结构，而将口头反应置于报道标题并强调评论和对未来事件的预测。

显然，对各国新闻报道的“新闻图式”比较，可看出新闻要素的组织、形式与新闻内容及语义共同形塑了报道的意义。新闻生产在本质上是意义的生产，新闻文本通过意义照见社会现实，也遮蔽社会现实，而唯有通过比较，我们才能更深地体会新闻话语的偏向性，在批判话语分析中揭示权力关系中的意义生产，发现新闻文本中的隐喻如何建构不同的社会现实，以及如何影响人们建构社会现实。这是我们从事新闻文本比较的意义所在。

第二节　移民与种族报道比较的语言与话语机制

在西方新闻学中，“采访报道”（cover）一词既指“涵盖”客观事实，也指“遮蔽”客观事实，呈现“报道即遮蔽”的悖论。在一个多元开放社会，一个职业记者的刻板印象时时受到挑战，因而他更能体悟这种悖论，并以此建构自省的职业精神。但在报道他者时，“报道即遮蔽”成为被悬置的问题，记者的自省精神转眼被消解，以至报道他者似乎成了一个不可能完成的任务。

为了理解这一悖论，我们有必要回到他者报道的场域，聚焦移民与种族报道的他者化难题。而要破解这一悖论，最直接的路径是比较移民与种族报道，通过群体间语言偏见理论、批评性话语分析和隐喻理论，揭示其中的语言与话语机制。

一、群体间语言偏见

一个不可回避的问题是：偏见在移民与种族报道中随处可见，但主流新闻业难以察觉，甚至视而不见。我们致敬发现并反思偏见的关键人物：一是美国犹太裔专栏作家李普曼（Walter Lippmann），他因为保持对不同文化范式及不同社群规则的敏感，才看见了为主流社会所忽略的刻板印象；二是美国牙买加裔学者霍尔（Stuart Hall），他因为有遭受殖民者歧视的记忆，始终保持对“种族表征”的差异化的高度敏感。

而一种更为细致的研究展开于社会心理学领域，研究者通过控制实验或是观察现实世界中的群体间互动现象，考察群体间语言偏见（linguistic intergroup bias）在被试描述相互竞争的运动队或国家、政治利益集团等情境下是否出现，试图揭示导致这种语言偏见的心理过程。当这一理论被借用到新闻文本比较分析中时，群体间语言偏见在新闻语境中被揭示出来，成为检验移民、种族等报道议题的理论工具。

（一）群体间语言偏见：相互遮蔽的社会语言心理机制

群体间语言偏见理论发现了人们难以察觉的一个事实：语言的使用体现着刻板印象的痕迹，人们倾向于以一种更抽象的语言来描述内群体的积极行为和外群体的消极行为。语言的抽象性将影响读者对描述对象或群体的印象和态度，针对特定群体和社会问题的新闻报道在使用不同抽象程度的语言时，可能会传播、延续对不同群体的期望和信念。既存的群体间偏见致使带有偏见的语言广泛使用，而带有偏见的语言又维系着既存的偏见。

这一理论提示：群体间难以摆脱的偏见暗藏在新闻语言之中，记者对客观事实的感知难以超越特定群体及其社会文化规则的引导，新闻文本虚构化的影像以刻板印象的方式运作，带有“我们的”群体的认知特点，建构“我们”看“他们”的方式。

要理解群体间语言偏见，首先必须了解语言范畴模型（LCM），这一模型描述了从具体到抽象的语言连续体，言说者可以通过四类不同的动词或形容词来描述自己或他人的行为：

> 第一类是描述性动作动词（descriptive action verbs，DAVs），这些动词描述一个有始有终的可观察到的动作，是具体的，可解释的余地很小，如约翰打了保罗。
>
> 第二类是解释性行为动词（interpretive action verbs，IAVs），指的是一种行为类型，需要结合额外语境进行解释，通常包含评价性意味，如约翰伤害了保罗。
>
> 第三类是状态动词（state verbs，SVs），这类词描述了主观状态或主观状态（情绪的、动机的或认知的）的变化，它们涉及持久的状态，而非单一行为事件，如约翰讨厌保罗。
>
> 第四类是形容词（adjectives，Adjs），它不仅抽离出具体的动作和

情境，而且抽象于描述对象，如约翰很好斗。

随着语言从具体变得抽象，这促使信息接收者对所讨论行为的归因也从情境走向一般化的性格特质。如果描述对象的唯一不同是他所属的群体，那么使用抽象语言意味着关于这个社会群体的知识可以挪用到特定的人身上。①

根据群体间语言偏见理论，当描述一个内群体成员的积极行为或外群体成员的消极行为时，人们往往使用更为抽象的语言；而当提起内群体成员的消极行为或外群体成员的积极行为时，人们则使用更加具体的语言。这一方面揭示了语言使用中所隐藏的保护内群体的动机（ingroup protective motive），另一方面也让我们看见语言使用中的认知机制，即与期待不一致的行为相比，描述与自己期待一致的行为时，人们更倾向于使用抽象的语言。②

事实上，人们对内群体成员和外群体成员持有不同的期待。人们更期待内群体成员的积极行为而不是消极行为；人们更易以外群体成员的消极行为推断其消极的性情特质，而他们的积极行为却难以与其性情特质构成必然联系。为了把外群体的积极行为与刻板印象协调起来，人们会使用具体的语言来表述外群体的积极行为。虽然人们会感知到外群体成员的积极行为，但刻板印象使他们认为外群体成员表现出消极行为的概率更大。于是，他们将非典型的积极行为与外群体一般行为区分开来，或将一个单独的行为从外群体的众多行为中剥离开来，以维护刻板印象的一致性。与刻板印象的期待不一致的行为被视为特例，认为这种特别的积极行为与情境相关，且转瞬即逝。

（二）群体间语言偏见的测试

尽管一些媒体强调用具体、客观的语言写作，提倡少用形容词，多用动词推进新闻事实报道，但语言的抽象性在新闻文本中难以避免，从而构成了对个体所属社会群体的刻板印象，尤其是那些关于移民犯罪问题的报道。

有一个实验将具有不同语言抽象程度的两组报纸文章呈现给被试，考察被试对移民犯罪行为趋向的预期，以及语言抽象性对被试关于移民的隐性或显性偏见的影响。③ 实验结果发现：抽象程度更高的新闻文本使被试对移民

---

① GORHAM B W. News media's relationship with stereotyping: the linguistic intergroup bias in response to crime news [J]. Journal of communication, 2006, 56 (2): 289-308.

② MAASS A, CECCARELLI R, RUDIN S. Linguistic intergroup bias: evidence for in-group-protective motivation [J]. Journal of personality and social psychology, 1996, 71 (3): 512-526.

③ GESCHKE D, SASSENBERG K, RUHRMANN G, et al. Effects of linguistic abstractness in the mass media: how newspaper articles shape readers' attitudes toward migrants [J]. Journal of media psychology: theories, methods, and applications, 2010, 22 (3): 99-104.

未来会犯罪有更强烈的信念；抽象性更高的文本使被试在感知文化差异时产生更高水平的隐性偏见，但显性偏见不受语言抽象性影响。因此，可以初步判断，新闻的语言抽象程度影响了读者的刻板印象或偏见。

更进一步看，群体间语言偏见与媒体使用是否存在关联？美国学者戈勒姆（Bradley W. Gorham）通过考察美国白人对不同种族信息的反应，揭示出媒体使用与群体成员对差异感知之间的复杂联系。① 他以 208 名成年白人作为研究对象，让他们观看关于不同种族的犯罪电视新闻报道并加以描述，观察他们在描述嫌疑人时的语言抽象程度。研究发现，与观看白人嫌疑人的观众相比，观看非裔嫌疑人暴力犯罪电视新闻报道的观众更可能选择抽象语言，并将暴力犯罪归因于其性格。相比之下，描述白人嫌疑人的语言，暗示了一种有限制性的行为，而不是固有状态。对新闻媒体的使用也可能产生影响，更频繁地观看电视新闻、阅读地方报纸的人更有可能表现出群体间语言偏见。

这种测试一方面证实记者在新闻报道中不自觉地引入了意识形态和权力偏见，另一方面也证实观众偏见也在他们未意识到的情况下产生。即使观众并非有意识认同刻板印象，但社会主导意识形态中对非裔的刻板印象图式在其脑海中被自动激活，渗入他们的语言过程。

仔细考察也会发现例外，并非所有读者都为这些细微语言差别所影响，关键在于，当个人进行自我定义时，他的群体成员身份在其中占据何种地位受到个体对内群体认同程度的调节。那些种族认同度较高的新闻读者，其自我概念与他们所属的种族类别有更紧密的联系，他们更有可能在与其他种族群体的比较中强调内群体的积极的独特性，呈现出更明显的群体间语言偏见效应。

遗憾的是，群体间语言偏见在新闻文本比较中不断得到验证。比较一下美国与墨西哥接壤的四个州的报纸关于墨西哥移民的报道，就可以看到，对内群体的积极陈述比对内群体的消极陈述和对外群体的积极陈述更可能使用抽象语言；对外群体的消极陈述比对外群体的积极陈述和对内群体的消极陈述更可能使用抽象语言。稍有不同的是，群体间语言偏见在不同州的报纸上存在差异，在亚利桑那州、新墨西哥州和得克萨斯州的报纸上，对外群体的陈述更可能是负面的，但加利福尼亚州的报道不是这样的，原因是加利福尼亚州公民倾向于自由派意识形态，这表明政治倾向可能会影响此效应。②

---

① GORHAM B W. News media's relationship with stereotyping: the linguistic intergroup bias in response to crime news [J]. Journal of communication, 2006, 56 (2): 289 - 308.

② DRAGOJEVIC M, SINK A, MASTRO D. Evidence of linguistic intergroup bias in U. S. print news coverage of immigration [J]. Journal of language and social psychology, 2017, 36 (4): 462 - 472.

（三）从语言偏见到话语偏见

语言的抽象性对受众判断的影响并不是绝对的，还受到语境影响。比如，考察语言偏见如何影响消费者对移民问题严重性的判断时，有人指出虽然群体间语言偏见模型依然成立，但在一定语境下，接触具体的报纸信息（而不是抽象的信息）反而促进了更不利的群体间推断，随着种族认同的加深，这种情况越来越严重。① 原因在于，报纸的具体语言将描述限制在特定事件上，揭示有关特定情况的信息，此时的抽象信息是多余的。也就是说，当判断需要具体数据时，具体语言可能比抽象语言更有影响力。虽然这并非意味着偏见的减少，但提供新的具体信息和具体语言可能对改变读者对这些问题的看法更有影响。这里表现出语境的微妙性。

群体间交往情境与交往关系的语境中，语言意义经常变化与转化。事实上，在灾难性、悲剧性事件报道中，人们也会使用抽象语言表达外群体成员的积极行为，而且这种抽象语言所表达的积极意义符合外群体的自我认同，如果不做完整的话语分析，我们常常会忽略隐含于语境、叙述结构与意义结构中的话语偏见，从而形成“伪沟通”。

其实，任何语言所表达的积极意义或消极意义都不是抽象的、固定的，而是存在于具体的语境、上下文结构、文化价值、意识形态之中，只做语言的抽象程度理解是不够的。此外，在对话过程中，人们还会突出或放大他者对“我们”的行为的积极表述，模糊或遮蔽他者对“我们”的行为的消极表述，从而形成维护内群体形象的话语与他者话语的竞争关系。②

因此，要超越语言的抽象和具体、积极和消极，建构群体间话语偏见的分析路径，假定人们在表述外群体时，总是习惯于把对外群体行为的理解纳入自己的话语框架，在积极与消极意义上都形成由刻板印象主导的理解。另外，许多案例隐隐传达出一种内群体视角，聚焦报道中是否存在针对外群体的语言偏见，以及这种隐性偏见的传播给内群体成员造成了何种影响，而外群体对这种带有偏见的报道的反应与行动值得进一步的探索。

二、新闻话语与权力

话语偏见的分析提示着我们进一步关注话语、权力和意识形态的关系，

---

① MASTRO D，TUKACHINSKY R，BEHM-MORAWITZ E，et al. News coverage of immigration：the influence of exposure to linguistic bias in the news on consumer's racial/ethnic cognitions [J]. Communication quarterly，2014，62 (2)：135－154.

② 单波，刘学．话语偏见与面子协商：关于汶川地震报导的跨文化分析 [J]. 传播与社会学刊，2009，10：131－156.

批评性话语分析是这一研究取向中的重要方法。

（一）批评性话语分析的意义

批评性话语分析的三个核心思想是：作为社会实践的话语、话语与意识形态以及话语与权力。它们一起构成了批评性话语分析的解释框架。

根据费尔克拉夫（Norman Fairclough）的说法，作为社会实践的话语有三方面特征：

> 第一，语言是社会的一部分，两者有内在的和辩证的关系：语言现象是某种特定的社会现象，而社会现象（部分）是语言现象。
>
> 第二，话语指向整个社会交往过程，包括生产过程、作为产品的文本和以文本为对象的阐释过程。文本的生产者和阐释者都要与内置于他们头脑中的认知原型，包括语言知识、生活的自然和社会世界、价值观、观念信念等互动。
>
> 第三，话语的生产和阐释受到其他非语言的社会条件的制约，包括话语发生的情景或环境、社会机构和作为整体的社会。“常识”在其中被塑造，并影响文本生产和阐释的方式。①

由此观之，社会制度包含多种“意识形态-话语结构”（ideological-discursive formations，IDF）。每个 IDF 都是某个“言语社区”（speech community），对应着制度内的不同群体。每个“言语社区”都拥有自己的话语规范和意识形态规范。制度里的主体按照 IDF 的规范建构主体位置。处于主导地位的 IDF 具有“自然化”意识形态的能力，使之变成一种貌似非意识形态的“常识”而为人所接受。这种内嵌在话语中，通过各种隐秘策略所表现出来的意识形态往往无处不在却了无踪影，其隐蔽性越强威力就越大。文本和话语的各个层面都可能浸润着意识形态，如词汇意义、预设、隐喻、连贯性、话轮转换规则、礼貌惯例、文本风格等。

批评性话语分析认为权力关系通过话语来协商和实施，主要体现在两个方面：话语中的权力和话语背后的权力。

在话语交往过程中，处于权力优势地位的参与者会在话语内容、话语关系和话语主体上控制或限制弱势地位参与者，构成话语中的权力。以媒介话语为例，媒介话语的生产者控制着什么可以报道以及如何报道；由于媒介话语受众的不确定性，它们往往建构出一个理想的主体（ideal subject），并通过大众媒介生产大量的同质性话语对消费者实施强大的影响力，

① FAIRCLOUGH N. Language and power [M]. Pearson Education，2001：19－21.

试图将其定位在理想的主体位置上。媒介话语还在媒介实践中隐含地表达和再生产了统治阶级和集团的权力，使现存的社会权力分配显得“自然”和“正常”。

话语中的权力关系往往又是话语背后权力斗争的结果。任何作为社会实践的话语都有可能同时是情景斗争、制度斗争和社会斗争的一部分。情景斗争体现在对话语中权力的争夺，制度斗争和社会斗争则是话语背后权力的角逐。话语背后的权力对话语的制约和控制是长久的、结构性的，与政治、经济、文化等因素密切相关。这样，语言和意识形态就相互勾连，帮助建构、维护或瓦解社会中的权力关系，而权力反过来又是话语运作无所不在的支配性力量。于是，语言作为意识形态和权力关系的外在表现形式就成为各阶级、利益集团竞相争夺的符号资本。

（二）移民风险的新闻话语建构

批评性话语分析被广泛引入移民与种族报道比较研究，缘于一种基本假设：新闻话语不仅受到新闻实践的限制，还受到更广泛的社会和政治结构的限制，体现出族群间、国家间的权力关系；同时，话语的生产、积累、流通和运行使这些权力关系的建立、巩固和实施成为可能。

移民常常被新闻建构为“问题”，并且关联于主流社会的安全焦虑，移民新闻中的“安全化”（securitization）话语由此可纳入批评性话语分析的范围。移民并非真的对多数人口构成真正的生存威胁，但却通过话语被呈现和构建为一种威胁，由此激发并合理化以此为名所行使的“安全化”的权力。一则相关的案例是，斯洛文尼亚电视新闻报道如何将该国移民管理合法化。①

首先，这里的“安全化”的话语假定了移民的存在对多数人口的潜在风险，有必要引入特殊措施来应对这种潜在风险。难民的情况此时被描述为不可预测。例如，通过使用“probably”和“perhaps”这样的副词来推测：Probably a big number of refugees will try to enter Europe through Slovenia（可能会有大量难民试图通过斯洛文尼亚进入欧洲）。这些被用来描述难民的形容词和副词带有强烈的风险暗示。隐喻进一步加强了这种暗示，难民被称为“海啸”“洪水”“河流”，“涌入”欧洲和斯洛文尼亚。水的隐喻往往使移民失去人性，将他们建构成一种失控的、有害的自然灾难，由此触发恐惧感。

其次，作为构建、维护、复制和实现权力关系的安全议题的一部分，这样的话语旨在固化“我们”与“他者”之间已经存在的权力关系。移民还可

---

① VEZOVNIK A. Securitizing migration in Slovenia：a discourse analysis of the Slovenian refugee situation [J]. Journal of immigrant & refugee studies，2018，16（1/2）：39－56.

能代表着健康风险、暴力威胁，或是无法管理的一大群人。他们也被理解为文化上的“他者”，这种建构通常涉及积极自我表征以及对他人的消极表征：他们被消极地描绘成忘恩负义的罪犯，与斯洛文尼亚人团结和诚实的积极表征相反。

最后，新闻话语将难民定为罪犯，使难民成为怀疑对象，难民被分为“真正的”（真正来自战区的人）和“虚假的”（认为大规模移民是一个经济机遇的人）两类。将移民定罪使他们成为必须加以控制的越轨者。除了检查其身份外，还在涉及庇护政策的立法中引入监视技术，以防止现有立法被滥用。总之，移民被视为嫌疑人，他们的行为必须得到控制，从而确保对他们行使权力。

将移民视为罪犯与将移民及其行为视为潜在威胁的观念密切相关，其分析框架是与“安全化”有关的三类范畴，即行动者、对象和安全装置的形态。斯洛文尼亚人是“安全化”的对象，行为者即那些阐明并执行安全行为的人，由此建构一个由斯洛文尼亚人和他们的“安全化”代理人组成的假想社区，其任务是保护斯洛文尼亚和欧盟的边界。“安全化”的话语明显来自军事领域，更多地与主权权力的技术有关。监测和控制的概念更多属于生物政治领域，其中实施安全措施和技术的目的是将移民作为整体加以控制，以保护“我们”免受潜在风险。

经由上述的批判性话语分析，新闻话语中的权力关系被深刻地揭示，启发着人们对日常生活中的新闻的批判性反思。

三、新闻话语的隐喻

新闻话语牵涉生活中的各种问题，诸如历史、政治、社会、文化、经济等，认知语言学把这些都转换为语言问题：人们往往借助已知的、熟悉的、容易理解的事物或概念，通过相似性的投射来认知陌生的、不清晰的、抽象的新事物或概念。隐喻概念建构了我们眼前的现实。因此，我们可以从隐喻视角来观察移民报道，揭示新闻话语如何建构隐蔽的种族偏见。

（一）隐喻分析的路径

我们爱说“时间就是金钱”，实际上是用具象的“金钱”来隐喻抽象的“时间”，建构“时间”可以被“花费”“浪费”“节省”“投资”“安排”等的各种经验①；当按照“潮水”隐喻（比如“移民潮”“非法移民潮”“外国人

---

① 莱考夫，约翰逊．我们赖以生存的隐喻［M］．何文忠，译．杭州：浙江大学出版社，2015.

涌入”）来理解我们面对移民的感受时，我们对移民的厌恶甚至排斥就被建构为某种现实。

为什么会这样？原因在于这些隐喻建构出特殊语义联想关系与序列，隐含着框架、焦点和内涵意义，容纳着身份认同、文化与意识形态冲突以及权力关系的博弈。对隐喻的分析有助于揭开新闻话语的神秘面纱，洞悉新闻传播者的意图，认知媒体如何概念化世界。

以世界主流英文媒体对中国“一带一路”倡议的报道为例，隐喻分析可以揭示多元而又矛盾的新闻话语结构。其中隐喻可分为三类：一是同构化隐喻建构，基于共通经验的“道路”“纽带”“愿景”等隐喻引述和延伸着中国主流话语；二是差异化隐喻建构，从不同经验出发的各国媒体激烈争论着“一带一路”到底是怎样的“冒险”“选择”“战略”“游戏”和“旅程”；三是他者化隐喻建构，基于各自历史、文化、政治体验，用定型化的经验建构出“空洞的概念与口号”“殖民与帝国主义”以及“战争”等意义联想。从差异化隐喻建构来看，英国媒体偏重战略类隐喻，巴基斯坦和澳大利亚媒体青睐旅程类隐喻，美国媒体侧重博弈类隐喻，印度媒体频繁使用殖民主义和帝国主义隐喻，分别呈现了各国的政治传播意图。①

案例分析

利用数据库，继续跟踪海外英文媒体对“一带一路”倡议的隐喻建构，看看其隐喻有没有变化。

《海外英文媒体对“一带一路”倡议的隐喻建构》

我们还可以通过全球人权文献看见一个概念化的“三维棱镜”世界，即“野蛮人-受害者-拯救者”（savage-victim-savior，SVS）的隐喻结构。在这种话语中，全球享有特权的白人通过“保卫”和“开化”“不幸的”和“低等的”民族来救赎自己，而所有高尚道德都来自西方。受害者的隐喻为野蛮人和救世主的拯救事业提供了基础，受害者被构建为无权无势的、依赖的、无名的群体，缺乏权力和自卫能力，自然而然地要依赖外部帮助，其中的典型是非白人、妇女、儿童和被边缘化的族裔群体。

一个反复出现的主题是，“土著”是脆弱无力的、容易懒惰的，不能创造

① 辛静，单波．海外英文媒体对“一带一路”倡议的隐喻建构：基于语料库的跨文化比较研究［J］．现代传播（中国传媒大学学报），2018（6）：36－42．

条件来发展自己。[1] 所谓的拯救者保护、维护、教化、约束受害者的目的是将他们从国家的暴政、传统和文化中解放出来。最终的救世主是人权主体本身，它进一步拓展了欧洲统治的边界，给了白人干涉“其他”文化、普及欧洲中心主义规范的一个理由。这样一来，人权话语“野蛮人-受害者-拯救者”的隐喻结构内化为某种合理的权力关系，概念化一个符合“文明秩序”的世界。

（二）冲突性事件与对立的隐喻框架

媒体在报道冲突性事件时，偏向于呈现群体间冲突，包括国际冲突、宗教冲突、种族冲突、贸易冲突、阶级冲突、政治冲突等，习惯性地运用“我们与他们”的二元框架，再现人类的分裂，而忽视人类的协商与合作。这种对立框架显著地体现在隐喻概念之中，极易受到自我利益和固有偏见的影响，忽视各方在冲突中的实际角色和行动，淡化产生冲突的真正原因，阻碍各方沟通的可能。

根据前面提到的“群体间语言偏见”和“群体间话语偏见”，我们很容易看到“群体间隐喻偏见”，即在报道内群体与外群体冲突时，采用了差异化隐喻建构，偏向用负面的情感隐喻描述内群体的受害者，用正面的情感隐喻描述外群体的受害者，使之符合内群体的情感经验；偏向使用个人化隐喻描述内群体加害者，用群体化隐喻描述外群体加害者，以表达内群体加害者的偶然性以及外群体加害者的某种本性。

西方媒体对冲突性事件中伊斯兰群体的报道是经典的案例。根据萨义德的观察，西方媒体通过浅薄化、单一化、标签化、污名化、妖魔化的方式，把伊斯兰世界再现为恐惧、非理性的他者。[2] 为了再现这样的“他者”，西方媒体保持了对伊斯兰袭击者的高度关注，这在很大程度上助长了穆斯林恐惧症的膨胀。那么，当穆斯林在冲突性事件中成为受害者而且加害者是白人时，这种对立的隐喻框架与前者形成了有意味的对照。

2019 年 3 月 15 日，一名来自澳大利亚的白人恐怖分子袭击了新西兰克赖斯特彻奇的两座清真寺，导致 51 名穆斯林死亡，50 人受伤。在他看来，这些伊斯兰移民入侵了“他的”土地，应该从“他的”社会中被赶走。西方媒体关于这次报道的隐喻框架与“9・11”恐怖袭击事件、《查理周刊》枪击事件的隐喻框架相比，呈现了明显的差异化策略（见表 3－1）。

---

① MUTUA M. Human rights：a political and cultural critique［M］. Philadelphia：University of Pennsylvania Press，2002：29－31.

② 萨义德．报道伊斯兰：媒体与专家如何决定我们观看世界其他地方的方式［M］. 阎纪宇，译．上海：上海译文出版社，2009.

表 3-1 “西方-伊斯兰”冲突性事件中的隐喻框架

	加害者	受害者
穆斯林	犯罪隐喻：恐怖分子是“杀人犯”，“基地”组织的“军队”也是“犯罪团伙”或“暴民”，他们犯下了“杀人”的罪行。 “未开化”隐喻：“着魔的”“邪恶的”“九头蛇”，有着“怪异的、野蛮的”行为；来自“沼泽”的“无人性的怪物” 疾病隐喻：“邪恶的瘟疫”“精神错乱”“疯子”	善良、无辜、脆弱、忠诚、热爱和平、宽容、从不寻求报复、需要“我们”的同情和帮助
白人	疾病隐喻：“独自的枪手”，“邪恶的、妄想的、精神错乱的”	英雄、无辜、善良、宗教信徒

资料来源：AL-BADAWI M，AL NAJJAR I. Critical discourse analysis of BBC and CNN political news' headlines on the Christchurch Mosque Massacre in New Zealand [J]. Open linguistics，2021，7 (1)：707-721.

在“9·11”等被美国认定为“基地”组织实施的恐怖袭击事件中，加害者的行为和他所属的群体被关联起来，他的宗教背景、行为动机、可能存在的组织被格外强调。在对加害者行为的描述中，西方媒体采用的一系列隐喻常常使伊斯兰他者化，如：军事隐喻突出了穆斯林是外部敌人，正在对“我们”发动战争；犯罪隐喻凸显了加害者的行为是不合法的，且人人都可能成为受害者；而“未开化”隐喻和疾病隐喻则凸显了对方是落后的、无法沟通的“他者”，穆斯林犯罪者被纳入“非理性”“不人道”“反文明”的隐喻框架。

相比之下，媒体在报道“克赖斯特彻奇恐怖袭击事件”时，更多地描绘袭击者的个人经历和个人特质，强调该行动是孤立的，把白人袭击者作为另类从“我们”之中排除掉。《纽约时报》把袭击者描写为“有精神疾病的孤独者”、种族主义者，称其行为是“仇恨犯罪”而非“恐怖主义”。BBC 和 CNN 的报道标题多用被动的方式，以描述受害者为主，强调发生了什么，而非是谁造成的。此外，标题强调攻击者是“单枪匹马的”，并非集体行动，甚至直接将杀手概括为“新西兰杀手”，而不提他的其他背景。① 《卫报》的一篇在线文章也采用了类似的方式，用“杀手”“射手”“枪手”这样的术语形容袭击者，暗示读者接受恐怖袭击是由非穆斯林发出的。② 也就是说，当袭击者是白人而非穆斯林时，媒体会有意地弱化对袭击者与其所属群体的联系，并将报道重点更多地放在对受害者的同情上。

① AL-BADAWI M，AL NAJJAR I. Critical discourse analysis of BBC and CNN political news' headlines on the Christchurch Mosque Massacre in New Zealand [J]. Open linguistics，2021，7 (1)：707-721.

② HASHEMI A，NA K S. A critical discourse analysis of a news report on two mosques shooting in Christchurch-New Zealand [J]. International journal of social sciences and education research，2021，7 (1)：24-32.

作为受害者的穆斯林被描述为善良、乐于助人、热爱和平的移民，他们热爱所在的新西兰，是需要支持和保护的少数群体。此外，在 BBC 和 CNN 的报道中，国家被拟人化，如“清真寺袭击令新西兰震惊”“新西兰哀悼受害者”等等，报道还引用新西兰总理“新西兰最黑暗的日子”这种隐喻性的话语来表示新西兰是长期没有恐怖主义的和平国家。报道刻意避免谈论白人群体和穆斯林的长期冲突，只是诉诸同情话语表示了对穆斯林的同情与惋惜，强调他们的宽容和脆弱，但并没有将他们纳入“我们”的范畴，他们是少数派，是需要“我们”保护的。同时突出呈现新西兰总理发表的“这不是我们”的言论，而这恰恰反映出“我们”只承认“我们”非暴力的一面，而拒绝反思“我们”存在的暴力倾向。这也就导致了“我们”只会抱着一些和平的幻想去“祈祷”，而不敢面对社会中长期且普遍存在的偏见和暴力因子。[①]

也就是说，虽然在面对冲突事件时，媒体都表现了震惊与对受害者的同情，并以此表达对和平的渴望，但长期形成的对立思维、报道惯例又使“群体间隐喻偏见”出现在媒体的报道之中。西方媒体需要克服的不仅仅是现实中存在的二元对立障碍，更重要的是内心世界的二元对立障碍。

案例分析

阅读二维码中给出的新闻报道文本，对其中涉及的隐喻进行比较分析。

新闻报道
隐喻比较

（三）移民报道的视觉与隐喻形象

对新闻媒体中移民的隐喻呈现分析，必须考察视觉图像如何与文本和声音等其他媒介共同构建或挑战移民话语及这些话语的社会影响。当代移民话语利用了诸如入侵或疾病等隐喻，但它也通过图像和语言，在移民问题的争论中引入环境问题，如污染和浪费。通过“移民是污染物”这一隐喻，新闻视觉话语为分析移民与自然之间的隐喻建构提供了一个新的视角。[②]

一个典型的案例是，自 20 世纪 70 年代美国纽约州北部的“拉夫运河污染事件”爆发以来，美国媒体使用大量的视觉图像报道围绕着污染的事件，

① WILLIS E. White supremacist performance and its refusal: a reflection on the mosque shootings in Christchurch, Aotearoa New Zealand [J]. Studies in theatre and performance, 2021, 41 (3): 236 - 246.

② CISNEROS J D. Contaminated communities: the metaphor of “immigrant as pollutant” in media representations of immigration [J]. Rhetoric and public affairs, 2008, 11 (4): 569 - 601.

包括污染的危险影响、社区的反应以及由此产生的政府反应。2005 年 9 月至 12 月，美国有线电视网和福克斯电视新闻把移民报道与污染报道结合起来，形成视觉隐喻框架，即新闻媒体话语使用语言和视觉元素构建了污染物的图像、污染物的影响图像和政府对污染的反应图像。

第一，移民作为“污染物”通过三方面的视觉隐喻框架表现出来。在污染危机中，新闻报道通过成堆破漏的桶和污染物图像，传达污染的危险。电视新闻往往通过类似的视觉技巧，给人造成一种移民像成堆的危险废物和移动污染物一样向观众逼近的印象。

首先，移民形象的视觉框架借鉴了当时描述污染物的流行话语。例如，美国有线电视网在报道移民问题的严重性时，以无组织的移民群体在街角和人行道上闲逛的图片为呈现手段。这种形象意味着一种不断积累的危险感，它破坏了秩序和安全感。其次，移民也被描述为移动的威胁。他们不断穿过沙漠越过边界的图像，传达一种危险正在逼近和问题日益严重的感觉。他们向镜头移动，造成一种入侵空间并构成直接威胁的感觉。另一些时候，在晚上拍摄的照片则暗示移民是一股通过边境孔洞渗出的污染流。① 最后，很多视频都把移民群体的一部分从画面中排除，就像运河里的污染物和废物一样，移民从框架里溢出来，从而暗示着“移民的流动看不到尽头”②。

通过移动的移民图像，展示他们像污染物一样涌向相机，而把他们部分移出画面，则既显示了移民的规模，也让人感觉移民的“流动”似乎会永远持续下去。

第二，对运河的报道还清楚地说明了污染物对整个社会造成的危险。首先是对社区日常生活的破坏：废弃的学校、空荡荡的街角和愤怒的抗议者。其次是对普通人健康造成的毁灭性影响。这些报道与受害者建立情感和个人联系，使问题放大和具体化，并加强了要求政府做出反应的呼声。移民的危险与此类似，他们既破坏社区生活，也带来身体疾病和社会弊病。与污染的视觉修辞类似，新闻话语均强调被“污染物”危害的受害者。

在图像的视觉框架上，抗议者和业余边境观察员被近距离拍摄，以清楚地显示他们的年龄、性别和种族。这些人大多是不同年龄的中产阶级白人，从年幼的孩子、中年母亲到老年人，每个年龄层的人都聚集在一起，讨论日益严重的移民“问题”。移民的危险也通过具体的故事和情感诉求表达出来，许多报道呈现了移民在拥挤的监狱中被警察和边境官员拘留的特写图像，从

---

① ANA O S. Brown tide rising：metaphors of latinos in contemporary American public discourse［M］. Austin：University of Texas Press，2002：76.

② CHAVEZ L R. Covering immigration：popular images and the politics of the nation［M］. Berkeley：University of California Press，2001：69.

而刻画出移民助长犯罪而污染社会。有报道还显示移民在沙漠中留下的垃圾和碎片的视频，这些图像不仅传达出字面意义上的污染，同时也隐喻了移民带来的文化和生活方式的污染。

第三，对移民进行“清理”的呼吁构成了移民作为污染物隐喻的第三个表达维度。官员为保护边境、逮捕非法移民所做的努力受到了赞扬，而批评则指向未能提供资助的政府。通过展示边界被破坏的图片和文字，为向政府问责提供了论据。

摄像机位置是表现政府对移民反应的重要视觉元素。官员与移民互动的镜头被近距离拍摄，突出了移民和官员之间的差异。两者之间的等级通过他们在图像中的定位被具象化。例如，移民被限制或审问，这意味着他们的越轨者和罪犯的身份。就像政府官员处理垃圾的照片一样，边境巡逻队通常会把移民装进货车，然后把他们运回边境。这些图像中移民和边境官员的定位，加上需要资金来完成这些“清理”工作的声音和文字信息相互配合，以强烈呼吁政府提供更多的支持。

上述作为污染物的移民形象、作为危险的移民形象和作为清理对象的移民形象，在视觉框架和构图上反映了污染危机的视觉修辞。污染意象的框架、内容、文本信息和听觉信息共同构成了移民的隐喻框架（见表 3－2）。

表 3－2　移民报道的隐喻框架

污染物	危险	清理对象
静止的污染物：无序的群体、移民在边界休息 移动的污染物：跨越边界的移民、正在靠近的群体	被破坏的社区生活：抗议的公民、个人“被迫”离开家、公民边境执法 社会影响：犯罪、贫穷、污染/垃圾	对个体代理人的赞扬：逮捕移民、驱逐出境 对政府的批判：未资助边境巡逻、拒绝修建围墙

资料来源：CISNEROS J D. Contaminated communities：the metaphor of “immigrant as pollutant” in media representations of immigration [J]. Rhetoric and public affairs，2008，11 (4)：569－601.

污染物的隐喻作为一种刻板印象，将移民塑造成物体、异类和危险。这种话语通过一种对移民呈现的简化框架，暗示了同样简单化的解决方案。隐喻是现实的术语过滤器，反映了社会与移民的关系，影响着移民公共政策的走向。新闻媒体图像和文本将移民视为一种危险是有问题的。将他人视为威胁的话语建构是，通过疏远他人（将他人视为病态、野蛮或某些消极的东西），将自我（作为正常、健康、文明或积极的东西）自然化。① 将移民呈现

① CAMPBELL，D. Writing security：United States foreign policy and the politics of identity [M]. Minneapolis：University of Minnesota Press，1992：101.

为危险和“污染物”的形象使其失去人性，成了具有威胁的物质，他们的主要身份特征体现在种族差异和非法移民上，他们棕色的身体被描绘成肮脏和危险的。

“移民即污染”的隐喻具有凝聚功能，将美国不同的群体团结在保护国家神圣和完整的旗帜下，共同阻止非法移民的涌入，从而使一种基于种族和文化“纯洁性”的美国身份正常化，美国主流群体成员通过这一隐喻构建自我和他人。于是，“隐喻”变得如此自然，以至于其他解释或替代方案开始显得“不现实”。[①] 在危险和威胁的隐喻语言面前，移民出现的潜在原因或移民潜在的积极贡献往往被忽视。要应对新闻话语中提出的威胁，围捕和驱逐移民似乎是“自然”的解决方案。移民作为“危险废物”的隐喻影响了政府的举措和移民改革的立法辩论，加强了将移民视为需要遏制和消除的威胁的制度性反应。揭示这一隐喻的表现形式及其意识形态假设，可能是解构刻板印象、建构更开放的新闻话语来理解移民及其他弱势群体的重要一步。

扩展阅读

1. 迪克．话语研究：多学科导论 [M]. 周翔，译．重庆：重庆大学出版社，2015.

2. 费尔克拉夫．话语与社会变迁 [M]. 殷晓蓉，译．北京：华夏出版社，2003.

3. 莱考夫，约翰逊．我们赖以生存的隐喻 [M]. 何文忠，译．杭州：浙江大学出版社，2015.

4. 萨义德．报道伊斯兰：媒体与专家如何决定我们观看世界其他地方的方式 [M]. 阎纪宇，译．上海：上海译文出版社，2009.

5. 霍尔．表征：文化表征与意指实践 [M]. 徐亮，陆兴华，译．北京：商务印书馆，2013.

6. GALTUNG J，RUGE M H. The structure of foreign news：the presentation of the Congo，Cuba and Cyprus crises in four Norwegian newspapers [J]. Journal of peace research，1965，2 (1)，64 - 90.

7. MAASS A，SALVI D，ARCURI L，et al. Language use in intergroup contexts：the linguistic intergroup bias [J]. Journal of personality and social psychology，1989，57 (6)：981.

① KUUSISTO R. Heroic tale，game，and business deal? Western metaphors in action in Kosovo [J]. Quarterly journal of speech，2002，88 (1)：50 - 68.

8. SHOEMAKER P J，REESE S D. Mediating the message：theories of influence on mass media content [M]. White Plains，NY：Longman，1996.

9. FOWLER R. Language in the news：discourse and ideology in the press [M]. Routledge，2013.

10. FERREE M M，GAMSON W A，RUCHT D，et al. Shaping abortion discourse：democracy and the public sphere in Germany and the United States [M]. Cambridge University Press，2020.

思考题

1. 以话语机会结构为研究视角，设计一项以民族主义话语为着眼点的新闻文本比较研究。

2. “新闻图式”由对传统新闻报道的分析发展而来，请选择澎湃和观察者网过去一周的新闻报道各 10 篇，分析其组织结构并比较“新闻图式”的异同。

第四章
新闻记者

在这一章，我们将面对新闻记者比较研究的重要难题：全球化浪潮使人们钟情于全球记者职业共同体的想象，但这却制约了记者比较研究的跨文化想象力。其研究范式集中在西方与西方、去西方化、西方与全球，均以西方为中心，通过不同的方式呈现支配与被支配的全球新闻体系，不由自主地为现代新闻业规范、概念、知识、方法框架所牵引，抽象出具有普遍意义的功能对等性的概念，以便给记者角色的相似性与差异性以深度解释，到头来却发现记者角色的多样性已为专业主义意识形态和比较研究中的西方偏向所笼罩，形成"中心论"框架下差异化、定型化、谱系化的表述。

我们首先面对一个事实：各种记者角色的普遍合法性原本来源于某种"地方"。事实上，新闻传播基于人与人的地方性交往而存在，"地方"仰赖于语言、文字、符号、信息交流等得以形成，地方与地方通过交往发生联系，某些地方的力量扩张形成全球交往，地方共同体以迎合或抵抗的方式生产自己的新闻。

同时，我们要借助新闻社会学的视角去理解：记者角色是由地方性新闻实践界定的，即"一个忠于消息来源的人，一个同惯常的智慧相符的人，一个服从新闻机构政治文化的人，一个忠实于一定范围内的政治和文学表达的人"①；而这种"地方"是流动的，还包括跨国采访中建构的地方性关系与跨国记者群体的职业互动关系。

第一节　记者比较概述

记者比较研究主要表现为三种比较范式（西方与西方、去西方化、西方与全球）的历时性展开，我们从中可以发现记者角色的地方性实践，体会比较研究的差异化共存的内在逻辑。同时，在返回记者角色的地方性实践的过

① 舒德森．新闻的力量［M］．刘艺娉，译．北京：华夏出版社，2011：97.

程之中，理解这种地方性实践的流动性和记者群体的互动关系，寻求合乎比较逻辑的记者比较范式。

一、西方记者角色的内部多样性

从1884年开始，英国出现的以职业为目标的全国记者协会，欧美各国随后成立的各种类型的记者俱乐部和记者协会，以及1895年在维也纳成立的国际新闻协会（International Press Association），1904年在圣路易斯召开的世界报界议会，直接催生了基于“西方-西方”范式的比较新闻学。

放大镜

“西方-西方”范式及其“公约数”

沃尔特·威廉在1913年出版的《世界新闻业》中便呈现了这一范式，他把“世界新闻业”的地方性新闻风格差异化约为西方新闻业内部差异，即英国式、法国式、德国式、美国式。

1925年，以《比较新闻学》（Comparative Journalism）为题的论文第一次出现在《新闻学公报》（*The Journalism Bulletin*）上，世界新闻业的“公约数”被凝练为“民主”，而“世界”则被限定于欧美民主与社会背景下的新闻业。文章着眼于民主语境下的本土差异，认为美国新闻界虽然是由欧洲孕育的，但与欧洲新闻界相比，无论是现在还是以前，它在诉求方面都显得更民主。

随后，这种“美国中心”范式由“民主中心”转向20世纪50年代的“现代中心”、20世纪60年代的“专业中心”，现代性和专业性成为更大的“公约数”。到20世纪70年代，人们意识到北方与南方的传播不平衡，开始质疑专业主义意识形态。

20世纪80年代进入西方新闻业内部多样性的比较研究，“公约数”依然居于比较思维的核心，要么作为西方新闻业与非西方新闻业的界限，要么作为反思新闻观普遍化以及新闻业同质化的工具。

从社会学角度看，高度职业化的社会分工为置身其中的人准备了各种职业身份及行为模式，规范体现于社会情境中的互动、举止及实践，从而构成社会运行过程中的职业角色。相应的，记者对自身角色的认知是组织定位和社会规范长期浸染的结果。同时，记者在组织和社会的结构限制中发挥自身能动性，通过实践来建构新闻角色，使得新闻角色的内涵被不断地再生产出来。

因此，西方中心论框架的“公约数”可以还原为某些“地方”。比如回溯“中立”这一“公约数”的语境不难发现，虽然早期美国报业处在党派模式之下，但随着报刊商业化的发展，媒体为了争取更多受众，发展出价值中立的非党派新闻。基于年龄、性别、种族、学历、婚姻状况、宗教信仰等人口统计学信息分析，美国记者被提炼为一个典型形象，即一位三十多岁的白人男性新教徒、已婚、拥有本科学历。①

这个群体对记者职业规范和身份认同的论述大多遵循功能主义的范式，关注记者在社会中发挥的职能及采用的方式，其中“中立”与“参与”的角色成为焦点。持中立立场的记者认为媒体的功能是忠实地记录社会过程，传递准确的信息，只要恪守客观报道的原则就算是尽到了社会责任，倾向于事实与意见的分离；持参与立场的记者则认为应当在报道新闻时加入更多自己的分析，将事件放置在社会语境中解释。这种差异显然是在地方性的社会建制语境中产生的，仅仅化约为记者职业的规范概念就遮蔽了记者的存在。

中立和参与又进一步分为传播者、解释者、对立者和动员者四种角色，构成两个核心维度，即消极/积极和中立/参与（见图 4－1）。

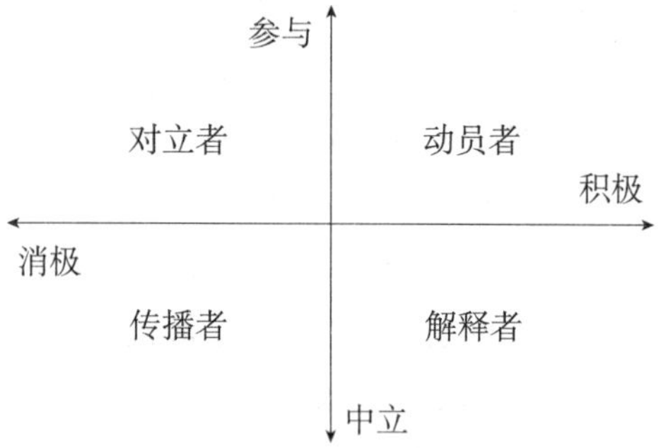

图 4－1　西方语境下记者角色分类的四象限图

倾向消极的记者只负责客观传递信息，而倾向积极的记者则喜欢在报道中加入自己的评论与解释；倾向中立的记者自视为社会的旁观者，而倾向参与的记者则热衷于参与到社会变革的行动之中。认同传播者角色的记者处于消极、中立象限，认同解释者角色的记者处于积极、中立象限，认同对立者角色的记者处于消极、参与象限，认同动员者角色的记者则处于积极、参与象限。②

这样不断细分下去的结果就是返回记者角色的地方性实践，进而看到，不同国家的记者无论是在角色认知层面还是在实际的角色表现层面，在全球范围内都并非均衡分布，仅有传播者角色得到各国记者的普遍认同。记者的

① WEAVER D H，WILHOIT G C. The American journalist：a portrait of U. S. news people and their work［M］. Bloomington：Indiana University Press，1991：211－218.

② DONSBACH W，PATTERSON T E. Political news journalists：partisanship，professionalism，and political roles in five countries［M］//ESSER F，PFETSCH B. Comparing political communication：theories，cases，and challenges. Cambridge University Press，2004：251－270.

各种角色在新闻实践中往往相互交叠、冲突，以不同的方式混杂在一起。

记者关于自身角色的差异化认知，反映了记者差异化的民主观念，并且显著地影响着其职业行为。倾向中立的记者预设了现存社会秩序的合理性，认为不同社会群体的诉求都可以在当下的社会交往体系中得到反映，因此记者只需客观传递信息。而倾向参与的记者则持参与式民主的立场，对待社会变革的态度更为激进，认为不同社会阶层在公共领域中的话语空间并不均衡，记者有责任监督权势集团的不当行为，捍卫公共利益不被侵犯。

此外，倾向消极立场的记者通常假定公众是具有独立思考能力的个体，记者不必越俎代庖在报道中掺杂自己的解释和倾向，只需将事实呈现在公众面前，公众自会运用自身的理性进行判断。而倾向于积极立场的记者则认为公众的理性是有限的，一般民众没有能力充分解读公共事务的社会影响，因此记者不应满足于表层的记录，更要解释事件背后的脉络。

一般说来，英美记者更倾向于把自己定义为客观的信息传递者和中立的社会记录者，强调在不同社会团体间保持观点平衡。然而，英美记者的实践风格并非普遍规范，由于欧洲新闻史上缺少对新闻规范的共识，以及政党对传媒的强大影响，为倡导性新闻提供了条件。在法国式民主语境下，记者倾向于发表言论而不仅仅是报道事实，党派性色彩浓厚，富于价值判断，并且在报道中喜欢使用文学化的修辞手法来表露自身政治观点。①

而不同于美国新闻界强调事实和言论的严格分离，德国记者并不严格区分记者、编辑和评论员等几种角色。调查显示，有 42%的德国记者将自己视为知识分子，而只有 14%的英国同行持相同看法。因此，相比于英美记者，德国记者更倾向于调查利益集团的声明，维护弱势群体的利益，更强调合作而非竞争，更重视提供事件背景和解释，对待新闻伦理也较为刻板，更加认同道德绝对主义。而相比于法国记者对于个性化风格的偏爱，德国记者则倾向于更加抽象、严谨的实践方式。②

一旦返回记者角色的地方性实践，我们就可以看见记者角色的多样性。在长期的观察中，意大利、西班牙等中欧、南欧国家的记者与德国、法国记者较为接近，共同构成了立场鲜明的言论型新闻职业文化，强调积极和参与的动员者角色，与政治党派的关联密切，通常有固定的意识形态立场。而丹麦、瑞典等北欧国家的记者则近于英美，强调客观中立的信息型新闻职业文化。不同国家的新闻职业文化都植根在特定的政治文化土壤中，具有深厚的

---

① BURGH H D. Making journalists：diverse models，global issues [M]. London & New York：Routledge，2005：9.

② GRIEVES K. Journalism across boundaries：the promises and challenges of transnational and transborder journalism [M]. New York：Palgrave Macmillan，2012：100.

本土渊源。美国政府在二战后曾经尝试将客观主义新闻报道模式引入意大利新闻业，但由于意大利新闻业的党派性根深蒂固，缺少自治传统，这项尝试在不久后即宣告失败。

事实上，新闻业的美国化从来没有成功过，相反，进入记者角色的地方性实践语境之后，原有的规范性论述所呈现的理想样态随即被打破。比如，相比欧陆的言论型新闻职业文化，美国媒体对政治家的依赖更为严重，因为客观性原则，记者不能直接发表自己的观点，只能依赖政治精英的辩论，最终沦为精英阶层的传声筒。在移民问题报道中，美国媒体大多致力于移民的个人历程叙事，很少挑战主导言说框架，而法国媒体的报道则提供了多元的意识形态立场。①

显然，在看见记者角色的多元性和地方性特征之后，才有可能反思记者角色规范性论述的普遍有效性。

二、非西方记者角色的差异化与地方化

作为一种知识转型，“去西方化”带有多重意蕴：既是一种文化防御的行动，一种培育学术主权的反帝国主义策略，同时也意味着倡导一种分析去中心化、变动不居的当代世界的视角。“去西方化”的论辩，关注西方知识的普遍有效性、知识传统之间的相遇以及学术交往的多元模式。由此，记者比较研究转向多元现代性视野。

我们通常所理解的现代性的世界观建立在目的论和线性史观之上，西方以外的地区只有被纳入现代性的谱系之中才能找到自己的位置。这样的“现代性”将植根在不同社会文化土壤中的空间差异转化为历史发展阶段的时间差异，要么塑造出他者与我们、传统与现代的二元对立，要么将非西方地区的现代化方案变成西方的翻版，或用西方现代性标准去改造非西方地区。

20世纪中叶以来，对现代性的历史地理考察发现，现代性并非超越具体的历史和空间的超验存在，只有在具体背景中才能理解其确切含义。西方社会产生的现代性模式尽管具有历史优先性，客观上成为其他地区发展现代性的主要参照，但并非现代性的唯一出路。儒家文明和佛教、伊斯兰教、印度教等文明都有潜力孕育出各自的现代性方案，并且在相互参照中救济西方现代性的弊端。因此，用多元的现代性替代单一的现代性方案成为可能。

多元的现代性孕育出多样的新闻业，而多样的新闻业也反过来建构多元的现代性。虽然各国记者共同认可报道真相、保持自由和独立、降低伤害和

---

① BENSON R. Shaping immigration news [M]. Cambridge: Cambridge University Press, 2013: 18-20.

承担社会责任等价值观，但非西方国家记者与西方同行之间仍然呈现出显著的差异。儒家文明、伊斯兰文明、印度文明等古老文明体系，围绕着“自由”“责任”“正义”“公平”等作为现代新闻业基础的核心观念，各自有一套本土化阐释体系，不同于启蒙思想和理性观念孕育出的西方新闻业理念。因此，西方新闻观念在被导入非西方社会语境时，需要与当地的文化传统嫁接，重构记者角色的内涵。与此同时，沉入地方性新闻实践语境之后，记者角色的多样性得以显现，但差异化、地方化的思维又以另一种方式遮蔽了记者的存在。

第一，在东亚、东南亚国家，记者角色的重构主要受到亚洲价值观的导引。在1985年举行的国际新闻工作者联合会亚太会议上，记者受亚洲价值观讨论的影响，倡议建立新闻实践的亚洲模式，体现为尊重文化传统、尊重权威和集体利益，倾向于与政府合作建立国家共识，维护社会稳定和发展，而避免非西方新闻学中富有侵略性的个人主义。① 亚洲价值观的支持者接受西方自由主义哲学范式对新闻自由的界定，但倾向于对新闻自由进行语境化的解释，更加强调警惕自由滥用的问题。在印度尼西亚举办的东盟媒介讨论会上，与会者普遍认为东南亚媒体的主要功能是促进和维护政治稳定、经济发展、社会公正和地区凝聚力。② 基于亚洲文化而引申出的发展新闻学原则，将记者的角色归结为国家建设者、政府伙伴、社会参与代理人、政府事务监督者等几种类型，即在社会转型中扮演建设者角色。

中国记者从诞生之初，其社会角色便与救亡图存的爱国情怀密不可分。那时，崇尚言论权威的文人相信通过办报帮助国家“去塞求通”，也使自身通过“文人论政”“为民请命”在“百年未有之大变局”中重建言论权威。在这一历史底色下，中国记者一方面认同客观报道社会现实的职业定位，另一方面受到传统文人情怀的驱使，社会责任意识和监督报道指向维护社会稳定和发展，创造良好的舆论环境。在不同语境下，中国记者的职业角色可以表现为专业记者、喉舌记者、日常记者、倡导式记者四种类型。③ 如果把中国记者角色简单归入亚洲价值观，以凸显差异化和地方化，那就遮蔽了中国记者角色的内部多样性，同时又封闭了中国记者角色与他国同行的对话性。

第二，伊斯兰记者角色常常被伊斯兰文化“绑定”：伊斯兰教的经典教旨

---

① Asian Media Information and Communication Centre. AMIC-Thammasat University symposium on mass communication theory：the Asian perspective ［C］. Singapore：Asian Media Information and Communication Centre（keynote address），1985.

② RUSSELL H. Reviewed work：press systems in ASEAN States by Achal Mehra ［J］. Sojourn：journal of social issues in Southeast Asia，1990，5（2）：349－352.

③ HASSID J. Four models of the fourth estate：a typology of contemporary Chinese journalists ［J］. The China quarterly，2011，208：813－832.

是记者职业正当性的重要来源。记者不仅记录事实、报道事实，更重要的是秉持真主意志监督现实社会的善行与恶行，阐发真主教诲。虔诚（taqwa）是伊斯兰记者实践的另一道德基础，在职业规范上体现为诚实、尊重、平衡和准确四项价值观。[①] 不同于英美新闻业将客观中立的专业主义奉为圭臬，伊斯兰记者认为信息并非价值中立的，而是承载着道德规范的需求，在工作中更听从个人信仰和伊斯兰价值观的指引。为了更好地实践社会正义，伊斯兰记者并不排斥在新闻报道中携带政治观点，只要这些观点旨在寻求公正，并且服务于公共利益而非个人私利。这种抒发自身观点的新闻风格，也受到阿拉伯地区发达的文学抒情传统的影响，使得伊斯兰记者在写作新闻文本时讲求修辞，不太在意客观性的要求。伊斯兰记者将积极参与社会行动视为自身的宗教义务，相比于维系民主、提供娱乐等功能，他们更加重视支持阿拉伯价值观、捍卫国家主权和促进阿拉伯世界的社会变革。[②]

但这种刻意以伊斯兰为中心的比较，固化了阿拉伯地区记者角色的差异性和地方性，忽视了阿拉伯地区新闻业的多元异质构成。我们可以从一些例子中看到这种多元异质性的存在。例如 1996 年成立的半岛电视台立足全球南方地区展开新闻报道，旨在提供被西方精英媒体遮蔽的草根和边缘视角。同时，众多阿拉伯记者受雇于全球性媒体，融入跨国性新闻职业文化，形成多种力量的交互作用，构成伊斯兰记者地方性实践的一部分。

第三，在一定意义上，“乌班图”（Ubuntu）[③] 文化是引领非洲本土新闻业的核心价值观念。这种文化认为人通过参与集体活动和与他人分享而存在，因此记者应当建立相互关心和正义的共同体意识，提供令人放心的新闻，避免可能引起争议的行动。此外，强调社群情感的乌班图文化也导致记者容易收受红包和礼物，与报道对象建立友谊，这种文化实践不能仅从专业主义的角度进行评价。[④] 非洲记者长期忍受低工资和资源匮乏的限制，同时面临政治监管和法律监管的困扰，因此他们在实践中并未严格恪守西方记者所遵循的伦理规范，而是灵活地调整自身的实践策略，以适应本土情境。[⑤]

许多非洲记者与政治家关联密切，一些新兴独立国家的领袖都担任过记

---

① RAO S，WASSERMAN H. Media ethics and justice in the age of globalization [M]. Springer，2015：139－154.

② PINTAK L，GINGES J. The mission of Arab journalism：creating change in a time of turmoil [J]. The international journal of press/politics，2008，13 (3)：193－227.

③ Ubuntu 意为“一个人依靠与他人的个人关系来锻炼、发展和实现那些使一个人成为一个人的能力”，强调“人格是来自他人的礼物”。

④ SKJERDAL T S. Research on brown envelope journalism in the African media [J]. African communication research，2010，3 (3)：367－406.

⑤ BURGH H D. Making journalists：diverse models，global issues [M]. London & New York：Routledge，2005：157－180.

者。由于非洲长期以来被殖民的经历，非洲记者格外看重新闻在塑造国家身份和促进国家整合中的重要作用，旨在鼓励经济增长、建设性地参与社会发展，而非与政府对抗。盛行于非洲的小报（tabloid）文化，通过耸人听闻的报道促进了社群整合，一度地位低下的小报记者按照自身的道德标准坚持不懈地实地调查，慢慢获得主流社会的尊重。[①] 此外，尼日利亚、乌干达等非洲国家的记者重视从社区新闻、公民新闻的角度来看待新闻业的角色，认为新闻应当有助于社会发展，报道普通民众的声音，让社会大众都能够参与社会变革。[②] 这些对于差异化、地方化的合理性解释界定了非洲记者，同时也排除了非洲记者与其他区域记者的多样性联系及其带来的改变。

第四，拉美记者受到美国新闻业的影响，同时也基于本土实践重新诠释新闻专业主义理念，以倡导性和参与性的姿态监督社会权力，并且主要是在政治理想而非经济利益的驱动下努力工作。对巴西记者的调查发现，他们更加认同媒体在社会中的多元角色，而不仅仅是美国记者怀有的“看门狗”信念，并且更能容忍争议性的实践方式，更倾向于采取批判性的专业立场，积极承担社会责任，促进公共对话。[③] 智利记者倾向于采用干预主义、信息娱乐或公民模式来报道政治事件。[④]

太平洋岛国的记者认为西方新闻业对抗式的新闻风格不适用于自己的国家，应当呼唤一种基于本土的新闻文化，采取合作的态度促进社会变革。[⑤] 此外，这些前殖民地国家的媒体多承担着塑造国族意识、促进文化传承与普及的责任。显然，这些地区的记者更偏向于“北方与南方”框架，以批判的眼光审视“北方与南方”的权力关系，为了抵抗北方发达国家的传播权力渗透，重构记者角色的地方性实践的边界，同样因忽略地方与地方的广泛联系与互动而遮蔽了本土记者的存在。

回过头来看，这些观察陷入两种偏向。一是以西方记者为参照，说明自身的差异性，也就是说，并不完全符合西方记者独立监督政府行为、发掘社会阴暗问题的“看门狗”或“扒粪者”角色，进而强化记者角色的“西方与非西方”的二元对立，并在这种二元对立中走向自我的他者化。

---

① WASSERMAN H. Tabloid journalism in South Africa：true story! [M] Bloomington：Indiana University Press，2010：151－175.

② PRATT C B，MCLAUGHLIN G W. Ethical dimensions of Nigerian journalists and their newspapers [J]. Journal of mass media ethics，1990，5（1）：30－44；MWESIGE P G. Disseminators，advocates and watchdogs：a profile of Ugandan journalists in the new millennium [J]. Journalism，2004，5（1）：69－96.

③ MATOS C. Journalism and political democracy in Brazil [M]. Lexington Books，2008：231－254.

④ HELLMUELLER L，MELLADO C. Watchdogs in Chile and the United States：comparing the networks of sources and journalistic role performances [J]. International journal of communication，2016，10：3261－3280.

⑤ HANUSCH F. Journalism across cultures [M]. London：Palgrave Macmillan，2011：55.

二是让二元对立转变为自身合理性与正当性的解释，形成以自我为中心的、失去反思性的差异化和地方化论证，强调发展中国家大多处在社会转型期或战争等冲突状态，维护国家统一和稳定是社会发展的基本保障。在这种动荡的状态之下，维护脆弱的社会共同体成为很多当地记者的自觉选择。另外，由于数字鸿沟的普遍存在，这些地区下层民众的发声渠道不够畅通，记者往往要在客观报道现实之外，更深层次地介入社会变革，解决现实问题，这也离不开与政府合作。

的确，这些记者角色在一定程度上缘于在地方性情境中建构良好公共生活的需要，并不能借助西方新闻职业理念来解释，但如果地方性新闻实践为“差异”所固化，仅仅为每一种地方记者角色寻求有效性解释，那么这种地方主义的解释就遮蔽了一种真相，即“地方”不是确定的、有边界的场所，而是由文化、历史、权力关系、政治等多种力量角力建构的，同时也无从发掘自身实践中蕴含的普遍性知识。

三、全球化记者比较与地方性的消解

“西方-全球”范式主导的跨国记者调查试图将世界各国记者的新闻实践纳入特定的评价体系。韦弗在 1998 年和 2012 年的两次全球记者调查中围绕记者的工作状况设定了工作满意度、角色认知和伦理判断三个评价指标，调查结论显示一种全球新闻业的英美化趋势，即差异正在缩小，总体趋向英美新闻业的模式。[①] 其后，对记者比较的西方中心主义有所反思的汉尼茨、哈努施主持“世界新闻业调查”（Worlds of Journalism Study，WJS）计划，对评价维度有所改进。在第一次世界新闻业调查中，汉尼茨提出“新闻文化”（journalism culture）概念，涵盖了机构角色、认识论和伦理意识形态三个维度，以此统摄不同国家记者的职业观念（下一节详细讲解）。这一概念的提出似乎有助于使记者比较返回流动的地方性新闻实践，其中“看门狗”与“喉舌”之间存在一条连续的光谱，衔接起不同国家的记者实践，使不同的记者角色交叉互证，在主导性的新闻专业主义话语之外，建构替代性的实践原则和角色规范。

在处理第二次世界新闻业调查的结果时，汉尼茨尝试调整韦弗等在全球记者调查中的英美偏向，提炼出新闻文化的四种模式：以北美、西欧的发达国家以及日本、澳大利亚为代表的监督型新闻文化，强调新闻业的制度独立性，记者高度自治，监督政治权威，信奉自由多元主义，遵从成熟的媒体伦

① WEAVER D H，WU W. The global journalist：news people around the world [M]. New York：Hampton Press，2013.

理守则；以东欧和拉美国家为代表的倡导型新闻文化，记者倾向于积极地干预政治现实，对公共机构的信任度较低，混杂了西方新闻业影响和本土社会政治现实；以南亚、撒哈拉以南非洲国家为代表的发展型新闻文化，记者的自主性较低，对公共机构的信任度较高，更愿意充当社会发展的推动者；以中国、东南亚国家、中东国家为代表的合作型新闻文化，记者服务于国家发展议程，旨在帮助政府达成社会共识，对待新闻伦理的主观性较强。除了建构新闻文化的类型学，研究者还尝试考察影响不同国家记者职业文化的因素。两次调查结果都发现，政治制度性因素对于跨国差异最具解释力。①

在新闻文化和文化价值观的视域内，记者角色的地方性看上去清晰可见，但这里的“地方”在时间上是静止的，在空间上是区隔的，因而地方与地方之间失去了联系与互动。由此，记者角色的地方性为概念化、类型化的分析所消解。

从方法上看，这样的跨国记者调查数据只能反映记者如何认知自己的职业角色，却无法反映记者的实践表现究竟如何。智利学者梅拉多等提出传播者、监督者（看门狗）、政治促进者、受众服务者、信息娱乐提供者和公民六种记者角色。他们通过对比记者在调查中的角色认知和在报道文本中的角色表现，发现记者的规范性理想和实践表现存在较大差异，特别是很多记者认同监督者角色，但在实际报道中并未能履行相应的监督职能②，进而运用内容分析考察了 19 个国家的新闻报道文本，发现六种记者角色中只有传播者角色体现出全球普遍性，不同类型新闻文化的角色表现是多元混杂的，根据干预倾向、权力距离和受众导向的程度分歧，可以划分为不同的集群。③ 然而，这种多元混杂的“地方”被遮蔽了。虽然比较新闻研究的旨趣在于拓展对不同国家新闻实践的理解，但西方主导的新闻职业话语已经内化为某种惯性思维，被视为新闻职业理想的主导叙述，所需要的只是调整和修补。

在这种惯性思维下，历次跨国记者调查很难把非西方世界新闻实践的独特性纳入考察，所采用的问卷测量关注的是统计学意义上的均值人，并且通常以民族国家为划分单位。均值测量关注群体的平均社会属性而非个体的观念、行动和阐释，因此将不同群体的文化差异化约成测量指标所呈现的不同结果，遮蔽了这些抽象的指标所未能涵括的意义。事实上是将比较研究的功能对等性转化成直接的可共量性（commensurability），即只关注那些能够在

---

① HANITZSCH T，HANUSCH F，RAMAPRASAD J，et al. Worlds of journalism：journalistic cultures around the globe [M]. New York：Columbia University Press，2019.

② MELLADO C，DALEN A V. Between rhetoric and practice：explaining the gap between role conception and performance in journalism [J]. Journalism studies，2014，15 (6)：859 - 878.

③ MELLADO C，HELLMUELLER L，MARQUEZ-RAMIREZ M，et al. The hybridization of journalistic cultures：a comparative study of journalistic role performance [J]. Journal of communication，2017，67 (6)：944 - 967.

不同群体中得到相同测量的指标，却忽略了不同群体成员对这些指标的理解和诠释是否一致。由于测量的问题大多是在特定文化情境中设置的，因此通过属性测量来化约记者角色的地方性实践，就将西方文化与非西方文化间的不平等权力通过问卷设计者与填答者之间的不平等权力体现出来。非西方记者只能从西方新闻实践提炼出的若干角色中进行选择，选择的范围和想象的空间为源自西方的新闻专业主义话语所限制。

例如中国记者混杂的职业心态在跨国比较的数据中便难以体现，只能比附成"建设性合作者"或是"传播者"等西方语境下的概念。而"喉舌"与"传播者"这两个概念在表象相似的背后，其历史语境和实践原则迥然不同，将其归为一类，就将"喉舌"理念从中国新闻实践传统和社会语境中抽离，纳入同质化的数据流中。自西方视角看来，中国新闻业的文人论政传统、伊斯兰新闻业的正义观、非洲新闻业的乌班图文化，具体到记者角色上都体现为对于言论和参与的偏好，看重社群的团结和稳定，不同于自由主义新闻观所规范的记者角色。但这些文化背后各有不同的哲学根基和文化偏好，这些差异如何塑造特定的新闻实践方式？新闻实践又如何与所在社群进行互动？问卷调查数据并不能回答这些深层追问。

记者比较研究者明知问卷方法的局限性，但无法脱离这种局限性，因为只有将不同国家新闻业的实践转化为清晰可见的数据进而呈现出来，才能够在国家与国家之间进行横向对比，提炼出具有统计学意义的研究结论。这样的思维逻辑将特殊性纳入同一性的系统，将不同国家的记者用相同的指标进行衡量，进而用这套指标描绘出一个标准化的文化比较系统。西方记者与非西方记者在比较系统中的地位看似均等，但事实上这个系统是按照西方新闻实践的尺度建立的。因此，这种比较研究所遵循的逻辑只是单一文化思维在不同文化情境中的扩散，在建构不同国家新闻业之间可共量性的同时，消解了充盈在各地记者实践中的地方性文化特征及其复杂关系。

四、记者比较的跨文化理解范式

记者比较研究源自西方新闻学者对西方中心主义的自我反思，尝试克服主导新闻研究的区域偏向，通过坚实的经验调查彰显出不同社会语境下新闻实践的共性与差异，并将这些共性与差异理论化，在相互映照中丰富了理解记者角色的多元维度。然而记者比较的三种范式虽然力图识别出记者角色的地方性特征，却又以不同的方式将其消解：在西方新闻业的差异中提炼属于西方文化精神的"公约数"，进而化约为记者角色的规范性表述，遮蔽西方的多样性记者角色；在"西方与非西方"的二元对立中固化地方记者角色的差异性，以地方中心主义遮蔽地方与地方之间记者角色的多样性联系；通过属性测量贯通西方新闻实践与非西方新闻实践，用概念化、类型化的分析消解了记者的地方性。

被遮蔽的记者角色的地方性实践原本是复杂多样的，记者所在的“地方”是由文化、历史、权力关系、政治等多种角力建构的，同时地方与地方之间的连接是变动不居的，呈现着地方与地方之间、西方与非西方之间的权力关系。以英美为代表的专业主义新闻文化经过理论旅行，在地方性新闻实践中进入“再语境化”的创造性转换，形成独特的新闻实践文化，并在特定情境中反作用于西方新闻业，从而呈现全球新闻业的景观：同质化倾向和异质性特征之间保持着持续的张力，共同塑造全球新闻实践的动态面貌。从这个意义上讲，记者比较研究必须返回记者角色的地方性实践，通过审视建构地方性实践的文化、历史、权力关系、政治等多重力量，与更大范围的政治模式、历史和文化相连接，从而摆脱中心论框架的束缚，走向跨文化比较范式。

跨文化比较范式是回归比较逻辑的重要体现。从方法论上讲，跨文化的记者比较研究试图突破西方中心主义的思维惯性，将专业主义新闻伦理从普世准则的幻象中放逐出来，实现研究视野的去中心化，避免将特定国家的新闻实践风格视为最优的或是普适的准则，以之衡量其他国家的记者实践，而是将任何国家的新闻实践都进行“特殊化”的处理。在将西方经验特殊化的同时，又要从普遍性的层面来审视非西方地区的新闻职业理念：不仅要把那些不同于西方新闻实践的要素当作地方性的权宜策略，更要将记者角色的不同类型并置观照，归纳出更为细致且情境化的记者实践规范，通过理解他者来反思自身，修补记者角色的盲点。

以跨文化理解为导向的记者比较研究目的不在于建立普遍性的测量标准，而是还原各国记者实践中那些为通用的调查问卷所化约的文化意义，勾勒出各国记者用以阐释自身职业实践的地方性概念框架，即各国记者如何在地方性的实践情境中为自身行动赋予意义。同时，在更宏观的层面发掘这些地方性概念框架所嵌入的政治文化网络，呈现其起源、现状与趋势，发现其中蕴含的专业特征，以及这些特征被赋予正当性的原因和过程。具体而言，包括三种研究路径：

第一，对不同国家的新闻实践场域做多点民族志研究。研究者沉浸在不同文化中新闻业的内部，从局内人的主位视角来“深描”记者的日常实践，例如记者在实际工作中如何认识自身的角色、如何处理社会冲突性问题和伦理争议性问题等，透视记者角色观念背后的文化心理以及记者在社会互动中对记者角色的理解，将在不同国家新闻场域中搜集的经验材料进行开放式编码，进而相互对比参证，从而避免将特定概念框架应用于不同国家记者研究所造成的意义遮蔽。

第二，对不同国家记者阐释自身职业意义的文本进行比较。文化路径是研究新闻生产的重要路径，关注新闻业赖以实践的文化符号系统，特别是新闻界颁奖词、记者讣闻、纪念报道等文本，集中体现了不同国家新闻业对于新闻实践和记者角色的定位、阐释、评判与反思。相比于多点民族志，对不同国家的职业话语文本进行比较相对便捷易行。

一个比较有趣的研究是，把美德两国新闻奖和知名记者讣闻放置在两国新闻业的历史和制度语境中加以观照，发现美国记者受个人主义潮流和市场力量的影响，更强调竞争性的职业文化，强调与政界保持象征性距离并通过调查性报道来揭露政治丑闻；而德国受理性主义思潮影响，将记者视为独立的思想家，强调记者应当提供解释性报道，同时德国记者更强调团结而非竞争，反映了德国深层的集体主义信仰和法团主义组织形式对新闻业的影响。①

第三，记者比较研究还应当超越区隔的研究情境，关注不同国家记者的互动与交流。现代新闻实践从其诞生起便溢出民族国家边界，在国际盛会、重大危机等全球性事件的报道中，不同国家的记者既合作又竞争，不同的新闻观念相互碰撞，为各国记者提供了观察他国同行表现、反思自身实践行为的契机。常驻异国采访的外国记者之间也会密切互动，分享彼此的消息来源，共同调查焦点新闻事件。在新闻生产中展开跨越民族国家边界的多重联结与互动，在新闻报道中呈现不同地方文化间的深层次关系。

此外，许多跨国媒体都会雇用来自各个国家的人员，促进了新闻职业文化的全球流动，其中驻外记者与本土助理（fixer）之间的互动更是全球化时代新闻生产的重要景观。驻外记者需要依赖本土助理来逾越语言和文化习俗的障碍，深入了解当地社会，而在此过程中本土助理则会与驻外记者围绕新闻价值、职业伦理等问题展开协商。这些互动在一定意义上呈现了全球记者角色的跨文化关系，我们将在第八章再次讨论这一话题。

你怎么看？

观看电影《喀布尔快递》和《杀戮战场》，讨论在电影情节中，记者如何认知与评价他国同行的实践表现？如何在互动中反思自身接受的职业社会化训练？

当然，以任何一种视角观看世界都必然有焦点也有盲点，只有让每个主体都能从自己的视角观看世界，才有可能实现去中心化，带来视域融合。跨

① REVERS M. Contemporary journalism in the US and Germany：agents of accountability [M]. Springer，2017.

文化理解范式试图重构对全球新闻业的想象：不同国家的新闻业之间不再是“中心-边缘”式的单向支配结构，而是交织、回环、共生的网络关系，包含着人的流动、观念的旅行和制度的迁移。由此，跨文化理解范式把记者比较研究从旧有的范式中解放出来，在返回记者角色的地方性实践中，回应服务于人类普遍交往的需要。

第二节　记者比较的新闻文化路径

新闻文化的概念化对可比性和包容性的建构形成了记者比较研究的突破口。它可以分为地域新闻文化（territorial journalism cultures）、本质主义新闻文化（essentialist journalism cultures）、以价值为中心的新闻文化（value-centered journalism cultures）、特定环境的新闻文化（milieu-specific journalism cultures）、组织新闻文化（organizational journalism cultures）和职业新闻文化（professional journalism cultures）。

这样的分类可以识别记者的多重身份，以印度尼西亚记者为例，可以将他们看作印度尼西亚的记者（地域新闻文化）、爪哇的男性记者（本质主义新闻文化）、自由的知识分子（特定环境的新闻文化）、集体主义文化的成员（以价值为中心的新闻文化）、为商业媒体工作的记者（组织新闻文化）、坚持中立客观新闻原则的记者（职业新闻文化），所有这些类别的新闻文化都是捕捉新闻业重要方面的有效工具，它们一旦相互关联，就可以为我们提供解释记者价值与行为的语境。[①] 在后来的研究当中，汉尼茨等又进一步深化了新闻文化的概念，并应用于全球记者的比较研究当中，在相互对照中形成对新闻业更加完整的认识。

一、新闻文化的概念化

在话语制度主义（discursive institutionalism）的视角下，新闻业是由话语创造的一种制度，是引导新闻收集的共同规范和非正式规则的有序集合。其中可能包括：正式的结构，如新闻法或工作合同；非正式的规则和程序，如习俗、传统、禁忌和行为准则。

对于一般记者而言，他们大多从文化共识的角度学习和理解这些规则，即“我们如何做新闻”，而不是把它们作为明确的行为准则加以严格遵循。从话语

---

① HANITZSCH T. Mapping journalism culture：a theoretical taxonomy and case studies from Indonesia [J]. Asian journal of communication，2006，16 (2)：169 - 186.

的视角理解新闻业，意味着新闻业没有真正的“本质”，它的存在是因为我们谈论它，阐明特定的价值观、想法、实践方式以及新闻在社会中的意义和作用。按照这种理解，新闻业在全球范围内都没有固定的形态，它受制于话语创作或再创作、解释或再解释、挪用和争论。最终，在国家内部、国家之间以及新闻机构之间，这种持续不断的争论产生了不同形式的新闻，构成了“世界新闻业”。

在这个意义上，新闻文化体现在记者的思考和行动方式之中，可以被定义为一组特定的思想和实践，通过这些思想和实践，新闻工作者有意或无意地使他们在社会中的角色合法化，并使他们的工作对自己和他人有意义。在这个过程中，各种专业意识形态争相对新闻业的社会功能和身份做出主流解释，但只有存在可以与之比较的其他文化时，谈论某种文化才有意义。这个概念的独特性在于，用新闻文化的概念来区分不同的新闻形式和表现形式，避免了将新闻文化看作是静止的和绝对的，同时又从调查记者的思考方式和行动方式出发，辨析新闻文化的存在。

为了保证新闻文化的概念在不同的文化语境中能够最大限度地保持稳定性和开放性，必须导入“主位（emic）-客位（etic）”的分析方法。客位方法强调普遍的和跨文化的视角，从理论术语和概念的公分母（common denominator）角度考察文化的构成要素。主位方法则关注文化的特殊性，可以作为某一文化的内部成员或参与者探索该文化。主位方法需要在特定的文化语境中发展其概念，在比较研究当中，这种策略必然会产生受文化制约的定义，使它不容易从一种文化语境翻译到另一种文化语境。客位方法更能确保新闻文化的概念适用于全球各地不同国家和组织背景下的新闻生产。然而，任何客位方法都必须伴随着一个主位成分，以使比较结果在不同的文化背景下有意义，因此需要对新闻文化的构成要素和概念维度进行解构。

由于无法识别归纳出新闻文化的所有方面，因此需要着重选取那些既能在各个地区得到测量和呈现同时又能突出地区差异的维度。基于当时可获得的调查数据，汉尼茨将新闻文化概念化为三个方面和七个维度，构成一个比较规范的新闻文化范式（见表 4-1）。

表 4-1 新闻文化的概念化维度

机构角色	干预主义	干预（+）
		被动（-）
	权力距离	对抗的（+）
		忠诚的（-）
	市场导向	消费者（+）
		公民（-）

续表

认识论	客观主义	对应（+）
		主观（-）
	经验主义	经验的（+）
		分析的（-）
伦理意识形态	相对主义	语境的（+）
		普遍的（-）
	理想主义	方法（+）
		结果（-）

资料来源：HANITZSCH T. Deconstructing journalism culture：toward a universal theory [J]. Communication theory，2007，17（4）：367-385.

三个方面包括机构角色、认识论和伦理意识形态。机构角色又称职业角色认知、新闻功能或媒介角色，指向新闻业的规范和实际功能。认识论关涉的是现实的可接近性和可接受证据的性质，如新闻报道是否可以客观中立地解释事实，又将如何证明所报道的就是真相。伦理意识形态指向记者如何回应伦理困境。①

在此之前，有关记者角色的研究已经非常丰富，但都没有将机构角色、认识论和伦理意识形态放到一起分析。在汉尼茨看来，这三个领域共同构成了新闻文化的基本要素。其首要意义在于，一个国家或地区的新闻文化将表现于记者职业心态的多样性与变化性，不再被化为一个“公约数”。其次，新闻文化概念并不预设西方价值观比其他价值观更好或更专业，而是将新闻的社会功能放置到各自的社会环境中分析，可以说是对民族中心主义思路的超越。最后，它并不是一个固定不变的范式，而是一个权宜的概念结构，在此基础上保持了新闻文化的包容性和开放性。为此，新闻文化的三个方面又进一步被分为七个主要维度。

放大镜

新闻文化的七个主要维度

干预主义（interventionism）反映记者能够在多大程度上从事特定任务并推广特定价值观。这一维度区分了两种类型的记者：一种是干预主义者，他们倡导参与、干预和促进社会变革，可以代表弱势群体，也可以成为政党或其他团体的喉舌；另一种记者则与事件保持距离，坚持客观中立的态度，致力于实现公平和公正。

① HANITZSCH T，HANUSCH F，MELLADO C，et al. Mapping journalism cultures across nations：a comparative study of 18 countries [J]. Journalism studies，2011，12（3）：273-293.

权力距离（power distance）是指记者相对于权力中心的位置，以及对社会权力采取的态度。作为一个连续体的两极，对抗型新闻媒体热衷于挑战权力，记者把自己视为“看门狗”，对社会及其机构进行独立而激进的批评和检查，对当权者的主张持怀疑态度；而在另一端，“忠诚的”或机会主义的记者更倾向于把自身视为一个协作型的角色，是政治进程中统治精英的“合伙人”。

市场导向（market orientation）反映的是两种吸引受众的基本途径：将受众视为公民或是消费者。当市场导向度很高时，新闻业重点关注受众想知道的东西，牺牲他们应该知道的东西；优先考虑公共利益的记者则强调政治信息和政治动员，并认为这是塑造知情公民的一种方式。

客观主义（objectivism）与客观性哲学或绝对意义有关，与方法的过程性意义无关。在这个维度中，靠近客观报道一端的记者声称客观事实存在于“外在世界”，可以被如实报道出来，他们相信一个人可以而且应当将事实与价值观念剥离。另一端的主观主义记者则认为，没有任何一件事是客观现实，新闻对世界的再现都不可避免地经过了筛选并且需要解释。

经验主义（empiricism）对应的是一种真理假说，与记者最终证明事实真相的方式有关。这个维度的一端强调观察、测量、证据和经历，另一端则看中推论、观点、价值观、意见和分析。

相对主义（relativism）标志着记者在多大程度上将他们个人的道德哲学施加于普适道德准则的基础之上。尽管大部分记者相信伦理选择更多的是依赖于情景语境，强调事件发生的情境和环境等外在过程，但也有记者坚持认为专业伦理是普适化的，记者必须绝对依赖道德真理并忽略具体语境。

理想主义（idealism）衡量的是对道德困境的回应方式及对其所产生的后果的态度。高度理想主义的记者往往采取手段论取向，相信令人满意的结果永远都应当通过“正确的”行为来取得。而低度理想主义的记者更倾向于唯目的论，他们承认为了实现更大的公共利益，伤害有时是必需的。

当相对主义和理想主义交叉时，还会得出四种伦理意识形态的分类：情境主义（situationism）、绝对主义（absolutism）、主观主义（subjectivism）和例外主义（exceptionism）（见图 4－2）。情境主义者既是理想主义者，也是相对主义者，因为他们倾向于拒绝道德准则，主张在每种情况下对每种行为都要进行个人主义的分析。绝对主义者也是理想主义者，但他们认为遵循普遍的道德准则始终可以实现最佳结果。像情境主义者一样，主观主义者基于个人价值观和观点而不是普遍的道德原则做判断。但是，与情境主义者不同，他们认为为了产生良好效果，有时候负面行为也是必要的。例外主义者允许普遍的道德指导自己的判断，但也对例外保持开放态度，只要这些例外

有助于防止负面后果。[①]

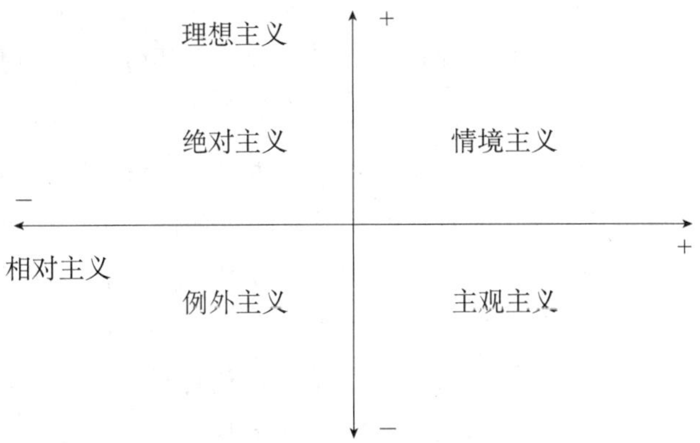

图 4-2 伦理意识形态分类

资料来源：FORSYTH D R. A taxonomy of ethical ideologies [J]. Journal of personality and social psychology，1980，39 (1)：175-184.

显然，七个维度不仅拓展了新闻文化的包容性和开放性，还有助于观察新闻文化的互动性、混杂性和变化性，使世界新闻业地图的立体化成为可能。虽然干预主义维度和权力距离维度有可能强化西方与非西方二元对立，但相对主义与理想主义的交叉形成了多元互动的可能。

在对新闻业的研究上，新闻文化的概念至少挑战了两种理解：

一是规范地理解新闻业，即把新闻的功能固定化、规范化的倾向。比如把新闻的概念与公民和民主的概念联系在一起，认为新闻就应该为相关事件提供潜在的背景信息，为公众提供评论、指导和建议，成为某种接近、表达和政治参与的方式，促进共同意识的形成并扮演政府的批评者和监督者。西方国家大多对新闻业持这种理解，并将这种观念向全球南方传播。

二是本质地理解新闻业，即认为新闻业具有某种固定不变的本质。但现实的情况是，不同国家有不同的新闻实践，并不是本质的、确定的，西方国家也有重视社会责任和干预社会现实的表现，如倡导和平新闻运动。[②]

在话语制度主义的视角下，新闻文化可以通过记者感知到的影响和职业自主权（外部维度）以及与之相对的记者角色、伦理意识形态和对公共机构的信任（内在维度）来阐明和加以研究，这五个维度并非全面，但也主导着新闻业的职业、学术和公共对话。感知到的影响和职业自主权与记者对外部

① HANITZSCH T. Deconstructing journalism culture：towards a universal theory [J]. Communication theory，2007，17 (4)：367-385.

② HANITZSCH T，AHVA L，ALONSO M，et al. Journalistic culture in a global context：a conceptual roadmap [M] //HANITZSCH T，HANUSCH F，RAMAPRASAD J，et al. Worlds of journalism：journalistic cultures around the globe. New York：Columbia University Press，2019：26-28.

约束的体验和反思有关；新闻工作者的角色、伦理意识形态和对公共机构的信任反映的是新闻与社会更广泛的联系，代表了自我职业意识的关键话语，在这些话语中记者和其他机构的参与者在内部协商新闻规范、价值观和实践。

在这一框架下设计世界新闻文化研究的问题与方法，则更为精细、合理。在研究对象的选取和问卷设计方面，研究者从每个国家和地区选出 20 个新闻机构，再从中选取 100 名在职记者做配额抽样采访。在对媒体机构的选择上，第一层根据媒体类型区分了全国性媒体和地方媒体，第二层针对平面媒体的媒体导向区分了公民导向的优质媒体和消费导向的大众媒体，针对电子媒体的所有权区分了公共媒体、国有媒体和私有媒体。对大众媒体的选择是基于受众规模，对优质媒体的选择则是基于其议程制定能力。在报道领域上，尽可能地涉及报道各个领域的记者，除了传统的"硬新闻"记者，还有日常新闻记者。在新闻机构内部，研究者尽可能地从编辑级别的最高层（例如总编辑及其副手）、中层（例如高级编辑和负责人）、最低层中各选出一名记者，对这些记者的选择均基于随机抽样。调查所用问卷由各国的研究者讨论而来，从而使问卷对处于不同政治、经济、社会和文化背景的记者都是有用和可理解的，并在此基础上建立一个共同的理论和方法框架，尝试让参与者都同意特定理论的价值。①

值得注意的是，新闻文化提炼出的各个维度是基于对既有研究的总结，主要参考的是西方学者的研究，这些维度对于非西方国家新闻业的适用性和解释力难以得到充分论证；在研究问卷的设计上，新闻文化研究所使用的问卷和量表是不同地区的学者共同讨论确定的，使之可以在不同的国家和地区得到测量，并保证对各个国家和地区的记者来说都是可理解的。但正因如此，他们不得不舍弃那些不能共同测量的要素，而这些特殊的要素对于理解某一地方的新闻文化来说也许是至关重要的，这也是客位研究方法作为理论基础的局限性。

二、新闻文化：世界图景与地方图景的拼贴

新闻文化的包容性与开放性满足了"世界新闻业调查"的基本条件，研究者得以通过共同的量表和问卷各自调查一个国家/地区的数据，描绘其新闻文化的基本情况，形成一个国家/地区的新闻文化图谱，同时也为多国新闻文化的比较研究提供了数据基础。在这里，所谓的跨国新闻文化描绘是基于可

---

① HANUSCH F，HANITZSCH T. Comparing journalistic cultures across nations：what we can learn from the worlds of journalism study [J]. Journalism studies，2017，18 (5)：525 - 535.

共量性的世界图景，即关注群体的平均属性而非个体的观念、行动和阐释，将不同群体的文化差异化约成测量指标所呈现的不同结果；而所谓国家/地区新闻文化描绘由于采用了相同的量表，因而是在差异性中显现出来的地方图景。这就使得对新闻文化的描绘具有某种“拼贴”的性质，新闻文化的世界图景与地方图景成为建构的产物。在具体的研究维度上，围绕记者感知到的影响、职业自主权、记者角色、伦理意识形态和对公共机构的信任这五个维度，形成新闻文化的概念地图。

（一）相对论意义上的新闻文化整体图景

一项由18名研究者共同描绘的十八国“跨国新闻文化地图”显示，干预主义通常不是西方新闻文化的特征，只在发展中国家和向民主社会过渡的国家发现了记者的干预主义倾向。在权力距离维度上，监督政治精英和经济精英是全球新闻业的一项职能，在西方背景下这两个方面是齐头并进的，相对而言，发展中国家的新闻业对政治的监督与对商界的怀疑并不一致。在市场导向方面，提供有趣的信息往往是欧洲新闻业的特征，发展中国家的新闻业较少支持这一特点。在认识论方面，公正、中立以及信息的真实性和可靠性在全球范围内受到认可，世界各地的记者都认为个人信念不应影响他们的报道。发展中国家的记者更加重视为受众提供政治指导。在伦理意识形态方面，与西方同行相比，非西方新闻工作者更重视情境因素，倾向于做出情境道德决策和采用个人标准。①

显然，相对论视角展示了新闻业各种文化表现形式的整体图景，我们可以直观地看到新闻文化框架中的共同特征和国家差异。也就是说，在新闻文化的地图当中，每个国家在各个维度的表现都可以用数据呈现，但不足的地方在于，它并不支持特定的文化视角。正如看地图一般，我们只能看到一些地区的轮廓或者其他粗略的信息，无法通过地图本身了解到各个地方复杂的生活场景。同样，新闻文化的地方图景也只是在普遍性的光谱中得以呈现，由此消解了一些地方情境，比如无法解释为什么一个地区在某一维度的表现与其他地区不同，记者对此是否有不同的解释？在具体的实践中又是如何表现的？这既是新闻文化框架本身的缺陷，同时也是多国比较容易出现的不足，即难以提供更为充分的背景信息。

（二）有关联意义的新闻文化地方图景

如果回到新闻文化的地方图景，我们可以转而追问：地方的新闻文化是

① HANITZSCH T，HANUSCH F，MELLADO C，et al. Mapping journalism cultures across nations：a comparative study of 18 countries [J]. Journalism studies，2011，12 (3)：273-293.

如何相互联系的？有哪些社会因素可以解释这些国家的新闻文化？

以对智利、巴西和墨西哥新闻文化的比较研究为例，这三个国家同属民主国家，是拉丁美洲最重要、最具竞争力和最稳定的经济体，但都经历了严重的政治创伤和经济危机，且媒体在其中扮演了重要角色。

三个国家的记者都被认为是超然的监督者，同时以公民和消费者为市场导向，但又存在很大的差异。墨西哥和智利记者的干预倾向更高一些，较高的政治平行性以及媒体具有的政治传统也许可以为此提供解释。在权力距离方面，大多数被调查的记者不同意媒体应该传达政治领导和商业领导正面形象的观点，但巴西记者的反对程度更高。智利记者相对而言更接近实际的权力，原因可能在于智利高度集中的国家所有权以及小且集中的媒体规模，而且智利的政治阶层受到广泛的好评，民主制度呈现出低水平脆弱性。

三个国家的记者普遍支持有利于社会发展和福祉的公共政策，这些国家的发展水平特征可以解释这一点。墨西哥的记者对媒体的角色更为看重，这可能和墨西哥对透明度和获取公共信息的制度化有关，而媒体在其中发挥了根本作用。在认识论取向方面，三个国家的记者都支持在新闻实践中保持公正和中立，支持在报道中加入分析以及事实与观点分离。在重视程度上，墨西哥的记者更重视公正性，在尽量减少与政治经济力量的冲突和对抗的情况下，保持非意识形态立场，巴西记者更支持记者按照原样描绘现实的观点。

在伦理意识形态方面，大多数记者支持存在普遍的道德原则。相比之下，智利记者表现出最大限度的灵活性，巴西记者最不愿意接受记者制定自己的行为准则，他们倾向于遵循大多数西方新闻业尤其是美国和德国新闻业的伦理意识形态。大多数记者同意有必要避免有问题的报道方法，但智利记者在接受有害后果方面表现出更强的规范取向，他们认为在报道能产生更大好处的情况下伤害是合理的。智利记者面对职业的巨大内部分歧也许可以解释他们之间理想主义水平的巨大差异。①

将研究对象收缩到范围更小的地方，使得研究者更容易把握地方特殊的政治文化背景，在呈现新闻文化各维度的地区间差异之外，还可以为这些差异提供某些解释。但局限性在于，由于使用了项目中事先确定的量表和问卷，涉及每个国家的媒体机构和记者样本量是有限的，也许无法代表和说明各自国家新闻文化的整体情况，从而使比较研究难以达到理想效果。在解释层面，这项研究也只能给出一些粗略的估计，无法做进一步的验证。值得注意的是，既然这些维度的划分已经受到了西方对新闻业认知的影响，整个研究设计也

① MELLADO C，MOREIRA S，LAGOS C，et al. Comparing journalism cultures in Latin America：the case of Chile，Brazil and Mexico [J]. International communication gazette，2012，74（1）：60－77.

天然地带有了西方的价值偏向，如果没有对结果中不符合西方认知的部分给予语境化的解释，这些非西方新闻文化的呈现就很可能被置于边缘，并被视为是需要改造和发展的，从而进一步巩固了既有的偏见。

（三）聚焦特定维度的世界图景

如前所述，对新闻文化的研究主要聚焦于记者感知到的影响、职业自主权、记者角色、伦理意识形态和对公共机构的信任这五个维度，它们彼此交织、互相影响，基本可以呈现 WJS 项目涉及的一系列研究问题与方法。

记者感知到的影响可以分为政治影响、经济影响、组织影响、程序影响、职业影响和参考群体的影响，这些维度的数据能够呈现国家间的差异。从记者感知的角度测量各种因素对新闻业的影响，而不是使用早已确定或主观猜测的因素，这样可以确定这些影响真实存在于记者的感知和工作实践当中，又由于这些量表是多国学者共同参与设计的，因此可以保证这些维度的可共量性。此外，相比于前面相对论意义上的新闻文化整体图景，这项研究增加了更多解释的维度，借助政治表现、新闻自由和经济自由的指标解释影响的差异性。但是，这些指标主要来源于已有的材料和数据①，研究者并没有深入到不同国家的语境中比较国家间的异同，比如在国家的民主指数和新闻自由度方面，用的是西方视角下的测量标准，缺乏语境因素，用于新闻文化的比较研究当中则造成了地方性的消解。

职业自主权与记者感知到的影响密切关联，它本质上是一种主观的建构，只能通过调查记者本人的看法加以了解。影响记者职业自主权的因素包括：记者个人层面的报道领域、编辑等级和专业经验，组织层面的所有权、对广告收入的依赖和是否存在编辑规则，国家层面的民主表现、新闻自由、政治平行性和国家干预。调查显示，在记者个人层面上，专业经验和编辑等级与职业自主权有显著的正相关关系，记者的报道领域则对职业自主权的影响不大。在组织层面上，所有权类型对职业自主权有显著影响，在国有媒体、公共媒体工作的记者，其感受到的职业自主权低于在私人媒体工作的同行，对广告收入的依赖和是否存在编辑规则与职业自主权的关系并不显著。政治因素最大限度地限制了记者的职业自主权，新闻自由和民主表现与职业自主权显著相关，但与普遍预期相矛盾的是，在政治平行性较高的社会中，记者享

---

① 在一些影响指标的获取上，媒体所有权的数据是通过分析相关文件（如年度业务报告）、检索公共数据库和电话查询收集的。政治平行性的资料是根据在各国工作的负责人的评价汇编的。政治表现用的是经济学人智库发布的民主指数。新闻自由使用的是自由之家每年发布的“新闻自由”系列数据。经济自由使用的是弗雷泽研究所每年发布的世界经济自由度指数。

有的职业自主权似乎更大。[①] 当然，这只是依赖既有影响指标的材料和数据，基于对有限国家的调查得出的结果，是否具有普遍性还有待进一步验证。同样值得注意的是，记者对职业自主权的感知在多大程度上影响了其新闻实践。

记者角色可以根据职业群的分布来考察。通过对记者有关自我社会角色理解的陈述做聚类分析，可得出四种职业群，分别是平民主义的传播者（populist disseminators）、超然的监督者（detached watchdogs）、关键变革的推动者（critical change agents）和机会主义的促进者（opportunist facilitators）。

放大镜

基于记者自我角色理解的职业群分类

第一，平民主义的传播者有强烈的受众取向，为受众提供有趣的信息，主要关注能够吸引广泛受众的新闻，且不打算在报道中扮演积极或参与的角色，而是作为中立的观察者，显示出了更强的专业倾向。

第二，超然的监督者在西方最为典型，记者往往将自己视为政府和商业精英的监督者，向公众提供有趣的政治信息，与此同时他们也最不愿意扮演干预者的角色，如影响公众舆论或倡导社会变革。

第三，关键变革的推动者同样对政府和商业精英持批判态度，但很大程度上受干预主义的推动。他们最渴望激励受众参与公民活动和政治讨论，但受众取向并不明显，同时他们也非常不同意成为机会主义的促进者，如传达政治领导和商业领导的正面形象。

第四，机会主义的促进者认为媒体应该在经济发展和政治转型过程中成为政府的建设性伙伴，他们也最可能支持官方政策，但他们的受众取向最不明显，对新闻的政治信息功能和动员潜力关注最少。

“职业群”的概念借鉴了布尔迪厄的场域理论，属于同一职业群的记者对自我社会角色和社会职能的认知是一致的。不同的记者职业角色认知会形成不同的职业群，新闻场域便是不同职业群之间斗争的空间。这些职业群表现了记者个人与职业群体以及更大社会之间的联系，超越了将记者分为中立者与干预者的二元对立式研究，为各种环境下记者的角色认知提供更多的解释空间。尽管从理论上来看，职业群的界限跨越了国家和组织的边界，但在目前的比较研究设计当中，以国家为单位展开研究依旧是最普遍的选择，通过

① REICH Z，HANITZSCH T. Determinants of journalists' professional autonomy：individual and national level factors matter more than organizational ones［J］. Mass communication & society，2013，16（1），133－156.

凸显差异将国家和地区区隔化、静止化，无法体现不同国家和地区之间的交流互动关系以及由此产生的改变。

针对伦理意识形态，主要围绕相对主义和理想主义展开比较。相对主义有三个衡量标准，即拒绝普遍的道德原则，接受情境伦理观，面对复杂的道德困境时需要记者依靠自己的道德标准判断。相关研究发现，中国、印度尼西亚和乌干达远远高于所有国家的平均水平。对于理想主义的衡量标准，德国、瑞士和美国的记者通常更赞同"记者应该避免有问题的报道方法"，但不倾向于接受"报道可能伤害他人的新闻总是错误的"这种观点，智利、埃及和罗马尼亚的记者则对此表示接受。中国、保加利亚和俄罗斯的新闻工作者最不能接受某些具有潜在有害后果的道德决策。① 这项研究表明，不同国家记者的伦理观念虽然存在差异，但也达成了一些共识。同时，记者的伦理观念并不绝对，在实际的道德情境当中，记者的道德选择受多种因素共同影响，需要考察记者在面对具体情境时的道德抉择。

在记者对公共机构的信任方面，有关研究显示，在人际信任程度较高的社会中，新闻工作者更信任公共机构。在国有媒体工作的记者比在私人和公共媒体工作的记者更容易信任公共机构。当记者表现出更小的权力距离时，他们似乎更容易信任别人，但在总体水平上似乎正好相反，记者在权力距离较大的社会更容易对公共机构产生信任。②

这项研究证明，不同国家的记者对公共机构的信任具有显著差异，这就需要超越记者的个人因素，将记者、媒体组织与更广泛的背景联系起来，尤其要关注不同国家新闻业的运行模式。关于记者对公共机构的信任这一问题，还需要在记者、公共机构与受众的多元互动中进行考察。

这些维度不是彼此隔绝的，而是相互影响、相互关联的，它们共同构成了一个地方特殊的新闻文化。在解释这些维度的差异时，研究者多是使用假设-验证的方法，将影响维度分为几个可能的层次：个人层面、组织层面和国家层面。在国家层面上多用到新闻自由、政治表现、经济自由和经济表现等变量，这些数据的获取依靠的是现有材料。此类研究难以避免的缺陷在于，把各个国家和地区的新闻文化区隔化、固定化，难以体现地区间的交流互动以及由此产生的地方新闻文化的转变。在影响维度上，无论是民主指数还是新闻自由指数，都是西方标准下统计出的结果，难以情境化地解释地方新闻业的独特表现。

---

① PLAISANCE P L, SKEWES E A, HANITZSCH T. Ethical orientations of journalists around the globe: implications from a cross-national survey [J]. Communication research, 2012, 39 (5): 641-661.

② HANITZSCH T, BERGANZA R. Explaining journalists' trust in public institutions across 20 countries: media freedom, corruption, and ownership matter most [J]. Journal of communication, 2012, 62 (5): 794-814.

（四）西方新闻文化与非西方新闻文化的对话

发展新闻学视角的比较研究注意到西方与非西方的互动，破除观念之间的对立与隔绝，发现非西方国家既吸收了西方国家的新闻理念，又结合了自己国家的发展环境对它重新加以理解，在具体运用的时候也有所侧重。不足的是，在比较发展新闻业时，容易过于关注它们之间的同质性，而忽视异质性。

哥伦比亚和墨西哥记者自主权比较研究显示了一些情境化的对话因素：这两个国家的记者都面临着人身威胁、严重的社会不平等、庇护主义以及国家媒体主管部门的例行干预，但仍在民主制度下工作。这两个国家的记者面临更大的自主权压力，但又有所不同：哥伦比亚的暴力事件有其政治根源，而且开始得更早，为了保护自己，哥伦比亚的记者学会了与同事合作而非竞争；在墨西哥，最近出现了反出版暴力现象，媒体遭受攻击促进了跨媒体的团结，但有时也会激起同事之间的怀疑。墨西哥和哥伦比亚的记者普遍认为，他们在故事的采写阶段有充分的自主权，却没有足够的自主权发布新闻，且自主权的大小会根据报道领域的不同而波动。

在影响层面上，墨西哥较低的自主权与暴力以及多种不平等形式有关，比如与工作有关的威胁、较低的工资、组织权威性的缺乏以及不安全的兼职或劳动合同。在参考群体这个影响层面上，有关研究显示来自同龄人的竞争压力会降低自主权，但对哥伦比亚记者的研究表明同辈群体的团结是重要的。虽然以往的研究认为经济和政治是重要的影响因素，但当制度和历史背景发生变化时，这些因素的作用会有所不同。总体而言，一些结构性环境因素，如社会的严酷和组织不平等、劳工不安全感、庇护主义，以及在当代民主国家中经常伴随的暴力，共同影响民主新闻业的运行模式及记者对职业自主权的感知。①

显然，普遍性的维度并不能揭示复杂的地方情境，还需要更加细致地将独特的地方环境考虑在内，并以此检验原有理论框架。由此，比较研究便更具有对话性，也便有了深化研究设计的可能。

当我们将目光聚焦到特定的非西方国家之时，便会发现一些特殊的情境因素，这些因素难以在大范围的跨国研究中得到体现，但它们却极大地影响着一个地方新闻文化的表现。着眼于非西方的研究为世界新闻文化地图增添了更为丰富的色彩，并通过实证结果向西方语境下的新闻研究提出了有效质疑，为各国新闻文化的理解与对话提供可能性。

---

① HUGHES S，GARCÉS M，MÁRQUEZ-RAMÍREZ M，et al. Rethinking professional autonomy：autonomy to develop and to publish news in Mexico and Colombia［J］. Journalism，2017，18（8）：956－976.

三、日常生活与记者角色

在比较新闻学当中，从新闻与民主的关系出发考察全球各地的新闻文化，难免会遇到水土不服的情况。这时，将焦点转移到报道“软新闻”的记者身上，考察日常生活中的记者角色也不失为一种可以尝试的研究方向。

一般说来，新闻工作者在两个领域发挥着重要作用：政治生活和日常生活。在政治生活领域，新闻业要满足政治生活的六种基本需求：信息-指导（informational-instructive）、分析-协商（analytical-deliberative）、批评-监督（critical-monitorial）、倡导-激进（advocative-radical）、发展-教育（developmental-educative）和协作-促进（collaborative-facilitative）。

你怎么看？

结合阅读材料，研究者对新闻业的政治生活维度进行归纳，总结出六种基本需求，并对应着18种记者角色。对比此前学者对记者角色的建构，这里的类型划分有哪些新意？又有哪些局限？

阅读材料：

HANITZSCH T，VOS T P. Journalism beyond democracy：a new look into journalistic roles in political and everyday life [J]. Journalism，2016，19（2）：146－164.

在日常生活中，记者扮演的角色涉及三个领域：消费、身份和情感。这里的消费领域指的是新闻媒体越来越多地以消费者的身份来关注受众群体，以提供各种可购买的产品和休闲活动模式为特色，促进了消费者生活方式的构建。身份领域之所以和新闻媒体相关，是因为在现代社会，身份更像是一种个人实践，个体不再生来就拥有自己的身份，身份从“给定”转变为“任务”，行动者有责任执行任务并承担后果。他们需要管理自我和日常生活，并寻找自我认同感和归属感的方向，而新闻媒体提供了一种参考。情感领域涉及新闻消费中的感情、情感和情绪体验，是选择性接触媒体内容的主要决定因素。新闻中的情感不只提供娱乐和放松，还提供灵感和归属感。从这三个方面可以区分出记者的七种角色：市场营销者（marketer）、激励者（inspirator）、服务提供者（service provider）、引导者（guide）、朋友（friend）、连接者（connector）和情绪管理者（mood manager）（见图4－3）。[①] 用这种

---

① HANITZSCH T，VOS T P. Journalism beyond democracy：a new look into journalistic roles in political and everyday life [J]. Journalism，2016，19（2）：146－164.

视角考察新闻业，在一定程度上是对既有新闻文化范式的补充，同时也是从话语制度主义视角理解新闻业的体现。

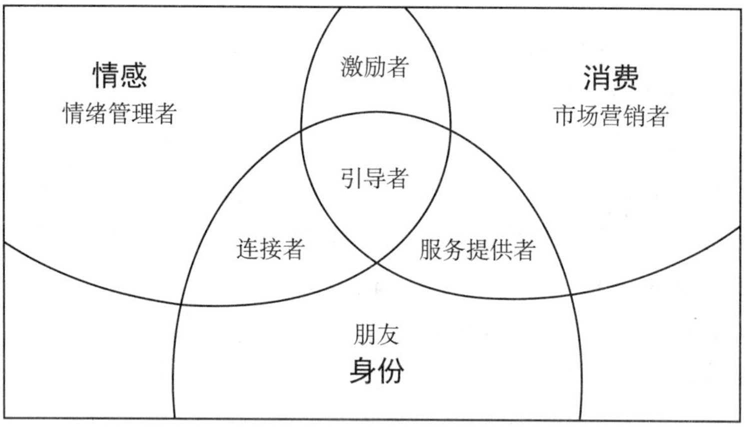

图 4-3 日常生活领域的记者角色

资料来源：HANITZSCH T，VOS T P. Journalism beyond democracy：a new look into journalistic roles in political and everyday life [J]. Journalism，2016，19 (2)：146-164.

从消费的角度展开记者比较，主要针对生产“软新闻”的记者，即生活方式记者。他们主要面向作为消费者的受众，向受众提供有关日常生活中商品和服务的真实信息和建议，包括旅游、时尚、健康、休闲娱乐、生活方式、食品、艺术和技能等领域，关于这些领域的信息和建议成为报纸、杂志、广播、电视节目甚至专门网站的构成部分。① 文化新闻和消费新闻在此融合，消费者被视为个人而非公民。当记者将自己定位于日常生活之中，并与生活中的其他主体产生多元的互动关系时，记者的职业理念和行为模式将发生一定的转变，其角色定位可能是服务提供者、生活教练、社区倡导者和鼓舞人的娱乐人士。

向日常生活领域延伸的记者角色具有更大的包容性和适用性。以德国和澳大利亚生活方式记者的比较研究为例，这两个国家都属于西方社会，但也存在新闻文化上的差异。澳大利亚遵循的是英美模式，而德国则具有不同的新闻传统。澳大利亚的媒体所有权集中度更高，周日报纸和社区广播也占有较大份额。德国的国家大报以及公共服务广播和公共话语具有较大的相关性。但在个性化、价值改变趋势和媒介化方面，这两个国家的情况却非常相似，比如提供娱乐和放松、服务、建议和实用新闻、日常生活的引导、激励和对生活的积极态度，以及良好生活的范例。② 相比于新闻与民主关系的差异化，

---

① HANUSCH F. Broadening the focus：the case for lifestyle journalism as a field of scholarly inquiry [J]. Journalism practice，2012，6 (1)：2-11.

② HANUSCH F，HANITZSCH T. Mediating orientation and self-expression in the world of consumption：Australian and German lifestyle journalists' professional views [J]. Media culture and society，2013，35 (8)：943-959.

新闻与消费的关系更具有全球普遍性。透过民主的视角，非西方的新闻文化无可避免地沦为边缘的、落后的、需要参照西方加以改造的对象。消费的逻辑更重视作为中介的新闻，关注记者、受众和社会环境的关系。

需要注意的是，虽然消费可以作为新闻文化比较的一个视角，但这并不意味着它与民主的关系是割裂的。事实上，消费的视角更容易掩盖新闻与受众的不平等关系，在媒介化的世界和消费社会的笼罩下，受众容易被视为需要俘获并加以利用的对象，而非具有反思能力的主体，迎合受众口味生产新闻的行为有时被说成是对受众的重视，背离了对民主和平等的强调。因此，即使是从消费的视角比较新闻文化，也需要将之放到更广阔的社会、文化、技术发展的背景之下考察，不能割裂和其他维度的关系。

记者在特定的文化背景下开展新闻活动，对自我角色的认知往往受到特定的文化背景、媒介体制、社会经济、所受教育、新闻实践等的影响。记者个体在报道具体的新闻事件时，由于处在不同的情境当中，最终呈现出的新闻报道已不只是记者个人角色认知的体现，而且是多重张力下共同催生的产物。也就是说，将新闻业的公民导向作为一种理想是一回事，而在新闻编辑室中的工作则完全是另一回事，惯例可能会影响角色-表现的线性联系，编辑也会根据组织的总体角色决定如何编辑故事。[①] 因此，关注记者的角色认知和角色表现之间的差异以及造成这些差异的原因，更有助于把握新闻业在现实当中的运行状态。

你怎么看？

记者的角色认知与角色表现的差异是如何形成的？阅读新闻文化和新闻角色表现的相关文献材料，并谈谈你的看法。

阅读材料：

MELLADO C，HELLMUELLER L，MÁRQUEZ-RAMÍREZ M，et al. The hybridization of journalistic cultures：a comparative study of journalistic role performance [J]. Journal of communication，2017，67（6）：944－967.

四、原住民新闻文化

一国之内的新闻文化往往是多元共存的。一些特殊的新闻观念与实践难以归纳到既有新闻文化范式中进行衡量，这便需要返回到地方性实践，从跨

① MELLADO C. Professional roles in news content：six dimensions of journalistic role performance [J]. Journalism studies，2015，16（4）：596－614.

文化关系的角度分析记者角色理念的生成与记者的新闻生产行为。其中，对原住民（indigenous）新闻文化的考察便是一种研究方向。

原住民属于社会的非主导小群体（non-dominant sectors），他们试图按照自己的文化模式、社会机构和法律制度，维持、发展其祖先的领土及其族群特征并传递给后代，作为后代继续生存的基础。马赛人、因纽特人、豪德诺索尼人、毛利人、萨米人等都属于原住民群体。在新闻文化视野下，原住民新闻指的是，原住民为了原住民社区以及非原住民社区，生产和传播一般公众感兴趣并感到重要的有关当下事务的信息。这个定义强调了原住民新闻在每个原住民社区未必全然相同，而会受到所处环境的影响，记者还要考虑到非原住民受众的需求。

考察原住民新闻文化有五个维度：一是为原住民社区赋权，即提供可以讨论原住民问题的公共空间。二是提供一种反主流叙事的愿望，改变主流新闻强加给外界的对原住民的看法。三是复兴原住民语言的功能，帮助减缓使用原住民语言人数的下降速度。四是在合适的文化环境中从事新闻工作，着重报道原住民的文化和习俗，确保文化生存。五是发挥监督职能，即为了更广泛的社区利益，记者可以在监督领导者方面发挥作用。[①] 这五个维度广泛存在于全球各地的原住民新闻环境当中，为开展比较研究提供了方向。基于此，可以尝试考察以下问题：这些维度在不同的原住民新闻文化中是如何组合的？有何异同？造成差异的原因是什么？

原住民居住分散，可能涉及多个国家和民族，文化特征也并不全然一致，还会受到其身处的政治、经济和文化等环境的影响。因此，除了运用既有的维度设计调查问卷并做定量分析之外，还可以关注原住民新闻的跨文化关系，在具体情境里考察记者角色。

那些自认为属于同一群体或同一民族但却跨越两个或两个以上国家的人被定义为“跨国原住民”，他们挑战了原有的新闻边界。一个典型的案例是，谢娜·普劳特（Shayna Plaut）运用多点民族志的方法对萨米人和罗姆人的新闻业展开比较研究。萨米人和罗姆人主要居住在欧洲，但他们的社会经济地位、获所居住国家的认可度以及和多数群体的关系都是不同的。通过采访45位记者、新闻教育工作者、资助者和评估者，调查相关课程、培训、经费申请和项目评估，结果表明，作为在社会、经济上都处于边缘的人们，他们都敏锐地意识到了来自国家的压力，并将此视为一种动力来源。对于罗姆人来说，外部资助者、跨国非政府组织和欧盟都是重要的角色；对于萨米人来

---

① HANUSCH F. Charting a theoretical framework for examining indigenous journalism culture [J]. Media international Australia, 2013, 149 (1): 82-91.

说，萨米人、北极和更大原住民世界之间的跨国合作是自决的重要体现。两者都认识到自己在国家中的多重身份即公民、少数民族和跨国人民，这些身份并非截然不同，而是相互作用。他们认可国家的存在，并从这种公民身份中享有旅行、国家法庭、立法机构以及国家财政义务方面的好处，但也清楚地意识到了一些局限。① 因此，考察跨国新闻业可以从边缘民族立场揭示出国家的复杂现实。

原住民新闻文化打开了新的视角：新闻文化不是固定的、有清晰边界的存在，而是处于流动的联系之中。对于跨国原住民的新闻业来说，其新闻活动主要在同一族群内开展，需要考虑对特定文化要素的传承、受众需求以及与所处的民族的联系。如果想要清晰地说明此类新闻文化，只能从国家转向地方，直接从地方性实践谈起，展现新闻与政治、经济、民族传统价值观等的多元互动关系。

五、交往情境中的新闻文化比较

以国家和地区为单位比较新闻文化，实际上是将国家和地区视为固定不变的对象，认为记者的思想和实践与所在国家和地区的特征紧密关联，将他们视为相对独立的存在并用共同的理论框架加以统摄，最终呈现出的新闻文化是相互区隔的、静止的，难以应对来自跨国新闻和跨国记者的挑战，也难以反映记者的职业观念和实践的纵向改变。即使研究团队尝试探索突破国家边界的地区性新闻文化比较，给定的概念和数据也限制了深入情境的考察。比如将表现国际关系的变量纳入比较模型，研究外部因素和内部因素之间的相互作用以及媒体系统如何应对跨国影响，同时使用多层次的分析方法。问题在于，变量是无法穷尽的，即使划分了多个层次，加入了国际关系变量，依然只能对地区性新闻文化做静止化的考察。

如果按照批判地方主义的视角，我们在谈论一个地方时，谈论的不是一个稳定的、有边界的、自治的地方，而是一段文化历史，即该地区各种相互竞争的定义之间相互作用的累积性、生成性影响。也就是说，地方根本不是固定的，而是流动的，记者并未被一个确定的边界区隔。如各国驻外记者，他们在国界外工作，和其他国家发生着紧密的联系，如果仅仅在一国范围内描述他们的新闻文化情境，则显然遮蔽了这些记者的跨文化实践。事实上，一旦在全球比较中固化地区，地区就很容易被置于全球既已形成的权力话语

① PLAUT S. Reshaping the borders of journalism：lessons learned from transnational peoples' journalism [J]. Journalism practice，2017，11（1）：1－32.

中，被迫接受一元的交流系统，难以展现自身的特殊性，从而阻碍地区间的交流和理解。

斯皮瓦克尝试用“星球化”取代“全球化”的概念，希望回归一种自然状态，将各地区看作平等栖居在星球中的一分子，而非按照已经被划分的政治空间去想象地方。① 这实际上是在要求回归地方的历史和现实交往语境，关注地方文化形成的过程，摆脱对地方的概念化认识。就新闻业而言，新闻把人置于某种交往情境中，新闻职业价值是在人与人的交互行为和语言沟通中形成的，其中暗含着交往行为理性，即尊重新闻多样性发展的事实，以真诚的态度讨论文化背景不同、个人经历不同的人对新闻职业价值的认知与建构，克服偏见，取长补短；清晰表达新闻职业价值在不平等的传播权力关系中的扭曲，建构新闻文化共识。

由此，应该回归新闻流动的事实，转向交往情境中的新闻文化比较，将新闻文化的地方性话语转化为其他社会成员可以理解的形式，形成地方间的新闻文化对话，在多样性情境关系中推动对话式理解。就记者的职业认知而言，共享的职业意识形态之所以能够形成，在于记者之间产生了某种交往关系，当不同的理念和实践经由记者的交往相遇之后，便可产生比较和互鉴，彼此吸收有价值的地方，形成对新闻业的新认识，作用于自身的新闻实践之中。在这个过程中，既可能产生共享的职业意识形态，又可能在尊重彼此差异的基础上探索符合自身语境的新闻文化。据此，我们可以说，有意义的比较并不意味着要将全球各种新闻文化全部纳入统一的比较模型，而是要聚焦于有交往关系的新闻观念、新闻记者以及新闻生产活动。

新闻观念的流动、国际新闻报道以及记者的跨国合作都形成了不同的交往情境，使新闻文化突破了原有边界，呈现出混杂的样态。从交往情境进入新闻文化比较，由此勾连起所涉地区的复杂现实，或许可以重建新闻文化比较的可能路径。

其一，新闻文化的旅行路径。当前世界，各种观念和理论在人与人、境域与境域以及时代与时代之间旅行，新闻理念的旅行亦即意味着一种新闻理念离开了它原有的环境，进入了一种新的环境当中。一种文化中的理念如果可以为另一种文化所吸收，需要满足如下条件：两种文化相遇之后发生了对话行为，在对话的过程中交换了彼此的理念。这时，如果一方发现另一方的理念有助于解决自身文化面临的问题，那么这个理念便有可能被吸收，也即发生了理念的旅行。

这种理念到达新的环境中后，不再是镶嵌在原有文化结构中的一环，而

① 斯皮瓦克．一门学科之死［M］．张旭，译．北京：北京大学出版社，2014．

是会生发适应新语境的意义。新闻理念的旅行意味着发生了理念与理念的交往、理念与人的交往，以及理念与多种实践的交往。在这种交往情境当中，通过梳理新闻理念的旅行与意义变迁，可以避免将一种新闻理念视为普遍、不变的存在，使相关的地区文化因素在理念的交往中浮现，走向文化间的对话。

其二，新闻文化的混杂性路径。“混杂性”这一概念越来越多地出现在新闻学研究之中，用以表达边界的模糊性，突出新闻实践、行动者和机构类型的异质性，以及形成这种异质性的借用、挪用和创新过程。混杂性主要在三个方面被应用：混合媒介体系关注随时间变化的新闻的技术背景和制度背景；混合文化以及地方和全球新闻文化的互动聚焦于空间上的流动与互换；将其视为跨越时间和空间的新闻日常和普遍现象，根植于新闻实践的结构性背景。① 这三种关于混杂性的应用都有助于打破新闻文化的静止化和区隔化，在混杂性中还原更真实的新闻文化图景。

比如，混合媒介体系的研究表明了新闻业的纵向变迁，挑战了传统的新闻边界，将异质的参与者容纳在网络化的新闻生产之中。对新闻文化横向流动的关注有效挑战了西方新闻理念与实践的普遍性，承认各地区的新闻文化都在文化间的交流与融合中形成，可以更有效地解释全球新闻文化的差异和相似。同时，通过情境化、历史化和流动地理解记者的角色表现，为还原新闻文化图景提供某种可能。

其三，在记者的跨文化交往中揭示新闻文化。记者是新闻理念的主要承载者和实践者，其思考方式和行为方式既在交往中形成，又在交往中发生变化。WJS 项目呈现的世界新闻业图景固然涵盖了许多国家和地区的记者角色，但它遮蔽了特殊的情境因素，无法呈现地区间记者的交往关系。因此，记者比较未必要追求所涉国家的数量，只要不同文化中的记者发生了真实的交往关系，比较便可在他们之间开展。

其四，在跨国新闻流中观察新闻文化的跨边界性。全球化大大增加了获取远方信息的可能性与便利性，一些全球性事件往往会受到许多国家的共同关注。就围绕全球性事件的新闻生产而言，有两个方面值得注意：一是新闻的驯化；二是互联网环境下的意义分享。就前者来说，一个地方的媒体报道另一个地方的新闻事件，实际上也意味着两种文化通过新闻相遇，记者的报道方式不只与自己的所在地相关，也与报道对象的所在地相关。就后者来说，互联网使得记者与受众的关系发生改变，受众得以与职业记者一起参与到新闻事件的选择和意义生产当中。同时，越来越多的初创公司成立，为全球记

---

① HALLIN D C, MELLADO C, MANCINI P. The concept of hybridity in journalism studies [J]. The international journal of press/politics, 2023, 28 (1): 219-237.

者提供跨国合作的平台，帮助他们建立与传统新闻机构的联系。

众多网络论坛、博客的出现，将用户推向一个信息和观点的网络，从而将更广泛的新闻对话带入日常生活之中。在这个意义上，新闻文化通过无数用户的讨论得以体现，他们能否以及如何在对某一事件的讨论中达成互惠性理解，这可以成为新闻文化研究的关注点。新闻产品的跨国流动也意味着新闻文化是跨边界存在的，这就要求研究者将跨国受众纳入对某一地区新闻文化的研究之中。

第三节 社会情境转变中的记者实践比较

记者生活在具体的社会环境之中，和各种具体的人、事、物打交道，形成一定的观念和行为习惯，建构起自身实践的社会情境。这种社会情境可能趋于稳定，成为隐而不彰的背景，也可能因社会条件的变化而发生显著改变，例如政治或经济的变迁、社会运动的发展、新技术的应用等，从而带来记者实践的调整、适应与创造。进入 21 世纪以后，新闻业对数字技术的采用以及新闻与社会关系的转变成为观察点。

一、数字化情境

数字化转型重构新闻业，影响从生产到消费、从文本到行动的各个方面，构成记者实践的数字化情境。记者由此转向数字媒体平台、数字新闻、数字化受众以及算法使用所中介的数字沟通机制，更具互动性和参与性的数字新闻文化逐渐成形。

一方面，数字技术应用前后的记者行为差异成为比较议题。首先，印刷媒体记者和在线媒体记者的职业认同可能出现分化，前者更强调记者的解释和调查角色，后者更强调尽快向公众提供信息。[①] 其次，以受众分析软件为辅助工具可能改变记者的新闻判断，算法判断使接近性、及时性、冲突性和分享性的重要程度上升，私人新闻与公共事务新闻、软新闻与硬新闻的重要性也发生相应变化，这需要仔细考察算法判断如何改变新闻知识和新闻价值，并寻求新的新闻规范的支持。

另一方面，在数字化情境中，互联网带来新闻媒体和受众的新型互动关

① CASSIDY W P. Variations on a theme：the professional role conceptions of print and online newspaper journalists [J]. Journalism and mass communication quarterly，2005，82 (2)：264 - 280.

系。在国际新闻呈现过程中，除了“媒介驯化”外，还形成了“公民驯化”，网民在这种情境中获取信息，从而创造出既竞争又互补的信息环境。[①] 对自媒体、用户评论、另类媒体的研究也支持这种认识。

总之，在数字化情境中记者比较研究更偏向于记者实践的探索性与混杂性，新的新闻形式不断被提出、被检验。

（一）记者的优质新闻目标转向

以某种新闻规范为参照评判新闻报道，可以形成优质新闻（quality news）和非优质新闻的区分。比如，以促进西方民主有效运作为目的，优质新闻被认为应当具有多样性、相关性、可理解性、公正性、准确性和道德性，这有助于反映公民需要并刺激公民政治参与；而非优质新闻，则表现为大众的、情绪化的、肤浅的和耸人听闻的，这些风格被认为限制了深思熟虑的公共话语。当然，优质新闻的标准可能是语境化的、可协商的，优质新闻和非优质新闻之间的界限可能并不清晰，其标准也可能随着时间和空间的变化而发生改变。

数字化情境中地方记者的优质新闻目标如何转变？有研究者选择芬兰、法国、德国和英国各两家地方或区域报纸为样本，对各类从业者包括编辑、记者、业务人员以及高管等进行了深入的半结构化访谈，以探索欧洲地方新闻的数字化转型。[②] 研究显示，“数字化”已深深影响从业者考虑问题的方式，成为新闻实践的一般背景，而“转型”意味着旧知识与新情境的相互对峙与激发。其中，邻近性（为当地服务）、公共服务（为公众和公共利益服务）和受欢迎程度（接触当地及其他地区的广泛受众）成为国家间共通的价值组合。受众兼具消费者和公民身份，媒介经济压力之下商业驱动的新闻与公共服务导向的新闻并不一定相互背离，关键在于，地方新闻必须更具有用性、引人入胜、引发情感共鸣，更关注公民的日常生活并激发公众参与。

对于媒介转型的议题，新旧媒体的二分法让位于内容与形式合理匹配的实践判断。优质新闻也可以“病毒式传播”；社交媒体给有趣且内容丰富的作品更充足的分享空间；有可能的话，可以在印刷版中重写在线新闻，以提供更多背景和“深度阅读”；即使受限于资源和精力，将更“硬”的长篇新闻和更“短小、尖锐、突发”的数字多媒体报道加以分工，也是可行的选择。此外，在线新闻比报纸更远离当地权力结构，对数字受众的理解也更为深入，

---

① 张伟伟．国际新闻的“媒介驯化”和“公民驯化”：以中国报纸和博客关于日本311大地震的报道为例［J］．国际新闻界，2015（4）：39－54.

② JENKINS J，NIELSEN R K. Proximity，public service，and popularity：a comparative study of how local journalists view quality news［J］．Journalism studies，2020，21（2）：236－253.

更具灵活性和批判性。

新的价值组合总是与地方新闻生态联系在一起的。比如：英国多数地方报纸归国有公司，市场的影响使其连锁报纸更强调以本地服务增加在线流量；法国的地方新闻环境下，出版商偏向强调关于地方和国家的优质报道，或以解困式新闻培养忠实的在线受众；德国的地区出版商更强调问责新闻与基于项目的报道，以保持区域市场地位；芬兰的新闻环境由地方报纸和区域报纸主导，在强大的地方印刷订阅文化影响下，媒体更强调与印刷新闻读者保持密切联系，同时以“高级”功能（如个人资料、观点专栏、历史文章）吸引受众在线付费订阅。这里的比较并不结构化或体系化，但体现出转型的“路径依赖”和混杂性；可以进一步聚焦全球地方的新闻创新经验，尤其是地方之间的交流与互鉴，从而在情境差异中寻找共通规律。

放大镜

受众度量与新闻的公共价值和商业价值

技术的特性和使用方式影响到新闻公共价值与商业价值的不同配置。记者在使用算法进行受众度量的同时，也会改变其自身想象受众的方式。

一方面，受众度量使记者进一步了解受众偏好，更容易平衡把关人的专业判断与受众审美；另一方面，出于经济、成就感、技术驱动等原因，可能出现以迎合用户为目标的商业化趋向，萌生煽情化、私人化与“标题党”新闻，以至于形成完全的“分析驱动型新闻”，即编辑决策受到严格的阅读指标、网络流量测量和其他大数据指数的影响。当耗时长的调查报道没有流量而体育和八卦文章流量高时，新闻就变得更加“软化”。

这可能使记者进一步将受众视为碎片化的实体，固化新闻所建构的社会阶级秩序。当受众分析的数据和算法机制以城市和中产阶级为中心时，报道就更难与农村地区的居民共鸣。对多元受众的刻板化和定型化反而使新闻失去包容、多元与开放的特性，无法在主流群体、移民者和边缘人之间发挥沟通与民主作用。

一种变化的图景呈现出来，即当新闻生产流程开始以受众度量为中心时，记者和编辑会在早会前浏览网络热点，会上不再讨论政府部门、法庭、议会等公共事务，会后不再探访现场，而是根据网络动态设置议程、跟进报道、引发受众共鸣。记者通过数据掌握受众图像与动态，编辑室到处都是电子屏幕，记者每周会收到文章阅读量清单，接受相关培训，关注社交媒体的专职人员会提醒记者定期在社交媒体上分享新闻。记者的工作范围不仅是新闻生产，还延伸到新闻分发和营销，原有的记者角色类型划分受到了挑战。

记者的注意力很可能无意识地集中于数字，以获得高阅读量和高参与度为目标。因此，他们会使用醒目的报道标题、让公共事务报道让位于网络热点。但记者也常常会意识到这种服务公众的逻辑未必会引起公众兴趣，公众还可能通过“逃避、转移、扭曲、掩盖、拒绝和反监视”等行动抗拒市场逻辑的主导。

由于记者的能动性或所在新闻组织的不同，不同新闻组织或同一组织记者应对常规的改变也迥然不同。例如，新记者为了站稳脚跟，可能会密切追踪数据做出新闻判断，以获得良好的工作业绩；而老记者可能更相信自己多年工作经验形成的直觉和判断力，不太接受技术使用的影响。另外，数字编辑、技术人员和专业记者之间可能存在新闻专业话语的协商、争辩、竞争，引发记者扩张、驱逐和保护自主性等多种划界行为。

当然，地方新闻生态也呈现了全球数字新闻发展的不平衡性。数字实践的采用在世界各地以不同速度发生，受到资源、数据访问、资金和培训的可及性的影响。对全球调查记者的调查显示，全球北方和全球南方的数字实践之间存在鸿沟，数字创新的扩散不得不面对数字基础设施水平、数据保护法律、数字安全知识、政策限制等结构性因素。[①] 世界上大多数发展中国家和地区数据新闻发展的差异也指向这一点[②]，新闻文化、市场结构、政治背景等因素都影响到这种差异性。对此，我们需要反思研究中预设的“线性”思维、西方与非西方的二分法以及技术主义的路径，领悟并应用比较、对话和多元方法。

（二）记者的社交媒体使用方式

当记者随受众转场到社交媒体平台，一对多的单向传播随之转变为多对多的网络节点交互。在社交媒体环境中探索记者实践，最容易观察到的就是记者如何“使用技术”以及“被技术使用”，也就是记者为何、如何使用社交媒体并受限于它。综合来看，新闻生产、传播和品牌推广是记者社交媒体使用的主要方面；其他可以考察的维度包括使用的动机（自我选择或是组织要求）、流行程度（偶发或是普遍）、破坏程度（颠覆性或是常态化）等[③]。将各维度的差异性比较融入情境化的解释中，有助于探索数字新闻业的知识与规律。

首先，从记者实践的混杂性展开比较，更容易形成具有包容性的解释框架。例如，有研究者以复杂性、相互依赖性和变革潜力三个方面建构国际比较的混杂性框架。比较欧美七国记者的经验数据后发现，记者社交媒体采用

---

① KUNERT J，FRECH J，BRÜGGEMANN M，et al. How investigative journalists around the world adopt innovative digital practices [J]. Journalism studies，2022，23（7）：761－780.

② WRIGHT K，ZAMITH R，BEBAWI S. Data journalism beyond majority world countries：challenges and opportunities [J]. Digital journalism，2019，7（9）：1295－1302.

③ HUMAYUN M F，FERRUCCI P. Understanding social media in journalism practice：a typology [J]. Digital journalism，2022，10（9）：1502－1525.

的关键特征大致相似，包括广泛使用社交媒体、重视普通公众作为在线信源、记者互动和回应评论的比例高、部分受访者认为公关信源的重要性下降；但由于新闻环境的差异，在特定类型社交媒体的受欢迎程度、社交媒体用于专业任务的具体组合以及对社交媒体影响的看法等方面也存在差异。整体上看，社交媒体的使用增加了国家间的相似性，减少了差异性①，并表现为既整合又分化的过程，这种双重视角正是混杂性比较带给我们的启发。

其次，观察记者与社交媒体关系的动态性。一项关于美国记者和澳大利亚记者的比较表明，媒介使用是流动的，记者主动或被动地“连接”到社交媒体中做新闻，但在因情感劳动增加而“感到精疲力竭”时也可能选择“断连”（但不一定终止），记者在社交媒体使用的专业界限和个人界限之间“重新谈判”，而这一谈判发生在多重因素的交织之中，包括平台技术、社会和文化、组织和制度以及记者的在线素养和行为。② 在连接策略和断连策略之间，能够折射出平台化和记者实践的不同问题和可能性。

再次，在新闻生产和分发的新形式之外，记者实践更关乎媒介环境变迁和知识变革如何重构新闻交往的参与方式与权力关系。对此，人们有一些新的观察：机构媒体把关信息的力量减弱，但网络节点的特性增强；用户控制自身信息消费的意愿增强，并且产生关于新闻业的负面看法、寻求替代性信息来源；记者与用户共同参与到平台新闻实践当中，在收集、把关、分享、讨论等各环节形成新的关联。例如，记者将用户生成内容（UGC）融入报道，方便了新闻采集，但又带来核实和传播的新问题，其角色认知也在这一实践中逐渐转变。③

最后，信息的丰富使单一声音的权威性逐渐消解。多元声音使公正性和客观性的专业意识形态遭遇挑战，宣传、娱乐和虚构渗透于新闻业之中，显现出新的规范导向，比如以证据为导向进行新闻采集、呈现多元意见、强调方法和价值观的透明性。

二、社会关系情境

在社会关系情境中协商新闻的意义，其功能论的解释是，社会化生存的需要使人类将社会信息传播置于优先地位，并且具体化为监测社会环境、记

---

① GULYAS A. Hybridity and social media adoption by journalists：an international comparison［J］. Digital journalism，2017，5（7）：884－902.

② BOSSIO D，HOLTON A E. Burning out and turning off：journalists' disconnection strategies on social media［J］. Journalism，2021，22（10）：2475－2492.

③ JOHNSTON L. Social news= journalism evolution? How the integration of UGC into newswork helps and hinders the role of the journalist?［J］. Digital journalism，2016，4（7）：899－909.

录公共事件、传递集体经验、揭露隐蔽消息，以及促进相互理解等目标；形成的物质产品和精神产品，成为社会想象和社会行动的基础。以新闻传播为职业和志业，记者在社会功能分化中形成，服务于受众需求的同时，获取影响受众的力量，由此形成记者与受众的社会关系动态。

社会关系情境的转变，要求记者动态调整实践方式，与受众重建联结。但是，这种意愿受限于记者实践情境的复杂性，因为新闻从来不是自由浮动的文本，而是复杂的人、组织、社会和技术安排的产物。[①] 复杂性不仅涉及政治、商业、公共的新闻话语及报纸、视频、在线等媒介形式，还涉及另类媒体、公民新闻、用户新闻等参与方式；全球新闻业转型的不平衡性和多元性、文化差异和地方新闻生产等多重因素也关涉其中。相较而言，从受众的视角出发比较和反思记者实践，是更直接、清晰的研究路径，其核心的比较问题是，在公众日益多样且深入的新闻参与下，记者实践如何面对新闻生产的社会化，如何回应公众情感。

（一）新闻生产社会化转变中的记者实践

媒介形式的变化导致新的新闻参与形式，即时的用户评论替代了读者来信和观众热线，由新闻报道建构公共对话论坛进而影响公众意见和行动的路径也不断被增补、扩展，新闻和政治参与的门槛降低，进一步日常化。虽然本地报纸可能因经济原因而停止出版，因人员流失而质量下降，但新技术的便利使居民有可能发布随手拍摄的新闻图片或视频，花费空闲时间在论坛上撰写新闻故事，转而提升本地的新闻参与度、新闻透明度以及公众的社会责任感。人们在媒体新闻和媒体见证之外，归纳出“公民新闻”和“公民见证”等新的概念，以把握这种转变的性质和趋势。在这一情境转变下，专业记者如何看待公民新闻值得观察与反思。

一个普遍的现象是，专业记者对公民新闻的评判常常出现“这很好/有价值/重要，但这不是新闻”的表达，公民新闻作为信息来源以及媒体监督者的作用得到承认，但被认为缺少记者的专业知识和社会责任。与此同时，记者不再强调个人的专业自主权，而强调新闻业集体和组织的自治权，试图以此继续赋予自身合法性。与这种图景相对，“公民记者”被表征为一个没有机构隶属关系的独行者，不进行信息筛选或编辑判断，缺乏像记者一样的责任，由此被排除在“新闻”之外。[②]

---

① CARLSON M，ROBINSON S，LEWIS S C，et al. Journalism studies and its core commitments：the making of a communication field [J]. Journal of communication，2018，68（1）：6－25.

② ÖRNEBRING H. Anything you can do，I can do better? Professional journalists on citizen journalism in six European countries [J]. International communication gazette，2013，75（1）：35－53.

然而，这些评判正在经历着挑战，需要加以批判性反思。面向现实经验，当新闻业的制度和组织基础不稳定，从而强调组织化和专业性以应对技术和经济挑战时，这种合法化策略同时也使记者个人更服从于机构组织，从而限制而非增加新闻自由。转向数字媒体初创项目的记者反而更可能将新闻生产从严格的经济控制或权力控制中解放出来，但面临商业模式的可持续性、组织和管理、专业记者生活的不稳定、碎片化和网络化等问题。① 而公民记者自主权太多，却缺乏相应的编辑控制，也可能造成虚假信息、伦理失范等问题。总之，比较不必合理化特定立场，而是探究记者和公众如何在协同参与新闻的过程中培养真实交往关系。我们还可以在面对公众情感的记者实践中观察这一点。

你怎么看？

公民参与新闻的方式有哪些？受哪些语境因素的影响？参照阅读材料给出的案例，结合自身经验，谈一谈你对参与式新闻的理解。

阅读材料：

DOMINGO D，QUANDT T，HEINONEN A，et al. Participatory journalism practices in the media and beyond：an international comparative study of initiatives in online newspapers [J]. Journalism practice，2008，2 (3)：326 - 342.

（二）面对公众情感的记者实践

面对公众情感的记者实践，既可以观察记者如何在报道中“表征”“框架”“编码”公众情感，又可以观察公众情感对记者实践的影响，尤其是公众对新闻媒体的认同或敌视、信任或不信任等如何关联并影响到记者的日常新闻实践。

一项英国与印度记者实践的比较研究讨论了在新闻报道中如何面对公众情感的问题。② 研究者在日常观察中发现，与新闻报道应遵循客观、中立或公正的新闻原则的规范性主张相反，“情感”仍然是新闻制作和观众参与的核心。例如，在新冠疫情大流行期间，英国首相鲍里斯·约翰逊因感染新冠病毒而被送进医院，此时，新闻界将对其处理危机的批评暂时搁置一旁，取而代之的是对其健康的担忧。理性的批评转为情感的关心，情感逐渐被认为是

① VAN DER HAAK B，PARKS M，CASTELLS M. The future of journalism：networked journalism [J]. International journal of communication，2012，6：2923 - 2938.

② GLÜCK A. Replacing the public with customers：how emotions define today's broadcast journalism markets. A comparative study between television journalists in the UK and India [J]. Journalism studies，2021，22 (12)：1682 - 1700.

吸引观众的基础，新闻报道借由语法和修辞表现出明显的情感偏向。这和被认为更“情感化”的非西方新闻文化产生了某种呼应。基于这种观察，研究者进一步展开印度与英国广播新闻的比较：两国记者如何理解和反思新闻报道中的情感元素？这又和怎样的社会关系情境相关联？

研究发现，两国记者都强调“情感”因素不可或缺，新闻报道需要传递情感性信息，以便吸引受众，激发其同情或愤怒使其更主动地投入新闻故事。但差异依然存在，英国记者更倾向于将情感视为信息的一个要素，调节不同的情感观点以更好地将信息呈现给受众，还强调新闻情感化的负面影响。印度记者更倾向于将受众视为用户，由此情感被视为一种平等的参与力量，创造用户的情感参与，并与负责任的公民或爱国主义等积极情感相勾连。在这种认识下，充满情感的新闻也可以服务于社会功能，创造归属感，激发公民行动。比较不同社会关系情境中面向公众情感的记者实践，为不同新闻文化的互补和融合提供了参照。

公众情感也反过来影响新闻实践。以新闻信任为例：新闻信任被视为新闻业的“基础设施”，影响新闻业运作的全过程，因此公众新闻信任与记者实践的动态关系也是重要的议题。一般说来，新闻信任受到媒介制度、政治制度和政治文化等因素的强烈影响，但这种影响是不确定的。首先，新闻信任的下降并非在世界各地同等发生，对大多数国家来说，新闻信任似乎波动不大。其次，政治信任是理解新闻信任的关键因素，两者紧密联系在一起，螺旋下降或上升：新闻信任的衰退与公众对政治机构信心的下降密切相关，意识形态两极分化、政权更迭和政治不确定性、缺乏新政治秩序的经验等会削弱公众对媒体的信任，而新闻法规出台或媒体多元化又可能促进新闻信任。最后，从规范的角度来看，过度的新闻信任可能同样应该警惕，公众对政治和新闻媒体的怀疑与批判将有助于民主参与。①

与此同时，新闻信任关系的建构逐渐进入平台化语境。根据受众的描述，数字平台对新闻信任的影响常常是负面的，主要原因如下：在新闻业内部，平台的激励机制和运作逻辑与传统新闻规范对真实、准确、公正的强调相偏离；在新闻业外部，虚假信息泛滥、回音壁效应以及极化现象削弱了受众的分辨力；平台内流通的有关新闻业的负面评价不断干扰着受众对于新闻机构的专业性与公信力的认知。② 由此延伸出一个重要问题：新闻实践是建立新

---

① HANITZSCH T，VAN DALEN A，STEINDL N. Caught in the nexus：a comparative and longitudinal analysis of public trust in the press [J]. The international journal of press/politics，2018，23（1）：3－23.

② ROSS ARGUEDAS A A，BADRINATHAN S，MONT'ALVERNE C，et al. “It's a battle you are never going to win”：perspectives from journalists in four countries on how digital media platforms undermine trust in news [J]. Journalism studies，2022，23（14）：1821－1840.

闻信任的劳动，那么数字平台环境中新的信任关系将如何建立？

数字时代的新闻实践逐渐形成两种话语，即传统话语和参与话语，对这两种话语的比较面向新闻业未来的可能性。在讨论数字时代新闻实践的转变时，人们常使用“传统”和“参与”两种新闻话语。有研究者由此比较了“传统导向”和“参与导向”两种类型，考察新兴“参与导向”的话语如何嵌入新闻实践和信任建构策略的转变之中。结果表明，两种话语存在明显差异，对于参与导向的新型记者而言，公众信任来自持续的协作互动和对社区内部工作的承诺，在这种情况下记者的角色表现为讨论促进者、对话塑造者、社区建设者和公众合作伙伴，致力于促进公民在公共场所展开自己的审议和讨论。这种新的话语实践通向权力动态的改变，以重构新闻信任关系。① 这种比较的意义在于，当我们谈论新闻业时，不能仅仅停留在既往的经验和话语之中，还必须注意到新闻业未来的可能性，认识到它正在采取的新形式，以及为重建数字时代的公众信任所做的新工作。

扩展阅读

1. 李金铨．文人论政：知识分子与报刊［M］．桂林：广西师范大学出版社，2008.

2. 熊蕾，波罗鲍姆．变脸：中国新一代职业媒体人口述实录［M］．北京：新华出版社，2009.

3. 钱进．作为流动的职业共同体：驻华外国记者研究［M］．上海：上海交通大学出版社，2015.

4. 李立峯．新闻业、新闻记者与全球比较研究［J］．传播与社会学刊，2017，39：1－27.

5. WEAVER D H，WILLNAT L. The global journalist in the 21st century［M］. New York：Routledge，2012.

6. HANITZSCH T，HANUSCH F，RAMAPRASAD J，et al. Worlds of journalism：journalistic cultures around the globe［M］. New York：Columbia University Press，2019.

7. WAISBORD S. Reinventing professionalism：journalism and news in global perspective［M］. John Wiley & Sons，2013.

8. REESE S D. Understanding the global journalist：a hierarchy-of-influences

① ZAHAY M L，JENSEN K，XIA Y，et al. The labor of building trust：traditional and engagement discourses for practicing journalism in a digital age［J］. Journalism & mass communication quarterly，2021，98（4）：1041－1058.

approach [J]. Journalism studies，2001，2 (2)：173-187.

9. ANDERSON C W. Towards a sociology of computational and algorithmic journalism [J]. New media and society，2013，15 (7)：1005-1021.

10. DOMINGO D，QUANDT T，HEINONEN A，et al. Participatory journalism practices in the media and beyond：an international comparative study of initiatives in online newspapers [J]. Journalism practice，2008，2 (3)：326-342.

思考题

1. 选择某一媒体对重大事件（如节日庆典、体育比赛、战争冲突或公共卫生危机）的报道，比较其进入21世纪以来各时期报道文本上的区别。重点观察报道文本是否以及如何包含用户对该事件的讨论，并结合记者角色加以分析。

2. 寻找一位你喜欢的记者（如中国驻外记者、外国驻华记者），通过其著作、口述等材料，分析其职业角色理念及实践。

第五章

新闻生产

新闻生产（news production）指向传媒内容的制作过程，我们可以由此理解“做新闻”（making news）和“制造新闻”（manufacturing news）的社会化过程，体验“现实的社会建构”和“制造共识”的权力运作过程，以及多种社会因素相互作用的文化过程。这一章主要围绕新闻价值、媒介融合、新闻生产者的群体结构以及社会化的事实核查展开。

第一节　新闻价值与新闻生产比较概述

面对日常生活的无数事实，记者主动选择，使用自己的“新闻鼻”或直觉报道新闻，但其中的判断标准却生成于特定环境。概言之，新闻价值就是新闻从业者在实践中用来确定什么是新闻、如何架构新闻的判断标准，与政治、经济、社会、文化、宗教等语境发生联系，也受到媒介风格的影响。由此，新闻生产具有了基于地方性经验的可比性。一方面，可辨析哪些是共通的价值判断，哪些是地方性价值判断以及地方性价值判断之间的联系；另一方面，可考察全球化对地方性价值判断的影响以及地方性价值判断的转化，形成对新闻价值的主体性和社会历史性的结构性认知。

新闻价值连接新闻的生产与消费，兼有新闻性和分享性。新闻性是新闻价值的标准，既表现新闻需求和判断的主观性、新闻满足人的需求的客观性，也呈现新闻价值生成的社会历史性；分享性意味着新闻价值并非事件的外在属性，而是在传播活动中主动生产并随着事件变动而不断再生产的判断。随着社交媒体、移动客户端成为传播载体，用户通过评论和互动等新方式，为新闻赋以不同类型或程度的分享价值，新闻价值便衍生出新的意涵。总之，我们可以通过新闻价值比较，观察新闻使用与再生产的社会性，感知新闻传播中竞争关系的存在，为人们的新闻交往以及新闻与社会的互动提供参考，改善我们的交流。

一、新闻价值的欧美传统

随着欧洲商人把新闻变成可交换的商品，新闻价值成为一种源于现代性的话题。在17世纪资产阶级革命与18世纪欧洲启蒙运动的历史大场景下，人们开始以组织化的形式进行新闻生产，以满足公众逐渐增长的信息需求。那时的欧洲报人就开始琢磨哪些事实能满足读者的需要，从而假定事实所具有的满足个体需要的性质，通过对事实的报道获取关注，并将注意力资源转卖给广告商获取经济利益。

1690年，德国人波伊瑟（Tobias Peucer）在其博士学位论文《论新闻报道》中对17世纪新闻报道的形式、目的和方法进行了历史回顾和分析。他将新闻报道划分为三种故事类型，涉及新闻事件的选择标准。他认为有三种事件值得报道：自然中“惊人而不寻常”的事件（包括洪水、风暴、地震、神奇天象，也包括艺术作品和演出等）；政治事件（包括政变、战争、谈判、新法令出台、法庭审判、领导人死亡、君王继位、就职典礼、公共仪式等）；基督教会或者文学上的事务（包含宗教的起源、新教派的发展与分裂、宗教仪式，文学争论、科学争议，自然历史方面的事情、市民的活动等）。[①] 这一总结可以被看作对新闻价值的欧洲传统的第一个注解，让我们感知到新闻价值的社会历史性。在后来的众多注解之中，新闻价值的主观性、客观性与社会历史性得到交互呈现，有三种注解值得我们关注。

第一，伴随着19世纪大众媒介的兴起，美国便士报、英国平民报发明了“人情味”。1833年9月3日，美国报人本杰明·戴（Benjamin H. Day）创办的《纽约太阳报》（*The New York Sun*），因售价“一便士”而被称为“便士报”。它在几个月内便成为纽约发行量最大的报纸，其办报理念迅速扩展，各地纷纷出现便士报。新闻变成售卖给一般读者的商品，由此引发了美国新闻业的“商业革命”。便士报竭尽全力刊登那些能引起大众兴趣的新闻内容，触及大众的亲身经历。在关于哪些事实应该被报道的问题上，“人情味”被提到最重要的位置。《纽约先驱报》（*New York Herald*）创始人贝内特（James Gordon Bennett）在1835年5月11日的报纸上宣布把“人生及现实生活中所有一切的奇闻轶事”[②] 纳入报道范围。

同一时期的英国也出现了吸引工薪阶层读者的“平民报”。在报道新闻

① ATWOOD R A，DE BEER A S. The roots of academic news research：Tobias Peucer's “de relationibus novellis”（1690）[J]. Journalism studies，2001，2（4）：485－496.

② ROSHCO B. 制作新闻［M］. 姜雪影，译. 台北：远流出版事业股份有限公司，1994：54.

时，平民报也强调从“人情味”出发，新闻报道内容的选择上也更强调娱乐性。例如，1834 年，《两便士快报》（*Two Penny Dispatch*）的出版人赫瑟林顿（Henry Hetherington）向读者承诺，他的报纸上将刊登“大量的精品和珍品，嬉笑怒骂，以及一周之内发生的所有‘新闻和事件’”①。

19 世纪 30 年代便士报所引发的报业革命，与科技的发展、识字率的提升、市场经济和政治民主范围的扩大等社会条件相互影响，拓展了社会交流的空间。虽说“人情味”被片面引向满足读者的猎奇心理，遮蔽了社会历史性层面的意义，但它与王室逸闻或商业信息不同，把目光投向中下层民众的生活，关注他们身边的故事，这意味着平民的地位得到承认。

在欧美语境之中，“人情味”至少从三个方面建构了新闻价值的合理性：其一，从个体权利角度来看，个体有权购买公共知识产品，个体行为符合其自身的利益。其二，从人的社会化需要看，个体需要获取外界信息，从而与社会保持联系，并降低社会交往的不确定性，但个体对周遭世界的注意是选择性的。其三，从资本主义市场逻辑来看，公众注意力是一种稀缺性资源。新闻价值被置于一定的社会约束条件下，呈现新闻满足知的需要的使用价值和满足交流需要的交换价值。

第二，19 世纪 40 年代电报技术开始驱动欧美新闻业，并和资本一道从两个方面发明了新闻的及时性（timeliness）。一方面，“以时间消灭空间”，实现新闻商品价值的最大化；另一方面，及时的新闻报道帮助人们建构一个想象的共同体，用贝内特的话来说就是，电报这种传播方式能够产生巨大凝聚力，使“全国上下可以在同一个时间了解到同一个观点。由此，一个情感和一个冲动都从这片土地的中心辐射到天涯海角，它们同时产生，同时延续”②。

电报也创造了新闻的传统，迫使新闻报道使用简单的未加修饰的词语以节约使用成本，形成了新闻写作直白朴实的风格。同时也使六家便士报在 1848 年联合成立港口新闻社，在实现新闻共享的同时减少新闻采集的成本，刺激了新闻交换率的提高。

后来，顺着技术与资本的逻辑，广播电视消解事件发生、报道与接收之间的时间差，以内容生成匹配大众的休闲时间，制造媒介消费时间。

社交媒体时代的分享性打破了媒介消费时间，新闻价值嵌入多元分享时间并存的混合时间，它不再被当作事件的外在属性，而是在传播活动中生产，不再是事后的选择标准，而是随着事件变动被不断再生产的过程。当社交媒体、移动客户端成为新的载体之后，信息使用者通过评论和互动实现价值增

① 艾伦．新闻文化［M］．方洁，陈亦南，牟玉涵，等译．北京：北京大学出版社，2008：8.
② 同①14.

值。通过新闻性和分享性的比较，可以厘清新闻使用与再生产的社会性，以及新闻传播过程中的竞争关系。

第三，进化论和文化建构发明了新闻价值的分析框架，即异常性和社会意义。在休梅克（P. J. Shoemaker）和科恩（A. A. Cohen）看来，生物进化使得人们本能地观察四周环境以防止出现异常状况。异常性可以是消极的也可以是积极的，分为三个维度：规范意义上的、社会变迁意义上的、统计学意义上的。

社会意义指的是与社会系统的相关性，分为四个维度：政治、经济、文化、公共利益。他们召集了十个国家的学者，使之分别在自己的国家检验这个新闻价值分析框架。学者们选择自己国家的六家媒体的七天报道（每周一天）做内容分析，再选择两个城市（大城市、边缘城市）每个城市各四人（记者、公关、高经济地位读者、低经济地位读者）做焦点小组访谈。结果发现，一般人甚至是记者认为具有新闻价值的内容也未必会成为新闻；另外，事件中异常性与社会意义维度的数量、事件与七个维度间关系的复杂性影响着事件报道的显著性。① 这项研究为新闻价值研究带来了方法上的启发，即不仅可以从已经生产出的新闻文本中推测新闻价值，而且可以从对新闻生产者的访谈中看到新闻价值的丰富多样性，从而为新闻价值的对话提供基础。

二、新闻价值的影响因素

新闻价值的表达在不同的文化中存在差异，但差异并不改变价值本身，改变的是新闻价值的可见度。当新闻从业者看到高可见度的信息时，才会确认它的新闻价值并加以报道。可见度关联于人的需要，包括是否需要以及需要的程度，同时又随着新闻生产环境中各种关系的变化而变化。描述新闻生产的环境，可以以个体偏好为中心画一个同心圆，向外推出新闻组织内部的专业规范、新闻组织外部的权力关系（如民族国家、资本市场等），最外层的是社会文化价值系统，它影响着内部每一个圈层（见图 5－1）。换句话说，影响新闻价值的是人所处的位置，新闻价值其实就是社会价值的反映。

（一）社会文化价值系统

记者并不外在于社会，而是作为社会的一分子参与其中，既通过经验性的专业操作提供事实判断以及新闻形式的知识，也接受或共享整个社会或特定

① SHOEMAKER P J，COHEN A A. News around the world：content，practitioners，and the public [M]. New York：Routledge，2006.

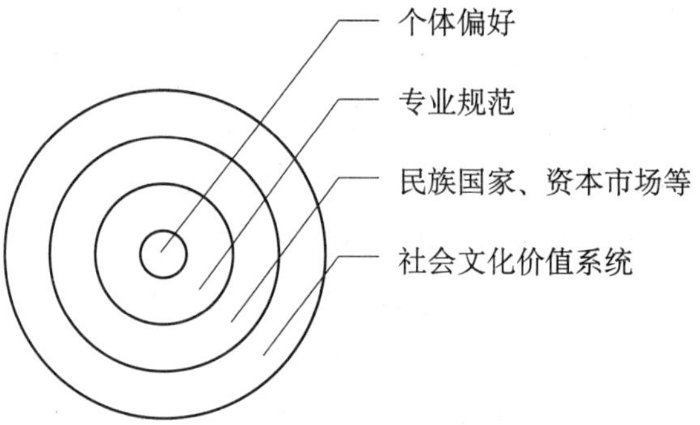

图 5-1　新闻生产环境中的各种因素

群体的价值。新闻与社会文化价值之间形成了多样的、复杂的关系。根据赫伯特·甘斯（Herbert J. Gans）的描述，既有“存在于”新闻中的、记者有意无意表现出的价值，也有新闻读者、批评家和内容分析者从新闻的价值暗示中解读出的价值。新闻中的价值往往意在言外，如果一则新闻讨论的是公认的不恰当的活动，那也就含蓄地表达出有关“什么才是适当活动”的价值判断。①

可以将价值区分为“话题性”（topical）与“恒久性”（enduring）两种类型。话题性价值是指媒体在特定时刻对于特定行动者或活动所表达出来的意见，而恒久性价值则是在较长一段时间内出现于很多不同类型的新闻故事中的价值。美国新闻的恒久性价值可以追溯到美国 20 世纪初叶的进步主义运动，美国新闻界所引以为傲的以揭露企业恶行、政治腐败等社会问题的“扒粪运动”（Muckraking Movement）就发生在这一运动的全盛时期。社会改革需要公众支持，而逐渐成为主流媒介的报纸和杂志恰好提供了这一沟通渠道，进步主义者由此与新闻记者结盟。如今，虽然进步主义运动不再，其观念却构成了美国社会改革或自我完善的基调，改革主义的倾向也由此积淀为美国新闻界的一种传统。

放大镜

赫伯特·甘斯归纳的美国新闻的恒久性价值

民族优越感：将自己的国家看得重于一切，在国际新闻中表现得最为明显，倾向于将美国的做法和价值当作评判其他国家的标准；即使批评国内现状的故事，也反向暗示，至少美国理想本身仍然可行，美国民主或许需要改革但却不存在任何根本性的错误。

利他的民主：通过频繁地关注对理想的偏离——特别是腐败、冲突、抗议和官

① 甘斯．什么在决定新闻：对 CBS 晚间新闻、NBC 夜间新闻、《新闻周刊》及《时代》周刊的研究[M]．石琳，李红涛，译．北京：北京大学出版社，2009：49，50.

僚制度运转失灵——来指明美国民主应该如何运作，即政治应该遵循基于公共利益和公共服务的准则；但这种关注常常是有选择性的。

负责任的资本主义：商界人士彼此竞争，为所有人创造出日渐增长的繁荣，同时遏制对不合理利润的追逐以及对工人或顾客的公然剥削；对美国经济的社会主义批评或彻底的自由论，都不具有新闻价值。

小城镇的田园主义：人们偏爱小城镇，崇尚田园牧歌式的生活，既表现出对城市问题的不满，也关联于对更亲密的社会关系以及社群意识的期待、对自然的渴望和对人性化的向往。

个人主义：保护个人自由不受国家和社会的侵犯；以个人主义为方法实现文化多样性，并克服同质性危险。

温和主义：反对超越限制或极端主义。

社会秩序：通过强调“什么秩序”“谁的秩序”来定义秩序，尊重权威和相应的恒久价值观，关注社会凝聚力。

领导权：通过暗示谁有道德或能力来领导、维护秩序以强调领导者。

这为我们从社会文化语境角度理解美国新闻业提供了参照：在揭露社会问题、报道具有负面意味的新闻时，也维护了社会或特定群体的价值共识，在报道社会失序和道德失序中维护秩序，在报道越轨中维护常规；新闻中有时表现出的“我们”与“他们”的二元对立，关联于民族优越感等新闻的恒久性价值，表现出美国主导价值的偏向性。不同社会文化语境下的恒久价值观有何异同，成为值得探讨的比较问题。

（二）民族国家

所有民族以及事实上所有大于小乡村的社区都是一种想象的政治共同体。在世界性宗教共同体、王朝以及神谕式的时间观念没落之后，资本主义的发展、印刷术的出现以及人类语言的多样性等几大因素促进了欧洲民族意识的诞生。大众读报活动也是这个过程不可缺少的因素，可以看作一种“超乎寻常的大众仪式”，在人们心中建立起一种想象的集体感。区别不同共同体的基础，并非他们的虚假性或真实性，而是他们被想象的方式。[①] 这一点在国际新闻比较中特别明显。

加尔通（Johan Galtung）和鲁格（Mari Holmboe Ruge）对四家挪威报纸报道刚果、古巴、塞浦路斯危机事件的比较分析显示：他国的危机事件具备的价值要素越多，就越有可能被选择生产为新闻（选择）；一旦一个新闻事

① 安德森．想象的共同体：民族主义的起源与散布［M］．吴叡人，译．上海：上海人民出版社，2005：6.

件被选中，使它成为新闻的价值要素将被强调（失真）；在事件从发生到抵达读者的传播链中，都将伴随选择和失真的过程。① 因此，传播链条越长，就会有越多的材料被选择和扭曲。为什么会这样呢？因为通常要满足涉及领导精英、负面的和出乎意料等符合人们心理预设的条件，比如，越与自身国家的文化接近或相关的事件越容易被注意，越与期望一致的事件越容易被记录，越与精英国家相关的事件越容易成为新闻。

从某种意义上讲，事件并非单独存在，而是主观认知和界定的结果。不同国家的新闻媒体将同一事件放置在不同的背景中，对同一事件有不同的定义，从而凸显了不同的新闻要素。因此并不存在某个外在的新闻价值列表供新闻人选择。也就是说，新闻价值就是新闻记者和国民之间建立起的共识。

你怎么看?

印度和美国记者在报道印美经贸关系时，对于事实的价值判断是一致的吗？他们有什么共识和差异？可以得到哪些新闻价值比较上的启示？仔细体会给出的案例，谈一谈你的看法。

《国际理解的中介图像：以印度和美国为例》

（三）资本市场

新闻作为一种商品的流通帮助新闻价值获得了一套合法化、制度化的身份，越是被市场需要、在竞争中取胜的新闻，其新闻价值得到的肯定也就越多，这也就增加了记者在下次判断时优先考虑这一新闻价值的可能。因而，市场对新闻业来说是有好处的，当新闻的品质必须经过消费者认可的时候，新闻从业者就要对消费者负责，按照消费者的反馈提供信息，这同时也给新闻界提供了自我修正的可能。

然而，当获取最大利润的商业目标主导新闻生产的时候，新闻专业价值观也开始松动，从业者不得不相互竞争，尽力提供成本最低、受众最广的内容组合，同时，也为广告商捕获其最感兴趣的消费者，并最终保护赞助者和投资者的利益。由于过于考虑成本和收益，新闻对公民负责的方面被排挤到另一边，这往往会危及民主。

基于这样的考虑，新闻价值常常显现为“商业新闻价值”（commercial news values）。其中包含三个因素：报道所在地与受众类型、新闻媒介间的

① GALTUNG J，RUGE M H. The structure of foreign news：the presentation of the Congo，Cuba and Cyprus crises in four Norwegian newspapers [J]. Journal of peace research，1965，2 (1)：64 - 90.

竞争、分配给新闻采编部门的预算。[①] 值得一提的是，第一个因素不仅考虑到接近性，即近处的事情比远方的事情更有价值，还意味着新闻会被剪裁成读者群所偏好的样子。与城市类报纸相比，全国性大报在报道同一事件时更偏向采纳全国性视野。《金融时报》这类精英报的读者在国际往来频繁，有较强的了解其他国家信息的需求。因此，出于市场考虑，该报会提供更多的国际政治内容。媒体在面对不同类型的受众时，会采取不同的策略。

（四）新闻组织

新闻记者总是将新闻判断描述成一种天生的本能，新闻学者却将新闻判断描述为一套被动的固定程式。其实，两者都忽略了新闻组织的“政策”，它已被记者潜移默化地贯彻实施。这里的“政策”就是一家媒体所显示的连续一贯的倾向，它表现在社论、报道议题或事件的选择中，以及栏目和标题里。

虽然新闻组织几乎从未以公开的方式要求记者执行新闻政策，不会条分缕析地解释新闻价值是什么，但新闻政策在新闻编辑室中“自然而然”地驯化记者的新闻判断。新员工对此习焉不察：他们或是每天读自家报纸，特别是新闻专栏和社论；或是受到编辑、资深员工的言传身教，编辑们偶尔会用铅笔在稿子上做记号提醒新员工注意，有时会直接训斥批评新员工；或是参与编辑会议，倾听上司如何表达他的观点，了解老板的个性、兴趣和他的社会联系，从而获得启示。新闻从业者如果想要产生归属感和获得升迁的机会，就需要顺从新闻政策。

新闻价值的判断标准是新闻从业者在每天例行工作中培养出的共识，是新闻人社会化的一部分。有人将新闻编辑室比作工厂的流水线，新闻从业者同普通工厂的工人相似，有明确的专业分工和时间限制。这种现代化的工作方式决定了组织因素对新闻价值判断的影响不可避免。

当共享一套生产流程时，不同国家的新闻媒体对同一事件的价值判断不会出现太大差异，有些媒体还会成为另一些媒体新闻价值判断的指南，媒体间互相设置议程。但有些时候，不同媒体仅在某一事件“是否有新闻价值”上具有共识，在具体细节上则会强调不同侧面。比如有研究指出，不同国家记者对新闻价值的判断比同一城市不同报纸编辑对新闻价值的判断更接近；受众的兴趣与实际新闻报道的相关性很低，记者个人的新闻价值判断和实际报道之间的相关性也出乎意料地低，有时甚至呈负相关。[②] 这表明，新闻媒体的组织惯例可能会驾驭记者的个人偏好。

---

① SIGURD A. Journalistic and commercial news values [J]. Nordicom review，2002，23 (1/2)：137 - 152.

② SHOEMAKER P J，COHEN A A. News around the world：content，practitioners，and the public [M]. New York：Routledge，2006.

当然，新闻组织规章与记者实际所分享的观念之间并不完全一致，两者处于持续的互动与协商状态。比如，多元而平衡地报道少数族群是多元社会中新闻改革的方向，那么，在新闻组织颁布多元化章程后，涉及少数族群的报道是否有明显改变呢?

针对比利时两家佛兰德语电视台的比较分析显示，公共性的 FRT 台签署了多元化章程，承诺更平衡地呈现少数族群，并且组织族群多元化工作坊、记者和媒介批判者对话工作坊，招聘少数族群职员，为多元化报道提供建议和人际网。商业性的 VTM 台则与此形成对照，其编辑表示，该台属于私营电视台，没有义务招聘和培训少数族群职员，他们更重视报道质量而非肤色。① 然而，研究者在分析涉及少数族群的新闻内容后发现，两家电视台并没有明显差异：少数族群在犯罪和政治新闻中出现频率最高，主流族群和少数族群之间呈现“我们”与“他们”的叙述框架，少数族群作为被动角色出现的比例相差不大。多元化章程并没有转变记者的族群认知，改变新闻话语结构，也没有丰富记者的社会资本，改变新闻生产的本质。这反映出某些新闻价值具有稳定性。

（五）新闻从业者个体偏好

个体偏好有其社会性的一面，记者个体的族群、性别和阶层特征等也可能影响其新闻价值判断，与前文提到的各种社会和机构因素形成协商或互补关系。

《华盛顿邮报》记者、美国黑人新闻从业者协会的前任主席威廉姆斯（Vanessa Williams）曾提出一个问题：相较于底层黑人被杀，中产阶级白人被杀为什么引起更多报道，哪怕实际上白人被杀的比例并不比黑人大？他的答案是，因为决定什么值得报道的记者更容易辨认与他们长得相似和生活相似的受害者，当坏事发生在他们身上时，记者感到极度恐惧和愤怒。报道反映了那种恐惧和愤怒。② 由于美国的新闻从业者大多数是中产阶级白人，他们看到同种族被杀肯定比看到异种族被杀更为诧异。

《旧金山纪事报》专职从事艾滋病报道的记者希尔茨（Randy Shilts）也有类似的表述：“任何好记者都可以做这个报道，但我想，我去做而其他人不做，原因在于我是同性恋。它正发生在我关心和我爱的人身上。”③ 类似的，在同等条件下，一位女记者会比一位男记者更倾向于将强奸看作有报道价值的议题，

---

① BULCK H V D，BROOS D. Can a charter of diversity make the difference in ethnic minority reporting? A comparative content and production analysis of two Flemish television newscasts [J]. Communications，2011，36 (2)：195 - 216.

② WILLIAMS V. Black and white and red all over：the ongoing struggle to integrate America's newsrooms [M] //SERRIN W. The business of journalism：ten leading reporters and editors on the perils and pitfalls of the press. New Press，2000：107.

③ GRIMES W. Randy Shilts. One of first to write about AIDS [N]. The New York times，1994-02-18 (C19).

一个非裔美国记者会比一个亚裔美国记者更可能发现非裔美国人社群中的问题。

性别因素不仅仅与个体有关，它甚至在新闻组织中形成一种性别政治。女性在从业机会、享受待遇上遭受不平等，在新闻报道的划分上也受到歧视。男记者往往负责报道“硬”新闻（严肃而重要的新闻），社会新闻或“软”新闻则交给女记者，甚至她们如果想要参与制定新闻机构的新闻议程，也会遭受来自男同事的阻力。① 女记者还要面临来自白人男性主导的专业价值和社会价值评价，她们不仅要做一名好记者，还要成为一个有女人味的记者。这种明显的性别划分使新闻价值判断产生“男权文化”偏向，仿佛男记者的报道更加“专业”“理性”“客观”，以女性为中心的新闻价值就是“偏颇”“主观”的。

个体偏好表明，新闻从业者更多考虑的是与他们一样的人，而非他们的社会圈子之外的人。个人偏见大多可以克服，但个人及其所属的结构和关系却难以剥离。

三、新闻价值的算法化

就新闻价值而言，当数字技术所提供的人工智能与人本身的智能相遇时，新闻价值如何判断成为重要问题，新闻价值的算法化成为影响新闻价值的新维度。

可以观察到的是，算法能够嵌入新闻采集、生产、聚合、分发、消费和核查的整个过程。在不同使用情境和机制下，算法的效果和影响不一而足。对于新闻价值判断来说，人们既要面对数字化的现实，合理把握新闻价值，又要面对不够透明的算法机制，反思算法的偏向。

以算法为核心的一系列数字技术的应用，首先凸显和放大的是新闻价值的可被量化，或者说看起来更客观化、更外化的一面。由报纸、广播、电视等新闻媒介积淀下来的传统新闻价值，如及时性、影响力、显著性、接近性、冲突性，通过数据与算法机制，在新闻客户端或社交媒体等数字平台上重新表达。

第一，移动互联网给了数字新闻“永久在线、永久连接”的可能，现实事件与新闻报道之间的时间差不断缩小，及时性在很大程度上得到满足，甚至进一步呈现出实时性、全时性。

第二，影响力、显著性和冲突性等一方面延续着传统新闻价值的内涵，另一方面又被转化成可测量的“关注度”“点赞量”“评论数”，或者可计算的“数据”，影响到新闻价值判断。个性化新闻推荐系统将算法的标准化指标与用户的个体化数据相结合，记者新闻判断的“直觉”模式逐渐与受众流量导向共存，在饱受争议的“新闻客观性”之外形成新的“算法客观性”，在人机

① 艾伦．新闻文化［M］．方洁，陈亦南，牟玉涵，等译．北京：北京大学出版社，2008：142.

互动关系中生成一种混杂的新闻环境。[1] 在由算法主导的新闻平台中，人们始终面对算法的结构性缺陷和输入数据的偏向。[2] 多元性的新闻生产与消费可能缩减为记者追逐“热点”的新闻生产和刺激受众“兴奋点”的新闻消费。当然，这也意味着，公共性缺失、庸俗化、种族与性别歧视等批判性议题的讨论，需要延伸、融合到混杂的训练数据集，以及不够透明的算法机制之中。

第三，虚拟社区松动了地理的限制（这并不意味着地理因素不再重要，与之相反，地理因素以更为复杂的形式重新结合于数字网络），心理因素和群体交往因素更加凸显。在这一情境下，新闻的接近性将更多地与用户的偏好、兴趣、价值取向、趣缘群体联系在一起。

脱域的、分众化的、差异化的交往方式对大众媒体时代新闻价值的转化影响深远。有关研究显示，21 世纪在线新闻实践给英国新闻价值带来某种变化：在“权力精英、名人、娱乐、惊奇、坏消息、好消息、重要性、相关性、连续报道、报纸议程”（2001 年）之外，“独家性”“冲突性”和“戏剧性”因素被凸显，同时，人们越发重视“视听”和“分享性”，“权力精英”“名人”虽依然引人注目，但似乎显示出一定程度的弱化（见表 5－1）。[3] 这些有趣的发现也意味着，新闻价值可以成为观察社会变迁的一个饶有意味的切入点。

表 5－1　新闻价值观的变迁

2001 年	2016 年
the power elite（权力精英）	exclusivity（独家性）
celebrity（名人）	bad news（坏消息）
entertainment（娱乐）	conflict（冲突性）
surprise（惊奇）	surprise（惊奇）
bad news（坏消息）	audio-visuals（视听）
good news（好消息）	shareability（分享性）
magnitude（重要性）	entertainment（娱乐）
relevance（相关性）	drama（戏剧性）
follow-up（连续报道）	follow-up（连续报道）
newspaper agenda（报纸议程）	the power elite（权力精英）
	relevance（相关性）
	magnitude（重要性）
	celebrity（名人）
	good news（好消息）
	news organization's agenda（新闻机构议程）

资料来源：HARCUP T，O'NEILL D. What is news? Galtung and Ruge revisited [J]. Journalism studies，2001，2（2）：261－280；HARCUP T，O'NEILL D. What is news? News values revisited (again) [J]. Journalism studies，2017，18（12）：1470－1488.

① 卡尔森．自动化判断？算法判断、新闻知识与新闻专业主义［J］．张建中，编译．新闻记者，2018（3）：83－96．

② 陈昌凤，师文．个性化新闻推荐算法的技术解读与价值探讨［J］．中国编辑，2018（10）：9－14．

③ HARCUP T，O'NEILL D. What is news? News values revisited (again) [J]. Journalism studies，2017，18（12）：1470－1488.

当然，当代新闻价值也不再是对新闻要素的简化、分类和排序，而更多地被视为一种话语实践。新闻价值的量化表达结合用户新闻的“千人千面”，或许为价值多元化提供更多可能。在想象另一种可能之前，人们依然要面对社会主导权力和主流价值把持表达空间、平台利益优先、群体意见极化和固化等等问题，价值多元化在数字之镜中照见自己扭曲的形象。

当新闻价值判断为算法的量化逻辑所主导时，它不可被量化的一面，比如新闻的人性和创造性，就可能被遮蔽和消解。陷溺于这种个性化新闻推荐系统，也就陷溺于被量化了的“世界在人们（或个体）头脑中的图景”，外部的真实世界反而更难以触达受众。因此，新闻价值算法化比较分析的关切在于，在不同新闻体制和文化下，包括技术逻辑、专业逻辑、商业逻辑和公民逻辑在内的多元主体的新闻价值判断如何影响新闻生产与消费的实践，人们如何在数字交往之中重塑新闻价值以及实现新闻价值的手段。

第二节 媒介融合比较的几种路径

“融合”（convergence）一词最初用以描述物质的汇集、相交或者趋同，比如光线的交汇。1978 年，尼古拉·尼葛洛庞蒂（Nicholas Negroponte）指出计算机工业、出版印刷工业和广播电影工业正在趋于融合。他用三个圆圈分别代表这三个工业领域，三个圆圈相互交叉，重合的地方即代表着融合的领域，并且认为重合的地方也是将来发展最快的领域。

1983 年出版的《自由的科技》中提到，传播形态的聚合（convergence of modes）正在使媒介之间、点对点传播以及大众传播之间的界限变得模糊，过去由单一媒介提供的服务如今可以通过不同形式被提供，电子技术将所有通信方式整合到一个庞大的系统中。[①] 在这种背景下，融合首先表现为各种媒介形式的整合。例如，各大印刷媒体纷纷推出网络版，或者与其他媒介形式通过重组、并购等方式进行融合。

新闻融合是一个多维度的过程，数字传播技术整合了不同工具、空间、工作方法和语言，因此，记者得以逐渐探索新的表达可能性。[②] 媒介融合表现出边界模糊或消失的特征，这是构成媒介融合比较的出发点，这里的“边界”内含于平台、内容、作为物理空间的新闻编辑室、新闻产业分工、生产

① POOL I D S. Technologies of freedom [M]. Harvard University Press，1983：27－28，36.

② SALAVERRÍA R，AVILÉS J A G. La convergencia tecnológica en los medios de comunicación：retos para el periodismo [J]. Trípodos. Facultat de comunicació i relacions internacionals blanquerna-URL，2008，23：31－47.

者和用户角色这五类关系。

从新闻生产的过程来看，媒介融合既包括不同媒体的内容在同类型的媒介平台上的横向流动，又包括特定媒体在不同类型的媒介平台上的纵向融合，关联于四种比较路径，分别是新闻编辑室融合、媒体所有权融合、新闻编辑室内部的行动者对融合的态度和实践、新闻编辑室外部的受众和文化因素对融合的参与和影响。

一、新闻编辑室融合

新闻编辑室媒介融合有三个层面：物理空间的融合、新闻编辑室内部组织结构以及和其他新闻编辑室的互动关系。将三个维度置于同一情景中，可以延伸出描述新闻编辑室融合情况的不同变量。

（一）物理空间的融合是新闻编辑室融合的重要标志

在媒介融合的初期，许多媒体都选择设置新的空间来容纳其融合更新了的新闻编辑室。2007 年的《纽约时报》和 2008 年的《卫报》都搬迁至新的大楼并重新整合新闻编辑室。[①] 欧洲四家公共服务广播公司也将重构物理空间看作实施媒介融合的重要手段，英国的 BBC、西班牙的 EITB、比利时的 VRT 在 2007 年不约而同地为其所运营的电视、广播、在线媒体创造了共同的生产空间，挪威的 NRK 在 2013 年也完成这项举措。这些媒体试图通过促进三个平台的编辑和记者之间的近距离接触，克服融合过程中广播、电视和在线团队之间的物理距离障碍。这种新闻生产的公共空间的建立被视为公共广播公司融合过程中的决定性时刻。[②]

物理空间的融合促进不同平台记者之间的了解，减少平台间的竞争并在更大程度上促进合作。这同样也有助于减少同一家媒体不同部门之间的融合障碍。对德语国家的新闻编辑室与英美传统的新闻编辑室内部创新的比较案例关注到这一点：英美传统的新闻编辑室强调流程化，他们在开放的大编辑室工作，工作按照生产流程划分；德语国家的新闻编辑室则是部门化运作，每个部门都在独立的小办公室工作，负责新闻生产的全部流程，平台和部门之间的障碍影响了融合趋势下新闻编辑室的运作。

---

① NOCI J D. Newsroom convergence：a comparative research［M］//LARRONDO A，MESO K，TOUS A. Shaping the news online：a comparative research on international quality media. Livros LabCom，2014：301－342.

② LARRONDO A，DOMINGO D，ERDAL I J，et al. Opportunities and limitations of newsroom convergence：a comparative study on European public service broadcasting organisations［J］. Journalism studies，2016，17（3）：277－300.

针对这一障碍，奥地利新闻社（Austria Presse Agentur，APA）的一项创新举措是将不同部门的办公室合并为一个更大更开放的编辑室，使部门之间的协调程度增强。由此，消息来源种类更丰富、整个编辑室对突发事件的反应也更迅速，物理空间的融合还提高了新闻质量和新闻编辑室里员工的满意度。但这种合并也给编辑和记者带来了工作量和时间上的压力，以及更多声音、光源、空气等环境方面的干扰。①

（二）融合连续体模型

这一模型关注新闻生产的动态过程和媒体组织之间的横向融合，可以考察新闻编辑室内部的组织结构以及和其他新闻编辑室的互动关系。基于对新闻编辑室之间合作程度的衡量，该模型认为媒介融合分为五个阶段，即交叉推广、克隆、竞争、内容共享、融合（见图 5－2）。

交叉推广阶段，媒体机构通过使用文字或视觉元素来推广其合作伙伴的内容。

克隆阶段，一个合作伙伴会直接发布另一个合作伙伴的产品，很少进行再次编辑。

竞争阶段，既合作又竞争，独立媒体的工作人员会分享一些报道信息，媒体也可能为合作伙伴创造一些内容，但多年的竞争和文化差异带来相互不信任，从而限制合作和互动的程度。

内容共享阶段，融合的范围从内容流通扩大到新闻收集，媒体会共享合作伙伴收集的信息并在重新整理后发布，还可能会与合作伙伴在一些特别的调查性项目上开展合作，共同承担经费，不过这些合作也是为了制作自己媒体的新闻内容。

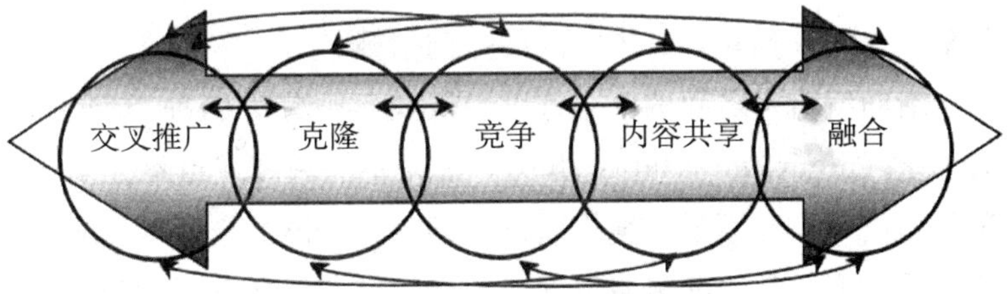

图 5－2 媒介融合连续体

资料来源：DAILEY L，DEMO L，SPILLMAN M. The convergence continuum：a model for studying collaboration between media newsrooms [J]. Atlantic journal of communication，2005，13 (3)：150－168.

---

① MEIER K. Innovations in central European newsrooms：overview and case study [J]. Journalism practice，2007，1 (1)：4－19.

> 融合阶段，媒体组织之间在新闻的采集和传播方面全面合作，利用不同媒体的优势，以最有效的方式讲述故事，不同媒体、新闻编辑室之间的界限消失，各种类型的媒介平台共同为内容服务。[①]

媒介融合的不同阶段交叉行进，同一新闻编辑室在不同方面可能具备不同阶段的特征。合作伙伴在某一特别项目或议题上可能表现出更大程度的互动和合作，比如政治选举；但在普通新闻中会表现出更小程度的互动和合作。该模型中代表五个阶段的圆圈有所重合，表明随着互动和合作程度的增加，每个位置上都有一系列可以重叠的行为。融合连续体模型提供了一个动态的视角，从新闻生产的过程透视新闻编辑室媒介融合的程度，使对新闻编辑室融合的考察更具操作性。

值得注意的是关于融合连续体模型的批评意见。一种观点认为，融合最终被证明是非线性的甚至是混乱的[②]，这与融合连续体模型表现的线性过程有所出入。另一种观点认为，在特定的公司框架下，新闻编辑室的过程取决于不同的国家和文化限制因素。[③] 更多的批评是，该模型把融合看作媒体组织最终的战略目标；而如今的共识是，融合更应该被视为新闻编辑室的行动框架或新闻编辑室融合行为的解释框架，其目的并非融合本身，在更多情况下经济因素才是融合的决定性因素。特别是对于商业报刊来说，融合有助于降低成本、获取更高的收益，以摆脱传统媒体面临的生存困境。

一种新的尝试是，创建衡量新闻编辑室融合程度的量化指标，通过不同新闻编辑室之间的互动衡量融合的程度，指标主要包含四个维度：新闻编辑室之间在内容方面的合作，即新闻编辑室之间是否就内容和消息进行持续和经常性的共享；特定媒体内容是否会在其他媒体上发布；一家媒体是否会发布其他媒体生产的内容；新闻编辑室之间的关系。其中，新闻编辑室之间的关系被视为影响融合具体实践的关键指标。

新闻编辑室之间的关系程度由低到高被分为四种类型：第一，最低程度的关系（minimum relationship），此时不同新闻编辑室分别在不同空间办公，只分享信源，互不干涉编辑流程；第二，分离的空间（separated spaces），这一关系程度的新闻编辑室之间会共享内容，但在不同物理空间中办公；第三，共享空间（space in common），此时不同新闻编辑室会共享办公场所，在编

---

① DAILEY L，DEMO L，SPILLMAN M. The convergence continuum：a model for studying collaboration between media newsrooms [J]. Atlantic journal of communication，2005，13 (3)：150－168.

② DEUZE M. What is multimedia journalism? [J]. Journalism studies，2004，5 (2)：139－152.

③ KALTENBRUNNER A. There is no such thing as a "convergence continuum"：aiming towards the perfect solution [J]. Participations journal of audiences & reception studies，2013，10 (1)：365－370.

辑流程上也部分融合；第四，整合的新闻编辑室（integrated newsroom），这是最高程度的关系，有统一的架构协调新闻编辑室为不同媒体制作内容，所有新闻编辑室在共同的场所工作。此时，新闻编辑室之间的横向融合变成新闻编辑室内部的纵向融合。

法国的《世界报》集团在融合的最初阶段，不同平台的新闻编辑室之间体现出“最低程度的关系”。其在线平台 Le Monde. fr 作为集团的独立公司专门制作数字内容，2007 年印刷版和在线版开始合作时，两个平台有着不同的文化、新闻实践和受众，双方有 75%的受众不阅读另一媒体平台的内容。[①] 西班牙《国家报》（*El País*）、美国《纽约时报》与英国《卫报》表现出“整合的新闻编辑室”的原则，不同平台的新闻编辑室在集团统一的组织架构下运作，但被重视程度并不相同，《纽约时报》和《卫报》自融合之初就一直实行“在线优先”战略。然而，直到 2020 年 8 月，《纽约时报》数字订阅的收入才首次超过纸质版，其纸质版收入仍然有着举足轻重的分量。从这个角度来看，实行网络优先的融合战略可以被看作媒体应对互联网大潮的前瞻之举。

广播公司的融合也有自身特点，在欧洲，公共服务广播公司的融合趋势是将电视、广播和在线媒体的新闻编辑室结合在一起，以鼓励工作流程融合和彼此之间密切合作，更接近于“共享空间”的关系。这些公共服务广播公司普遍认为，融合的哲学可以在日常的基础上以各种方式反映出来，不必遵循完全整合或完全融合的模式。[②]

二、媒体所有权融合

媒体所有权融合被看作媒介融合发展到一定阶段的产物，也是目前媒介融合的趋势。大公司能为优质新闻提供更多的人力和财力保障，具备较强的竞争力，但所有权的合并也让人警惕可能引发的多元化声音减少、内容同质化等问题。另外，许多专注于提供内容的第三方公司出现，新闻内容生产和发行有分离的趋势。

（一）三种媒介体制下的媒体所有权融合

极化多元模式下，西班牙《国家报》的新闻编辑室高度整合，所有权整合也较为彻底，集团业务被分为三个部分，分别负责技术和行政业务，内容

---

① NOCI J D. Newsroom convergence：a comparative research [M] //LARRONDO A，MESO K，TOUS A. Shaping the news online：a comparative research on international quality media. Livros LabCom，2014：301 - 342.

② LARRONDO A. News production in the “post-broadcasting” era：BBC Scotland’s move towards convergence [J]. Media，culture & society，2014，36 (7)：935 - 951.

的编辑制作，以及针对印刷、在线、视听三个平台的分发制作。法国《世界报》最初的融合通过集团旗下的不同子公司进行，但其管理层认为，所有权的分割会让发展数字业务面临更多困难，因此2010年进行了产权重组，印刷版和在线版实现了所有权的整合。①

自由主义模式下，《纽约时报》和《卫报》表现出相似的特征，不过在美国，对媒介所有权的限制在不同时期发生过变化。20世纪70年代，美国联邦通信委员会（FCC）不允许一家媒体公司在同一城市中同时拥有广播电视和报刊两种类型的媒体，同时限制同一家公司拥有的广播电视媒体的范围。到了90年代末，为适应网络传播和市场发展的需要，该限制被放开，新的电信法允许传媒公司跨行业经营其他种类的媒体，由此掀起了传媒公司合并的浪潮，出现了一批规模庞大的多媒体集团，美国在线和时代华纳的合并也发生在这一时期。

民主法团模式下，如德国，所有权整合至今仍受到限制，在同一市场上广播电视和报刊的所有权融合是被禁止的，对多元化声音的限制被视为对民主的威胁，德国融合新闻编辑室也因此被限制在单个传统平台与互联网、移动通信的融合。但在斯堪的纳维亚半岛以及奥地利、瑞士，新闻编辑室的融合则结合了印刷、广播、电视等多种形式。②

由此可见，所有权融合与西方媒介体制的原有分类之间并非呈完全的映射关系。媒介体制的传统分类为我们理解新闻传媒的数字化转型提供了分析框架，但需要纳入新的实践经验来进行调适与改进。

（二）媒体所有权融合体现了权力再分配

所有权的集中在世界范围内成为媒介融合的趋势，传媒集团的雄厚实力为记者进行重大题材报道提供基础（比如，公众较少看到来自面临经营危机的媒体的战地记者），这在一定程度上缓和了媒介融合给新闻专业性带来的挑战。《纽约时报》和《卫报》还联合其他媒体创建了“全球编辑网络”（Global Editors Network，GEN），旨在与不同知识背景的编辑、工程师、开发人员建立可持续的对话，捍卫编辑质量，以应对优质新闻的危机。但雄厚的实力以及最大限度吸引受众的需求会使得传媒集团极尽所能在所有类别的平台上扩大自己内容的影响力，这对新闻多元性的影响如何？把关人的角色会重新集中在哪些人手中？这些媒体所有权融合的后续问题有待

① NOCI J D. Newsroom convergence：a comparative research ［M］ //LARRONDO A，MESO K，TOUS A. Shaping the news online：a comparative research on international quality media. Livros LabCom，2014：301－342.

② MEIER K. Innovations in central European newsrooms：overview and case study ［J］. Journalism practice，2007，1 (1)：4－19.

进一步考察。

在传媒公司纷纷合并的同时，由于互联网平台对内容的巨大需求，一些独立于传统媒体的第三方内容服务商开始成长起来。传媒集团的跨媒体平台建设并非媒介融合的全部趋势，内容与传播渠道的分离也是媒介融合的一种趋势。

三、新闻编辑室的媒介融合模式

新闻编辑室内部的行动者在融合战略实施中起着关键作用。其中，新闻编辑室的管理层决定着编辑和记者在融合战略中的定位、不同平台记者的待遇问题、是否为记者提供多媒体技能培训等。而记者和编辑对媒介融合的看法、所遵循的价值逻辑、对自己的身份定位，以及内部的沟通情况，直接影响着对待融合的态度以及最终的执行情况。

对于新闻的融合生产这一议题，关于西班牙、奥地利、德国的六家媒体的比较分析归纳出媒介融合的三种模式。① 在不同模式中，记者与新闻编辑室之间的互动行为有差异：第一，完全整合模式中，媒体为所有记者提供培训，使他们能够参与多媒体制作；第二，跨媒体融合模式中，记者更多的是某一个平台的记者，多媒体技能是记者本职工作以外的素养，而非管理层对记者工作的要求；第三，孤立平台协调模式中，融合更趋向于一个自下而上、由记者自发行动的过程，具备多媒体技能或者是展开跨平台合作只是偶然，取决于个别记者的行为。

跨媒体平台融合侧重于要求纸质版记者的工作转向在线平台，由此改变了记者和编辑对新闻生产过程的思考方式，他们开始更多从内容对不同媒介的适用性的角度考虑问题。面对融合战略，记者和编辑持矛盾态度，他们既认为融合是不可避免的，又表现出一定程度的抵制。原因如下：媒介融合需要他们学习新技能、转变角色定位；跨媒体生产在工作量和工作时间上都带来更大压力；更有不少人质疑融合的动机，认为那只是传媒集团削减成本的举措，而记者和编辑却不得不面对裁员的危机；虽然报道能够在更多平台上流动，但是他们并未因此获得更多回报，平台间的转引还可能损害记者的知识产权。

媒介融合还意味着超越不同媒体记者的新闻身份、文化和惯例冲突。新闻、广播、电视和互联网有着不同的新闻风格、惯例、价值观和速度，要使

---

① GARCÍA-AVILÉS J A，MEIER K，KALTENBRUNNER A，et al. Newsroom integration in Austria，Spain and Germany：models of media convergence [J]. Journalism practice，2009，3 (3)：285 - 303.

来自不同平台的记者能把控差异、高效协作并不容易。有时，由于新闻编辑室内部缺乏坚定的融合思维和清晰的跨媒体生产模式，新闻生产难以被真正整合，新闻文化和个别记者心态造成的阻碍尤为凸显。① 具体来说，报纸和网络平台的新闻生产遵循着不同的逻辑：前者强调独家报道，核心竞争产品是以新闻事实为背景的“慢速”新闻；而网络平台更凭借速度优势参与市场竞争。许多记者倾向于认为报纸记者和在线媒体记者是不同的职业，要运营一个网络平台并不需要非凡的新闻技能。

因此，我们还可以看到，在一定情形下，“去融合”(de-convergence) 也成为新闻编辑室的策略，报纸和在线业务再次被拆分，在线平台转向寻求与其他平台的融合，共同搜寻可以在网上发表的信息，讨论决定刊登与否。这也带来了一些问题。一方面，报纸与在线业务分开后，遵循不同的新闻生产标准，影响了双方作为同一个媒体品牌组成部分的一致性；另一方面，在线平台与其他平台的横向融合、刊登高度同质的消息，让媒体品牌失去独特性的同时也削减了新闻的多样性。

四、新闻编辑室的交互性新闻生产

媒介融合在改变新闻生产流程的同时，也在模糊生产者和新闻用户的界限，新闻编辑室需要对用户的需求做出回应，用户的消费行为也在为新闻编辑室的新闻生产所塑造。同时，用户和新闻编辑室的互动反映了更广泛意义上的社会文化，比如阅读习惯、历史传统等。

前面提到有学者对西班牙、奥地利、德国的六家媒体进行比较分析，归纳了媒介融合的四个维度，即项目范围、新闻编辑室管理、新闻实践、工作组织。五年后，研究者对六家媒体中最有代表性的三家进行回访，提炼出五个新维度——市场情况，新闻编辑室组织、工作流程和内容，变革管理，技能和训练，受众参与②，形成更为全面和立体的观察。

市场和受众的维度从“交互性”(interactivity) 视角展开。“交互性”被视为一种能够为受众参与交流创造个性化环境的通信技术，可以细化为在线新闻媒体三种交互的类型：导航型、功能型和适应型。③

---

① TAMELING K，BROERSMA M. De-converging the newsroom：strategies for newsroom change and their influence on journalism practice [J]. International communication gazette，2013，75 (1)：19-34.

② GARCÍA-AVILÉS J A，KALTENBRUNNER A，MEIER K. Media convergence revisited：lessons learned on newsroom integration in Austria，Germany and Spain [J]. Journalism practice，2014，8 (5)：573-584.

③ DEUZE M. The web and its journalisms：considering the consequences of different types of newsmedia online [J]. New media & society，2003，5 (2)：203-230.

导航型（navigational）指允许用户以结构化的方式浏览网站内容，用户可在媒体提供的内容范围内进行选择。功能型（functional）意味着用户通过评论区互动、专栏等形式参与到新闻生产的过程之中。适应型（adaptative）即媒体适应用户需求，并且用户根据自己的需要调整媒体内容，比如为视障人士提供特别的新闻网页。

新的媒介环境提供了新的生产力和形成力，一方面形成了新的现象，比如频繁的媒体调查和民意调查、对受众评论的快速回应，另一方面提出了新的问题，比如媒介交互界面如何构成，网络用户如何关联于平台媒体时代的新闻生产，公民新闻在网络媒介环境下如何表现。其中，新闻传播者和接受者之间的平等交流关系是核心的关注点。

文化传统是不容忽视的外部因素。新闻文化影响着新闻编辑室的行动者，涉及媒体所在社会的市场特点、阅读传统、表达习惯甚至基础设施等等。新闻编辑室内部行动者和外部用户同时受到文化因素的影响。比如有研究指出，相比于民主法团模式，西班牙、葡萄牙所代表的极化多元模式国家的记者和编辑对融合持更为开放的态度。[①] 其原因在于，极化多元模式的国家有强大的视听媒体传统，顺着这一“路径依赖”，读者对视听媒体的依赖程度和记者的多媒体技能水平都更高，而中欧国家强大的印刷传统在某种程度上形成“资源诅咒”，阻碍了融合的实施。

第三节　新闻生产中的少数族群

当少数族群分别出现在主流和少数族群媒体的新闻生产之中，会出现什么现象？让我们来看看这个案例。2021 年 3 月 16 日，美国佐治亚州的亚特兰大市发生三起枪击案，造成包括 6 名亚裔女性在内的 8 人死亡，其中 4 名为韩裔。这三起枪击案发生在当地三个不同的温泉疗养地，21 岁的嫌疑人罗伯特·亚伦·朗当晚被警方逮捕，并被控犯有多项谋杀罪和故意伤害罪。事件发生后，当地的韩语媒体和美国主流媒体呈现明显差异，前者对于亚裔受害者有更多具体描述，而后者则更关注白人嫌疑人。

由此可以提出两种研究思路：一是少数族群作为“被生产者”，即观察少数族群如何在主流媒体报道中被生产；二是少数族群作为“生产者”，分析归

① MENKE M, KINNEBROCK S, KRETZSCHMAR S, et al. Convergence culture in European newsrooms: comparing editorial strategies for cross-media news production in six countries [J]. Journalism studies, 2018, 19 (6): 881 - 904.

属于少数族群的新闻生产者如何在新闻生产中应对族群间的交往关系。

一、作为新闻被生产者的少数族群：报道偏差分析

西方主流社会常将少数族群视为“他者”。在宗教统治时代，“他者”被视为“异端”；在现代化进程中，“他者”被定义为未开化者、野蛮人、文明社会的敌人；在流动的社会中，“他者”被想象为陌生人、边缘人、外来者、少数族群。人们总是用“陌生的”“不同的”“不确定的”“可怀疑的”指称“他者”，把“他者”界定为一切恐惧的源泉和原型。

由“他者”衍生出来的“他者化”（othering）指人们通过将负面特点加诸他者（其他群体或其他个体）而获得自我身份认同的过程。在新闻报道中，“他者化”制造“我们”与“他们”的二元对立，成为新闻平庸化的重要原因。

（一）少数族群“他者化”

在新闻报道中，少数族群“他者化”有两个重要的观察点：

一是差异化，习惯于划分少数族群和主流群体的边界，并通过主流群体话语描述其中的差异及其意义，忽略边界的流动和文化的融合。

二是定型化，以主流社会及其文化秩序为中心，建起一条符号的边界，来区别“正常的”和“不正常的”“变态的”，“可接受的”和“不可接受的”，“可归入的”和“不可归入的”，或者“自己人”和“外人”。

（二）新闻文本偏差的构成因素及其分析

要了解西方主流媒体在报道少数族群时是否存在偏见、刻板印象，可通过新闻文本分析，将关于少数族群与主流族群或其他不同族群的报道进行比较。为探寻报道偏差的原因，可采用访谈、民族志等质化研究方法。一般说来，造成报道偏差的原因有信源、记者所属族群、目标受众定位、新闻生产的政治文化背景差异以及记者的无意识偏见。

在信源选择上，少数族群、他们的领导人或发言人通常不被认为是有关种族事件的专家，甚至在那些涉及少数族群自身的事件中也不被当作专家。相反，他们被认为是有偏见的，而（白人）政治家、警察、律师、学者或组织往往被视为“独立的”或“专家”，因此后者被视为关于种族新闻事件的可靠信息来源。欧美的白人记者往往更倾向于白人的消息来源及其文本，并且认为这些文本更可靠和客观。

这就涉及新闻工作者自身族群归属的影响。从事新闻生产的记者、编辑

是否有少数族群身份会对报道产生影响。早年的一些研究指出，大多数报道的记者是为白人观众写作的白人记者，是非裔美国人形象扭曲的主要源头之一①；对非洲的负面表征也同样受到白人记者自觉或不自觉的族群身份影响②。

记者、编辑对于受众的预判、迎合同样会影响少数族群报道。如前文所述，新闻价值的判断也受到目标受众看法、期望的引导。当美国媒体倾向于认为白人中上层是目标受众时，这种预判影响到事件的选择和定义以及言论使用。例如，白人被描绘成有礼貌、守法的人，并且可以处理少数族群造成的问题。③ 同样，澳大利亚媒体在报道少数族群及其与建制派的冲突时，也采用了英、澳两国的主要观点。在报道非英、澳群体时，媒体在“他们”和“我们”之间划定社会界限，将少数族群描述为异常的、具有异国情调和威胁性的群体。④

不同国家的新闻媒体在报道少数群体时存在不同的报道传统。在有公共媒体传统的国家（如英国），记者倾向于强调媒体维持社会和谐的功能，往往优先考虑言论自由和保护边缘群体。相比之下，有商业化媒体传统的国家（如美国）更倾向于提倡客观报道，而较少考虑社会后果。⑤

放大镜

《查理周刊》漫画：继续出版还是不继续出版，这是一个问题

在《查理周刊》恐怖袭击事件中，法国新闻媒体通过继续出版有争议的漫画来表明态度，而英国和美国的新闻媒体在对言论自由和新闻责任的倾向上各有不同。

法国新闻媒体继续出版讽刺漫画表明对《查理周刊》的支持，认为这是捍卫民主的核心原则——编辑独立和言论自由。然而，英国没有一家报纸继续出版任何关于穆罕默德的漫画。比如，《独立报》的编辑认为出版穆罕默德漫画“太有风险”。英国媒体的编辑自主权使他们能够采取“折中的中立”，有权决定是否继续出版这些漫画，而在注重社会和谐稳定的文化传统中，编辑会自然而然地选择不继续出版。

在美国，《华盛顿邮报》在其社论页上发表了这些漫画，但美联社和美国广播公

---

① CAMPBELL C P. Race, myth and the news [M]. Thousand Oaks, CA: Sage Publications, 1995.

② FAIR J E. War, famine and poverty: race in the construction of Africa's media image [J]. Journal of communication inquiry, 1993, 17 (2): 5-22.

③ 同①.

④ JAKUBOWICZ A, GOODALL H, MARIN J, et al. Racism, ethnicity and the media [M]. St. Leonards, Australia: Allen and Unwin, 1994: 159-160.

⑤ EKO L, HELLMUELLER L. To republish or not to republish: the "Je Suis Charlie" Mohammed cartoon and journalistic paradigms in a global context [J]. The international communication gazette, 2018, 80 (3): 207-229.

司新闻、CNN和福克斯等美国主流媒体都没有发行穆罕默德漫画。

在加拿大，法语媒体与英语媒体对此做出不同选择。法语媒体的新闻工作者和受众在文化心理上与法国更接近，于是他们选择与法国一致的立场坚决继续出版穆罕默德漫画；而英语媒体的新闻工作者和受众在文化心理上与英国更一致，他们认为无论继续出版该漫画有多么大的新闻价值，都会引起穆斯林群体的不满，因此选择不继续出版。

参考文献：EKO L，HELLMUELLER L. One meta-media event，two forms of censorship：The Charlie Hebdo affair in the United Kingdom and Turkey [J]. Global media and communication，2020，16 (1)：75 - 101.

无意识偏见也会影响对少数族群的报道。种族主义不仅包含激进、极端、暴力或公然的种族主义，也包括日常生活中间接、微妙的种族主义，渗透在文化环境、社会心理之中。具有职业精神的记者试图让自身的情感、背景和偏见“自然化”，让客观、公正成为记者自我赋权的道德资源，获得新闻生产的排他性专业权力。而实际上，那些“自然化”的情感偏向、文化偏向和认知偏向常常跑出来干扰甚至操纵采访报道。新闻报道中对于少数族群的偏差往往是无意的，呈现出的是关于该群体的无意识印象，这种印象是由制度化的媒体实践和更广泛的社会权力关系建构起来的。

种族批判理论（critical race theory，CRT）关注更广泛的社会权力关系建构起来的无意识偏见，为我们提供了有效的分析路径，具体体现在通过社会正义、解放和经济赋权问题的交叉分析，揭示白人霸权及其对有色群体的压迫是如何被确立并延续的；关注权力和资源分配在政治、经济、种族和性别方面的不平等，并致力于为边缘群体带来社会正义。以此可以比较媒体对不同种族是否存在不成比例的关注（报道偏差）、选择（把关偏差）和陈述（陈述偏差），反思我们的新闻价值观、惯例和社会权力关系等，分析报道偏见的来源。

当然，这种研究也存在一个难点，即主观无意识的偏见如何被证明是无意识的。“无意识”是一个心理学概念，单从呈现出来的报道内容难以证明表现出来的偏见是无意识的。因此，对于新闻报道的单因分析是无法只通过分析报道内容来完成的。同时，对于不同种族、族群的偏见也不仅仅是由新闻报道产生的，社会多方因素都会同时对此产生作用、造成影响。

二、作为新闻生产者的少数族群

作为新闻生产者的记者、编辑会影响主流媒体对少数族群的报道。那么，如果增加记者、编辑的种族多样性，是否就会减少对于少数族群报道的偏见呢？这样一来，我们的视野转向“处于主流媒体之中的少数族群”，关注主流媒体新闻编辑室中少数族群记者与其他记者在新闻选择、报道、编辑等方面的异同。

许多主流报纸通过雇用少数族群记者，使其组织多元化。然而，关于增加新闻编辑室的种族多样性能否更好报道少数族群的问题存在现实张力。一方面，种族多样性将改善媒体对少数族群社区和问题的新闻报道；另一方面，新闻编辑室内新闻规范的力量将限制少数族群的记者，使他们无法或不愿意改善关于少数族群的新闻报道。

（一）新闻编辑室的种族多样性与少数族群报道

在西方媒体中，新闻编辑室中的族群不平衡现象普遍存在。那么，增加新闻编辑室里的少数族群记者比例在多大程度上能够改善对少数族群的报道？其中有两个重要假设：其一，增加新闻编辑室中少数族群的比例，有助于提供多元观点，减少关于少数族群报道的不准确与不平衡现象。基于对族群关系不平等的敏感和反思，少数族群记者往往更易察觉主流新闻规范中潜藏的不平衡和偏见，更愿意在实践中做出某种改变。其二，增加新闻编辑室中少数族群的比例还有助于提高消费者对该媒体的信任程度。对于消费者而言，如果知道新闻编辑室里有大量代表他们族群的人，他们可能会认为该媒体更能理解和准确报道自己族群的相关问题。

然而，这两个假设又值得怀疑。前一个假设忽略了新闻规范的限制作用；后一个假设忽略了既有消费文化习惯中受众构成和受众偏好对关于少数族群报道的影响。

（二）新闻编辑室内的限制性结构

首先，新闻编辑室内的霸权结构依然不断生产与再生产。以美国为例，主流媒体新闻编辑室中仍是以白人记者为主导，白人是其中的关键决策者；白人记者写的新闻是关于政府和商业的①，而只有在谈论少数族群的话题时，新闻编辑室内的种族多样性才会显现。

其次，少数族群记者接受了与所谓主流记者相似的大学教育和专业培训。从社会阶层来看，他们对新移民、非英语使用者和下层阶级的熟悉程度可能与白人中产阶级记者相似。②

---

① PRITCHARD D, STONBELY S. Racial profiling in the newsroom [J]. Journalism and mass communication quarterly, 2007, 84 (2): 231-248.

② DUKE A G. Black female journalists: experiences of racism, sexism and classism in the newsroom [D]. University of Louisville, 2009.

最后，少数族群记者同样被要求遵循新闻编辑室的新闻规范，而不是时刻将自己放在所属种族的位置上。经由新闻规范洗礼，少数族群记者会“像记者一样”而不是“像少数族群一样”① 去行动，有时甚至会被迫或主动放弃族群身份和生活经历，遵守所谓的专业规范和价值观。

但从另一个角度来看，在主流社会结构中具备“他者”经验的人能够体验报道他者的种种问题，能站在“他者”角度思考，让“他者”成为完整自我意识建构的必备要素，这便是潜藏在自我意识中的跨文化意识，而少数族群新闻生产者的经历就使其具备了这种跨文化意识。

因此，针对新闻编辑室的种族多样性与新闻规范之间的矛盾性，实际上也存在第三种观点，即新闻规范确实塑造了少数族群记者的行为，新闻编辑室内存在“包容的错觉”，但这些记者仍然能够通过其他方式带来独特的观点，多样化的新闻编辑室仍会产生更好的新闻，更有利于公共政策与公共领域。

有学者关注新闻编辑室中的新闻规范和种族多样性，通过面对面采访供职于主流报纸的非裔记者和拉丁裔记者，调查少数族群记者对新闻编辑室专业规范的态度和行为，考察少数族群记者对受众特征的看法以及如何选择信息来源。

研究发现，新闻规范确实塑造了美国非裔记者和拉丁裔记者的行为，但这些记者仍然能够带来独特的观点。少数族群记者可能会避免报道少数族群问题，比如黑人历史月或支持移民的集会，因为这些记者害怕职业生涯因此受限，同时也受客观、专业的新闻训练以及新闻编辑室压力的影响。但他们在少数族群记者和专业记者身份之间寻求平衡，一些少数族群记者会从事“秘密宣传”或公开宣传，为新闻编辑室带来独特的视角，认为新闻报道应充分和公平地反映整个社区以及受众的多样性。少数族群记者认为自己是“监督者”，寻求呈现那些不同于文化差异造成的刻板印象的微妙细节。同时，当少数族群是工作人员的一部分时，白人记者也会向他们学习，并对种族问题和观点变得更加敏感。②

长期以来，美国人类学家、民族学家和社会学家一直研究不同种族、族群社会的历史与现实文化问题。新一代学者开始将“白人性”（whiteness）置于白人建构的视角下加以考察。发现白人一贯被认为是高贵的人，而印第安人、拉美裔、亚裔、非裔等则被描述为“非白人”，这样的表述中已含歧视

① NISHIKAWA K A，TOWNER T L，CLAWSON R A，et al. Interviewing the interviewers：journalistic norms and racial diversity in the newsroom [J]. The Howard journal of communications，2009，20（3）：242－259.

② ANKNEY R，PROCOPIO D. Corporate culture，minority hiring，and newspaper coverage of affirmative action [J]. The Howard journal of communications，2003，14（3）：159－176.

的意味，又在实践与文本中建构起深色、黑色与邪恶等负面评价的联系。[①] 新闻生产活动与新闻文本也包含其中，主流媒体对于“他者”的报道偏差也加深了偏见。

然而，改善对少数族群报道偏差的路径同样存在，避免将主流媒体与少数族群分别固化在“生产者”与“被生产者”的地位。关注作为生产者的少数族群是一种可行的思路，有利于面向跨文化关系寻找报道“他者”的可能性，有利于反思并超越二元对立的新闻话语。

第四节 事实核查的全球共识与实践偏向

事实核查（fact-checking）贯穿新闻生产的过程。随着事实核查实践的发展，事实核查的概念以及范围等发生了变化。到 20 世纪 80 年代，美国因竞选宣传分析研究的兴起，新闻事实核查的含义由原先对新闻真实性和准确性的核查逐渐扩展到对政治家言论、竞选广告、相关新闻进行真实性核查。如今，对社交媒体上发表的内容进行核查也成为事实核查的一个重要部分。

一、事实核查的制度化与公共性

作为新闻生产的必要工序，事实核查首先源于报业竞争。在普利策所处的时代，商业报纸成为报业的主体，报业竞争日趋激烈，提高新闻的准确性，保障报纸的质量成为报业经营者提升竞争力的选择。普利策去世之后的 1913 年，他的儿子在《纽约世界报》成立了“准确与公正办公室”（Bureau of Accuracy and Fair Play），事实核查制度由此起步。

（一）事实核查制度化的路径

首先，我们看到，到 20 世纪 20 年代，事实核查成为新闻职业道德建设的重要路径，也是建构新闻与公众之间信任关系的主要方式。此时，事实核查主要分为两种类型：自律型与他律型。其中自律型包括记者个人的规约、媒介组织自身进行的事实核查、行业内进行的事实核查；他律型包括政府进行的事实核查、公众自发进行的事实核查、其他社会组织进行的事实核查。各个不同的行动主体参与了事实核查制度的建构。

《时代》《纽约客》等杂志率先设立了事实核查员（fact checker）职位，

① 伍斌．种族批判理论的起源、内涵与局限［J］．民族研究，2015（3）：107－119.

实行事实核查制度，以此实现媒体的自律。《时代》杂志由一个27人组成的团队专门负责事实核查工作。他们要搜集资料并整理分类，然后在每篇文章写成之后查证文章涉及的所有事实，如人名、地名、日期及其他专有名词和历史。核查必须去公共图书馆，或直接打电话问当事人，或向有关机构求证。[①] 甚至，事实核查成为《纽约客》杂志的一大特色。随着一大批新闻媒体相继设立事实核查员岗位，事实核查制度正式建立起来。

其次，新闻公评人制度完善了事实核查制度。公评人最早作为调解公民与政府官员之间关系的政府代言角色出现在瑞典。之后，新闻业有了新闻公评人的角色，指的是处理投诉并试图提出令双方满意的解决方案的人。

1967年，美国肯塔基州《路易斯维尔信使报》(*Louisville Courier*)雇用了美国也是世界上首位新闻公评人约翰·赫什罗德尔(John Hershenroeder)，《华盛顿邮报》、《纽约时报》、《多伦多星报》(*The Toronto Star*)等媒体也相继设置了新闻公评人这一职位。1980年，新闻监察员和标准编辑组织(the Organization of News Ombuds and Standards Editors)成立，约有20名成员参与，其中多数来自美国和加拿大。每年在某个成员国召开年会，讨论伦理问题和行业创意。[②] 截至目前，这一组织共有28个国家或地区的87名成员。一般来说，负责事实核查的新闻公评人要自己发现媒体的问题，同时要处理公众指出的媒体失实问题及提出的更正要求。

最后，源于公民权利的更正与答辩权为事实核查提供了法律基础。更正与答辩权是针对即将进入新闻侵权法律程序的补救措施。

在丹麦、泰国、法国、日本、芬兰、塞内加尔、哥伦比亚等国家，保障公民的更正与答辩权被写入法律条文。作为新闻媒体的道德自觉，更正与答辩制度源于20世纪20年代的美国。1923年，美国报纸主编协会指出，无论错误的根源是什么，报纸都有责任也有义务迅速、完全地修正犯下的严重事实和评论错误。媒体的更正与答辩制度最具代表性的是《纽约时报》的“更正栏”(Corrections)，主要针对事实错误、文字错误等进行更正。

新闻行业内部的新闻评议制度进一步让公众广泛参与到媒体的事实核查中来。新闻评议会滥觞于1910年挪威成立的报业仲裁委员会(the Norwegian Press Complaints Commission)，以及1916年瑞典成立的瑞典报业评议会(the Swedish Press Council)。

20世纪40年代到50年代，世界很多国家相继建立起了报业自律组织。

---

① 夏一鸣．杂志的逻辑：文本之内与文本之外［M］．上海：东方出版中心，2015：30.

② 埃默里M，埃默里E，罗伯茨．美国新闻史：大众传播媒介解释史：第9版［M］．展江，译．北京：中国人民大学出版社，2004：662.

1953年，英国新闻界成立了英国新闻评议会（Press Council）。在英国的带头之下，德国（1956年）、意大利（1959年）、土耳其（1960年）、奥地利（1961年）、韩国（1961年）、南非（1962年）等先后建立了报业评议会或类似的新闻职业道德监督机构。英国在1991年又成立了报刊投诉委员会（the Press Complaints Commission，PCC），专门受理读者对媒体的投诉和批评，对于读者的投诉进行裁决，广泛建立与公众的联系。次年，还设立了一条公众热线，受理对报界违反规约的投诉，其中很多涉及报道准确的投诉。

具有中国特色的审读与阅评制度也涉及事实核查。报刊审读的工作由报刊的主管部门或者各级新闻出版管理部门主持，负责对发行量大、影响广的报刊内容进行审读，确保报刊刊登内容的全面、真实、客观，杜绝虚假、失实报道。审读员与阅评员针对报道中出现的事实失真和其他错误提出批评，并予以纠正；同时，媒体的主管部门也会对媒体进行有效的管理。

（二）事实核查站点的公共性

随着互联网时代的来临，网络即时、海量、互动的特征持续瓦解着传统的事实核查制度体系。《路透社数字新闻报告》表明，在线虚假信息已成为全球性问题。与此同时，大量社交媒体用户没有足够的能力来识别虚假信息，错误信息、谎言和其他虚假信息的传播在不同程度上已经成为民主的障碍。[①]事实核查制度转向事实核查站点建设。

事实核查站点最开始针对的是政客所传播的虚假内容。2003年，知名记者布鲁克斯·杰克逊（Brooks Jackson）发现政治家倾向于编瞎话，挑选数据并直接撒谎，因此他选择加入宾夕法尼亚大学安纳伯格公共政策中心成立的美国第一个事实核查站点FactCheck（factcheck.org）。这个站点与PolitiFact、《华盛顿邮报》的Fact Checker栏目并称为美国三大专业事实核查站点。这类事实核查站点生产的新闻被称作“事实核查新闻”（fact-checking journalism）。

2005年，BBC第四频道新闻台（Channel 4 News）为报道议会选举而开设的博客成为欧洲首个常规事实核查站点。随之，欧洲越来越多的事实核查站点建立起来。2012年，意大利事实核查站点Pagella Politica上线。2014年，法国《世界报》的事实核查站点Les Décodeurs上线新版，数据新闻的可视化、事实核查、解释性新闻变为机构的三大支柱。2017年，BBC成立Reality Check栏目，核查脸书（Facebook）、Instagram和其他社交媒体上最

---

① KOC-MICHALSKA K，BIMBER B，GOMEZ D，et al. Public beliefs about falsehoods in news [J]. The international journal of press/politics，2020，25（3）：447-468.

受欢迎的异常内容。[①] 如今，事实核查站点显示出重建新闻公共性的特点，主要表现在以下几个方面：

第一，核查内容的多样性。全球事实核查站点按照内容可分为四类：第一类专注于核查政客的言论。如 PolitiFact 等网站，基本上都是对政客言论的核查。第二类专注于某一领域的事实核查。如 PunditFact 专门核查传媒界名人的言论，Climate Feedback 致力于核查媒体对气候变化的报道，澳大利亚的 Metafact 和法国的 Health Feedback 专注于核查健康和医学类的信息，Gossip Cop 专注于核查娱乐新闻。第三类偏向于核查社交媒体上的内容。这类媒体如美国的 Storyful，专注于核查 Facebook、推特（Twitter）、YouTube 等社交平台上用户发布的信息，尤其是与突发新闻相关的，有人将其称为“社交媒体通讯社”。印度的 SM Hoax Slayer 致力于核查印度社交网站上流传的恶作剧和骗局。伊朗的 Gomaneh 致力于核查谣言和传闻。Truthorfiction. com 专门核查城市传说、互联网谣言、电子邮件转发以及其他未知或可疑来源的故事。中国的“求真”也偏向于核查社交媒体上的内容。第四类站点做广泛的事实核查。政客言论、新闻媒体报道、官方文件、社交媒体内容等均在其核查范围内。

第二，事实核查站点间的互动性。跨媒体、跨区域的协作逐渐频繁。阿根廷事实核查站点 Chequeado 协调建立了协作式的事实核查网络 LatamChequea。该网络负责为拉丁美洲及加勒比地区提供服务。在新冠疫情与俄乌冲突期间，＃CoronavirusFacts 联盟和＃UkraineFacts 成立，这两个项目由多个事实核查组织参与，并且都建立了自己的数据库，每天更新。成员们使用共享电子表格和即时消息软件在这两个庞大的众包项目中进行协作。

一些事实核查站点会引用其他站点的核查内容作为论据，以此证明自己观点的真实性，形成跨区域互动。比如，印度的 India Today 曾引用美国事实核查站点 Snopes 的内容，南非的 Africa Check 曾引用美联社的事实核查报道。如果遇到相似主题的核查，一些事实核查站点在报道的最后也会附上其他事实核查站点相关报道的链接。在核查一则全球流传的假新闻时，巴西的 Aos Fatos 附上了西班牙、意大利、法国、南非等国家事实核查站点的报道链接。

第三，事实核查的透明性。与国际事实核查网络组织签署的条约要求事实核查站点做到无党派偏向、信息来源透明、资金透明、方法透明和坚持更正政策，在功用性上做到中立、独立、透明、对公众负责并与公众进行良好的互动。对此，不同国家的事实核查站点各有侧重。美国和南非的事实核查

---

① JACKSON J. BBC sets up team to debunk fake news [EB/OL]. (2017-01-12)[2021-06-18]. https://www.theguardian.com/media/2017/jan/12/bbc-sets-up-team-to-debunk-fake-news.

站点更注重信息来源的透明度，印度的事实核查站点更注重资金的透明度，南非和印度的事实核查站点更注重方法的透明度，英国的事实核查站点如Full Fact更注重与公众的互动，积极回答、回应公众关心的问题。

二、事实核查的全球分布及其共识

根据杜克大学新闻记者实验室（Duke University Reporters' Lab）的统计，2014年，全球新闻事实核查站点有59个，其中活跃的有44个。欧洲和美国最多，分别占21个和15个。[①] 全球范围内的事实核查站点在最近几年中不断增加（见图5-3），而且增速越来越快。到2022年6月，全球活跃的事实核查站点发展到378个，而且一直处在上升过程之中。

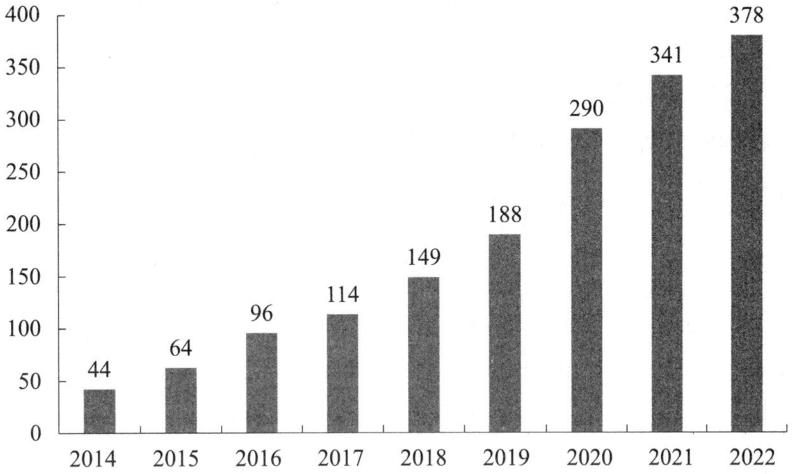

图5-3　全球事实核查站点

资料来源：数据采集自杜克大学新闻记者实验室。数据采集时间分别为2014年4月、2015年1月、2016年2月、2017年2月、2018年2月、2019年6月、2020年6月、2021年6月以及2022年6月。

根据项目的归属，事实核查站点可分为三类，第一类被称作新闻编辑室模式，第二类和第三类属于非政府组织模式。

第一类是附属于媒体机构的站点。这种类型是最常见的，通常作为媒体的一个栏目或一个较为独立的板块存在。在2016年的统计中，美国90%的事实核查站点属于新闻机构的一部分，其他国家44%的事实核查站点隶属于新闻机构。在一些选举国家，很多此类项目是为了选举需要临时开设的，为了揭穿选举中政客的政治谎言。如《华盛顿邮报》的Fact Checker、BBC的Reality Check

① BILL A. Duke Study finds fact-checking growing around the world [EB/OL]. (2014-04-14) [2018-12-03]. https://reporterslab.org/duke-study-finds-fact-checking-growing-around-the-world/.

最开始都是选举年的一个项目，之后发展为一个长期存在的栏目。

第二类是大学、智库或非营利性附属机构的站点。这类站点基本以新闻网站的形式存在，并且是最早的一批新闻事实核查站点。例如，美国的FactCheck成立于2003年，由宾夕法尼亚大学安纳伯格公共政策中心运营，知名记者布鲁克斯·杰克逊领导，资金来源于三个基金会和个体捐款。

第三类是独立的或未知其归属的站点。例如：Snopes. com宣称自己不隶属于任何机构，它有可能由个人运营；英国Full Fact的性质是慈善组织，它声称不隶属于任何机构。

随着事实核查实践的逐步发展，在全球范围内，各站点逐渐达成一些共识。2015年产生了第一个事实核查的国际组织，即国际事实核查网络组织（International Fact Checking Network，IFCN），由美国波恩特研究院（Poynter Institute）负责事务管理。作为事实核查的全球组织，它掌握着全球假新闻的定义权、话语权、裁定权。这个国际组织的成立目的在于搭建一个全球事实核查新闻站点的交流平台，促进全球事实核查新闻共识的达成。在国际事实核查网络组织的推动下，事实核查正在全球范围内形成互动。

放大镜

事实核查准则

从2016年开始，IFCN与全球从事事实核查新闻的组织签订事实核查准则，并且每年都会跟踪审核，审核该组织是否遵守事实核查的规范。2016年9月，来自27个国家的35个事实核查团体签署了一项共同行为准则，主要内容包括：

1. 承诺无党派偏见和公平

签署方对每个事实核查应使用相同的标准，不集中对任何一方进行事实核查。对每个事实核查都应遵循相同的过程，并让证据导出结论。对于进行事实核查的问题，签署方不提倡，也不表明任何政策立场。

2. 承诺信息来源透明

签署方希望他们的读者能够自己验证调查结果。除非消息来源的个人安全可能因公开而受到损害，否则，签署方需提供足够详细的所有消息来源，让读者可以复制他们的工作。

3. 承诺资金和组织透明

签署方对其资金来源保持透明。如果接受其他组织的资助，要确保资助者对事实核查员在报告中得出的结论不产生影响。签署方应详细介绍组织中所有关键人物的专业背景，并解释组织结构和法律地位。签署方应明确指出读者与其交流的方式。

4. 致力于方法的透明度

签署方应解释就事实核查用于选择、研究、编写、编辑、发布和更正的方法。

鼓励读者发送要求签署方进行事实核查的问题，并对为何以及如何进行事实核查保持透明。

5. 承诺开放和诚实的更正政策

签署方公布其更正政策并严格遵守。根据更正政策清晰透明地进行纠正，尽可能地确保读者看到更正后的版本。

资料来源：GORDON F. Fact check unit an opportunity for a new kind of J. education [J]. Asia pacific media educator，2017，27 (1)：10－16.

作为核心承诺的透明性理想（transparency ideal）源起于20世纪晚期的公共新闻运动，这场新闻改革运动要求新闻从业者打破新闻业内部“孤立的文化”，让公众参与到新闻生产中来。2001年，《新闻的十大基本原则》问世，“透明性原则”被正式提出，放置在事实核查的章节之中。透明性原则要求新闻编辑室内部和外部都有机会监测、检查、批评甚至介入新闻生产过程。在具体的事实核查实践中，各个站点也在强调自己的透明性操作，在可能的情况下，提供信息来源链接，把公众引入事实核查过程。

三、事实核查的偏向

事实核查站点在实践中已经积累了一些经验，在全球范围内也凝聚了越来越多的共识。当下，基于人工智能技术的发展，自动化事实核查正在蓬勃发展。各个机构和组织正在积极开发自动化事实核查工具。人工智能技术核查工具也越来越受到资本的青睐。但是，事实核查本身也面临着诸多发展的偏向。

第一，政治偏向。没有政治偏向地核查新闻是全球事实核查网络组织的共识，但是在实际实践中却面临着政治偏向的困扰。绝大多数的事实核查站点会在自我介绍中声明自己没有党派偏向，保持绝对客观公正的立场。如美国的PolitiFact和FactCheck、英国的Full Fact等网站宣称自己无党派偏向，保持绝对客观中立。它们的政治偏向较弱。

但是也有一些站点有比较强的政治偏向。部分事实核查站点明确表露其政治属性，如NewsBusters. org和PoliticalCorrection. org，这两个网站的存在是为了反驳对立政党所捏造的谎言或夸大事实。News Busters的副标题是“揭露和打击对自由媒体的偏见”，还宣称其目的是“全面监控、分析和纠正保守派的错误信息”。从事实核查站点的发展情况来看，既有宣称无党派的媒体也有偏左翼媒体、偏右翼媒体，并非国际事实核查网络组织所宣称和希望的那样，都是无党派偏见的、绝对中立的。

就算是那些宣称自己无党派偏向的站点也面临着核查结果是否公正的质

疑。就PolitiFact发布的500多条事实核查真实性测量仪的测量结果显示，PolitiFact核查的共和党和民主党的言论数量基本相同，但核查结果却相差很大，39%的共和党的言论核查结果都为“失实”和“荒谬”，而民主党的比例只有12%。美国三大主流事实核查站点不仅在选择具体核查的问题时有所不同，而且在核查同一个言论时也表现出不同的态度和评价。① 在开展事实核查时，以“独立”“客观 ”“中立”为工作原则的事实核查机构同样带有选择性和政党偏向。

第二，选择性偏向。事实核查的另一个限制是公众的确认偏差，人们倾向于根据当前的信念或期望来寻找或解释证据。早在拉扎斯菲尔德的研究中，就曾提出“政治既有倾向假说”与“选择性接触假说”。这表明，人们在寻找政治信息时，经常避免不受欢迎的政治信息，这可能会减少其暴露于挑战其现有信念的观点之下。人们倾向于相信对现实的唯一准确认识就源于他们自己，这种现象被称为“天真现实主义”。

在当下互联网的环境中，这种意见极化的现象表现得尤为突出。事实证明，人们有选择地共享事实核查，从而在同辈之间产生了有偏见的信息流。换句话说，相信虚假信息的人们不太可能在社交媒体流中看到相关的事实核查。这样一来，在纠正信息方面，尤其是遇到有争议的问题时，事实核查几乎失效。

第三，偏向性扩散。很多人寄希望于事实核查，希望它能成为民主建设的工具，降低政治候选人陈述中不诚实的可能性。然而，网络时代的事实核查机制效果十分有限，事实核查新闻在建立公共事实方面的作用也有限。

对美国2012年大选的研究显示，党派让社交媒体上的事实核查信息呈偏向性扩散。党派有选择地分享事实核查信息，这些信息为自己的候选人加油，并诋毁对方的候选人，导致他们的推特粉丝在意识形态上将事实核查的范围缩小。② 党派依然控制着信息流，意见而不是事实在起作用。更重要的是，社交媒体上信息的扩散速度超乎我们的想象，核查之后的真实信息可能根本不曾进入虚假信息接受者的视野。

扩展阅读

1. 塔克曼. 做新闻：现实的社会建构［M］. 李红涛，译. 北京：中国人民大学出版社，2022.

① 虞鑫，陈昌凤. 美国“事实核查新闻”的生产逻辑与效果困境［J］. 新闻大学，2016（4）：27－33，66，149.

② SHIN J，THORSON K. Partisan selective sharing：the biased diffusion of fact-checking messages on social media［J］. Journal of communication，2017，67（2）：233－255.

2. 詹金斯．融合文化：新媒体和旧媒体的冲突地带［M］．杜永明，译．北京：商务印书馆，2012.

3. 舒德森．新闻社会学［M］．徐桂权，译．2版．北京：中国人民大学出版社，2020.

4. 甘斯．什么在决定新闻：对CBS晚间新闻、NBC夜间新闻、《新闻周刊》及《时代》周刊的研究［M］．石琳，李红涛，译．北京：北京大学出版社，2009.

5. 张志安．编辑部场域中的新闻生产［M］．上海：复旦大学出版社，2019.

6. 博奇科夫斯基．工作中的新闻：信息充裕时代的模仿［M］．周亭，译．北京：北京大学出版社，2019.

7. SHOEMAKER P J，COHEN A A. News around the world：content，practitioners，and the public［M］．New York：Routledge，2006.

8. CAMPBELL C P. Race，myth and the news［M］．Thousand Oaks：CA：Sage Publications，1995.

9. HUMPRECHT E. How do they debunk “fake news”? A cross-national comparison of transparency in fact checks［J］．Digital journalism，2020，8（3）：310－327.

10. GRAVES L. Deciding what's true：the rise of political fact-checking in American journalism［M］．New York：Columbia University Press，2016.

思考题

1. 社交媒体为用户参与提供了交互平台，具有打破国家和单一市场界限的潜质，融合的范围是否会从单一媒体内部、媒体间和平台间扩大到不同传媒市场甚至全球范围？这会提供更多自由表达的空间，还是固化既有传媒市场结构？没有条件使用网络平台的受众是否会陷入更深层的信息贫困之中？

2. 选择一篇西方媒体涉华新闻报道，进行事实核查，并展开评析。

第六章
新闻消费

作为事实的新闻是中性的，而对新闻的消费和使用却是社会性的。当不同的主体以各自的方式消费新闻时，新闻消费比较的可能性和必要性便产生了。这一章主要面对新闻消费比较，揭示消费者与新闻的互动关系，新闻市场的地区性、群体性分布与重叠，呈现新闻诠释社群的区隔与联系，观察新闻业的社会文化生态。

第一节　新闻消费比较概述

新闻机构通过生产新闻制造新闻消费，新闻价值是决定新闻事件被生产和消费的重要因素，即新闻消费比较研究的第一个维度。作为新闻使用主体的新闻消费者是新闻消费比较研究的第二个维度。新闻消费者的身份是多元混杂的，族群、性别、年龄、阶层、群体等都可能影响到他们的新闻消费偏好，并在消费新闻的过程中作用于自身的身份构建。对于新闻生产者而言，消费者既是需要加以把握的对象，同时也要意识到他们已经越来越多地参与到新闻生产当中了。新闻消费的过程表现为对新闻进行意义生产，因此，作为意义生产的新闻消费是新闻消费比较研究的第三个维度。

一、新闻价值判断的不一致性

我们在第五章提到，新闻生产者对新闻价值的判断受多种因素的影响，主要包括生产者个体偏好、专业规范、民族国家和资本市场、社会文化价值系统等。另外，对于消费者而言，他们会选择性地消费新闻，形成自己对新闻的价值判断，表现出与新闻的协商关系。因此，衡量新闻价值的要素并不是一成不变的，而是会因新闻生产和消费主体的不同特征以及媒介技术的变迁而发生变化。

新闻生产者渴望通过选择具有新闻价值的事件争夺消费者，但是许多研究表明，记者认为有价值的新闻与消费者选择的新闻并不完全一致。一个直接的验证方式是，对比记者和消费者对年度头条新闻的选择以及媒体实际报道内容与观众感兴趣的内容之间的异同。

有美国学者选用 1995 年至 1999 年期间的美联社年度十大新闻的评选结果确定记者对年度头条新闻的判断，以皮尤人民与新闻媒体研究中心（Pew Research Center for the People and the Press，简称皮尤研究中心）美国成年人调查数据确定公众对新闻的兴趣。对比后发现，就全球新闻而言，新闻编辑和主管对五年中十大新闻的感知并不总是与消费者一致；媒体实际报道的内容和观众感兴趣的内容之间的相关性接近于零。但是编辑对新闻的选择与外国同行产生了共鸣，美国媒体和外国媒体的实际报道也比较一致。记者、消费者的选择之间比较一致的新闻类型是灾难新闻、美国在国际事务中的军事介入和审判等带有独特美国味道的新闻。① 这对大众传媒的议程设置功能构成了挑战，受众不一定选择新闻机构普遍认为有价值的新闻进行消费，而是可以根据自己的判断选择不同媒体的新闻报道，在广泛的接收和对比中形成自己对一个时期内新闻事件的价值认知，而且较大地受到自身所处文化价值观的影响。

那么，记者和消费者新闻价值判断的不一致性是否存在国家间的差异？有研究者选取阿根廷、巴西、德国、墨西哥、西班牙和英国的 11 家报纸网站考察记者和消费者的新闻选择。记者的新闻选择是根据每个新闻网站的前十篇报道确定的，消费者的新闻选择是根据这些网站公开的阅读次数排在前几位的新闻故事确定的。结果发现，在大多数情况下，记者选择的当天最有价值的新闻主要是公共事件，而消费者倾向于优先选择非公共事件，11 个新闻网站都显示出这种特征。因此，地理区域、新闻传统和意识形态的差异并没有显著影响记者和消费者新闻选择的差距。② 也就是说，不同国家的媒体对新闻价值的判断较为一致，而消费者更倾向于挑选自己感兴趣的内容去消费。

二、新闻消费者的新闻偏好与消费习惯

新闻消费者拥有自身的主体性，他们不是等待媒体“喂新闻”的对象，

---

① TAI Z，CHANG T K. The global news and the pictures in their heads：a comparative analysis of audience interest，editor perceptions and newspaper coverage [J]. Gazette (Leiden，Netherlands)，2002，64 (3)：251-265.

② BOCZKOWSKI P J，MITCHELSTEIN E，WALTER M. Convergence across divergence：understanding the gap in the online news choices of journalists and consumers in Western Europe and Latin America [J]. Communication research，2011，38 (3)：376-396.

而是新闻生产的参与者，不仅以消费新闻的方式影响新闻生产，也以新闻消费创造自己的身份。在新媒介环境下，新闻消费者甚至直接参与到了新闻的生产活动中，呈现出生产者与消费者合二为一的趋势。对新闻消费者的比较研究既不是站在媒体机构的立场上做“用户特征”分析，也不是站在资本或政治利益的立场上谋求对权力的争夺，而是关注多元的消费者如何在各自的情境下使用新闻，与新闻生产者产生了何种互动关系。

当新闻生产被权力垄断时，普通公众的意见表达自由受到了威胁，良好的公共讨论难以形成；同时，新传播技术呈现出互动性、个人化、小众化的可能。作为消费者的受众不再被看作整体的、有待打包的对象，其分散性、个体性开始受到重视。

卡茨与拉扎斯菲尔德的《人际影响：个人在大众传播中的作用》使研究焦点从实验室中的个人转向在社会语境中作为某一个或多个首属群体（如家庭、朋友、亲属、邻居等构成的“小群体”）成员的个人，探讨了个人、群体与社会结构之间的关系，从而呈现了媒介效果中人与人互动的各种因素。“使用与满足”理论突出了受众的个人需求，认为受众是相当主动的，基于具有社会和心理根源的需求使用媒介，期望一定的大众媒介的消费与使用能部分满足这一需求，并认为这种积极的使用实际制约着整个传播过程。虽然受众在整体上依然作为新闻生产的客体而存在，但已引入受众所拥有的社交网络和消费新闻的情境因素。当然，在当时的媒介环境下，新闻消费者依旧只是被生产者争取的受众，处在生产新闻意义的边缘，其中的单一主体还是大众传媒。

（一）互联网时代新闻消费者的特性

互联网的出现与发展使得普通公众也可以依照自己对新闻价值的判断生产新闻，新闻消费者得以直接参与新闻生产，被当作“媒体用户”，表现出三种特性：选择性，即选择新闻来源和平台；解释性，即凭借新闻素养以及使用不同平台实现不同目标；生产性，即生产新闻内容和创建新闻平台。同时，新的媒介技术也使得对新闻消费者的研究成为可能，消费者不再是不可见的、处于被想象的位置，而是成为可以追踪并加以考察的对象。

（二）影响新闻消费者新闻偏好的因素

作为新闻消费者，都会带入自身的新闻偏好，影响新闻偏好的因素可能包括政治诉求、社会经济地位、文化背景、媒体环境、对媒体的信任、消费空间以及消费者的性别、年龄等个人特征。

一项来自意大利、法国、德国、英国和西班牙的新闻消费研究显示，就影响新闻消费的因素而言，国家是一个重要变量；就性别而言，无论是纸媒、在线新闻、自由出版物还是移动新闻，女性消费者似乎都比男性要少；就年龄而言，年轻群体更愿意消费在线新闻和移动新闻；在受教育程度方面，受教育程度低的人总体上消费新闻较少。大体上，18～44岁的人、受过高等教育的人、学生、有孩子的夫妇以及从事各种文化、娱乐活动较多的人更倾向于阅读在线新闻。[①]

就年龄因素对新闻消费的影响而言，一项关于移动媒体时代的瑞典新闻消费研究显示，公众通常进行单一媒体消费而不是跨媒体消费，而年龄影响着消费者对单一媒体的使用：（1）20世纪30年代和40年代出生的群体主要消费印刷版新闻；（2）50年代至70年代出生的群体主要消费电脑端新闻；（3）80年代和90年代出生的群体主要消费移动端新闻，他们同时也是电脑端新闻的消费者。截至2012年，移动新闻消费和跨媒体新闻消费的数量创了新高，而印刷版新闻消费量却降至最低，暗示不同年龄段的消费模式正在发生转变。[②] 这项研究证明了不同年龄人群选择的媒体消费平台是存在差异的，而且消费者更倾向于在单一媒体平台上进行新闻消费，挑战了新媒体平台会取代旧媒体的假设。

少数族群的新闻文化及其变化也是影响新闻消费偏好的重要因素。这一视角强调，文化之间是存在差异的，新闻的发生与发展不可抗拒地要受到文化的影响，因此要关注特殊文化影响下的新闻理念与活动。可以看到，少数族群媒体承担了许多特殊的功能，比如维护少数族群的语言和文化，抵抗主流媒体报道的偏见，为受众提供参与社区事务的平台等。[③]

但问题在于，少数族群的成员也是流动的，处在与其他文化的交流之中，新闻消费也不局限于专门的少数族群媒体，这意味着同一族群的新闻消费者未必会形成一致的新闻口味。与此相应，他们的新闻偏好也未必与其他群体有很大的差异。就少数族群媒体对本族群语言的维护和传承而言，也难以达到理想的效果。事实上，很多少数族群的语言已经几近消亡，比如超过一半的南太平洋岛国人（55%）不会说他们的语言。图瓦卢语、托克劳语、纽埃语、库克群岛毛利语被联合国教科文组织列为特别脆弱或濒危的语言。[④]

---

① FORTUNATI L，DEUZE M，DE LUCA F. The new about news：how print，online，free，and mobile coconstruct new audiences in Italy，France，Spain，the Uk，and Germany [J]. Journal of computer-mediated communication，2014：19 (2)：121-140.

② WESTLUND O，FÄRDIGH M A. Accessing the news in an age of mobile media：tracing displacing and complementary effects of mobile news on newspapers and online news [J]. Mobile media and communication，2015，3 (1)：53-74.

③ HANUSCH F. Charting a theoretical framework for examining indigenous journalism culture [J]. Media international Australia，2013，149 (1)：82-91.

④ The lalanga fou languages and high tech fono report [EB/OL]. (2019-11-26) [2022-04-17]. https://www.mpia.govt.nz/assets/Reports/Pacific-Aotearoa-The-Lalanga-Fou-Languages-and-High-Tech-Fono-Report.pdf.

实际上，南太平洋岛国受众在谈论他们的媒体使用时，并不倾向于“主流文化”和“我们的文化”这样的简单二分法。对“我们的媒体”的忠诚并不能取代他们对优质新闻的渴望，他们希望媒体对社会问题、有争议的政策问题和南太平洋岛国人民生活的“实质”进行更具批判性的报道和解释。[①]也就是说，他们对新闻的要求并没有表现出明显的特殊性，这提示我们要更多地从新闻消费者的视角理解不同文化背景中的新闻业。

一个国家或地区内的用户可能表现出不同的新闻消费习惯，同样，全球化也使得一条新闻可以被多个国家或地区的主体生产和消费。虽然新技术是受众跨国新闻消费的重要条件，但这并不足以解释受众为何选择消费远距离的新闻。

从瑞典的新闻消费者研究来看，移民、生活在大城市的人、年轻人、有很强政治兴趣的人更有可能消费跨国新闻，原因在于跨国新闻能帮助他们获得不同的视角、了解国际问题。[②] 在拉丁美洲本地的 6 个新闻网站中，跨国受众约占 15%，大多数来自墨西哥和哥伦比亚，其次是阿根廷和哥斯达黎加，这些国家的家庭年收入都高于该地区的平均水平。在性别方面，这些新闻网站的国内受众主要是男性，在年龄上主要是年轻人，但跨国受众的性别和年龄差异要小一些。另外，跨国受众比国内受众更加重视网站提供的社区参与和技术，说明受众需要在散居侨民中创造一种社区意识。受教育程度不能预测跨国新闻消费，但经济和网络资本却是重要的预测因素。[③]

当下，公众通过跨国新闻消费获取远方新闻信息的可能性大大增加了。值得注意的是，阶层、技术水平和信息壁垒可能会阻碍全球信息自由、平等地流动。

三、多元新闻消费者的多元意义生产

前面我们已经说明，新闻事件是中性的，但新闻内容却是具有价值偏向的，新闻消费者与新闻生产者对新闻价值的判断被证明是不一致的。新闻消费者会根据自己的偏好选择新闻进行消费，这个过程恰恰也是赋予新闻意义的过程。当下，互联网平台赋予了普通用户和职业新闻工作者同样的新闻生

① ROSS T. Rethinking journalism and culture: an examination of how Pacific audiences evaluate ethnic media [J]. Journalism studies, 2017, 18 (12): 1559 - 1575.

② WIDHOLM A. Transnational news consumption and digital content mobility: insights from Sweden [J]. Journalism studies, 2019, 20 (10): 1472 - 1490.

③ JOYCE V D M H, HARLOW S. Seeking transnational, digital-native news from Latin America: an audience analysis through the lens of social capital [J]. Journalism studies, 2020, 21 (9): 1200 - 1219.

产权力，消费者的新闻信息来源不再局限于专业媒体，这使得我们需要摆脱“媒体-受众”的逻辑，直接围绕新闻事件展开对新闻消费的研究，看多元的媒体用户如何赋予并传播新闻意义。

作为意义生产的新闻消费首先要追溯到霍尔写于 1973 年的《电视话语的编码解码》。霍尔的“编码-解码”理论提出了一个重要的理论模式，即意义不是传播者“传递”的，而是接受者“生产”的，从而在主体间传播关系中重构了受众观念。在传播过程中，不赋予“意义”，就不会有“消费”；在一个信息产生“效果”（不管如何界定）、满足一个“需要”或者付诸“使用”之前，它首先必须被用作一个有意义的话语，从意义上被解码；效果、使用与满足都是由理解的结构来构架的，也是由社会经济关系来生产的，而这些往往被实证主义研究孤立地理解。①

放大镜

斯图亚特·霍尔的三种解码方式假说

霍尔指出，编码与解码没有必然的一致，并提出了三种假设的解码方式：

一是“主导-霸权立场”（dominant-hegemonic position）的阐释方式，即以信息提示的预想性意义来理解，意味着编码与解码两相和谐，受众“运作于支配代码之内”。

二是“协商代码或协商立场”（negotiated code or position），这似乎是大多数受众的解码立场，既不完全同意，又不完全否定。一方面承认支配意识形态的权威，另一方面也强调自身的特定情况，受众与支配意识形态始终处于一种矛盾的商议过程中。

三是对抗式（oppositional）解码，即受众“有可能完全理解话语赋予的字面和内涵意义的曲折变化，但以一种全然相反的方式去解码信息”，也就是根据自己的经验和背景读出新的意思来。

资料来源：霍尔．编码，解码［M］//罗钢，刘象愚．文化研究读本．王广州，译．北京：中国社会科学出版社，2000：356－358.

这种视角的转变不仅仅意味着发现了积极“生产”意义的受众，而且把受众纳入主体间传播关系之中，揭示了阐释过程所隐含的社会经济关系。

这一假说得到了莫利（D. Morley）的验证，他在对英国广播公司的晚间电视新闻栏目《全国新闻》（1973—1979 年）的观众研究中，主要考察了两

---

① HALL S，HOBSON D，LOWE A，et al. Culture，media，language［M］. London：Hutchinson，1980. 中译文参见：霍尔．编码，解码［M］//罗钢，刘象愚．文化研究读本．王广州，译．北京：中国社会科学出版社，2000：346－348.

个问题：一是符号对意义生产的决定作用；二是传统的社会学因素（或者说是结构性因素）诸如年龄、性别、种族、阶级等对意义生产的决定作用。这种“新受众研究”又称受众民族志（audience ethnography）研究，指用人类学的方法研究“诠释社群”（interpretive community），展示特定文化群体的内部。按照这种研究方法，他进一步把公共场所的“解码”活动研究转移到家庭收视语境中来，强调只有在家庭休闲活动的整体语境中才能解释变化着的电视收看方式。

这种研究的意义如下：“使用与满足”范式在家庭语境中复活；从传统政治向身份政治（identity politics）转移，特别是集中于性别政治（politics of gender），研究与节目相关的性别话语，以及女性受众如何阐释和利用那些文本；从媒介研究滑向日常生活的“诠释社群”，在微观的日常生活中呈现受众对文本的理解，表现围绕媒介互动的受众的多样化存在意义。

从日常生活的层面研究受众在新闻消费中的意义生产既可以在理论上扬弃概念化、类型化的受众，建构为人而存在的主体间性传播关系，又可在实践上应对意识形态对人的宰制，以及消费主义所带来的同质化、单一化，从而把握受众的真实存在。

在互联网环境下，受众的身份已经发生了转变，与以往的新闻机构和职业记者一起成为互联网用户，参与对新闻事件的选择和意义生产。互联网极大地打破了获取信息的地理限制，越来越多的初创公司成立，为自由记者提供跨国合作的平台，帮助他们建立与传统新闻机构的联系。世界公众得以围绕问题和政治亲和性而不是地理上的邻近性组织起来；众多网络论坛、博客的出现，也将用户推向一个信息、观点和视角的网络，从而将更广泛的新闻对话带入生活。

新闻的生产和消费表现为所有用户围绕一个事件的意义分享。在这种情况下，全球性的事件或话语如何在网络平台上传播和被解读，就成为新闻消费研究的重要话题。多元的消费主体将我们导向了比较的视野，即不同的新闻消费者如何对同一个事件或信息进行不同的意义生产？互联网的传播机制对此产生了什么样的影响？是推动还是阻碍了主体间的意义分享？

还是以《查理周刊》恐怖袭击事件为例。2015 年 1 月 7 日，法国讽刺杂志《查理周刊》总部遇袭，随后发生的戏剧性事件在法国和世界各地引发了巨大的反应，这些反应迅速涌入了社交网站，尤其是推特。从 1 月 7 日开始，数以百万计的推文使用“＃查理周刊”和“＃我是查理”等标签发布。“我是查理”（Je suis Charlie）、“我们都是查理”（Nous sommes tous Charlie）这样的口号迅速传播开来。

似乎每个人都想成为查理，但谁是查理呢？那些借“我是查理”标签发声的用户是否在表达相同的意义？公众在消费《查理周刊》新闻事件时，产生了多元的意义分享：同情受害者、通过捍卫漫画家自由表达的权利以保护言论自由、表达爱国情绪、反穆斯林移民等等，当然也有反对的声音存在，批评那些声援者的呼吁。

有研究将网络政治争论视为“网络空间”（web spheres）[①]，运用大规模网络和词汇计量分析的方法，结果发现，即使是最为戏剧性的事件，网络上的反应也不会是同质的，政治参与和文化倾向是理解社交媒体上不同态度的关键。[②] 一个事件可能会引发无数的意义分享，不同群体的人对该事件的关注度和关注点是存在极大差异的。

对一个口号的响应往往意味着渴望在一个问题上获得团结的力量，“我是查理”表达的是一种身份归属和情感诉求，这个口号在社交媒体上的广泛传播是用户、情感接触和技术基础设施共同促成的。结合算法机制[③]可以看到，那些认同查理的用户是在社交媒体算法的综合力量以及贯穿其中的情感和政治强度的共同作用下产生的，推文的话语情感质量与网络动态紧密相关；个体所表现的愤怒、犬儒主义、生气和偶尔的幽默首先是一种情感的传染，它们在每一次新的网络接触中不断产生自己的版本。[④] 考察网络空间中新闻的意义生产，不能忽视一些网络平台的算法机制以及可能对用户的心理或情感造成的控制。

一般说来，专业的新闻媒体在冲突性事件中应该扮演“生命中枢”（vital centre）的角色。所谓“生命中枢”，指的是一种由具有民主倾向的个人和机构组成的网络形式，这些个人和机构不具有相同的意识形态或政治理念，但仍然相信在激进事件发生后存在着修复分裂的必要性。为此，媒体拒绝右翼和左翼的激进回应，围绕一些核心价值观寻求共识。

分析西班牙、挪威和英国的报道可以发现，《查理周刊》恐怖袭击事件被广泛描述为一场恐怖行动，打击了整个欧洲的价值观，特别是言论自由；新闻业作为公民领域中有影响力的交流机构，表现出了对社会的包容性理解；虽然使用了强烈的象征性语言来描述恐怖分子所进行的恶毒攻击，但也将恐

---

① 网络空间指的是一组分布在不同网页或服务器上的数字资源，它们通过链接相互连接，指向一个特定的事件或主题。因此，网络空间是一个受到主题焦点和时间限制的微型公共领域，其中的主题可以是多种多样的，但总是涉及一个公共问题，时间则取决于参与者的临时参与，受到的影响因素较多。

② SMYRNAIOS N，RATINAUD P. The Charlie Hebdo attacks on Twitter：a comparative analysis of a political controversy in English and French [J]. Social media+society，2017，3 (1)：205.

③ 研究者对 2015 年 1 月 7 日在巴黎及其周边地区的推特消息进行两次搜索：第一次搜索以“我是查理”为特征的推文，共 143 条；第二次搜索以“#我是查理”为标签的推文数量更多，研究者只选取前 500 条。这种对比提示着算法推荐机制的存在。

④ PAYNE R. “Je suis Charlie”：viral circulation and the ambivalence of affective citizenship [J]. International journal of cultural studies，2018，21 (3)：277 - 292.

怖分子的行为与他们在法国社会面临的边缘化和排斥问题相关联，明确指出“我们”也包括穆斯林，并警告来自极右翼的反穆斯林情绪的上升。[①] 一般说来，发生这种极端事件后，许多公民的情绪被引爆，算法机制加持下的病毒式情感传播使网络社区中充斥着各种声音，网络用户站在自身或所属群体的立场上借用“我是查理”这样的象征性符号表达诉求，难以形成一个可供理性讨论的公共空间。这项研究的重要启示是，媒体在这种情况下应该且可以发挥“生命中枢”的作用，避免群体分裂，以促成理性的公共讨论。

必须注意的是，在网络平台上研究新闻消费中的意义生产会面临许多困难：难以界定用户讨论的时间和空间，难以理清用户之间的意义分享网络，难以获取用户的背景以及参与讨论时的情境因素，难以了解每一个内容分享平台的算法机制。但无法否认的是，每一个分享意义的消费主体在彼此可见的情况下参与讨论，有助于形成对一个事件的完整认识，这正是我们要努力克服困难去获取的。

第二节　媒介信息环境与公民的新闻消费

新闻消费与公民参与密切相关，公民通过消费新闻获取信息、了解各种社会事务的状况，持有知情的意见，进而展开公共讨论并采取相应的行动。公民的新闻消费受到媒介信息环境的影响。

根据 2017 年《国际传播学会年鉴》的梳理，媒介环境变化呈现四个主要趋势：一是媒体之间的合并愈演愈烈，媒体业务变得日益集中；二是媒体内容和媒体使用变得日益碎片化和两极化；三是证据被忽视，事实沦为观点和意见，“后事实”（post-factual）的相对主义泛滥，错误信息、谣言和阴谋论日益渗透到公共话语之中；四是越来越多的媒体选择使得人们在使用新闻媒体时变得越来越不平等，进而导致了社会内部不同群体之间关于政治和公共事务的知识差距进一步扩大。[②]

媒介信息环境的新趋势是否带来了新闻消费的变化？媒体的集中化是否使得用户变得越来越重叠，媒体内容的碎片化和两极化是否造成了新闻用户的分化、极化？民粹主义的涌现、对事实真相的忽视是否加剧了公民对虚假

① LUENGO M，IHLEBÆK K A. Journalism，solidarity and the civil sphere：the case of Charlie Hebdo [J]. European journal of communication，2019，34（3）：286－299.

② VAN AELST P，STRÖMBÄCK J，AALBERG T，et al. Political communication in a high-choice media environment：a challenge for democracy? [J]. Annals of the international communication association，2017，41（1）：3－27.

新闻的消费？本节从新闻获取、新闻消费的偏好以及民粹主义传播与虚假新闻的消费三个角度出发，展现其中的跨国比较研究。

一、附带新闻接触与新闻回避

新媒体环境下，人们获取信息的成本大大降低，主要表现为附带新闻接触，其中包含两种形式：一是指用户在寻找特定的新闻时发现了其他主题的新闻；一是指人们并没有主动搜寻新闻，但仍然接触到了新闻。

这凸显了技术的影响：用户的新闻消费受到不同国家政治、经济的影响，但是他们的消费行为同样受到社交媒体平台的制约。有研究指出，不同国家的用户在利用社交媒体时，对新闻的附带接触差别并不大，可能原因是Twitter、Facebook和YouTube三个社交媒体平台在各国之间以广泛一致的方式运作。[①] 也就是说，社交媒体在不同的国家形成了相似的媒介环境，削弱了人们因国家背景而产生的消费差异。

由此而来的问题是，附带新闻接触是否有助于人们获取有价值的信息、观点，进而促进人们的政治参与？有学者以德国、意大利和英国媒体用户为比较对象，探究附带新闻接触与线上政治参与的关系及其差异。研究发现，在引入附带新闻接触这一变量后，所有国家的媒体用户都呈现出更高水平的线上政治参与；附带新闻接触与线上政治参与的正向关系可以推及不同的政治背景，因为社交媒体平台在西方国家以相似的模式运行。[②] 值得注意的是，相比于德国的受访者，英国和意大利的受访者更偏爱参与线上政治活动，附带新闻接触对德国受访者的促进效果要大于对意大利、英国受访者的促进效果。这一研究的缺陷也十分明显，即三个国家的社会文化背景、媒介体制、政治环境等因素没有被纳入其中，因而无法解释造成差异的原因。

新媒体环境既增加了用户附带接触新闻的机会，也加剧了部分人的新闻回避。新闻回避是指由于对新闻的不喜欢（有意的）或对其他内容的偏爱（无意的），导致连续一段时间内的低新闻消费。具体来说，一方面，人们可能由于不喜欢新闻而有意识地回避新闻；另一方面，随着媒体供应内容的与日俱增，具有较高娱乐偏好的人可能转向了更多的娱乐性内容，进而减少了对新闻的消费。

---

① FLETCHER R，NIELSEN R K. Are people incidentally exposed to news on social media? A comparative analysis [J]. New media & society，2018，20（7）：2450－2468.

② VALERIANI A，VACCARI C. Accidental exposure to politics on social media as online participation equalizer in Germany，Italy，and the United Kingdom [J]. New media & society，2016，18（9）：1857－1874.

有学者分别从个人层面和国家层面对35个国家和地区的新闻回避行为进行了比较。① 研究发现，在个人层面上，各个国家和地区呈现出相似的特征，性别、年龄、党派等因素会影响个人对新闻的回避。年轻人、女性、左翼人士、内部效能感②较低的人、对新闻信任度较低的人更有可能回避新闻。

在宏观层面上，影响用户新闻回避的因素可以概括为三个维度：新闻自由、政治自由以及信息环境。其中信息环境主要包括公共服务媒体的市场份额、报纸覆盖率以及媒体环境的多样性（受访者在上一周使用过的媒体品牌数的平均数）。在新闻自由度较低和政治稳定性较差的国家或地区，人们可能认为新闻不够准确，价值不高，对新闻持回避的态度。在控制其他因素后，一个国家公共服务媒体的市场份额越高或者报纸的覆盖面越广，越少受访者会回避新闻。但是一个国家的新闻来源越多，用户对新闻的回避率就会越高。这可能是因为过多的渠道会带来过多的新闻，使得人们感到疲惫和力不从心，进而采取回避策略。③ 信息环境在解释跨国差异的重要性方面可能不如国家的政治条件那么重要，因为在引入新闻自由和政治自由的变量后，信息环境对新闻回避的影响效应就不再显著。

从上述案例中我们可以理解媒介信息环境与国家政治经济环境如何影响用户的新闻消费。一方面，社交媒体以相似的模式在各国运作，调节了国家背景对新闻消费的影响，说明媒介信息环境构成了新闻消费的基础。另一方面，相比于媒介信息环境，国家的政治经济环境仍然是影响用户新闻消费的主导因素，说明新闻消费依然受制于地方性的传播空间。媒介信息环境与国家政治经济环境的互动带来的“全球本土化”空间如何影响新闻消费？这依然是有待探讨的问题。

二、选择性接触与用户分化、极化

每一个新闻消费者都会因为心理偏向、社会偏向、职业偏向、性别偏向、文化偏向等原因产生新闻消费的偏好，从而使用户分化成为常态。用户分化（fragmentation）是指这样一个过程：随着可选择的媒介内容、媒介数量的增加，用户的注意力被分散到越来越多的媒介源中，用户的媒体使用变成一种

---

① TOFF B，KALOGEROPOULOS A. All the news that's fit to ignore：how the information environment does and does not shape news avoidance［J］. Public opinion quarterly，2020，84（S1）：366－390.

② 内部效能感是指某人理解政治以及有效地参与政治生活的能力——“我觉得我对我们国家面临的重要政治问题有很好的理解”和“我认为自己有资格参与政治”。

③ PARK C S. Does too much news on social media discourage news seeking? Mediating role of news efficacy between perceived news overload and news avoidance on social media［J］. Social media＋society，2019，5（3）：1－12.

私人的、个性化的选择。与此相对的现象是用户重叠（duplication），指两个媒介平台共享用户成员的程度。这两个概念聚焦的比较问题是：不同国家的用户在不同媒介体制下可能呈现出不同的分化和重叠程度。

如何计算用户重叠的程度？一般说来，我们可以观察不同国家的受访者在某段时间使用媒体平台的标记，借助这些数据计算用户重叠的程度。在具体计算过程中，由于部分用户会附带地同时使用两个媒体平台，因此必须设立一个阈值①。只有两个平台的实际用户覆盖率超过这个阈值，才认为这两个平台存在用户重叠。如果将单个媒体平台作为网络中的单个节点，这个平台的用户越多它在网络图中的形状就越大；当两个平台之间存在用户重叠时，两个节点之间就会产生链接；多个节点之间的链接越多，多个平台之间的受众就越重叠。

由此观之，节点之间链接越多，网络的密度越高。一项以此为方法的跨国比较研究显示，西班牙的用户-媒体网络密度最高，其次是美国和法国，再次是德国、丹麦和英国（见图 6－1）。从直径（网络中两个最远节点之间的最短距离）来看，西班牙、德国、法国以及美国的直径是 2（任意两个节点间的最远距离是 2，也就是说任意两个媒体之间只存在一个中介媒体）；丹麦和英国直径是 3。这表明，相比于美国、西班牙和德国等国，在丹麦和英国，不同媒体的用户距离更“遥远”，用户更分散。② 不过，英国和丹麦所显示出来的用户分化并不意味着“巴尔干化”“回音壁效应”“茧房效应”等负面影响，因为这些国家的公共服务媒体能够提供多样化的内容，有较高比例的硬新闻，从而促使个体接受更加均衡的新闻信息，缩小不同群体之间的信息差距。

从宏观来说，用户分化可能受媒介市场结构以及社会阶层分化的影响。如对瑞典用户的研究显示：不同文化资本、经济资本的人其媒介偏好也存在着显著不同，社会群体通过垄断不同的媒体资源来再现其社会地位。③ 诸如性别、种族、宗教信仰以及党派立场等个体微观因素也影响着用户分化。这说明要考察用户分化问题不能只考虑媒介市场结构，还必须与多因素结合起来。

---

① 阈值是通过两个平台的用户覆盖率相乘得到的，如平台 a 占有总人数 30％的用户，平台 b 占有总人数 20％的用户，那么只有观察到实际重复值大于它们的乘积（6％），两个平台之间才存在用户重叠。

② FLETCHER R，NIELSEN R K. Are news audiences increasingly fragmented? A cross-national comparative analysis of cross-platform news audience fragmentation and duplication [J]. Journal of communication，2017，67 (4)：476－498.

③ LINDELL J，HOVDEN J F. Distinctions in the media welfare state：audience fragmentation in post-egalitarian Sweden [J]. Media，culture & society，2018，40 (5)：639－655.

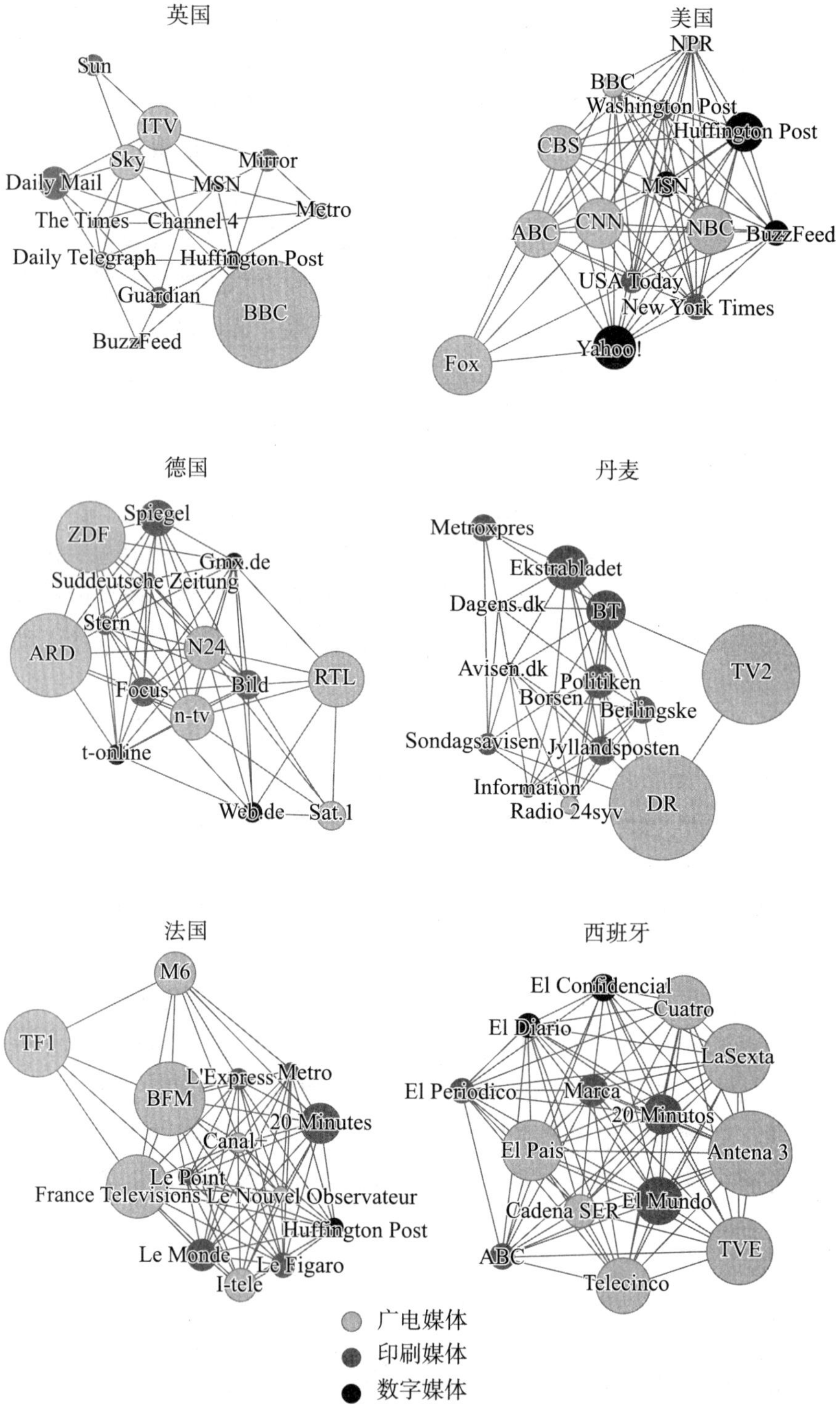

图 6-1　德国、丹麦、英国、美国、法国、西班牙的用户-媒体网络密度

资料来源：FLETCHER R，NIELSEN R K. Are news audiences increasingly fragmented? A cross-national comparative analysis of cross-platform news audience fragmentation and duplication [J]. Journal of communication，2017，67 (4)：476-498.

用户分化的极端形式是用户极化。人们选择性地接收那些符合自己偏好的信息，久而久之可能会走向极化，导致社会共识的瓦解。有研究者对12个国家的新闻用户的两极分化程度进行了比较分析，研究对象被分为四组：第一组是以法国、意大利和西班牙为代表的极化多元模式；第二组是以德国、芬兰、荷兰为代表的民主法团模式；第三组是以英国、美国和爱尔兰为代表的自由主义模式；澳大利亚、波兰和捷克作为第四组，意图将波兰和捷克与极化多元模式的国家相比较，将澳大利亚与自由主义模式的国家相比较（共享同样的语言和文化）。政治平行性在民主法团模式国家中较低，在极化多元模式国家中较高，因此研究者假设：相比于极化多元模式国家，民主法团模式国家的新闻用户将表现出更低的两极分化程度。①

这一研究假设：如果左倾、右倾和中间派的用户均匀地分布在媒体系统中，那么该国新闻用户的极化程度较低；如果左倾或右倾的用户分别集中在特定的媒体平台，则表明该国新闻用户的极化程度较高。

研究结果证实：相比于极化多元模式国家，民主法团模式国家的新闻用户表现出更低水平的两极分化程度。自由主义模式国家的新闻用户呈现出不一致的两极分化水平：美国是用户极化程度最高的国家，爱尔兰的用户极化程度处于较低水平；美国的“红色”媒体和“蓝色”媒体之间的鸿沟越来越大，选民在意识形态上的分歧也愈加对立，政治文化变得更加分化，这可能在无形中加剧了两极分化。这表明在这一研究情境中将美国、英国和爱尔兰放在同一组似乎并不合适。但分化和极化的一致趋势在其他国家有所呼应：极化多元模式国家（西班牙、法国）的用户分化程度更低，用户极化程度更高；民主法团模式国家（德国、芬兰）的用户分化程度更高，用户极化程度更低。

事实上，媒介制度只是一种比较视角，我们还必须注意到，媒介环境的变化可能会对用户的新闻消费产生影响。在社交媒体时代，平台通过算法为用户推送个性化内容，用户可能倾向于消费那些与他们既有观点相一致的内容，这使得不同群体的用户变得越来越对立。此外，搜索引擎、社交媒体为用户提供了更多的媒体选择，降低了他们获取信息的成本，使得他们能够接触更多的信息、观点，从而使个体摆脱了孤立的消费模式。

前面有关不同国家媒体平台用户重叠率的比较，还涉及各国线上线下平台的用户重叠率。研究数据显示，在线新闻用户并不比离线新闻用户更分散。②

① FLETCHER R，CORNIA A，NIELSEN R K. How polarized are online and offline news audiences? A comparative analysis of twelve countries [J]. The international journal of press/politics，2020，25 (2)：169-195.

② FLETCHER R，NIELSEN R K. Are News audiences increasingly fragmented? A cross-national comparative analysis of cross-platform news audience fragmentation and duplication [J]. Journal of communication，2017，67 (4)：476-498.

一方面，新的媒介环境下积极的个人能够从不同渠道消费不同的新闻；另一方面，Facebook 等平台的算法虽然可能强化人们的偏好，但是也让人们能够附带接触到更多的新闻信息和媒体平台，从而在整体上降低用户的分散度。我们应该对“数字访问将迅速改变用户的新闻消费模式”这一说法持谨慎态度，绝大多数在线新闻消费可能延续了传统的新闻消费习惯。

三、民粹主义的新闻消费与虚假新闻感知

民粹主义是一种在全球普遍流行的社会思潮，其话语包含三个核心要素：（1）以“平民”为中心；（2）反对腐败的精英阶层；（3）定义内群体与外群体。民粹主义新闻会使得支持民粹主义的人变得更加支持，不支持的人变得更加反对，进而加速人群内部的两极分化。

那么，在不同国家，具有民粹主义态度的公民会有相同的选择性接触吗？对法国、德国、意大利、西班牙、英国和美国六国用户的比较分析表明，不同的媒介市场结构影响着这些国家用户的新闻消费，传统媒体是欧洲大陆民众获取新闻的主要渠道，数字媒体和超党派新闻（hyperpartisan news）则在美国民众的新闻消费中占据主导地位。[①] 但民粹主义均在各国新闻消费中产生影响，具有民粹主义倾向的公民较少访问传统新闻媒体的网站，偏爱消费超党派新闻。他们对政治精英持怀疑态度，对传统媒体的信任度低，因为他们认为媒体是政治精英的一部分。

网络虚假信息不仅仅是一种受技术驱动的现象，还与不同国家的信息环境息息相关。比较美国、英国、德国和奥地利四个国家事实核查员反馈的虚假信息后发现，在政府和专业新闻媒体信任度较低的社会（美国、英国），党派新闻是主要的虚假信息；在公共广播占据强势地位的国家（德国、奥地利），耸人听闻的谣言是虚假信息的主要组成部分。在英语环境（美国和英国）下，虚假信息主要来源于政治人物；而在德国和奥地利，虚假信息主要来源于匿名账号、新闻记者和自媒体。在说英语的国家，虚假信息主要是针对政治人物；在说德语的国家，移民是虚假信息的主要攻击对象。[②]

用户对虚假新闻的感知受到国家环境的影响，如有跨国比较研究发现，

---

① PEACOCK C，HOEWE J，PANEK E，et al. Hyperpartisan news use：relationships with partisanship and cognitive and affective involvement [J]. Mass communication and society，2021，24（2）：210－232. 超党派新闻与传统的党派新闻一样，拥有一定的政治议程，但与传统党派新闻不同的是，它们严重依赖社交媒体，且倾向于发布反建制的信息（例如反政府或反主流媒体），经常落入假新闻的范畴。

② HUMPRECHT E. Where “fake news” flourishes：a comparison across four Western democracies [J]. Information，communication & society，2019，22（13）：1973－1988.

特朗普对主流新闻媒体的攻击促使他的支持者相比于其他国家的新闻用户更容易怀疑新闻的真实性。① 用户对虚假信息的抵御能力也受到其所处的社会、政治环境的影响。不同国家在面对虚假信息时的抵御能力不同。

抵御能力（resilience）指在一个社区或国家中，团结在一起的群体在面对挑战时维持和促进其福祉的能力。抵御能力构成一种结构性的环境，在这种环境下网络虚假信息难以到达大量的用户。抵御能力可分为七个维度（见表 6－1）。

表 6－1 "抵御能力"的理论维度和可测量的指标

环境	维度	测量指标
政治环境	民粹主义传播	民粹主义政党的得票率 得票率的变化 政治领导人的讲话
	社会极化	社会的两极化 网络媒体的分化
媒体环境	媒体信任	对新闻媒体的总体信任 对我使用的新闻的信任
	公共服务媒体的力量	公共电视的市场份额 公共收入（许可费）
	共享的媒体	最常用的媒体渠道/节目的份额
经济环境	网络媒体的市场规模	每个国家的在线用户数量
	社交媒体的新闻消费	利用社交媒体消费新闻 在社交媒体上分享新闻

资料来源：HUMPRECHT E，ESSER F，VAN AELST P. Resilience to online disinformation：a framework for cross-national comparative research［J］. The international journal of press/politics，2020，25（3）：493－516.

前两个维度与政治环境有关，分别是社会极化和民粹主义传播。社会的两极分化会削弱人们对虚假信息的抵抗能力；在民粹主义传播水平较高的环境中，网民会接触到更多的虚假信息。用户对新闻媒体的信任、公共服务媒体的力量以及共享的媒体三个维度共同组成了媒体因素。个体对专业新闻媒体的不信任可能会加剧他们的选择性接触，促使他们转向其他信息来源，使得发布虚假信息的在线平台乘虚而入。以公共服务为导向的媒体会与商业媒体竞争，商业媒体为了吸引用户，会花费大量的精力制作优秀的原创内容，进而促进了群体信息水平的提高，增强了大众抵御虚假信息的能力。如果新

① KOC-MICHALSKA K，BIMBER B，GOMEZ D，et al. Public beliefs about falsehoods in news［J］. The international journal of press/politics，2020，25（3）：447－468.

闻消费存在较大的重叠，用户就不太可能完全面对虚假信息。

最后两个维度被归类为经济因素，它们分别是网络媒体的市场规模和社交媒体的新闻消费。虚假信息能够吸引注意力，增加发布者的广告收入，因此大型广告市场更有可能引发虚假信息的泛滥。社交媒体是虚假信息发布的重要平台，拥有较高社交媒体用户比例的国家更容易受到虚假信息的影响。

放大镜

部分西方国家的“抵御能力”比较

通过“抵御能力”的指标建构和数据比较，部分西方国家被分为三类。

奥地利、比利时、加拿大、丹麦、芬兰、德国、爱尔兰、荷兰、挪威、瑞典、瑞士和英国在大多数指标中均获得了很高的评价，表明它们对网络虚假信息的抵御能力较强。除了加拿大、爱尔兰和英国，这些国家大多数被归类为民主法团模式。在这些国家，政府和公共资金对媒体给予充分的支持，个体对媒体信任度相对较高，用户分化程度和社会极化程度相对较低，由此被归纳为媒体支持和具有更多共识（media-supportive and more consensual）的一组。

第二组则主要包括希腊、意大利、葡萄牙和西班牙，均属于极化多元模式国家。它们的特点是处于民主化的后期，社会呈现出高水平的两极分化格局和民粹主义传播模式，政党发挥着强大作用，国家干预的色彩较为浓厚。这些国家的新闻媒体以评论为导向，往往带有党派色彩，新闻职业化程度较低。用户对媒体的信任程度不高，呈现出高比例的社交媒体使用率。研究者将它们描述为极化（polarized）的一组，认为其与哈林、曼奇尼描述的极化多元模式国家呈现出相似的特征。

美国被归为单独的一类。美国具有强大的广告市场、薄弱的公共服务媒体体系以及相对分散的新闻用户。此外，美国的政治环境和媒体环境正变得日益极化，媒体的报道越来越具有党派倾向，呈现出高水平的民粹主义传播环境，大众对媒体的信任度也日益下降。

资料来源：HUMPRECHT E，ESSER F，VAN AELST P. Resilience to online disinformation：a framework for cross-national comparative research [J]. The international journal of press/politics，2020，25（3）：493－516.

第三节　新闻消费与性别

性别不仅仅是我们通常所说的生理性别，也指基于女性气质、男性气质或者非二元气质的性别角色划分，即社会性别。这一概念被用来描述在特定社会中形成的男性或女性的群体特征、角色、活动及责任。

性别差异一直影响着新闻消费。在1995年出版的《人际影响》中，卡茨和拉扎斯菲尔德选取女性样本探讨媒介与个人影响的“二级传播”，证明美国妇女是一群极具商业利益的消费者，也是广告“说服”的头号目标。广告商视妇女为家庭主妇和消费者，模糊了妇女真正的利益所在。研究性别差异对新闻消费的影响，更多是延续性别差异对新闻生产的影响，由男性确定的新闻选择标准往往会将那些与女性有关的问题和话题推到新闻的边缘，从而表明女性感兴趣的东西不如男性感兴趣的东西重要，导致女性对新闻消费尤其是政治新闻消费的回避。

一、社会性别化与信息偏好

受众被性别化并不是指受众构成的性别比，而是指有意识地按特定的女性或男性经验赋予受众（受众群）某种差别意味的程度。这种性别化是被社会建构的，那么，社会性别差异是否构成了某种信息偏好?

有关研究发现，不同性别儿童的新闻消费差异几乎为零，而随着年龄的增大，对新闻的兴趣产生了性别的分层。在长大成人的过程中，受到社会规范和角色的建构，男孩和女孩的新闻消费出现了各自的偏好。女孩的媒体品味通常与关系、美丽、时尚和流行音乐等相关联，例如女性杂志、肥皂剧和真人秀；男孩的口味被认为倾向于摇滚乐、体育和游戏。[①] 皮尤研究中心对743名美国青少年进行的调查显示，性别规范塑造了女孩和男孩的兴趣、行为和文化期望，无论这些规范现在受到多大的质疑和挑战，它们依旧客观存在。研究关于女孩和男孩对媒体“自然”的选择偏好预存假设，不仅影响了媒体的制作，也影响了对男孩和女孩媒体生活的研究。[②]

欧美国家的情况似乎大同小异。比如，荷兰的男孩和女孩对新闻内容的偏好有所不同：男孩倾向于关注技术和逻辑方面的新闻，而女孩倾向于关注人际关系和情绪方面的新闻。美国对17岁未成年人的父母所做的调查发现，父母称他们的儿子比女儿更容易为新闻中与战争有关的暴力所吸引。英国的一项调查发现，15岁的男孩对聚焦战争和技术的新闻表现出更大的兴趣，而女孩对名人和社会八卦表现出更大的兴趣。这些证据表明，性别上的信息偏好可归因于性别社会化过程。

---

① KELLER J，BLUE M，KEARNEY M C，et al. Mapping new methodological approaches to girls' media studies：reflections from the field [J]. Journal of children & media，2015，9 (4)：528－535.

② BAXTER K. Boys in children's literature and popular culture：masculinity，abjection，and the fictional child [J]. Lion & the unicorn，2008，32 (2)：225－228.

然而，在以色列展开的新闻消费与社会化性别研究呈现了不一样的结论：以色列 8 岁至 11 岁的女孩和该年龄段的男孩一样对新闻感兴趣，说明以色列儿童的新闻消费远远没有被视为以男性为主，男女两性都使用所有媒体平台获取新闻，都对各种各样的硬新闻话题感兴趣，如战争、恐怖、巴勒斯坦人和阿拉伯人、事故和灾难、环境问题等。① 在以色列这样一个特殊的社会环境下，新闻消费不再被视为男性的领域，而是涉及整个社会领域。

从历史过程来看，以色列的情况只能被视为特例。从 18、19 世纪一直到 20 世纪，人们都在热烈地争论性别带来的差异。在过去的一个世纪里，那些与公共领域相关的，报道议题为男性感兴趣的，以（男性）权力持有者作为新闻来源的，以冷静的视角或有距离描述现实的，被视为职业化精英的新闻，都被认为与男性气质紧密相连。而那些与私领域相关的，以读者、观众、听众需求和兴趣为导向的，以女性作为新闻来源的，寻求拉近人们之间或现象之间关系的，反映同情心、个人情感的新闻，则被认为是女性化的新闻。正如男性公领域和女性私领域之间的关系是不对称的一样，新闻逻辑也假定权力与地位的不同，反映男性气质的新闻通常被赋予了更大的象征性价值。

生产与消费往往是紧密联系的，而随着研究的推进，从生产的逻辑推演到消费的逻辑，将新闻消费与性别议题联系起来，发现由男性确定的新闻选择标准往往会将那些与女性有关的问题和话题推到新闻的边缘，从而表明女性感兴趣的东西不如男性感兴趣的东西重要。最常见的就是将性别差异与新闻的软硬分类联系起来，即硬新闻就是严肃的，软新闻就是娱乐的，硬新闻的性别是男，软新闻的性别是女。这不仅固化了男性与女性之间的权力支配关系，也加剧了新闻生产与消费的模式化倾向，加速了新闻的平庸化。

二、性别平等对新闻消费的影响

性别平等指标体系起源于 1995 年联合国开发计划署（UNDP）颁布的性别发展指数和性别赋权指数。随后，联合国教科文组织提出性别平等指数（gender parity index，GPI），用以衡量男女受教育的相对机会。此外还有全球性别差距指数（GGGI）、社会制度和性别指数、性别不公指数（gender inequality index，GII）等衡量性别平等的指标。

为了便于测量，欧洲性别平等研究中心（the European Institute for Gender Equality，EIGE）从政治、经济、卫生和教育四个维度测量性别平

① LEMISH D，PICK-ALONY R. Inhabiting two worlds：the role of news in the lives of Jewish and Arab children and youth in Israel [J]. International communication gazette，2014，76（2）：128－151.

等。欧盟在此基础上建构了更为复杂的性别平等指数，用于欧盟政策框架相关的一系列领域（包括知识、金钱、时间、权力、健康、工作六个核心领域，以及暴力和交叉不平等两个外围领域）衡量性别差距，提供性别差距信息而非两性个体的具体状况，以测量跨越时空的性别平等（见图 6-2）。

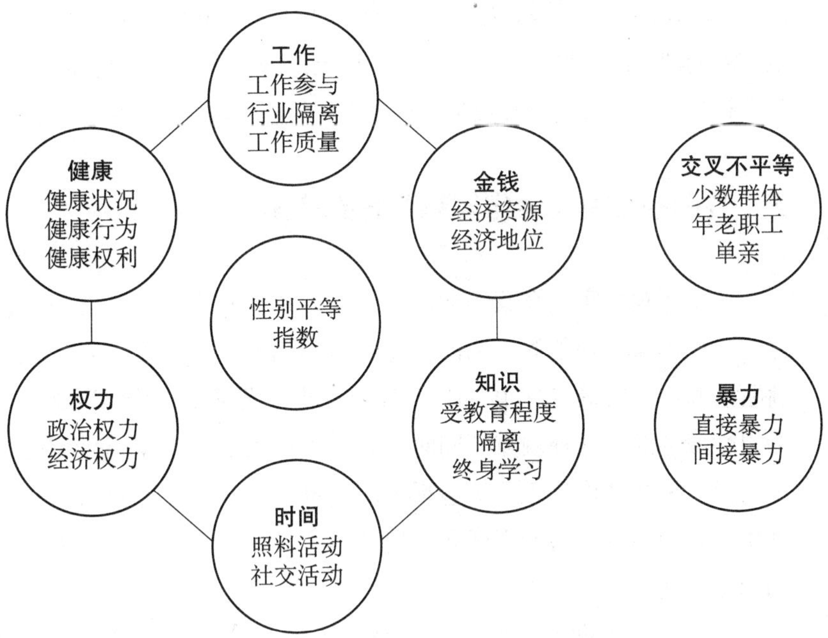

图 6-2 欧盟性别平等指数的维度和指标

资料来源：European institute for gender equality-EIGE in Brief [EB/OL]. [2023-10-10]. http: //eige. europa. eu/rdc/eige-publications/european-institute-gender-equality-brief.

从社会性别化到政治、经济、卫生和教育等维度，性别平等指数让新闻消费的性别差异研究注重多因素分析。基于皮尤研究中心的新闻消费调查数据，瑞典学者从 3 600 人中选择一部分进行采访调查，结果显示女性比男性平均花费在新闻消费上的时间更少，尤其是女性对政治新闻的关注程度明显低于男性。在新闻消费类型上，性别差异尤其明显：更大比例的男性密切关注体育、环境和科技方面的新闻，而更大比例的女性密切关注宗教、当地社区、娱乐、名人、艺术和文化、天气、教育和健康方面的新闻。如何解释这种差异？相应的研究运用性别平等指数对之加以考察。

一项关于 63 个国家新闻消费差异的研究发现，除了位于南欧地中海地区的马耳他共和国，其他国家的女性阅读新闻的频率都低于男性，白俄罗斯阅读新闻的女性数量甚至比男性少 23%；相对而言，南欧国家的性别差距较大，北欧国家的性别差距较小。进一步控制年龄、婚姻状况、居住地的类型或大小、工作时间、家庭规模、儿童是否住在家中等变量并且进行回归分析，发现新闻消费的差距和性别平等指数之间存在正相关的关系：性别平等指数越高，新闻消费中的性别差距越小。如果将总体性别平等程度从摩洛哥（性别平等水平最低的国家，0.58）提高到瑞典（性别平等水平最高的国家，0.81），常规新闻消费中的性别差距将缩小3%～11%。①

通过研究性别平等指数与新闻消费差异的关系，可以思考隐藏在性别背后的多种影响因素，以及这些因素作用力的大小。虽然不能完全确定性别平等指数与新闻消费的因果关系，但它以一种灵活的方式补充了新闻消费与性别差异的分析角度，让我们拓宽视野，从政治、经济和教育等更多元的视角思考差异。

三、性别的角色社会化与新闻消费差异

一个客观事实摆在我们面前：不同性别的新闻消费者存在不同的信息偏好，不同国家性别平等指数的差异影响着新闻消费。有关调查显示，英国工薪阶层和中产阶级女性很少或从未接触过传统新闻，她们通常认同“新闻是为男性服务的”这种观点，同时受制于塑造人们日常媒体消费习惯的结构性不平等。这些结构性不平等包括家庭内部的劳动分工，这种分工通常是基于性别的，即照顾家庭的责任和情感负担主要落在女性身上，并可能干扰对新闻的正常使用。②

从女权主义的视角来看，政治生活的结构、概念和话语本身是历史上公共（男性）领域和私人（女性）领域观念的产物。通过正式和不成文的规则，主流政治往往不仅排斥女性本身，而且排斥与她们更相关的关切和她们更容易获得的交流形式。根据社会化理论，性别角色和新闻消费习惯往往源于家庭，并在学校、同辈和媒体中得到强化和模仿。因此，新闻业就像政治一样，长期以来一直由男性主导，盖伊·塔奇曼（Gaye Tuchman）称之为女性的“象征性毁灭”。当女性出现在新闻中时，她们仍然经常被描绘成比男性地位低的人，即使不是以明显的性别歧视的方式。③ 由于新闻实践和新闻价值的定义是在男性主导的机构中发展起来的，隐含着男性色彩，这使得新闻报道中的性别不平等很难解决。

此外，新闻规范要求对商业、政治和体育领域的权威圈子进行大量报道，这些圈子在大多数国家仍然由男性主导。这种情况既反映也强化了可能阻碍女

---

① BENESCH C. An empirical analysis of the gender gap in news consumption [J]. Journal of media economics，2012，25 (3)：147-167.

② TOFF B，PALMER R A. Explaining the gender gap in news avoidance：“news-is-for-men” perceptions and the burdens of caretaking [J]. Journalism studies，2019，20 (11)：1563-1579.

③ CHENG S-J A. TUCHMAN G. Women and media：a critical introduction [J]. International sociology，2007，22 (2)：260-262.

性参政的社会化模式。当女性在政治中的代表性不足时，政治新闻报道的女性更少，这反过来可能向女性发出信号——政治不是真正为了她们或与她们相关的。与此同时，如果女性觉得她们没有什么政治权力和影响力，她们可能会觉得通过消费新闻来了解政治不会给她们带来什么政治利益，也不太可能去寻找新闻。

新闻消费中性别差异的另一种解释是，女性在结构中处于不利地位，这使得新闻消费成本更高。从历史上看，相比男性，女性获得资源的机会更少，即使在发达国家，这种资源差距也可能持续存在。在这些国家，女性上大学和工作的人数等于或超过男性，但她们接受教育的质量及她们的工作地位仍然和男性不平等。由此形成一种可能的问题：如果女性在政治问题上的受教育程度较低，解读和关注政治新闻的“认知成本”就可能会较高。

时间是一种对政治参与特别重要的资源，也可能影响新闻消费。在许多家庭中，育儿责任大部分落在女性身上，无报酬家务劳动也是如此，包括社会科学家所说的“照顾”和“情感劳动”，即在家里和工作中照顾他人的身体、促进情感和社会福祉的工作。这导致时间和情感劳动方面的性别不平等，把这种不平等视为理所当然，将继续固化性别不平等。女性媒体消费在很大程度上受制于家务劳动，她们在什么时候消费、如何消费以及消费什么，必须符合要求严格的家庭日程和考虑对他人的责任。可以说，在角色社会化和结构性不平等的作用下，女性的新闻消费受到影响，这是一个应该在比较新闻学中得到持续关注的问题。

四、新闻消费与女性化叙事

“女性化叙事”指呈现人情趣味、情绪表达和煽情诉求的新闻叙事。这种叙事可以唤起女性化的情感，但是这类新闻的受众又不只是女性。“女性化叙事”和小报化的发展是类似的，诉诸受众的情感，娱乐的功能要胜过信息的功能，尤其在市场和技术的驱动下，情感的重要性超过事实和理性，新闻叙述进入一个“泛女性化”的时代。

女性化叙事与“小报化”具有一致性。所谓“小报化”就是政治、经济等硬新闻减少，娱乐、情感、闲聊等软新闻增加，注重受众的需要，以至是否能够根据受众需要来报道新闻成为评估新闻工作者的标准。根据英国、美国和德国的相关数据分析，可以发现三个国家的“小报化”问题：

其一，新闻的娱乐化、情感化表达使新闻准确性有所下降，大家都致力于找寻耸人听闻的故事线索。

其二，以牺牲硬新闻为代价来增加软新闻，英国、美国和德国的新闻均呈现出软新闻越来越多、硬新闻越来越少的趋势，英国记者比德国记者更倾向于支持把娱乐作为合法的新闻媒体功能，认为“提供娱乐”比“发展公众的知识和文化兴趣”更重要。在对严肃新闻的报道中，三国媒体更多地将报道重点放在人物细节上，表现出受到软化和女性化叙事的影响。

其三，报纸中软新闻增多的趋势在对比中得到了呈现，而这种女性化叙事也影响到严肃新闻，影响了民主政治生活。吊诡的是，所谓“女性化叙事”主要是由主导新闻业的男性发明的，女性的情感需要被刻板化，同时又泛化为人的本能需要，从而制造新闻消费口味，最终满足新闻业主导者的需要。

案例分析

以两篇关于女性体育名人的新闻报道文本为例，比较分析其中的性别叙事特点。结合更多的课外阅读，对于新闻报道的性别叙事展开批判性反思。

新闻中的性别叙事比较

为了满足基于本能需要的新闻消费，新闻叙事呈现了女性化的倾向。新闻中的“女性化叙事”让众多记者偏向用一套感性化的、容易打动受众的叙述方式来进行新闻报道。受众在这种情感技术的激发之下做出女性化的情绪反应，也不论他们是男性还是女性。这种叙事超越了生理性别的限制，更多是内容激发下的情绪感染。

当“女性化叙事”发展到极端的时候，媒体上会出现一种过分女性化甚至色情化的现象。媒体中包含大量的性化内容，即媒体对女性进行一种特殊描述，这种描述主要集中在性外表、身体美和对他人的性吸引力上。这种表现形式被称为“色情化呈现”，而这种呈现伴随着性客体化。在性客体化过程中，个体被视为身体，为了他人的使用和快乐而存在。

从历史的角度理解这一现象，自 20 世纪 70 年代以来，媒体上常常出现将女性色情化的情况。到 20 世纪 90 年代末，媒体中的色情化被视为性别歧视的一部分，色情化的刻画会导致对女性的性别歧视和贬低态度，受众接触这些性别歧视的刻画规训了女性和男性对女性身体的看法。

放大镜

性客体化的两种研究路径

目前，性客体化有两种不同的研究路径。第一种路径是以女性对身体的体验作为对象，建构评估客体化身体意识的量表。其中，女性身体被构造成男性欲望的对象，女性的存在是为了接受男性“他者”的凝视。这包含三个方面：持续的自我监视；以他人的眼光看待自己，确保女性遵守文化身体标准，避免负面评价；女性与身体的关系变成了外部旁观者和客体的关系。性客体化最常见的表现是通过大众媒体展现女性身体，通过聚焦于女性的身体或身体部位，忽视女性的个性，将女性视为被观赏的客体。

第二种路径是以客体化理论为框架，在性客体化的文化中理解身为女性的后果。从理论上讲，被他人以性客体化的方式看待的一个重要后果是，随着时间的推移，个人可能会内化观察者对自己的看法，这种效应被称为“自我客体化”。在这一理论中，媒体被赋予一个突出的角色，迅速扩散女性身体的性别化形象。通过自我客观化的测量可以看到，随着时间的推移，重复暴露于物化的文化体验将逐渐导致女性发展出一种自我视角，即所谓的客体化身体意识，通过她们的外在特征（即她们的外表）而非通过她们的内在特征（即她们的感受）来理解和欣赏自己。

作为色情化最典型的代表，《太阳报》第三版的女郎身体视觉化地呈现了新闻女性化与色情化之间的逻辑联系。色情化可以被视为女性化逻辑的必然发展，而视觉化是联结这二者的中介，因为视觉影像似乎比文字更易令人接近且不受理性思考支配。而对美国主流媒体的研究发现，在黄金时段电视节目中，45.5%的年轻成年女性角色和50%的真人秀节目女演员中存在女性色情化现象，51.8%的新闻和杂志存在女性性客体化现象。①

更为重要的是，接触性客体化的媒体内容会影响人们对自己和身体的看法：有可能降低受众对自己身体和外表的满意度；被客体化的女性的属性超越了她们的能力，延伸到她们的一般人格；导致女性倾向于从局外人的角度看待自己，导致一种对象化的身体意识，它涉及一种根据外在可感知的特质（即我如何出现）而不是内在特质（即我能做什么）来感知和描述自己身体的倾向。客体化的身体意识特征是不断监控自己的外表（身体监视），身体羞耻，以及相信只要付出足够的努力，一个人可以控制自己的外表以符合社会的审美标准。② 与此同时，接触色情化内容的男性会产生更多的性别歧视，说明性客体化与性别歧视行为有一定的联系。而对于女性来说，容易产生自我客体化，对身体健康和心理健康产生消极影响。

扩展阅读

1. 麦奎尔．受众分析［M］. 刘燕南，李颖，杨振荣，译．北京：中国人民大

---

① WARD L M. Media and sexualization：state of empirical research，1995－2015［J］. Journal of sex research，2016，53（4/5）：560－577.

② SAEWYC E M. Research on adolescent sexual orientation：development，health disparities，stigma，and resilience［J］. Journal of research on adolescence（Wiley-Blackwell），2011，21（1）：256－272.

学出版社，2006.

2. 洛厄里，德弗勒．大众传播效果研究的里程碑：第 3 版［M］. 刘海龙，等译．北京：中国人民大学出版社，2009.

3. 艾伦．新闻业：批判的议题［M］. 纪莉，石义彬，译．武汉：武汉大学出版社，2011.

4. 福克斯．社交媒体批判导言［M］. 赵文丹，译．北京：中国传媒大学出版社，2018.

5. 莫利，布伦斯顿．《全国新闻》：电视与受众研究［M］. 李鹏，译．北京：中国人民大学出版社，2022.

6. CURRAN J，IYENGAR S，LUND A B，et al. Media system，public knowledge and democracy：a comparative study［J］. European journal of communication，2009，24（1）：5－26.

7. ANDERSON C W. Between creative and quantified audiences：web metrics and changing patterns of newswork in local US newsrooms［J］. Journalism，2011，12（5）：550－566.

8. HARCUP T，O'NEILL D. What is news? News values revisited（again）［J］. Journalism studies，2017，18（12）：1470－1488.

9. FLETCHER R，NIELSEN R K. Are people incidentally exposed to news on social media? A comparative analysis［J］. New media & society，2018，20（7）：2450－2468.

10. HUMPRECHT E，ESSER F，VAN AELST P. Resilience to online disinformation：a framework for cross-national comparative research［J］. The international journal of press/politics，2020，25（3）：493－516.

思考题

1. 拉斯韦尔的宣传观、坎特里尔的“火星人入侵地球”广播剧的效果研究、拉扎斯菲尔德的广播节目效果研究、霍夫兰的说服研究等，都站在生产者的角度将受众视为俘获和控制的对象，但反而证明了受众主体性的存在。你认同这个观点吗？

2. 选择若干新闻媒体网站，展开信息偏好调研。

3. 综合“涵化”（cultivation）、“议程设置”（agenda-setting）、“框架”（framing）、“知沟”（knowledge gap）、“引爆”（priming）、“第三者效果”（third-person effect）等理论，给新闻消费者画像。

第七章
媒介体系

媒介体系（media system）[1] 由社会和政治体系、产业发展体系、媒介管理体系构成。体系差异在何种意义上造成了新闻的差异？政治平行性在媒介体系中表现出怎样的普遍性和特殊性？这两个问题是比较新闻学的重要问题，也是我们在本章要探讨的问题。

第一节　比较媒介体系概述

本节重点考察媒介体系的理论源流，同时以《报刊的四种理论》和《比较媒介体制》为切入点，呈现媒介体系比较研究的发展，特别是网络时代媒介体系比较模型的延伸和改造。

一、媒介体系研究及其社会理论背景

从宏观层面看，媒介体系往往指代在一个特定的社会和政治体系（如国家）内所有组织起来或者是在运作的大众媒体。在中观层面上，媒介体系可以被看作一个产业（如报业、广播电视业、电影等），考察其内部的组织和运作。在微观层面上，媒介体系可以被视为特定的媒体渠道，探究它作为一个体系是如何运作的。二战以后的冷战时期，国家作为划分媒体边界最重要的单位出现，于是，对于媒介体系的比较研究就发生了宏观化的转向，即从宏观层面考察一个国家或社会内部所有的媒体。

更重要的原因是，社会分化理论和系统论为从宏观层面进行媒介体系比较分析提供了理论支撑。19 世纪末，迪尔凯姆在《社会分工论》中提出社会分化理论，认为随着社会规模越来越大、社会生活越来越复杂，社会整合的方式经历了从机械团结到有机团结的转变。在传统社会里，社会成员由同质

---

① “media system”可翻译为媒介体系或媒介体制。由于二者指向不同的理论渊源，本章对《报刊的四种理论》将以“体系”指代，而对《比较媒介体制》则以“体制”指代。

化的思想、道德或者宗教等因素连接，通过相互之间的相似性而整合在一起，即机械团结。现代社会催生了社会分化，不同社会团体和机构需承担不同的、互补的角色和功能，从而形成了一种相互依赖性，即有机团结。在从传统到现代、从机械团结到有机团结的转变中，社会分化为政治、经济、宗教等承担不同功能的领域。

在分化理论的基础上，帕森斯进一步发展出系统理论。他在《社会系统》一书中指出，所有社会系统要稳定存续、发展下去，必须实现四种功能：（1）适应（adaption），即获得足够资源；（2）目标实现（goal-attainment），即确定和实施目标；（3）整合（integration），即在社会系统的各个子单元之间保持团结或协调；（4）模式维持（latency），即创造、保持和传播该社会系统的独特文化和价值观。在现代社会，这四种功能由四个不同的子系统来实现。适应由经济系统完成，目标实现由政治系统实现，整合由法庭、政党以及其他社会控制机构实现，模式维持由教育、宗教以及媒体实现。也就是说，传播媒介系统通过传递文化价值观，整合其他子系统，从而实现整个社会的模式维持。

二、报刊的四种体系比较

在上述的社会理论背景下，研究媒介的学者开始考察下列问题：传播媒介作为一个子系统，在不同社会里承担何种不同的功能？它是否独立于其他子系统运作？它自身运转的逻辑如何？1956 年出版的《报刊的四种理论》对这些问题做出了具有浓厚的功能主义色彩的解释，其核心论点是：

> 报刊总是带有它所属社会和政治结构的形式和色彩，特别是报刊反映一种调节个人与社会关系的社会控制的方式……我们想要全面地了解各种报刊体系之间的差异，必须考察报刊活动于其中的社会制度。[①]

也就是说，报刊/媒介体系不仅作为整体社会制度的一部分并反映其特点，也整合个人和社会的关系，从而实现该社会系统的稳定和发展。该理论假设各个不同国家或社会的报刊有不同特点，为不同目的服务。研究者把当时的政治和媒介体系分成四种类型：专制/威权/集权主义、自由至上主义（libertarianism）、社会责任论（social responsibility）和苏联共产主义（Soviet communism）。

---

① SIEBERT F，PETERSON T，SCHRAMM W. Four theories of the press：the authoritarian，libertarian，social responsibility，and Soviet communist concepts of what the press should be and do [M]. University of Illinois Press，1956.

（一）四种报刊/媒介体系介绍

从历史维度看，虽然专制/威权/集权主义的报刊体系发源于16、17世纪的西欧，但在现当代，该体系主导多个国家的报刊体系，包括法西斯统治下的报刊体系。从思想维度看，专制/威权/集权主义的报刊思想可以追溯到柏拉图、马基雅维利、霍布斯和黑格尔，其认为个人自由并非免受国家控制的自由，而必须在国家框架中实现。因此，在专制/威权/集权主义的报刊下，君主和“国家”的精英控制着社会中人们所接受的所有信息。新闻界的工作应该服从于国家利益和目的。国家有权力控制一个人是否可以享有私人或公共所有权来分享信息。国家给予少数人特别许可，让他们从事信息共享。在专制/威权/集权主义下，政府控制媒体并不一定通过控制媒体的所有权来实施，也通过专利、许可、言论审查等方式来实施。

在17世纪末期，随着政治民主制度、宗教自由及启蒙运动的发展，自由至上主义的报刊理论和实践兴起。受弥尔顿（John Milton）、洛克（John Locke）、密尔等关于理性主义及自然权利思想的影响，自由至上主义的思想主要发端并盛行于英国和美国，主张人作为理性动物，可以辨析事实、追求真理。报刊的主要功能是通过提供信息或观点，去帮助大众寻求真理。为确保政府不干涉个人自由，报刊不仅不能被政府控制，且需要作为“第四等级/权力”（the fourth estate/power）去监督后者的行为。在该体系下，任何有经济能力的人都可以出版报刊，而不需要得到政府的许可，报刊及其他媒介主要由私营机构掌握。通过观点的自由市场和司法机构，来保证报刊出版内容的真实性。

19世纪后期至20世纪初期，虽然媒介技术的发展带来了新闻传播事业的繁荣，但是它同时也带来了报刊、广电、通讯社等媒体权力集中的弊病。在媒体寡头的垄断下，信息和观念的自由市场被侵蚀，报刊的主要功能受到了影响。社会责任论的报刊思想随之发展，对自由至上主义的报刊体系进行了修正。

社会责任论的报刊思想被认为发端于20世纪40年代的哈钦斯委员会。与自由至上主义的报刊体系一致，社会责任论的报刊体系也以私有制为主；但后者认为，报刊等媒体在享有媒介市场的权力的同时，也必须服务于大众的信息和讨论的需求，保证各种观点都在新闻中得到公平的呈现，使大众能够对社会中的关键问题做出明智的决定。如果私有报刊无法承担该功能，则政府或公共机构需介入，甚至可以直接或间接地控制媒介，以实现服务大众的目标。

苏联共产主义的报刊体系基于马克思主义哲学，但又呈现特定历史阶段报刊思想与实践的僵化，《报刊的四种理论》的作者局限于特定历史时期的文献，以“冷战他者”的方式定义共产主义报刊体系。比如：政府通过经济和政治手段控制新闻信息，以此创造代表人民的新闻界；报刊必须作为“鼓动者、宣传者、组织者”，启蒙民众，从而实现国家发展目标；报刊也都是国有的，且只有那些忠诚于苏维埃政党的从业人员才能在媒体工作；试图通过所有权形式保证媒体免受经济压力，报道真正符合国家、社会和大众利益的新闻。显然，这样的描述忽略了社会主义报刊体系的历史性、多样性和变革性。

（二）影响与批评

总的来说，四种报刊体系的划分方式自诞生之日起就在新闻传播领域形成了巨大的影响力。通过提供一个简洁的理论框架对当时世界上的主要媒介体系进行划分，成为比较媒介体系研究的奠基之作，也成为当时比较新闻传播领域最常使用的理论框架之一。在当代，哪怕该框架受到诸多挑战，它仍为许多学者所援引。由于该报刊体系划分框架结合了规范性讨论和实证材料，并且涵盖了当时几乎所有的国家和地区，因此在很长时间内并未出现替代性的比较框架。①

虽然四种报刊体系对比较新闻研究影响深远，但随着冷战结束及依附理论的兴起，该理论框架受到越来越多的批判。

首先，该报刊体系划分框架混淆了哲学、政治和媒介三个不同层次的理论和实践。② 聚焦于自由至上主义的报刊体系时，西伯特在哲学层面讨论了从弥尔顿到密尔等思想家对自由至上主义哲学的阐释，并在政治理论和实践的方面讨论了基本的言论自由和新闻自由如何在人权法案中得到保障和限制；另外，从客观性报道原则来探讨自由主义理论如何在报刊实践中得以发展。但是，前两者（尤其是哲学探讨）远多于对报刊理论和实践的探讨，并且对这三个层次之间的关联未进行阐述。

也就是说，四种报刊体系的提出者受功能主义思想的影响，把哲学、政治、媒介视为同构的一体，认为自由至上主义的政治哲学必然对应着自由至上主义的报刊新闻体系。即使不考虑每种报刊体系内部的复杂性，四种报刊体系也未能阐释这些不同的体系到底是如何发展而来的。

其次，这一报刊体系划分框架带有片面的西方现代性和社会进化论的假

---

① NERONE J. Four theories of the press［M］. Oxford University Press，2018.

② NORDENSTRENG K. “Four theories of the press” reconsidered［M］//CARPENTIER N，PRUUL-MANN-VENGERFELDT P，NORDENSTRENG K，et al. Researching media，democracy and participation：the intellectual work of the 2006 European media and communication doctoral summer school. Tartu University Press，2006：35－45.

设。该框架的提出者首先区分专制/威权/集权主义与自由至上主义的报刊体系，并认为后者处于进化论的更高级阶段。他们进一步认为，社会责任论的报刊体系基于自由至上主义的模式，苏联共产主义体系是从专制/威权/集权主义发展而来。由于后者均处在进化论的前期，所以它们应该是被摒弃的。

施拉姆在讨论苏联共产主义的报刊体系的时候，一方面将它与法西斯统治下的报刊体系的相似处进行类比，另一方面则和美国的自由主义报刊体系进行对比，表现出强烈的价值判断，对苏联共产主义的报刊体系进行贬低。这进一步反映了冷战背景下，西方学者希望通过阐释美式自由主义报刊体系的优点，将新兴独立的国家纳入第一世界的“项圈”。毫无疑问，他们对西方报刊体系缺乏批判性思考，这也成为该框架备受批评的主要原因之一。

再次，报刊的四种体系划分仅仅聚焦于新闻报刊，而对于广播、电视、电影、音乐等其他媒介形式却鲜少涉及。例如，在许多国家，不仅新闻媒体存在巨大的地区差异（如印度各邦之间的区别），其广播电视体系和报刊体系在所有权、政策管制、生产和组织逻辑等方面也都大相径庭（如英国的报业和广电业之间的差异）。同时，由于缺乏实证材料，该框架多从理论层次探讨各国报刊的总体图景，对报刊体系内部的复杂性和动态性没有进行考察。例如，自由至上主义模式并未阐释英国和美国报刊的差异，而将它们视为大同小异的整体。

报刊的四种体系的不足，让许多学者试图在其划分的基础上进行改进和补充，他们主要沿着两个方向推进：

第一，增加该报刊体系未涉及、遗漏的类型。例如，皮卡德（Robert G. Pickard）在此基础上补充了民主社会主义（democratic socialism）模式来避免四种报刊体系对西欧其他国家主导的报刊体系的遗漏。[①] 而麦奎尔（Denis McQuail）则在专制/威权/集权主义的报刊体系外补充了发展（development）模式以考察第三世界国家的媒介体系。[②]

第二，以阿特休尔为代表的一些学者则加入市场、文化等因素，对媒介体系的特点进行更全面的考察；同时，这样的改进框架也不再持进化论观点或从西方中心的角度审视其他媒介体系，而仅仅从比较角度强调各种媒介体系的不同。[③] 但是，这些改进的比较媒介体系类型大多基于规范性的理论，未能指导新闻传播的实证研究和具体实践。

---

① PICARD R G. The press and the decline of democracy: the democratic socialist response in public policy [M]. Greenwood Publishing Group, 1985.

② MCQUAIL D. Media performance: mass communication and the public interest [M]. Sage Publications Ltd., 1992.

③ ALTSCHULL J H. Agents of power: the media and public policy [M]. Prentice Hall, 1995.

你怎么看?

基于对报刊的四种理论的批判性重构，有研究者提出了一种四角四象限(four corners and four quadrants) 模式。你认为这一模式可以超越“报刊的四种理论”吗？它有哪些改进与不足？

《Jiafei Yin 的四角四象限模式》

三、三种媒介体制比较

相比四种报刊体系，哈林和曼奇尼的三种媒介体制比较具有两大特点：

第一，四种报刊体系从现存的哲学、政治分类框架中去归纳普遍框架，以期解释所有现存的媒介体系；而三种媒介体制则从实证分析和有限的典型案例入手，演绎式地推导出不同的媒介体制的理想型。前者是对现实报刊体系的描绘与再现，而后者则是分析媒介体制现实的概念指导工具。

第二，结合新马克思主义等其他系统理论阐释，强调媒介体制内部个人、组织、实践的差异、冲突、竞争、合作等多种关系，并认为媒介体制的特点是在这些复杂关系互动中形成且变化的。

具体来说，哈林和曼奇尼从报业发展状况、政治平行性、媒介专业化及国家角色的四个维度，分析得出主导西欧和北美 18 个民主国家的三种媒介体制，即地中海或极化多元模式（Mediterranean or polarized pluralist model)、北欧/中欧或民主法团模式（North/Central Europe or democratic corporatist model）及北大西洋或自由主义模式（North Atlantic or liberal model）（见表 7－1)。与四种报刊体系仅聚焦于定义各体系的特征不同，哈林和曼奇尼从媒介变量及其与政治体制变量的互动中考察三种不同的媒介体制是如何在漫长的历史过程中发展而来的。

表 7－1　媒介体制的三种类型

媒介体制	地中海或极化多元模式	北欧/中欧或民主法团模式	北大西洋或自由主义模式
国家/地区	法国、希腊、意大利、葡萄牙、西班牙	奥地利、比利时、丹麦、芬兰、德国、荷兰、挪威、瑞典、瑞士	英国、美国、加拿大、爱尔兰
报业发展状况	报纸发行量低；精英政治取向的新闻界	报纸发行量高；大众发行的报业发展早	报业发行量中等；大众发行的商业报业发展早

续表

政治平行性	政治平行性高；外部多元主义、评论导向的新闻业；政治凌驾于广电之上的体制	外部多元主义；历史上政党报刊强大；向中立商业报业转型；高度自治但政治嵌入广电系统	中立的商业报业；信息导向的新闻界；内部多元主义（但英国为外部多元主义）；广电治理的专业模式-正式的自治体制
媒介专业化	专业化程度低；工具化程度高	专业化程度高；制度化自律	专业化程度高，非制度化自律
国家角色	国家干预强；法国与意大利提供报业津贴；数度新闻审查；"野蛮地解除管制"（除法国外）	国家干预强，但也保护新闻自由；提供报业津贴（特别是斯堪的纳维亚地区的国家）；公共服务广电模式强	市场主导（除英国和爱尔兰强大的公共广电模式外）

资料来源：HALLIN D C，MANCINI P. Comparing media systems：three models of media and politics [M]. Cambridge University Press，2004.

(一) 地中海或极化多元模式

极化多元模式多盛行于希腊、意大利等南欧地中海国家，同时也盛行于法国。该模式的特点包括：媒介商业化低、政治平行性高、媒介专业化程度低及国家对媒介的干预强。这些国家从政治、经济背景来看，民主化进程一般都比较晚日非常曲折，自由贸易市场也较不发达。这导致其大众报刊的发行量非常低，且报纸读者多为精英；报刊很大程度上需要依赖于国家或其他政治、经济势力的资助补贴以维持生存。经济依赖也不可避免会带来其专业化程度低、工具化程度高的状况。

与此同时，这些国家民主化进程的冲突和曲折也导致其政治局面呈现极化多元的形式。在 20 世纪，政治上呈现出自由派和保守派互相对抗的局面，社会共识度非常低。于是，无论是报纸还是广播电视都难以从政治中独立出来，从而专业化程度低。在政治对抗的局面下，各个政党和社会组织都会利用报纸来表达自己的政治主张和利益，因此报纸的工具化程度高。政治平行性也随之增高，如这些国家报纸的政治评论和倡导性报道数量多。同时，媒介人员和政府人员之间的界限也不明显，组织上的关联度也很高。这些国家的民主类型偏向共识型与多数派（majoritarian），广电管制多由政府和议会的大多数主导。

最后，这些国家民主化和市场化的进程较缓慢，导致国家非常强大，也带来了国家对媒介的强大干预。政府通过税收、津贴等方式去控制和资助报纸；反之，报纸的拥有者也希望利用其媒介影响力去影响政策、攫取利益。另外，曲折的民主化进程也导致这些国家的庇护主义非常强、法理型权威（rational-legal authority）一直未能建立，从而加深了媒介专业化程度低、政治平行性高的特点。总之，通过将媒介特征变量放入南欧地中海国家及法国等国的政治情境变量中考察，哈林和曼奇尼指出它们在长达几个世纪的互动过程中形成了极化多元模式的政治和媒介体制。

（二）北欧/中欧或民主法团模式

北欧及中欧地区主要的媒介体制为民主法团模式。该模式的特点包括：商业报刊和政党报刊均十分发达，政治平行性高，国家干预强，专业化程度高。这展现了三组看似矛盾的特征：商业性媒介与和政治/公民团体相关的媒介共存，政治平行性与媒介专业化共存，对新闻自由的保障和国家对媒介的强大干预也共存。这样的矛盾无法使用报刊的四种理论的同一性逻辑进行解释，那究竟为什么会产生这样的局面呢？

首先，从政治、经济背景看，这些国家的封建主义力量都比较弱，商业比较发达，资本主义萌芽发展比较早，自由民主的政治制度也很早建立，这使其大众化商业报刊发行量非常大，新闻自由在很大程度上得到保证。但是，它们在新教改革及民族国家建立过程中屡次发生冲突，使社会呈现出一种碎片化的多元主义，国家被割裂为不同的政治社区和文化社区。这些子社区设立自己的传播渠道，形成了各种各样的政党和社会团体报刊。以上多种因素造成了商业大众报刊和政党/公民报刊共存的矛盾局面。

其次，国家内部代表各子社区的群众政党和社会团体在政治生活中一直处于中心地位，从而带来了上述第二个矛盾的局面。一方面，这些团体可以帮助建立一些独立于国家之外的新闻事业组织机构，使其报刊专业化程度比较高。另一方面，由于群众政党和社会团体报刊是从属于子社区的，代表其利益，因此它们的政治平行性也非常高。其中一个显著表现就是关于政策决策过程的讨论比较多。另外，由于群众政党和社会团体的强大，国家在它们的协商决策中形成了一种温和多元主义（moderate pluralism），这样的政治文化又带来了媒体对公共利益的认识及公益服务的理念，也就促进了媒介专业化的发展。

在广播电视领域，由于这些国家采取共识型的政治制度，各政党及社会团体按比例参与广电的管制，因此也带来政治平行性和媒介专业化共存的局面。随着这些国家较早的民主化、市场化进程的发展，一个强大的官僚制度及法理型权威也稳步发展。各种法律制度（特别是联邦的法院保护）让公共电视广播体制相对自主，让新闻媒体不太被工具化。

最后，在国家干预方面，同样是由于这些群众政党和社会团体在政治中的中心地位，一方面它们可以限制国家的干涉以保证新闻自由，另一方面又会和国家合作给报业以津贴等资助来帮助后者发展。所以，这样的状况造成了国家保障新闻自由的同时也对媒介进行干预扶持。在上述各种政治和媒体因素的互相作用下，造就了北欧/中欧地区民主法团模式的政治和媒介体制。

（三）北大西洋或自由主义模式

自由主义的媒介体制模式最典型的代表是美国，也包含英国、加拿大和爱尔兰。总体来说，这些国家的商业媒体发达、政治平行性低、专业化程度高、国家对媒介的干预度最低。从历史上看，议会制度在这些国家发展较早且很成熟，导致其新闻自由度相较于其他地区是最高的；同时，资本主义的发展也让大众商业报刊的发行量非常大，并摆脱了对国家津贴等的依赖，使报业成为盈利的产业。

这些国家由于封建势力都不强大，所以温和多元主义盛行。虽然它们的状况略有差别，但总体上国家内部意识形态的冲突并不剧烈，各主要政党都对自由主义的政治文化有基本的共识。这和大众商业报刊结合，使新闻媒体得以遵循专业规范并进行中立性报道。同时，政治自由主义制度的成熟也让个体公民无须倚赖现有的组织和社会团体，可以直接向政府问责，即呈现出一种个人多元主义。媒体主要为个体公民提供信息，让他们在参与政治时做出明智的决定。

同时，这些国家也采取一种多数派的选举体制。虽然多数派体制下新闻和广播电视可能会彻底被当权的多数派政党控制，但另外一种可能性是促使其走向专业化。这些国家大多走上了后一条道路，原因是法理型权威的建立让多数派政党无法控制媒体。一个强大的公务员队伍和自治的司法体制的建立，有利于保证市场的顺利运行。因此，新闻媒体被政治力量工具化的程度低，广播电视的发展与治理也免受来自私人关系的影响。

但是，自由主义模式内部国家间的差异较大，比如英国比美国的政治平行性更高。由于英国新闻媒体面向的是全国性的媒介市场，它们会根据政治观点来划分立场以及吸引读者，这带来了较高的政治平行性。而在北美，报业市场是地方性的，媒体需要出版发行多样的综合性报纸去吸引当地的读者，这就导致媒体的内部多元性较高，也即政治平行性较低。

最后需指出，从 20 世纪 70 年代开始，西欧和北美各国的新闻实践发生转型，这三种媒介体制模式之间的差异已经越来越小了。在技术、经济、政党和全球文化的影响下，各国新闻媒体似乎都在朝着自由主义模式发展。但各国间政治体制的差异仍然存在，且各国内部新闻传播实践也呈现更复杂多元的局面。因此，比较媒介体制在当代必须考虑到趋同和差异的双重趋势如何塑造各国媒介体制。

（四）对三种媒介体制的批评和修正

三种媒介体制提出后，在新闻传播学界引起了巨大反响，对其批评反思与发展效仿的声音共存。首先，批评者指出其实证材料无法与类型一一对应。例如，不仅同处于自由主义模式下的英美媒介体制差异巨大，将法国放入极化多元模式也难以自洽。① 三种媒介体制类型作为理想型，的确无法和现实媒介实践一一对应。不过，我们应当将其视为思考的起点，探察各国媒介实践和其他因素如何相互作用而发展出不同的媒介体制类型。

其次，该框架考虑的因素过少，尤其对文化、国际影响等因素的忽略备受诟病。虽然加入这些因素的确可以丰富媒介体制类型的内涵、更好地解释各国实践独特的现实轨迹，但也要考虑到无限加入新的变量去分析媒介体制，某种程度上会失去理论的简洁性，使比较媒介体制变得困难。今后在重构媒介体制时，如何在理论和实践上达到平衡应是研究者特别关注的一个问题。

最后，由于选取的案例均以国家为单位，该框架也被批评为“方法论上的民族主义”（methodological nationalism）。在现今全球化及技术融合的趋势下，不应仅以民族国家作为边界去研究媒介体制类型，而应考虑文化地理接近的国家和地区之间相互影响而形成的媒介体制。② 自 20 世纪 70 年代以来，西欧及北美各国都越来越趋向于自由主义的媒介体制，似乎也表明比较媒介体制研究需要超越国家-民族主义框架，从其他层次进行分析。但是，从法律、政策治理及市场来看，国家仍然是考察媒介最重要的组织单位，其定义了媒介体制应该如何运作。因此，跨国框架仍然暗含了以国家为基本分析单位的方法论视野。

此外，由于哈林和曼奇尼坚持三种媒介体制仅根植于西方经验，否认其具有普适性，其他国家和地区的学者在对该媒介体制划分框架进行批判性吸收后，从两方面将其调整、补充、改进为更适应其他情境的媒介体制划分框架。

首先，比较三种媒介体制和其他媒介体制的异同，从而发展出新的媒介

---

① DE ALBUQUERQUE A. On models and margins：comparative media models viewed from a Brazilian perspective［M］//HALLIN D，MANCINI P. Comparing media systems beyond the Western world. Cambridge：Cambridge University Press，2012：72－95.

② HARDY J. Comparing media systems［M］//ESSER F，HANITZSCH T. The handbook of comparative communication research. Routledge，2013：207－228.

体制类型。例如，中国的媒介体制受市场和国家的双重压力，因此可被视为一种新的类型，即“市场威权主义”（market authoritarian）模式。[①] 再如，印度由于其各邦间的媒介及其他环境因素差异巨大，发展出三种不同的媒介体制，即党派模式、间接党派模式及网络体系模式。[②]

其次，根据各国和各地区的情境，对媒介体制变量进行改进。其中，由于政治平行性概念根植于西方多党制，其在非西方语境尤其须进行调整。例如，拉美的政党组织一直就非常分散而且存续的时间短，政治意识形态的特点也不很明确，显然政治平行性无法适用于这样的语境，而应该用“媒介和政治之间的关系”这个更宽泛的概念来考察二者关系。[③] 除此以外，媒介专业化、媒介市场的改造也应适应当地语境。

四、网络时代的媒介体制比较

互联网的崛起打破了地理的限制，也对以国家为基本单位的媒介体制比较研究构成巨大挑战。互联网给民族国家的市场、政治、新闻业带来的变革也对定义媒介体制最重要的四个变量产生巨大影响。在技术牵引下，现有的媒介体制比较研究指向三种新的路径。

第一种研究路径试图将以前的模式直接运用到网络语境下。例如，美国（自由主义模式）、法国（极化多元模式）、丹麦（民主法团模式）这三个代表不同媒介体制的国家的在线新闻媒体是否也符合现有类型特征？还是它们都朝着某种媒介体制融合同化？[④] 通过对这三个国家各三家全国性报纸的在线版本和线下版本的头版新闻进行比较内容分析，研究者发现美国和法国的在线新闻媒体呈现出朝自由主义模式和极化多元模式两个方向发展的双重特征，但法国较美国仍保留了更多极化多元模式的特征。同时，丹麦无论是在线媒体还是线下媒体都呈现出更多自由主义模式的特征，如越来越多的商业化内容和新闻及较少的评论。总之，在转向在线新闻的时期，各国媒介体制图景更加复杂，同化和差异化的趋势并存。

---

① ZHAO Y Z. Understanding China's media system in a world historical context [M] //HALLIN D，MANCINI P. Comparing media systems beyond the Western world. Cambridge：Cambridge University Press，2012：143 - 176.

② CHAKRAVARTTY P，ROY S. Media pluralism redux：towards new frameworks of comparative media studies “beyond the West” [J]. Political communication，2013，30 (3)：349 - 370. 网络体系模式指媒体与各种政治和商业人士或组织形成不固定的联盟。

③ DE ALBUQUERQUE A. On models and margins：comparative media models viewed from a Brazilian perspective [M] //HALLIN D，MANCINI P. Comparing media systems beyond the Western world. Cambridge：Cambridge University Press，2012：72 - 95.

④ BENSON R，BLACH-ΦRSTEN M，POWERS M，et al. Media systems online and off：comparing the form of news in the United States，Denmark，and France [J]. Journal of communication，2012，62 (1)：21 - 38.

需要指出的是，以上研究仅从新闻文本来考察媒介体制变量，而缺乏对新闻的实践、制度及其政治、经济、文化环境等方面的综合分析。因此，对其研究结果应批判性地接受。同时，由于在线和线下的区别在当代日益模糊，今后的研究应考虑如何在混合媒介环境下比较互联网时代的媒介体制。

第二种研究路径同样基于三种媒介体制的研究成果，它试图将媒介体制四个不同方面的变量转化为以互联网为中心的变量指标。① 具体来说，以互联网为中心的模式对其进行如下改进：

(1) 在市场变量下的发行量、媒体内容类型、读者、占有率等方面，加入网络媒体的指标。

(2) 在媒介专业化方面，加入非典型工作人员（如在新闻编辑室外工作的工作人员）及新闻从业者在数字素养方面的培训。

(3) 在国家对媒介干预方面，加入国家在数字基建方面的投入及推行针对数字行动者和内容的政策。

(4) 由于网络给非精英参与生产新闻内容提供了渠道，因此加入草根参与，进一步综合考察媒介体制。

(5) 政治平行性在网络时代仍然保持不变。

这些改进虽然将网络指标纳入了对媒介体制的考察，但总体上还是未偏离三种媒介体制所设定的概念框架。这尤其体现在政治平行性方面，该框架并未对其做出任何改进与补充。但是，无论是媒体还是政党政治格局都在网络时代都发生了巨大改变。例如，互联网内容生产商、网络服务提供商、社交媒体平台等多个新型行动者进入媒体领域，它们和政党政治如何互动，给政治平行性带来何种变革，是该研究路径应思考的问题。

第三种研究路径与现有的比较媒介体制框架分离，以网络的架构为维度提出了新的比较媒介体制变量，即数字传播体制。② 具体来说，该体制从数字基建、市场和国家角色这三个方面考察数字传播中设备和数字接入网络、骨干网（backbone network）、应用程序和内容四方面的状况(见表 7-2)。此研究框架显然对以报刊和广播电视为主导的现有媒介体制进行了重大修改，体现了一个以网络为中心的数字传播背景下的媒介体制比较研究。但相比以往的媒介体制，该框架将政治平行性和媒介专业化都排除在外，偏离了以新闻媒体为中心的分析。

---

① MATTONI A，CECCOBELLI D. Comparing hybrid media systems in the digital age：a theoretical framework for analysis [J]. European journal of communication，2018，33 (5)：540-557.

② FLENSBURG S，LAI S S. Comparing digital communication systems：an empirical framework for analysing the political economy of digital infrastructures [J]. Nordicom review，2020，41 (2)：127-145.

表 7-2 网络时代比较媒介体制框架

	数字基建	市场	国家角色
设备和数字接入网络	数字传播中的设备和数字接入网络现状	谁拥有和控制设备和数字接入网络	国家如何管控设备和数字接入网络
骨干网	数字传播中的骨干网现状	谁拥有和控制骨干网	国家如何管控骨干网
应用程序	数字传播中的应用程序现状	谁拥有和控制应用程序	国家如何管控应用程序
内容	数字传播中的内容类型	谁拥有和控制数字传播内容	国家如何管控数字传播内容

资料来源：FLENSBURG S，LAI S S. Comparing digital communication systems：an empirical framework for analysing the political economy of digital infrastructures [J]. Nordicom review，2020，41 (2)：127-145.

总体来说，以上三种研究网络时代比较媒介体制的不同路径各有利弊。但是，正如在四种报刊体系出现后三种媒介体制提出前的过渡期内提出的诸多模型，它们大多停留在理论层面，尚缺乏实证数据对各种体制进行历史和制度层面的综合分析。这样的状况让理论原创者亦喜亦忧。喜的是西方媒介体制的差异性、变化性与复杂性得到进一步证明；忧的是一些研究者将三种媒介体制模式固化，假设它们涵盖西方媒介体制之间的所有差异模式。喜与忧之间显露的是扩展理论解释力的学术野心。

第二节 政治平行性：媒体与政治的关系比较

政治平行性概念作为比较媒介体制的四个分析变量之一，是贯穿始终的焦点，几乎所有做媒介体制比较研究的学者都无法绕开这一概念工具。它被用以衡量媒体与政党或社会团体联系的性质和程度，或者反映社会中主要政治分歧的程度，也可以用来反思媒体的政治倾向性的程度。那么，政治平行性对解释不同地方的媒体与政治的关系是有效的吗？如何提升媒体与政治的关系比较的有效性？

一、政治平行性及其测量

作为比较媒介体制的标准，政治平行性构成要件分为五个方面：

（1）不同媒体在新闻报道或娱乐信息中体现不同政治取向的程度。

（2）媒介与政党或其他类型机构的各种组织化联系，包含工会、商业协会、宗教组织、族裔社团等进入政治过程的社会团体。

(3) 媒介人员积极参与政治生活的倾向，媒介体制中追求新闻工作者职业路径以及媒介其他人员被政治面貌塑造的倾向，如为政见与自己相似的媒体机构工作、所在媒体机构想要平衡不同政治倾向等。

(4) 媒介受众的党派性，即具有不同政党或政治倾向的支持者购买不同的报纸，或收看不同的电视频道。

(5) 新闻事业的角色取向和实践的混合与分野，如新闻实务与写作风格（新闻信息与评论/分析)、新闻劳工（记者与评论员）等。[①]

但这一概念仍然停留在理论层面，很少有人尝试去实际衡量媒体党派平行的程度，特别是跨国和跨时间的比较。同样，缺乏经验数据来系统地追踪不同国家和不同时期媒体与经济体系的差异程度。

从跨体制的政治平行性测量来看，表达普遍意识形态和政治态度的报纸可能仍然类似于旧的政党报纸。但是，政党报纸不一定由各自的政党直接控制，可能由与政党有联系的协会拥有。例如，由某个政党的支持者组成的读者群体。[②] 政党不再拥有报纸，也不能直接控制新闻媒体，但它们确实与某些报纸保持某种联系。[③] 这些联系可能基于共同的政治观点和目标，以及同一精英圈子的成员资格。报纸与不同的意识形态、政治和文化观点保持一致，人们可以在新闻内容的选择和处理中发现文化、意识形态和政治上的偏见。

政治平行性的发展既根植于市场分割（与此相对应的概念还有“商业平行性”)，也根植于所有者和记者的政治参与，这两者通常是重叠的。记者也可能因为他们明确的政治信条而成为主角。在政治平行性扩散的国家，新闻媒体不是作为公民信息来源的自上而下的中介，而是作为知识和信息水平相同或相似的不同精英之间的中介。

根据帕特森（Thomas E. Patterson）和东斯巴赫（Wolfgang Donsbach）对美国、英国、瑞典、德国和意大利记者的测量，欧洲记者把媒体定位在广泛的范围内，而美国记者把它们都放在中间，介于共和党和民主党之间。[④]

---

① 哈林，曼奇尼．比较媒介体制：媒介与政治的三种模式［M]．陈娟，展江，等译．北京：中国人民大学出版社，2012：28－29.

② HESMONDHALGH D，CURRAN J. Media and society［M]．6th ed. London：Bloomsbury Academic，2019：180.

③ VOLTMER K. Structures of diversity of press and broadcasting systems：the institutional context of public communication in Western democracies［R]．Berlin：Wissenschaftszentrum Berlin für Sozialforschung，2000.

④ PATTERSON T E，DONSBACH W. Press-party parallelism：a cross-national comparison［C]．Washington，DC：The Annual Meeting of the International Communication Association，1993.

北美政治平行性的下降是政治文化变化和媒介市场变化共同作用的结果。19世纪末美国报纸市场的集中产生了经济诱因，促使报纸避免鲜明的党派认同，因此在自由主义体系中，政党之间的意识形态差异比其他体系小。

放大镜

媒体政治平行性的测量和类型划分

在比较视角下，媒体政治平行性（MPP）量化测量方法还可以进一步细化为七个测量参数：（1）媒体部门的政治饱和度，即是否重视党派政治新闻报道与评论，以及赋予的版面篇幅、报道比例和曝光度。（2）政党立场与媒体倾向的一致性程度，高一致性的新闻侧重提供政治偏见而非平衡报道。（3）不同媒体在政治立场上的独立性，涉及报道的客观性和多样性。（4）媒体逻辑与政治逻辑的接近程度。媒介市场追求利润和受众关注度，而政治市场讲究权力和影响力的驱动，但当政党或政客利用媒体推动政治目标的实现或谋取政治利益时，二者就可能发生重叠，产生相互作用。（5）媒体细分市场的两极分化程度，即不同党派或政治团体在立场表态、报道内容、选题偏好和语言使用等方面的偏向程度。（6）媒体细分市场相对于"理论发育零点"（theoretical zero）的偏移程度，"零点"意味着遵循"零"偏见的规范（政治中立性、客观性等）和标准（事实和评论分离、为冲突的双方发声等）。（7）内容多样性的条件和传统。"条件"涉及政治势力对媒体的控制程度、媒体所有权结构、法律和制度保障等方面的因素，而"传统"涉及政治势力和媒体之间的历史关系、政治文化和价值观等方面的因素。

此外，政治平行性还可以归纳为三种类型：（1）在（亲）政党媒体中的"开放式平行性"（open parallelism），指国家内部媒体和政治势力之间相对独立的关系。例如挪威的媒体享有较高的自由度和多样性，可以报道和批评政治势力，而后者也无法对媒体进行过多的干涉，这促进了社会的公共参与和政治讨论。（2）"天生的平行性"（inborn parallelism），指媒体和政治势力之间天生的关联，具体指由于某些历史、文化或结构性因素而形成的新闻报道惯例、议程设置和问题框架。例如法国的媒体和政治势力的关系相对紧密、互相影响，前者影响后者的决策和政策，后者影响前者的内容和立场。（3）由于媒体的不当行为而形成的"隐藏的平行性"（hidden parallelism），指媒体和政治势力之间的关系表面上看起来独立，但在实际操作中存在某些隐蔽的联系和互动，土耳其的媒体就是一个典型。总之，无论是涉及媒介的组织机构、内容风格还是媒介的从业人员、受众，都离不开政治的弧圈。

参考文献：BODRUNOVA S S. Media-political parallelism as an indicator in studying mediacracy [C]. International Symposium on Language and Communication，2012：941－956.

对媒体政治平行性概念的讨论可以追溯到政党-媒体平行性（party-press

parallelism)[1]，其内涵是：一份报纸如果在组织、对政党目标的忠诚以及读者的党派倾向等方面与某一政党紧密联系在一起，那么就是平行的。当报纸和政党之间存在这种联系时，新闻系统可以被定义为平行的政党系统。

政党-媒体平行性分为三种类型的联系。(1) 组织和所有权：当报纸直接归政党所有时，报纸与政党平行。其他的联系也是可能的，比如党对报纸的直接或间接的经济补贴、不同形式的控制等。直接所有权是报纸和政党之间最常见和传统的组织联系形式。(2) 目标：报纸的目标与政党的目标重叠。这一维度本质上影响新闻内容，新闻内容的选择和包装都是为了支持政党立场、决策和行动。报纸通常是政党的重要组织工具，包括政党的组织事件的新闻，并向内部成员传达如何行事、采取何种决定、支持何种立场等方面的指示。(3) 成员和支持者：政党报纸的读者主要是政党的支持者。如果整个政治体系是沿着与媒体体系存在的平行性构建的，就被称为政党-媒介制度平行性。

不同类型和层次的政党-媒体平行性取决于一定的政治和文化条件。有关研究显示，意大利报纸（主要是政党报纸）针对某个非常特定的人口群体而进行新闻生产[2]，而阅读“政党自己的报纸”成为斯堪的纳维亚地区印刷新闻传播最广泛的习惯[3]。20 世纪初期至 60 年代，荷兰盛行“支柱化”（verzuiling/pillarized）体制，社会由不同的支柱及亚共同体构成，如新教、天主教、社会党和自由党。划分标准基于政治和宗教，每个支柱控制着社会的不同机构（如学校、俱乐部、报纸、文化团体、电视、体育组织等）。大多数荷兰公民生活在这些支柱中，社会植根于多样化的宗教和意识形态这一类的次级组织运作。这也体现出民主法团模式国家的“碎片化多元主义”特征，子社区有自己的社会化传播渠道。[4]

在 20 世纪 80 年代前后，“去支柱化”（de-pillarization）趋势开始兴起，荷兰成为社会普遍世俗化进程的一个重要例子。“后冷战”时代以来，大多数西方民主国家的政治体系结构发生了巨大的变化，政党对报纸的直接控制为报纸参与政治生活的另一种方式所取代，有了去政党色彩的意味。世俗化进程推动了大众媒体的行动，政党平行性转向政治平行性。

政治平行性在政治领域和社会变化的普遍联系中重建理论解释，其基本

---

① SEYMOUR-URE C. The political impact of mass media [M]. London: Constable, 1974.

② MARLETTI C. Mass media ed elezioni, Bologna, Il Mulino [J]. Italian political science review/Rivista Italiana di scienza politica, 2002, 32 (1): 175-177.

③ WEIBULL L. Newspaper readership in Sweden [J]. Newspaper research journal, 1983, 4 (4): 53-64.

④ 哈林，曼奇尼．比较媒介体制：媒介与政治的三种模式 [M]．陈娟，展江，等译．北京：中国人民大学出版社，2012：151-152.

内涵包括关联性（关系性）与对应性。同时，政治平行性的议题也面临一个问题，即如何理解媒体多元主义或多样性。在现代民主国家中，政府行为者、大众传媒与公民形成了相互依赖的三角关系：媒体为公民提供政府决策与政治信息，政府借助媒体得以监控社会环境、与公民沟通，从而形成个人意见与社会动员。不同信息来源的媒体系统提供的“选择性信息”是民主体制得以实现的制度性先决条件之一[1]，但目前这种信息的价值还较为脆弱，难以保障开明的社会理解。

放大镜

如何理解媒体多元主义？

一般说来，对媒体多元主义或多样性进行概念化考察包含三个层面：宏观层面，即整个媒介系统；中观层面，即新闻和广播的子系统及其下属部分；微观层面，即媒介个体。根据哈林和曼奇尼的研究，可以做进一步界定。

（1）内部多元主义（internal pluralism）。

在单一媒体机构内部实现的多元主义，指涉两个方面：一是低度政治平行性，媒介组织既避免与政治团体的体制性联系，也试图在内容中保持中立与“平衡”；二是中度政治平行性，单一组织在结构和内容形式上代表多种政治力量（政治分歧被反映在媒介组织的机构和内容中）。内部多元主义或多元化是新闻媒体相对较新的模式，对经济限制和专业标准（如客观性和新闻价值）的广泛接受加强了内部多元化的趋势。但是这种对信息的处理方式也会带来问题：存在相互矛盾观点的平衡报道可能会导致政治冷漠、信息失焦和价值迷失。

（2）外部多元主义（external pluralism）。

具有高度政治平行性，反映社会不同群体和倾向的媒体机构和组织。这种高政治平行性的外部多元主义并非通向平衡的目标，媒体的党派偏见很容易引发一种“幽灵”，即更多的信息可能并不意味着更好的信息，而仅仅是把公民集中在一个特定的政治或经济的意识形态阵营中，并提供有偏见的信息。竞争性信息的缺乏，可能导致多样性启发的丧失。

政治平行性是否意味着新闻专业主义的失落？吊诡的是，在 20 世纪的中欧与北欧，高政治平行性与高新闻专业主义得以并行。与此同时，新闻业专业化的缓慢进程开始启动，专业自主权开始出现。从 20 世纪 60 年代中期开始，人们见证了以宣传或评论为导向的新闻业的衰落和以事实为中心的话语的兴起。

① DAHL R A. Democracy and its critics [M]. New Haven: Yale University Press, 1989: 241.

可见，政治平行性并非铁板一块，在主要脉络之下还生长着繁杂的枝叶。以社会主义时期的波兰为例，其政治平行程度没有单一的答案，与同期中欧其他社会主义国家相比，新闻界的格局也不那么统一。除了政党宣传外，波兰读者还能找到专业的报道和文章，以及有趣的甚至耸人听闻的新闻。波兰新闻界表现出政治模式下的专业文化，新闻事业被作为“政治性专业”①，媒体被要求塑造政策与解决社会问题。媒体被政治化，这是政治文化和传统作用的结果。

自 1989 年改革开始以来，波兰媒体发生了明显的转变：(1) 公有媒体一直由政治行为者直接主导，呈现高度的政治平行性。(2) 私人媒体与政党没有任何正式联系。它们以独立的方式创作内容，尽管或多或少持有政治同情或反感。(3) 外国公司的媒体首先是试图保持中立的小报，因为这对商业更有利。因此，就政治平行程度而言，波兰是一个混合体系：在某些方面类似于高度极化的多元模式，在其他方面又呈现出自由主义模式的非政治化，而主导波兰印刷媒体的外国所有权以一种明显的方式加速了其向自由主义模式的演变。

案例分析

以《纽约时报》在 2016 年美国大选期间关于希拉里·克林顿 (Hillary Clinton) 的社论及其网民评论为例，分析媒介议程与受众议程之间的互动关系，讨论新闻生产与消费在政治平行性方面的表现及其原因。

媒体与受众的互动关系

二、超越政治平行性：相似与变异

哈林和曼奇尼在 2004 年之前的研究对象仅限于 18 个欧洲及北美国家，政治平行性在非西方世界媒体系统的适用性问题上受到质疑。以区域、种族、阶级、文化、语言等要素对政治平行性进行解构与重构，使得我们重新思考那些可能被忽略的重要变量。在此，我们以三个案例来论说超越西方的“政治平行性”这一议题。

(一) 南非

南非媒体国家模式显然存在一定程度的政治平行性，但与西方的政治平

① CURRY J L. Poland's journalists: professionalization and politics [M]. Cambridge: Cambridge University Press, 1990: 201-204.

行性不完全契合。“极化多元”一词与南非模式相去甚远，自由主义或民主法团模式也同样不适用于南非的情况。尽管种族对南非历史的影响可能是独一无二的，但许多其他新兴民主国家（以及一些成熟的民主国家）也同样面临着严重的社会分裂，包括种族、阶级、移民、贫困、文化和语言等问题。①

从现有的研究来看，我们很难确定南非媒体和政治矩阵的政治平行程度。与法国或希腊不同的是，南非没有政党政治媒体，但在一个以总统为首的政党主导的政治环境中，执政党依然主导着媒体的报道。南非在新闻报道中没有法国风格的评论偏见，报纸、广播电台或电视频道也没有围绕政党政治问题开展活动。然而，人们有理由认为，公共广播公司确实是政党政治化的，其工作受到执政党主流精英的严重影响。② 由于执政党在南非的主导地位存在一系列弊病（如政治体系架构中缺乏问责制），权力自然而然地膨胀了。媒体和政治人员之间也有很强的联系，但即使这样，也很难说年轻记者进入这个行业是为了服务政党，它暗示了一种更复杂的传媒业态和互动模式。

（二）尼日利亚

非洲学者提出的“区域平行性”（regional parallelism）概念植根于特定国家的历史、经济、地理和政治现实，与区域和族群发生联系。这意味着，受到新闻实践中的区域、族群、政治和宗教等因素的影响，报纸在报道中反映所在地区和民族的观点。值得注意的是，区域平行性可以与政治庇护主义联系起来。我们可以这样理解庇护主义：与个人忠诚和其他社会文化联系相比，个人联系和对程序的尊重不那么重要。区域平行性表现为以下特征：（1）由位置决定；（2）由精英支持；（3）由政治和商业利益推动；（4）因媒体所有权的经济不平衡而变得明显；（5）为表征社会的复杂性所包围；（6）不是绝对的。③

在现有的媒体研究中，“庇护主义”概念并没有得到系统性的发展，但它超越了自由主义观点和批判性政治经济观点之间的二分法：前者认为媒体民主化纯粹是消除国家干预的问题，后者侧重于揭露私人资本对媒体的控制。但迄今为止的研究成果在分析资本与国家、政党和其他机构的关系及其变化方面还不太成熟。政治制度和经济制度并非分开发展的，研究者需要开发能

---

① HADLAND A. Africanizing three models of media and politics：the South African experience [M] // HALLIN D，MANCINI P. Comparing media systems beyond the Western world. Cambridge：Cambridge University Press，2012：96－118.

② IAN G，DUNCAN J. Turning points in South African television policy and practice since 1990 [M] // MOYO D，CHUMA W. Media policy in a changing South Africa. Pretoria：Unisa Press，2010：39－72.

③ YUSHA'U M J. Regional parallelism and corruption scandals in Nigeria：intranational approaches to African media systems [M]. Springer International Publishing，2018：225.

够跨越这种二分法的分析工具。

“庇护主义”是政治研究中的一种范式，也普遍存在于许多国家的政治实践中。意大利称为“clientelismo”，希腊称为“rousfeti”，西班牙语国家称为“casiquismo”或“caudillismo”，巴西称为“coronelismo”。怎么理解呢？它指的是一种社会组织模式，在这种模式下，社会资源的获取由赞助人控制，并交付给客户，以换取尊重和各种支持。其中形成的庇护关系是一种角色交换，可以被界定为一种涉及双边的工具性友谊关系的特殊存在，其中具有较高社会经济地位的个人（庇护者）使用自己的影响力和资源向社会经济地位较低的被庇护者提供保护和利益，被庇护者向庇护者提供一般性的支持和帮助（包括个人服务、尊重、服从或忠诚，或者一种直接具有政治性质的服务如投票等）作为回报。①

这种模式更接近于政党-媒体平行性，但庇护关系不一定是双边的、单方向的，也包括一种多边互惠的网络，其中可以涉及多个交叉的交换关系。媒体在其中更接近于扮演中间方或经纪人的角色，从而形成“庇护者-经纪人-被庇护者”的三边结构。经纪人在庇护者与被庇护者的间接交换中作为桥梁，虽然无法控制交换的内容，但可以影响交换的方式和结果。在更多的情况下，经纪人本身也加入庇护关系结构而成为其中的一方，作为上一级的被庇护者和下一级的庇护者。

庇护主义反映了外部利益对新闻业的工具化，也损害了媒体的专业自主权。常见的情况是，媒体与广告商之间存在明显的庇护关系。更重要的是，政治力量和经济力量在保持匿名的同时，通过为媒体设定议程，干涉了编辑的独立性和自主权。因此，缺乏内部新闻自由或编辑自主权反映出媒体系统尚未完全脱离现有的政治体系。在这个社会，价值观和规范围绕直接的政治目标或经济目标（和权力游戏），“公共利益”概念变得松散，真正的公共领域被挤压和边缘化。正是在这样的背景下，互联网的发展使公众开始尝试通过新的技术和传播形式，利用网络媒体和在线的社会公共网络（或者文化和小众渠道）参与公共生活，一种替代性的公共空间得以形成并维持。

进一步思考，区域平行性似乎对政治平行性具有反哺的潜力，跳脱出政治的窠臼，从一元到多元的发展中建构更具普遍性和想象力的概念。

（三）巴西

政治平行性在向区域性延展和转向的同时，也显现出一定的局限性。来

① SCOTT J C. Patron-client politics and political change in Southeast Asia [J]. American political science review, 1972, 66 (1): 91-113.

自巴西的案例显示，哈林和曼奇尼的分类并不能完整解释巴西媒体系统的特征。在巴西政治-媒介体制下重新审视政治平行性的概念时，与其将它视为一个单一的变量，不如将其视为一种特定类型的媒体-政治关系，是两个变量结合的结果，即政党路线的明确程度与媒体的政治活动参与度。其一，假设存在一个竞争性的政治体系，政治分歧清晰到足以让观察者察觉到它们（即其在媒体上的"反映"）。其二，假设存在一种政治活跃媒体，在这个意义上采取明确的政治立场。由此，该研究从巴西的实践出发，把政治平行性概念"地方化"，将其视为特定环境的产物，而不是普遍适用的范畴，对政治平行性的维度变量进行再细分与再阐述，提出了一个新的、更具适用性的政治传播研究框架。

在这个框架中，政治平行性描述了这样一种情况，即媒体组织系统地拥抱特定的政党路线。按照这种方式定义，政治平行性只反映媒体与政治之间可能存在的四种关系类型中的一种，即地中海或极化多元模式，将政党路线明显的政治体系与政治活跃媒体结合在一起。

然而，还有另外三种可能性。（1）对应于北欧/中欧或民主法团模式的"公共服务"媒体（非政治活跃媒体/明显的政党路线）：政党的路线也很明显，但媒体没有以公共服务道德的名义明确表态。（2）对应于北大西洋或自由主义模式的"客观的"媒体（非政治活跃媒体/不明显的政党路线）：非政治活跃媒体与政党路线不明显的政治体系联系在一起。（3）作为政治代理人的媒体，没有与前述对应的模式，但与巴西媒体系统有紧密的共同联系（政治活跃媒体/不明显的政党路线）：尽管政党路线不明显，但媒体依然发挥了非常积极的政治作用（见表 7－3）。

表 7－3　媒体-政治关系的类型

政党路线 \ 媒体的政治活跃程度	强	弱
明显的	政治平行性 （地中海或极化多元模式）	"公共服务"媒体 （北欧/中欧或民主法团模式）
不明显的	作为政治代理人的媒体 （调节作用）	"客观的"媒体 （北大西洋或自由主义模式）

在这些类型中，前三种可以很容易地与比较媒介体制模式联系起来。而第四种类型，即作为政治代理人的媒体，后者没有对应的模式。在这种情况下，媒体明确参与政治辩论，但不作为政党观点的代表。它们利用自己无所不包的特点，声称以比政党甚至正式政治机构更合法的方式直接代表国家利益。目前还不能确定哪个模式可以包含这种情况，但巴西媒体声称在政治力

量和制度方面发挥的调节作用提供了一个很好的例子。[1]

进一步延展可比较的变量，将政治系统的竞争性程度和媒体与政治之间关系的稳定性程度也纳入比较研究中考虑，可以产生四种基本的组合：(1) 竞争性/稳定性；(2) 竞争性/不稳定性；(3) 非竞争性/稳定性；(4) 非竞争性/不稳定性。[2] 每一种组合中都包含着不同类型的社会和政治传播情况。例如：竞争性/稳定性群体包括西方民主国家和其他社会（如黎巴嫩和卢旺达），在这些国家，暴力是政治竞争的重要组成部分，媒体和政治团体之间有稳定的结盟模式。

显然，这并不意味着所有这些社会都是一样的。我们提炼出框架的目的不是提供一份政治沟通模式（或系统）的清单，而是提供一个通用的参考系统，让研究者能够比较在同一时期的不同社会或者在不同时期的同一社会（如从非竞争性政治体系演变为竞争性政治体系的社会，反之亦然）。鉴于这里提出的类别是抽象的，而不是经验描述的，具体社会的媒体情况不应该完全适合另一个社会，其中混合了不同群体的特征。因此，针对媒介体制的“政治平行性”比较同样是具体的、开放的、区域性的，而不是程式化的套用与演绎。

三、数字媒体的政治平行性

互联网媒体的兴起也在重塑媒介系统：媒介系统变得更加碎片化，市场细分水平更高；新的参与者进入新闻和信息的流通过程，挑战传统媒体的“把关”角色；新的跨国影响力量出现，进一步使传播媒介系统同质化，使它们的国界变得模糊。尽管存在同质化的历史障碍，但专业化、商业化和技术化的共同影响越来越大，导致各个国家和地区越来越多地分享和趋向类似的新闻工作专业规范和媒体的商业导向。

基于互联网的媒体即新媒体如何与媒介系统中现有的变异模式相关联？具体来说，目前表现出三种可能性：(1) 因媒介系统而异，受到其原有专业传统、制度结构和媒介生态的影响，即路径依赖，新媒体将强化同一媒介系统内的主导做法（如助长政治两极分化），增强政治平行性；(2) 新媒体的逻辑植根于技术，将减少国家媒介系统之间的差异；(3) 新媒体可能会为赖以发展的媒介系统所塑造，但是逆主导实践而行，填补特定媒介生态中媒体所

---

① DE ALBUQUERQUE A. Another “Fourth Branch”: press and political culture in Brazil [J]. Journalism, 2005, 6 (4): 486 - 504.

② DE ALBUQUERQUE A. Media/politics connections: beyond political parallelism [J]. Media, culture & society, 2013, 35 (6): 742 - 758.

忽略的利基市场。[①]

其一，基于互联网的媒体将因媒介系统而异，受到现有结构和实践的影响。从现有研究来看，新媒体（特别是网上请愿）可能会加强地中海或极化多元模式国家中的政治平行性。

一个典型的案例是，意大利《共和报》及其最受欢迎的新闻网站从2009年开始收集网上请愿签名，以抗议贝卢斯科尼政府的举措，这一策略很快被右翼报纸效仿。网上请愿已成为社会组织行动者、社会运动、政治机构和竞选组织集体行动的重要组成部分。对互联网政治的研究发现，新媒体成为集体行动的重要工具，从而加强了意大利新闻媒体的政治平行性。数字媒体促进了政党、运动和利益集团组织实践的混合，网络公民参与成为记者和新闻组织的宝贵政治资源，这些记者和新闻组织历史上一直参与政治“战场”，而不是奉行客观和中立的原则。然而，这些努力的民主潜力有限，以至于它们构成了媒体精英自上而下的受众的支持杠杆，而不是公民设定议程和表达意见的基层渠道。这种请愿并不一定反映公民表达的真实意见；相反，可能是一种工具化的表现。

与此相关的典型案例是，将新闻多样性理解为新闻渠道和平台类型的行动者和主题差异，以此观察美国、丹麦和法国的网络新闻媒体和印刷新闻媒体的新闻多样性，发现在线报纸的多样性水平高于纸质报纸。然而，不同国家之间的差异很大，这一发现可以用国家媒介系统的路径依赖效应来解释。与美国相比，法国网络新闻来源的同质化程度较低，原因是法国的集中化市场结构更具竞争性，政治平行性更高，政府补贴旨在扩大辩论和表达的范围。[②]

其二，基于互联网的媒体可能是一种融合的力量，引入植根于技术或全球化经济模式或文化实践的逻辑，将减少国家媒介系统的差异。有关在线新闻选择的研究发现了这样一种模式：不同的地理区域、新闻传统和意识形态立场在新闻选择上仍然存在差距，反而进一步加强了趋同论。[③]

其三，新媒体在不同的媒介系统中发展，但其发展方式取决于现有媒介生态中的利基市场，而非传统模式，两者之间可能不存在连续性。在新媒体

---

① HESMONDHALGH D，CURRAN J. Media and society [M]. 6th ed. London：Bloomsbury Academic，2019：180.

② POWERS M，BENSON R. Is the internet homogenizing or diversifying the news? External pluralism in the U. S.，Danish，and French press [J]. The international journal of press/politics，2014，19（2）：246-265.

③ BOCZKOWSKI P J，MITCHELSTEIN E，WALTER M. Convergence across divergence：understanding the gap in the online news choices of journalists and consumers in Western Europe and Latin America [J]. Communication research，2011，38（3）：376-396.

的情况下，一种不同的平行性还有待研究。传统意义上的政党-媒体平行性和政治平行性都与有组织的、稳定的团体的存在以及明确的辩论传统有关，在这种传统中相互竞争的观点根深蒂固。

此外，新媒体与社交媒体的发展促进了所谓的“虚拟社区”的发展，也进一步促进了外部多元化（有高度政治平行性，反映社会不同群体和倾向的媒体机构和组织）。这些虚拟社区代表了发挥政治平行性的新场合，为现有的社会表达提供了以全新方式表达自己声音的机会。例如，一些社交媒体成为党派的利基市场，福克斯新闻（Fox News）在细分的美国媒介市场中找到了自己的位置。也就是说，人们建立在共享共同利益、信仰、态度和品味的基础上，支持相同的观点和意识形态，采取有利于共同利益的行动。理论上说，“虚拟平行”是非常弱的结构化组织的情况，这些是由技术创新决定的一种新的“聚在一起”的形式，很少有机会进行“真实”的日常交互。这种平行性较少植根于社会，因此不太稳定。

实际上，数字媒体越来越多地使政治行为者能够在各种类型的组织机构中整合和灵活移动，不同的实体（如政党、运动和利益集团等）现在得以共享类似的在线动员，网络新闻因其新的技术可能性而被誉为潜在的政治报道革命。这接近于“后官僚组织”① （post-bureaucracy，强调信任、自主授权、人性化和共享责任等），往往包含激进的平行性，离不开戏剧性的现实环境（如“阿拉伯之春”），并涉及年轻人（即互联网和社交媒体使用最频繁的用户）。在这种情况下，选民更加分化的趋势是与信息技术革命同时发生的，这绝非巧合。互联网的数字架构更容易引起即时的、简化的和情感的反应，而不是深入、分析性的政治评论。

随着互联网和新技术的扩散，政治平行性的新形式可能会有很大不同。政治平行性应该得到网络社区及其发展的全面、成熟和根深蒂固的解释框架。这些新形式的波动性似乎更大，其根源也不太清楚，这可能取决公共领域和政治行动的后果。关于融合和媒介系统变化的讨论越来越多地提出了互联网的影响问题，而这在早期的媒介系统比较研究中并没有考虑到。网络媒体的比较研究文献的研究视角包括：社交媒体平台的设计逻辑，公民记者与网络行动主义，多样性、超链接性、透明性、参与性等问题。②

全球范围内的国家制度、社会文化、媒介技术正在重构，因此，需要进

---

① BIMBER B. Information and American democracy：technology in the evolution of political power [M]. New York：Cambridge University Press，2003：118.

② HUMPRECHT E，ESSER F. Mapping digital journalism：comparing 48 news websites from six countries [J]. Journalism，2016，19 (4)：500-518.

一步对互联网环境下的政治平行性展开混合的、多维的比较研究。媒介系统可被视为一种有待延伸的理想型，研究者可以通过对具体媒体实践的比较分析，捕捉当今地方性新闻业的动态变化。

案例分析

以《华盛顿邮报》和福克斯新闻关于 TikTok 事件的新闻报道及其网民评论为材料，分析政党、媒体与受众之间的关系，讨论并反思互联网时代的“政治平行性”。

互联网时代的“政治平行性”

扩展阅读

1. 尼罗，贝里，布拉曼，等．最后的权利：重议《报刊的四种理论》[M]. 周翔，译．汕头：汕头大学出版社，2008.

2. 哈林，曼奇尼．比较媒介体制：媒介与政治的三种模式 [M]. 陈娟，展江，等译．北京：中国人民大学出版社，2012.

3. 卡伦，朴明珍．去西方化媒介研究 [M]. 卢家银，崔明伍，杜俊伟，等译．北京：清华大学出版社，2011.

4. 克里斯琴斯，格拉瑟，麦奎尔．传媒规范理论 [M]. 黄典林，陈世华，译．北京：中国人民大学出版社，2022.

5. HALLIN D，MANCINI P. Comparing media systems beyond the Western world [M]. Cambridge：Cambridge University Press，2012.

6. HALLIN D C，MANCINI P. Ten years after comparing media systems：what have we learned? [J]. Political communication，2017，34 (2)：155-171.

7. PATTERSON T E，DONSBAGH W. News decisions：journalists as partisan actors [J]. Political communication，1996，13 (4)：455-468.

8. VAN KEMPEN H. Media-party parallelism and its effects：a cross-national comparative study [J]. Political communication，2007，24 (3)：303-320.

9. HUMPRECHT E，ESSER F. Diversity in online news：on the importance of ownership types and media system types [J]. Journalism studies，2018，19 (12)：1825-1847.

10. FLEW T，WAISBORD S. The ongoing significance of national media systems in the context of media globalization [J]. Media，culture & society，2015，37 (4)：620-636.

思考题

1. 从分化理论视角出发，对四种报刊体系和三种媒介体制的理论基础进行比较，指出其异同。

2. 讨论全球化和反全球化（或另类全球化）两种相互交织的力量对媒介体制带来的影响，并指出可进一步延伸的研究方向。

3. 如何理解政治平行性对非西方国家媒体与政治关系的适应性问题?

第八章

全球新闻流与新闻关系

对国际新闻的需求，是促进职业新闻机构诞生的重要社会动力。人们渴望了解外部世界的动态，也渴望让外界听到自己的声音，新闻业发挥了沟通内外、传递信息的功能，成为连接不同国家、不同地区的文化纽带。随着世界一体化的进程加快，各个国家之间的联系与交往日益深化，许多重大事件的起因与影响都早已不再局限于单一民族国家内部，与之相关的新闻信息也溢出国家界限，在全球空间中传播，编织起遍及全球的新闻网络，建构我们对世界的认知与想象。

在这一章，我们面对的问题是，全球新闻流动注定是不平衡的。一方面，受制于政治与经济的权力关系，处于优势地位的发达国家的新闻信息源源不断地涌向其他国家，制造出各类形式的传播权力支配关系；另一方面，国际新闻价值、新世界信息与传播秩序、新闻信息反向流动以及基于对话的新闻互动构成了多样的全球新闻流，拓展了新闻传播权力关系的可能性。

第一节　全球新闻流概述

对全球新闻流的考察主要集中在四个层面，即国际新闻价值、新世界信息与传播秩序、新闻信息反向流动以及基于对话的新闻互动，每一个层面都对应着特定的时代背景。

一、国际新闻价值

全球新闻流的格局和趋势与国际政治的风云变幻息息相关。在两次世界大战期间，各个国家开始重视宣传的力量和意识形态的冲突。1927 年英国创建了公营的 BBC 电视台，1929 年莫斯科广播电台开始对外广播，1942 年美国之音（VOA）开播。各国纷纷争夺传播制高点。第二次世界大战被认为是全球传播格局的分水岭，在二战之前，英国试图通过全球传播网络的布局来施加对世界各国的影响力，而美国则将商业利益作为全球传播的主要诉求。二战之后，美国取代了英国的地位，成为世界大国和资本主义阵营的领导者，开始主导全球传播，并以此提升自身的影响力和维护霸权地位。

（一）全球传播中的不平等权力关系成为全球新闻流的核心问题

全球新闻流研究的一个重要理论基础是伊曼纽尔·沃勒斯坦在20世纪70年代提出的世界体系理论。这一理论指出，世界体系呈现为“中心-半边缘-边缘”的结构特征，拥有资本和权力的中心国家支配着边缘国家的发展，世界上的资源从边缘国家向中心国家移动，这种在不同层次的政治体系之间的不平等交换正是资本主义保持繁荣和世界体系持续扩张的条件。① 同时，半边缘国家介于两者之间，是不可缺少的结构性要素。这类国家既受中心国家控制，又可部分地控制边缘国家。

这一理论对全球经济中的不均衡流动和不平等交换现象的揭示被推及文化传播领域，演绎出五种帝国主义形态：经济的、政治的、军事的、传播的、文化的。五种形态共同作用，维持并强化中心国家对边缘国家的统治。其中，传播帝国主义与文化帝国主义紧密相连，新闻则是二者交换的结合体，国家和文化间的不平等权力关系表现在新闻流之中。

（二）新闻的地理分布是考察国际新闻流向的最直观途径

第一，通过大量系统的国际新闻内容分析，考察不同国家在国际新闻中的能见度。有定量分析发现，一个中心国家在国际新闻中占据的比例约等于2.5个半边缘国家或7个边缘国家。② 对国际新闻的生产而言，1名西欧人死亡的新闻价值相当于3个东欧人、9个拉丁美洲人或12个亚洲人。③ 可以说，国际新闻领域的不平等关系是普遍的、长期存在的。

第二，对于影响记者判断国际新闻价值的因素进行逐一检视，可以发现除了时效性、异常性、接近性、人情味等常规的新闻价值标准之外，当事国家的经济发展水平、人口、地理距离、殖民历史关系以及意识形态接近性等因素也会影响媒体国际新闻的空间分布。对美国国际新闻的历时性分析发现，影响媒体国际新闻价值选择的因素趋于恒定。一方面，这表明美国新闻业存在着共同的职业文化；另一方面，这也意味着美国国际新闻报道的同质化，强化了“从美国的眼睛看世界”的民族中心主义倾向，使新闻工作者偏离更

---

① 沃勒斯坦．现代世界体系［M］．郭方，刘新成，张文刚，译．北京：社会科学文献出版社，2013：422.

② CHANG T-K，LAU T-Y，HAO X M. From the United States with news and more：international flow，television coverage and the world system［J］. International communication gazette，2000，62（6）：505－522.

③ 赫斯．国际新闻与驻外记者［M］．陈沛芹，吴国秀，译．北京：中国时代经济出版社，2010：27.

为独立自主的新闻判断，疏忽和错失向国内受众呈现世界深刻变化和复杂性的机会，这也将间接扭曲美国外交政策决策。① 而国际媒体对地理空间的不均衡呈现也形成了恶性循环，导致国际新闻价值的选择标准日渐趋同。

第三，通过报道的主题与倾向考察国际新闻的不均衡流动。西方主要媒体将工业化国家的文化视为优越的，将它们置于想象等级制度的顶部，而将发展中国家置于底端。例如，西方媒体如果忽视非洲土地上正在发生的、以本土价值观为参照所获得的成就，就边缘化了非洲本土居民所珍视的事物。报道他者的初衷，最终可能变为偏见和成见的展示。

有研究者发现，西方媒体总是过多关注第三世界国家的冲突与混乱②，以致发达国家媒体对发展中国家的报道归结为三个 C（crisis，conflict，criminal，即危机、冲突、犯罪），无视发展中国家的经济发展、区域合作、国际援助、生态保护、教育科学成就等议题，对发展问题的报道也总是聚焦于事件、名人等象征符号，较为缺乏对贫困的不平等根源的探究与揭示。

第四，从结构性帝国主义（structural imperialism）的角度观察新闻互动中的权力关系。挪威学者加尔通将新闻互动中的帝国主义权力关系区分为“垂直的帝国主义”与“封建的帝国主义”两种：前者指的是信息单向地从发达国家流向发展中国家，而发展中国家的利益则被发达国家单向摄取；后者指的是中心国家主宰了与边缘国家的互动，使得边缘国家精英阶层的利益和价值观为中心国家的精英所同化，而边缘国家之间则缺乏相互联系。与此同时，边缘国家在选取新闻时也会优先关注中心国家的动态，不断再生产中心国家的话语霸权。

全球南方的边缘国家长期缺乏独立的国际新闻采编能力，只好依赖中心国家媒介系统的报道，西方主流通讯社成为国际新闻的主要提供者和把关人。而西方媒体的国际报道经过西方主流的文化价值观和新闻价值标准的过滤，未必契合于边缘国家社会发展的信息需要。于是发展中国家的受众接收到大量发达国家的政坛精英和体育明星、娱乐明星的花边新闻，但并不了解那些与他们处于同样情况的发展中国家发生的重大政治事件。信息的闭塞限制了发展中国家制定本国发展议程的能力，使之更难摆脱在世界政治经济体系中的边缘地位。可以持续观察全球交通工具和交流媒介的实际变化，探究边缘国家之间、边缘国家与中心国家之间传播关系的障碍和可能性，新的联结和团结形式的涌现，可能将挑战或重塑帝国主义传播秩序的既有结构。

---

① CHANG T-K，SOUTHWELL B，LEE H-M，et al. A changing world，unchanging perspectives：American newspaper editors and enduring values in foreign news reporting［J］. International communication gazette，2012，74（4）：367－384.

② MCNELLY J T，IZCARAY F. International news exposure and images of nations［J］. Journalism quarterly，1986，63（3）：546－553.

二、新世界信息与传播秩序

全球新闻话语长期被欧美媒体垄断，遮蔽了第三世界国家的真实存在，因此也引发了第三世界国家领导人和知识分子的激烈批评。第三世界国家渴望将这种不满转化为现实的政治行动，改变既有的世界信息与传播秩序，在世界舞台上发出自己的声音。其中，20 世纪 70 年代由联合国教科文组织主导的建立新世界信息与传播秩序运动是一次最具影响的尝试。

联合国教科文组织成立于 1946 年，最初由英国、法国、美国控制，20 世纪 50 年代以来，随着前殖民地国家相继独立，加入联合国大家庭，联合国内部的权力关系发生了转变。1964 年，以不结盟为口号的"77 国集团"诞生，众多第三世界国家联合起来，尝试作为美苏两大阵营之外的独立力量参与国际政治。

在 20 世纪 70 年代，世界权力格局再次发生变化。美国深陷越南战争泥潭，开始从国际事务中逐步收缩。与此同时石油价格全面上涨，以亚非拉国家为主的石油输出国组织（OPEC）的权力地位有所提升。在 1974 年，不结盟国家联合提出应当改变不平等的国际经济关系，推动联合国大会通过《关于建立新的国际经济秩序的宣言》和《建立新的国际经济秩序的行动纲领》，提出各国对其自然资源和一切经济活动拥有充分主权，改革不利于发展中国家的金融制度和贸易条件等。

在一定程度上，围绕新世界信息与传播秩序的争论是国际经济新秩序运动的延伸，众多发展中国家意识到世界信息与传播秩序和经济生产分配秩序同等重要，进而发出改革不平等的世界信息与传播秩序的呼声。不结盟国家通讯社联盟对西方通讯社提出三项指控：没有充分报道发展中国家的情况，提供素材不够充分也缺乏相关性，向世界反映的是错误的、不公正的、有偏见的发展中国家形象。① 国际新闻社（Inter Press Service，IPS）等少数西方另类媒体也对西方主流媒体的新闻议程提出批评，倡导关注全球南方国家社会变迁的新闻。② 从某种角度看，所谓的信息自由流动实质是不平等的单向流动，是文化帝国主义的重要控制形式。

在 1973 年举行的第四届不结盟国家首脑会议上，与会国家提出应当关注大众传播领域，以促进不结盟成员国之间信息的相互交流。1976 年的第五次

---

① MANKEKAR D R. Modern systems of communication：problems and prospects [J]. Media Asia，1978，5（3）：140-144.

② BOYD-BARRETT O. Media imperialism [M]. Sage，2014：161.

不结盟国家首脑会议正式提出建立新世界信息与传播秩序的要求。在不结盟国家的施压之下，1977 年联合国教科文组织成立了国际传播问题研究委员会，着手围绕国际信息不均衡流动现象展开系统调查，由专家麦克布莱德负责主持。1980 年，委员会发布《麦克布莱德报告》，将构建新世界信息与传播秩序的议题展现在世人面前。

调查发现，国际新闻流动存在多个维度的失衡：发达国家多，发展中国家少；政治事件多，社会文化事件少；坏消息多，好消息少；专题时事新闻多，深入日常生活的新闻少。新闻的单向流动有其社会历史根源，建立在殖民关系之上，前殖民国家与其殖民地之间的关系既是编辑做出决定的标准，也是读者兴趣所在。发展中国家之间的关系并未建立起来。单向流动在很大程度上由全球传播结构决定，也与各国内在原因有关，发达国家媒体和受众的兴趣高度地方化，而发展中国家缺少物质资源和专业人才向外界及时发布新闻信息。①

建立新世界信息与传播秩序的倡议号召国家加强对出入境信息流的管控，以捍卫传播政策的民族自决权，这与英美等国长期信奉的自由主义新闻理念和实践产生了激烈冲突。第三世界国家的抗议被英美国家看作对新闻自由流通的侵犯，持自由主义观点的政客和学者认为，信息和来源的多样性是真正民主交流的前提条件，国际传播的首要功能是促进民主、言论自由和市场化，绝不能以消息情报的非殖民化为借口将消息情报置于政府当局管控之下，从而允许当局将自己对现实的描绘强加于人民。1981 年，世界新闻自由委员会发表了《塔罗瓦尔宣言》(Declaration of Talloires)，宣布寻求促进全球信息自由流动的途径，抵制对信息自由流通的侵犯。②

《麦克布莱德报告》认为应该区分两种意图，一种是对新闻自由的有意限制，另一种则是为了实现更普遍的新闻自由而反对“自由流动”的内在缺陷。在不平衡的传播关系中，“自由流动”的概念实际上增加了那些拥有较多交流资源者的优势，掩盖了自由权利与责任的不对称，权利和责任的脱节反而可能阻碍第三世界国家个人和集体的权利和自由的实现。《麦克布莱德报告》还指出“消息情报自由流动的概念决不应该用来作为颠覆活动的许可证”，而一些坚定捍卫新闻自由流动的国家却长期垄断科技情报和金融情报，不肯开放流动渠道以分享科学技术的前沿知识。③ 联合国教科文组织以 100∶1 的压倒性意见（仅有的反对票来自美国）通过决议，要求卫星传播者向外国区域传输信

---

① 多种声音，一个世界［M］. 中国对外翻译出版公司第二编译室，译．北京：中国对外翻译出版公司，1981：199，201－202.

② World Press Freedom Committee. Declaration of Talloires［J］. Journal of communication，1981，31(4)：113－115.

③ 同①197－198.

号需要首先获得国家及规范机构同意，重构自由流动的商业实践和逻辑思维。

联合国教科文组织对第三世界国家的支持遭到美国、英国等发达国家的抵制。美、英两国以联合国教科文组织干预新闻自由、存有针对西方的偏见以及工作效率低下等理由，相继于 1984 年、1985 年退出联合国教科文组织①，致使联合国教科文组织的预算削减了将近 30%，直接导致关于新世界信息与传播秩序的许多构想无法得到经费支持。另外，《麦克布莱德报告》虽然指出了现有国际新闻流中存在的许多问题，但实际上并未提供一整套具有可行性的解决方案。② 因此，报告提出的大部分建议被搁置，仅有一条被采纳，即成立单独的部门负责世界传播事务。联合国教科文组织启动了国际传播发展计划（IPDC），旨在通过关税减让等方式帮助不结盟国家建立或加强国家新闻机构培训和设备供应，但仍然受制于预算的捉襟见肘，并未实质性地改变不平等的全球传播现状。

虽未能从根本上撼动国际新闻传播格局，但新世界信息与传播秩序运动重塑了人们对于国际新闻传播的规范性想象，留下了诸多象征性遗产。第一，挑战了自由主义的媒介理论：指出自由市场会导致垄断；认为空谈抽象的信息权利没有意义，关键是要用物质手段保证信息权利落实；确定了客观与准确的媒介内容标准。第二，新世界信息与传播秩序运动不仅仅以国家为行动单元，而且具有社会组织的参与导向，许多非政府机构开始在国际议题上发挥作用。③

进入 20 世纪 80 年代之后，以里根和撒切尔夫人为代表的新自由主义立场在国际政治中占据主流，联合国及所属机构逐渐在传播改革的潮流中被边缘化，发达国家重新主导了区域性安排。新自由主义倡导私有化思维，拥护媒体所有者的权利，宣扬自由企业和企业家精神，私营公司被赋予了更多权力，促使传播部门出现并购风潮，进而在全球媒介市场飞速扩张，一系列全球媒体巨头接踵而至。在这一背景下，新世界信息与传播秩序运动要求重新分配传播资源、维护文化主权的呼声消减，取而代之的是一种新自由主义治理方式。

三、新闻信息反向流动

跨国企业在商业与政治主导力量的影响下，积极向全球各地区传递西方

---

① 英国于 1997 年重返联合国教科文组织，美国则直到 2003 年才重新加入。

② ROY P. New world information and communication order：an essential remedy towards the “information imbalances” for the Third World Nations [J]. International journal of interdisciplinary and multidisciplinary studies（IJIMS），2014，1（6）：194 - 201.

③ 诺顿斯登．世界信息与传播新秩序的教训 [J]. 徐培喜，译．现代传播（中国传媒大学学报），2013（6）：64 - 68.

生活方式以及资本主义和个人主义价值观，人们难以抗拒地接收其携带的信息的同时，可能在缺乏反思的思想状态中丧失文化自治，使自身的文化传播能力依赖并受制于全球主导媒体。跨国公司在各自政府的支持下，传递西方生活方式以及资本主义和个人主义价值观，破坏了全球南方国家的文化自治，使之在文化传播领域受制于发达国家。传播政治经济学家赫伯特·席勒（Herbert Schiller）将这一现象称之为“跨国企业的文化统治”[①]。

CNN正是在这波浪潮中脱颖而出。在1991年海湾战争中，CNN凭借其对冲突双方的生动报道和先进的转播技术大放异彩，创造了突发新闻现场报道的风格，进而实行7×24小时不间断的滚动播放策略，成为全球新闻业竞争的领导者。同期兴起的BBC世界频道、天空新闻（Sky News）等跨国媒体，都受到CNN的深刻影响，实行不间断的循环报道策略。

CNN国际报道的巨大影响力甚至衍生出政治学和传播学中的一个重要理论概念：CNN效应。CNN效应指的是在全球新闻快速流动的时代，媒体报道直接影响着政府外交政策的制定，信息在国际政治和国际冲突中扮演着日益重要的角色；新闻媒体可以通过报道国际暴行和苦难，形成国内的舆论压力，进而影响和推动政府做出干预的外交决定。

然而，实际情况是，CNN在选择信息来源和架构报道时并非纯然透明的，而是带有明显的美国利益导向和自由主义立场，各个国家和地区的声音只有经过CNN麦克风的放大才能被全球听到。话语的倾斜导致国际新闻中充斥着诸多政治、文化偏见，失语的境地引发了许多非西方国家的警惕与反思，它们相继在全球传播领域投入资源。

在海湾战争报道中，CNN生动的现场报道与阿拉伯国家经过审查的静态版本形成了鲜明对比，这给不少阿拉伯国家的领导人带来强烈的刺激，他们决定打造更强大的媒体来代表阿拉伯地区的声音。[②] 1996年，卡塔尔王室决定成立半岛电视台作为中东地区的新闻提供商。在雄厚资金的支持下，半岛电视台开始搅动既有的全球新闻传播秩序，开创了“半岛电视台时代”。在“9·11”恐怖袭击、阿富汗战争、巴勒斯坦解放运动、美国入侵伊拉克等一系列冲突事件中，半岛电视台表现不俗，出现“半岛电视台效应”，即结合西方意义上的新闻标准和本土化的现实关怀向阿拉伯观众提供全面的新闻报道，并形成了超越国界的影响力，在全球传播领域显示伊斯兰世界的影响力和能见度。

---

① SCHILLER H I. Mass communications and American empire [M]. Westview Press，1992：39.

② FIGENSCHOU T U. Al-Jazeera and the global media landscape：the South is talking back [M]. Routledge，2013：8.

半岛电视台随后于2006年成立了英语频道（Al-Jazeera English，AJE），该频道成为第一个总部设在中东的英语新闻频道。AJE从成立之初便决心与CNN、BBC等西方主流媒体相抗衡，将目标确定为“挑战西方主流新闻流，挑战权力精英，从南方草根的角度报道国际新闻”①。AJE从BBC等西方新闻机构招募了大量记者，一方面学习借鉴西方媒体的报道风格，另一方面提出将基于本土视角的全球南方报道作为自己的竞争优势，在中东、南亚、非洲等区域投入大量报道资源，并更多地用当地雇员来报道新闻。

比较AJE报道与西方媒体的报道可以发现，AJE更具有草根视角，提供替代性的信息来源，给予中立信息来源和非官方信息来源的比重高于政府信息来源，安排了更多的女性记者和本地记者进行报道。AJE对非洲地区的报道并不总是战争与饥荒的故事，同时包括了当地的政治和经济进步。对南亚的报道并不总是关于贫困与人道危机，而是更多关注该地区的文化多样性。②此外，面对第三世界中的死亡和痛苦，与西方媒体的旁观者视角不同，AJE在报道时选择努力缩小观众与当事受害者的情感距离。

半岛电视台立足全球南方的成功实践使之成为其他南方国家的效仿样板，各个国家相继资助成立媒体机构进行跨境传播。这些全球媒介市场中的新成员意识到全球新闻系统的结构性限制，从一开始就瞄准特定的国家受众，其中泛拉丁美洲地区的南方电视台（La Nueva Televisora del Sur，TeleSUR）新闻网络颇具影响力。TeleSUR于2005年7月24日推出，是拉丁美洲的区域性媒体，总部位于委内瑞拉首都加拉加斯，主要由委内瑞拉政府提供资助，股东也包括其他多个拉丁美洲国家。TeleSUR以西班牙语、葡萄牙语、英语和法语进行广播，旨在打造拉美版的半岛电视台，以“来自南方的新闻”为口号，将自身使命定位为“通过我们自己的眼睛看到自己的紧迫问题，并发现我们自己的解决方案”③，希望从拉丁美洲独特的视角提供新闻来促进区域一体化和相互理解，被委内瑞拉前总统查韦斯称为“反对媒体巨头国际新闻网络专政”的手段。

比较而言，TeleSUR与CNN泛美西班牙语频道和哥伦比亚广播公司（CBS）NTN24频道建构的新闻议程截然不同，在报道争议性的拉美新闻时采用了更加广泛的信息来源，并且对左翼运动更加友好。④由于具有抵抗西

---

① FIGENSCHOU T U. Al-Jazeera and the global media landscape：the South is talking back [M]. Routledge，2013：16.

② KUGELMAN M. Covering and reaching South Asia [M] //PHILIP S. Al-Jazeera English：global news in a changing world. New York：Palgrave Macmillan，2012：97－119.

③ SEIB P. The Al-Jazeera effect：how the new global media are reshaping world politics [M]. Potomac Books，Inc.，2008：Ⅹ－Ⅺ.

④ BOYD-BARRETT O. Media imperialism [M]. Sage，2014：168－169.

方霸权的浓厚左翼色彩，TeleSUR 又被称为“Al-Bolivar”，即半岛电视台与拉丁美洲解放英雄玻利瓦尔的结合。

这些非西方国家打造的跨国媒体除了挑战西方媒体的话语霸权，同时还有助于构建跨国的族群文化身份，促进散居世界各地的特定族群的团结。由于国家利益和文化身份的双重影响，CNN 作为全球公共领域的角色颇受局限，相对而言，半岛电视台的新闻报道承担泛阿拉伯公共领域的职责，促进全球穆斯林社区的空前团结，同时也监督着各个阿拉伯国家的政府表现。[①]同时，总部位于香港的凤凰中文频道，自 1996 年诞生起便旨在“拉近全球华人距离”，将自己视为国际华人社区观看世界的窗口，促进全球华人的相互理解与交流。

其实，对信息平衡流动的要求也来自西方国家内部。21 世纪以来，英美媒体在美国入侵伊拉克过程中的偏向性报道，使得反对该战争的法国、德国意识到发出自己声音的重要性，它们随后成立了法国 24 新闻台（France 24）等跨国媒体。法国 24 新闻台的前首席执行官阿兰·德·普齐尔哈克（Alain de Pouzilhac）认为，CNN 对伊拉克战争的报道并不客观，而是反映了美国人认为的入侵部队试图“为伊拉克带来自由”的观点。他声称法国 24 新闻台不会反美，只是用法国人的眼睛来发现新闻，正如 CNN 是用美国人的眼睛发现国际新闻一样。[②] 德国之声电视台（DW-TV）则是一家成立于 1992 年的公共广播公司，旨在从欧洲的角度宣传德国并提供全球新闻服务。

在新一轮的媒介竞争中，全球媒介市场群雄竞起，全球新闻传播空间逐渐呈现出多元、多向的复杂格局，对原有的中心/边缘、单向支配关系形成了挑战。一方面，世界主流的跨国媒体建立了多种语言版本的新闻频道，采用不同的地方性策略来融入各地的本土市场；另一方面，中央电视台、半岛电视台等非西方跨国媒体也相继成立了美国频道，力图将自己的声音传递给美国受众。美国和英国占据了全球媒介市场的中心位置，此外还有不少国家的媒体在特定区域内占据中心位置，拥有集中媒体产业的都市被称为“媒体之都”，在跨国媒体流中享有独特的权力。除了半岛电视台的新闻报道之外，印度的宝莱坞电影、日本的动漫、巴西的肥皂剧等也都具有全球影响力。

这些新近崛起的媒体同样标榜专业性，以及信息的真实性和准确性，但却并不主动拥抱超然的客观性，也不回避或掩盖国家利益和立场导向，而是以防御的姿态强调在全球公共领域发出自己的声音，而非附和他人的声音。

---

① LYNCH M. Voices of the new Arab public：Iraq，Al-Jazeera，and Middle East politics today [M]. Columbia University Press，2006.

② SEIB P. Transnational journalism，public diplomacy，and virtual states [J]. Journalism studies，2010，11 (5)：734 - 744.

这些来自非西方国家的跨国媒体，在很大程度上打破了英美媒体垄断，在既有的全球新闻流动中形成了一种“反向流动”（contra-flow）。

新闻信息反向流动既有可能打破西方媒体的话语垄断，同时也隐含着问题。从意识形态批判的角度来看，目前的反向流动仍然遵循着自由市场资本主义的逻辑，支持私有化和商品化的媒介系统，因此难以对美国主导的全球媒体文化霸权产生根本性的挑战。[①] 同时，非西方国家在议程制定的争夺中，不得不遵循西方新闻机制。此外，“反向流动”的概念基于南方与北方、东方与西方等关涉民族国家空间位置的对比，忽视了“去地域化”（deterritorialisation）的媒体分布与消费过程。

进入数字化时代之后，新的信息技术以高度个性化的方式重构信息的生产、消费和分发，在一定程度上摆脱了空间和时间的限制，也降低了发展中国家面向世界发声的成本。但发展中国家的媒体机构要想提供优质的新闻服务，仍然需要大量的专业记者和充裕的资金支持，高昂的成本使许多国家无力承担。与此同时，互联网的 IP 地址、顶级域名、技术标准等仍然被美国掌管，互联网上流动的信息也为英语所主导。因此，互联网的出现并未颠覆现实存在的国际不平等权力结构，互联网上的新闻信息流动同样具有明显的倾斜。

便捷的数字传播技术既为全球传播的民主化创设了机遇，同时又为发达国家的传播与文化扩张提供了条件。西方国家及其传媒集团是全球新闻传播领域的先行者，凭借全方位的资源优势在世界传播体系中占据了结构性的优势地位，并根据自己的标准为发展中国家设定规则，这种文化霸权又通过新闻信息持续的不均衡流动而得以再生产。

四、基于对话的新闻互动

跨国媒体报道挑战了传统的民族国家边界和政府管制，全球新闻传播成为文明冲突的前沿地带，通过对信息流的把关，媒体既成为和平的驱动力，也可能成为动乱的肇因，激化各国公众对彼此的敌意与偏见。全球新闻传播进入多元时代，来自西方传媒的新闻流与来自非西方国家传媒的反向新闻流相互碰撞交织，全球新闻传播空间陷入割据状态。在媒体服务于现实国家权力的逻辑下，各国媒体常常陷入激进民族主义的困境中，远离具有包容性的对话和倾听。

在这种情况下，对话式新闻出现，指向人与人之间、不同民族之间、不

---

① THUSSU D K. Media on the move：global flow and contra-flow [M]. London：Routledge，2006.

同文化之间信息的自由流通，通过将多样的新闻和多样的观点呈现在同一媒体平台中，让不同文化和意识形态的人们进行自由的双向交流，帮助国际社会达成共识。新闻对话需要新闻人耐心倾听并完整地呈现不同的观点，宽容、理解和接受多元文化和信息，形成真正有意义的对话。[①] 在一定意义上，对话式新闻使比较新闻学进入更高的境界，改变单向的、二元对立的平庸新闻状态，在对话中理解差异，在呈现多元信息、多种观点的过程中认知真相。

（一）围绕新闻议题或事件的新闻对话

在全球新闻流中，西方媒体强大的议题设置功能和事实建构功能主导着全球的日常新闻流。在这种情况下，介入西方新闻节目的对话空间和创办全球性的新闻对话栏目是两条可行的路径。

一则典型案例是，2019 年 5 月，在美国福克斯财经频道的新闻节目《翠西·里根的黄金时间》（Trish Regan Primetime）上，中国国际电视台（CGTN）主持人刘欣与翠西·里根围绕中美“贸易战”的相关议题进行了激烈而真诚的对话。前者选择用“对话”来替代“辩论”，展现自己的友善和诚意，并得到后者的回应。两人“在线上线下互动过程中，从对抗转为对话”[②]，同时也激发了中美两国网友的积极参与和讨论，使得不同的新闻话语不再仅仅在割裂的新闻空间中相互竞逐，而是在连通的空间中基于真诚和理性展开对话，建构起一种双向对话的全球新闻流。

具有全球性的新闻对话平台早期一直为西方跨国媒体所垄断，较为典型的全球访谈栏目包括 BBC 的《尖锐对话》（Hard Talk）、CNN 的《阿曼普》（Amanpour）等。非西方国家的政治领袖和社会名流只有通过接受西方媒体主持人的采访，才能使全球观众听到自己的声音，这种不平等的话语结构导致了全球公共新闻空间的倾斜。有鉴于此，非西方国家的跨国媒体机构一直致力于打造自身的新闻对话平台，其中部分栏目已经具备全球影响力，最为突出的是半岛电视台英文频道的《底线》（The Bottom Line）。这为非西方国家人士提供了更平等的话语空间，在一定程度上增强了全球新闻流的对话性。

（二）在共同制作新闻的过程中创造对话新闻流

全球化进程的深入使得许多重大新闻事件的起因与影响都超越了民族国家的疆界，为了探明事件真相，来自不同国家和文化的记者经常需要合作采

---

① 李希光．对话新闻与和谐世界［M］//单波，石义彬，刘学．新闻传播学的跨文化转向．上海：上海交通大学出版社，2011：227.

② 刘欣．我与美国主播翠西·里根“辩论”前后［J］．全球传媒学刊，2019（3）：113－119.

集新闻。其中，最典型的例子就是驻外记者和当地记者之间的合作。

有研究发现，驻外记者倾向于将自身文化视角强加于被报道的地区，以充满异国情调的同质化模式描写当地文化，导致文化刻板印象被再生产出来。而与之合作的本地记者不仅可以帮助驻外记者拓展本土的信源网络，还可以充当文化之间的翻译者，帮助驻外记者了解当地的生活习俗、话语传统和看待世界的方式。[①] 这一过程推动了不同国家新闻文化的融合，同时还创造出包含着多元视角的对话新闻流，有助于突破单一视角所带来的局限，推动更有效的跨文化交流。

（三）通过新闻的互文性建构对话新闻流

消解新闻话语的单一赋权，注重新闻话语的多样性来源与视角，把新闻生产置于多元话语交织的场域，其专业化路径就是新闻的互文性。我们在导论部分提到过“互文性”，强调所有的文本共同构成一个开放的意义系统，意义的理解和互动都可以看作是互文性的。

对话新闻流就存在于新闻的互文性文本之中。例如，一国媒体在报道国际新闻时会引用对方国家媒体的报道，将众多他者的声音纳入自身的叙述语境之中。尽管国家利益和意识形态的分歧经常导致这一引用过程被选择性地扭曲和重构，但随着传播主体的多元化，通过互文性而建构的新闻流可以使不同国家的新闻业展开对话和协商，使不同的声音相互补充和修正，从而共同界定新闻事件的全球意义。

对话新闻流的目标在于，在不同国家的媒体之间搭建起常态性的对话渠道，将基于对话的新闻流模式推而广之，进而在全球新闻传播领域培植真正的交往理性，建构全球公共新闻空间，使得不同国家和地区、不同社会阶层和身份认同的人都能有平等的机会发出自己的声音，并相互倾听。在网络时代，这无疑有赖于全球民众的共同努力。

第二节　影响与接受：西方与非西方的新闻关系建构

起源于西欧与北美的历史情境的现代新闻业以及现代新闻观念伴随西方的扩张而影响到世界其他地区，但在遭遇各种具体的社会历史情境与新闻实践后，这些携带着特定经验与认知的观念因子，不断经历消解与重塑，在与

---

① PALMER L. Lost in translation：journalistic discourse on news “fixers” ［J］. Journalism studies，2018，19（9）：1331－1348.

世界各地的社会文化观念的碰撞和互动中形成各种可能的交往关系。这样一来，“影响与接受”关系便成为观察全球新闻观念生成与流动的切入点之一。

一、巴西情境中被调适的美国模式

20 世纪 50 年代通常被认为是巴西新闻业的转折点，是其现代化进程的关键时期。在此之前，巴西新闻业更多受到法国新闻风格的影响，比如被认为更偏向言论，更认同文学价值和规范，有较强的党派色彩和政治倾向。这里所谓的“法国风格”是在 19 世纪法国与英美的新闻比较中识别出来的，其中，法国新闻和英美新闻大致上分别对应着“政治/文学”和“(客观）信息”两种模式。然而有研究者发现，在 19 世纪后期，英美的新闻话语已经在现代新闻话语领域建立起优先地位，并开始对法国记者产生影响，英美新闻业通过克服和同质化与自身截然不同的地方话语传统，已经成为一种全球话语体裁。[①] 巴西新闻业似乎同样接受了这样的影响。

20 世纪 50 年代至 60 年代上半叶，美国新闻业的核心价值观（客观性）和实践（新闻故事中的导语使用，以事实为中心的语言）被引入巴西新闻业，恪守公共服务道德、重视事实、独立于政治利益等观念也被视为巴西“新记者”的信条。[②] 这一时期经常被描述为巴西新闻业的“黄金时代”，同时人们也注意到，职业精神并非在此时受到美国影响而“神奇地”被创造出来，而是自 20 世纪以来逐渐形成；受制于经济和政治现实，巴西报纸尽管口头上忠于公正和客观的理想，但实际上仍然依赖政府，并且通常支持特定的政治团体。对于这一影响，我们可以从以下几方面来理解。

（一）巴西新闻业对美国模式的改编

美国模式确实对巴西新闻业的现代化有很大影响，但这种影响并非来自对这一模式简单、直接的采用。无论有意还是无意，巴西记者都根据自身社会和文化的特点改编了所谓的美国模式。对许多巴西记者而言，对美国新闻价值的坚持常常是一种形式姿态，而不是真正的信仰。[③] 那什么是他们“真

---

① CHALABY J K. Journalism as an Anglo-American invention: a comparison of the development of French and Anglo-American journalism, 1830s - 1920s [J]. European journal of communication, 1996, 11 (3): 303 - 326.

② DE ALBUQUERQUE A, ROXO D. Skilled, loyal, and disciplined communist journalists and the adaptation of the model of the American model of “independent journalism” in Brazil [J]. The international journal of press/politics, 2009, 14 (3): 376 - 395.

③ DE ALBUQUERQUE A. Another “Fourth Branch”: press and political culture in Brazil [J]. Journalism, 2005, 6 (4): 486 - 504.

正的信仰”呢？答案是不确切的，如果向不同的记者提问，则可能会有非常多样的看法和思考。

在接受影响的过程中，巴西记者既强调美国模式中某些观念和实践，又同另一些做法拉开了距离，以便与社会现实相互调适。对于借鉴他人经验以自我更新而言，在借鉴经验与切近现实之间的“调适”是必要的，似乎也是必然的。如果美国新闻理念的形成和制度化是一个动态过程，植根于特定的历史与社会背景，那么当改革者着手改变巴西新闻业时，所参照的美国新闻理念更像是一个静态图像。这一图像将再次融入历史动态之中。

重要的例证是，在20世纪50年代的改革中，尽管巴西媒体通过编辑部准则引入了美国的“现代”新闻理念，但随即又与之拉开了距离：相对于美国新闻业对新闻采访和调查的强调，巴西媒体更侧重新闻编辑与叙事，这既体现着巴西新闻与文学的传统关联，又与新闻媒体的控制结构相关联。通过强调编辑的作用，编辑部在转向所谓现代新闻业的过程中发挥了意识形态和规范角色作用，并显著降低了记者的自主权，而为了获得更高的薪水，写作能力强的记者常常从报道部转去编辑部工作。①

在这一情境转换中，记者的专业化与专业主义似乎分离开来，从（美国）新闻专业主义的职业意识形态视角看，产生了一种“没有专业主义的专业化”模式。巴西新闻业在种下美国新闻观念“种子”时，遭遇到了巴西社会文化“土壤”与“气候”环境的考验，而巴西共产党记者在这个调适过程中起到了主导作用。

为了在巴西的社会政治环境中生存，巴西共产党（简称PCB）②把向公共机构和私营机构渗透作为首选策略。在20世纪50年代到70年代，大量记者是巴西共产党的成员或同情者，许多共产党人在编辑部担任要职。保守派报纸的老板似乎并不在意这一点，一个重要原因在于他们同情共产党人在军事独裁时期受到的迫害。但更重要的原因在于，巴西共产党拥有的重要“资本”，或直接或间接地培养了许多记者人才，而且其创办的新闻媒体曾是许多记者的学校。同时，由于选择了文化领域作为主要战场，PCB投入了大量精

① DE ALBUQUERQUE A，GAGLIARDI J. The copy desk and the dilemmas of the institutionalization of “modern journalism” in Brazil [J]. Journalism studies，2011，12 (1)：80-91.

② 葡萄牙语Partido Comunista do Brasil，意为“巴西的共产党”，简称PCB。1961年，该党更名为“Partido Comunista Brasileiro”（巴西共产党），以加强其民族特色。它成立于1922年，在1985年前的大部分时间都以非法政党身份存在，仅在1922年、1927年以及1945年至1947年的一些时间段短暂合法。第二次世界大战结束后，原先的独裁政府被推翻，PCB在其短暂合法期间参加了多党制选举，并获得约10%的选票。与此同时，它还发展出一个范围广泛的传播网络，包括八家日报和两家印刷厂（print house）。PCB吸引了许多知识分子加入，仅仅一年之内，其党员人数从5 000增长至180 000。然而，在1947年，PCB再次被宣布为非法，因为它被视为一个“外国政党”——苏联共产党在巴西的分支。

力来培训包括记者在内的活动人士。

（二）美国模式的引入是一个动态和开放的过程

到了 20 世纪 70 年代末，由于现实情境的变化，巴西新闻界的新闻观念再次进入重新阐释和接受的过程中。首先，政府的新规定要求记者必须拥有新闻学本科学位，由此刺激了新闻学本科学位的增长，但削弱了左翼组织的作用。新闻机构的复杂化、工业化，记者数量的增加，使更制度化的组织规范取代了私人关系，巴西共产党对记者的影响力逐渐下降。

出版商进而强调对新闻编辑室更直接的控制。例如在《圣保罗页报》（*Folha de S. Paulo*）改革中，新闻机构不仅强调了客观性的价值，还对新闻记者的新闻制作过程提供了详细的规范，并且要求新闻记者全心全意为报纸（而不是政党）服务。① 然而，虽然报纸改革更加强调“客观”和“中立”的价值，但新闻系的学生却与这些观念拉开了距离。他们发现，在言论自由仍受到严格限制的时代，新闻业的现实与教科书上理想化的美国模式形成了鲜明对比，所谓的客观性原则不过是纵容权力的托词。②

可见，不同的行动者在不同情境下与被引入的新闻观念或结合或分离，从而揭开了新闻观念以何种方式、基于何种目的被引入、接受，产生什么影响，如何演变、转化等方面的复杂图景。新闻观念的“影响与接受”关系因此进入了动态和开放的过程。

20 世纪 80 年代，巴西新闻业仍旧处于美国影响之下。伴随着全球媒体扩张，美国模式进一步主导全球新闻业的发展。在政府支持下，美国大学加大了培训不同国家记者的力度，许多巴西记者受资助访问美国，并寻求将美国风格的元素应用到巴西报纸上。

（三）在巴西、美国和法国的交叉比较中透视影响与接受的关系

三国记者角色的比较研究③沿用韦弗和威尔霍伊特有关“媒体角色”的问卷调查。根据当时的调查，受访者阅读最多的三种外国出版物是《纽约时报》（48.8%）、《新闻周刊》（38.3%）和《时代》（38.3%），其次是英国出版物，如《经济学人》（33.3%）和《金融时报》（24.4%）。近 80%的受访

---

① DE ALBUQUERQUE A，ROXO D. Skilled，loyal，and disciplined communist journalists and the adaptation of the model of the American model of “independent journalism” in Brazil [J]. International journal of press/politics，2009，14（3）：376－395.

② WAISBORD S. Watchdog journalism in South America：news，accountability，and democracy [M]. Columbia University Press，2000.

③ HERSCOVITZ H G. Brazilian journalists' perceptions of media roles，ethics and foreign influences on Brazilian journalism [J]. Journalism studies，2004，5（1）：71－86.

者喜欢观看新闻编辑室里时刻播放的CNN频道的节目，其次是哥伦比亚广播公司（26.9%）和英国广播公司（22.1%）的节目。这显示了巴西记者对英美新闻业的认同。

在媒体角色的重要性排序上，巴西、美国和法国的被调查记者都将“迅速向公众提供资讯”“提供复杂问题的分析”“调查政府声明”放在靠前位置，将“充当政府的敌人”“关注最广泛的受众兴趣”“提供娱乐”放在靠后位置。但相较而言，巴西记者和美国记者比法国记者更看重“调查政府声明”。

当然，这种量表本身有可能忽略了问卷题目的可比性、整体解释的有效性以及新闻业内部的复杂性。例如，不同类型的新闻机构对记者的媒体角色认知有着影响，巴西电视台的记者可能认为发展公共的文化兴趣和提供娱乐是极其重要的，而不太可能充当政府的敌人，尤其是考虑到媒体对政府的依赖。薪酬、年龄和专业经验等也可能影响记者的媒体角色认知，经历过军事统治、在政治上与左翼结盟的年长记者更愿意扮演敌对角色。而且在比较中，巴西记者被识别为职业道德观念不够严格，更能容忍不道德行为，既更加支持“隐性采访”这种有争议的做法，又更可能破坏对消息来源的保密承诺，似乎只能被描绘为一个“不道德”的形象。

尽管没有展开更具情境化的研究，但对有关知名记者的调查和采访，仍提供了进一步呈现多维现实的可能。在巴西记者的整体性认知上，很少有记者（6.2%）认为巴西新闻业是一种真正代表巴西文化和社会的本土创造，43%的受访者认为他们的写作技巧在很大程度上受到了美国新闻模式的影响，约16.4%的人强烈同意巴西新闻业是适应当地条件的几种影响混合作用的结果。

巴西记者如何看待外国新闻模式，尤其是对美国和法国新闻风格的认知，更多表现的其实是巴西记者的自我认知。在比较中，受访者认为：美国的新闻业更具独立性、调查性、客观性；法国的新闻业则具有观点性，更善于分析，更偏向党派；而巴西的新闻业则更注重观点，也更具有偏见。

在讨论抽象的风格时，似乎只能在“独立”“偏见”“党派性”“文学性”等词汇和概念间打转，而一旦谈论具体经验，也就是在开放式访谈中受访者更直接坦率地表达了自己的观点，和问卷结果里那些非常接近的百分数不同，此时新闻文化之间的差异似乎更加凸显。例如，在巴西《新闻月刊》（Carta Capital）执行董事卡尔塔（Mino Carta）看来，巴西已出现一幅美国新闻业讽刺画：巴西新闻业模仿的是美国新闻业的外表，而不是实质；在对影响的接受上，巴西新闻业可能更能接受《今日美国》的启发，而《纽约时报》的影响则很小。同时，法国对巴西新闻业的影响一直持续到20世纪80年代。

在那之后，所谓的“美式营销”取代了欧洲影响。

（四）捕捉“记者的错综复杂的心态”

按照某种静态的问卷框架去理解现实，发展中国家的现实就呈现为不稳定、不适合模型化或一般化。而以动态性、关系性的思维去理解互动中的新闻业以及不断生成的现实，从不同的视角切入辨析相似与差异，在所谓的西方新闻业与非西方新闻业中就有可能找到“普遍性”这种不断变化但又不断联结的概念中介。

例如，在与美国新闻观念的互动之中，巴西记者理解到的一个面向是，他们所处的社会政治环境似乎更深地影响了他们的价值体系，他们越去理解美国新闻观念，似乎越能够感知到自身新闻业运作的文化背景，以及新闻在巴西发展的方式。比如，有记者抱怨，尽管解释和分析的角色为新闻职业观念所看重，但他们很少有机会解释和分析信息，原因包括新闻稿件有着严格的截止日期、与上级沟通较少以及受限于相关编辑政策。同时，巴西记者不享有获取政府和商业信息的特定权利，公共机构提供的统计数据也不够可靠，商业机构经常美化自己的事实和数字，而这造成了缺乏准确性的信息环境。由于种种原因，记者可能经常向受众提供未经核实或核实草率、缺乏准确性和独立性的信息。

另外，与国外同行相比，巴西记者对有争议的新闻活动的容忍度更高，这可能与他们对巴西政治机构和社会机构的普遍不信任程度相符。无论是在总统弹劾案还是在其他新闻事件上，记者经常在采访时为使用所谓可疑的报道方法来揭露真相辩护。一方面，他们可能对透露机密消息来源持谨慎态度，并认为记者应该始终表明自己的身份；但另一方面，可能又会认为几乎所有所谓有问题的新闻行为都是正当的，只要它们有助于教育人民和改善国家的社会状况。①

在这样的现实情境和反思性实践下，巴西记者寻求一种对法国模式和美国模式的巴西解释，但他们似乎对于如何处理他们从外国渠道学到的东西缺乏清晰的视角。拉美知识分子的“殖民性”视角强调，“现代性”和“殖民性”是现代世界生成中的一体两面，在西方的“现代性”路径面前，非西方人的身体经验和历史则一直置于“殖民性”之中。由此可见，“缺乏清晰的视角”所提示的，可能是对现有西方中心的知识体系的不满所孕育的超越冲动。

---

① HERSCOVITZ H G. Brazilian journalists' perceptions of media roles，ethics and foreign influences on Brazilian journalism [J]. Journalism studies，2004，5 (1)：71－86.

二、西方观念的导入与中国新闻的变迁

中国现代新闻业的产生与发展，嵌入在中西方的相遇和中西、中外比较之中，为考察全球新闻“关系”的形态提供了大量的材料，以及深入理解的可能。中国现代报刊思想从一开始就是本土办报经验与西方报刊观念相互调适的产物。报刊作为媒介所构造的中介化实践与报刊本身作为新知识所引起的新实践和新情境，都嵌入了中国近代社会转型之中。

传教士以报刊传送西洋“知识”，企图填补“夷夏”的沟壑，同时也为中国人引介现代报刊；林则徐以中国古老的“邸报”为经验基础，由此窥见了西人的“新闻纸”，无意中打开了通达世界的一个窗户，同时也使中国人对“新闻纸”有了一个具体的可资参照的图像；《申报》则以自身的存在，划分出“新报”与“邸报”之别，让中国朝野不仅直接领略到报纸的政治力量，同时对于“新报”有了直观的感受和体验。① 之后，无论是从英美传来的自由主义报刊文化，还是从苏联引入的党报传统，都深深影响着中国现代新闻业。

同时，影响与接受的循环调适又使得这些新闻“关系”的形态变得非常复杂，既有明显模仿、借鉴的直接影响关系，也有刺激文化语境、风气氛围等间接关系，又有创造性转化后无法查证、无迹可寻的模糊关系，还有面对共同的现实问题产生的契合关系。② 涉及具体的事件和研究时，这些“关系”还存在着交叠杂合，使历史和现实不断溢出人们的简化想象。

（一）“泰晤士报情结”“普利策奖情结”的他者镜像

中国近代新闻思想中的“泰晤士报”，是一个被反复言说和运用并贯穿于整个近代历程的西方资源。清末国人将其视为“楷模”，来刺激发展“新报”，改造社会与国家。在民国初年，“泰晤士报”成为独立报纸的符号，以纠正报纸相互攻讦、朝秦暮楚的不良风气。在随后的20世纪二三十年代，在新闻职业化的实践与反思中，在接纳“泰晤士报”时又增加了对舆论操控的担忧和批判，而在国共党争的政治形势和对“党报”的强调中，对“泰晤士报”的效仿和推崇失去了生存的土壤。③

虽然“泰晤士报”逐渐失去了理想化他者的光晕，但“情结”这一心理

① 黄旦．媒介就是知识：中国现代报刊思想的源起［J］．学术月刊，2011（12）：139-148.

② 查明建．从互文性角度重新审视20世纪中外文学关系：兼论影响研究［J］．中国比较文学，2000（2）：33-49.

③ 唐海江，丁捷．中国近代新闻思想史上的“泰晤士报”［J］．国际新闻界，2017（10）：149-173.

分析意义上的结构性位置似乎没有取消。20 世纪 90 年代以来，又生成“普利策奖情结”①，中国新闻人积极关注普利策新闻奖，并将其用作业务技能学习资源、精神激励资源、行业预测资源和本土反思性资源，为自身建构了一个理想与现实的张力空间，建构起对理想新闻业的想象与象征认同。②

（二）西方名记者作为中西新闻观念的中介

除了普利策奖的影响，诸如埃德加·斯诺（Edgar Snow）、奥里亚娜·法拉奇（Oriana Fallaci）、彼得·海斯勒（Peter Hessler，中文名何伟）等著名记者也对中西新闻观念互动起着中介作用。埃德加·斯诺在 1936 年访问陕甘宁边区，成为第一个采访红区的西方记者，并完成了《红星照耀中国》（又译为《西行漫记》）的写作，在世界上产生巨大影响，成为中国人心目中的“名记者”。他在美国密苏里大学接受新闻教育，也在中国燕京大学教授新闻，成为新闻观念交流的文化中介者。著名记者萧乾曾表示，他之所以选择记者这个职业，也是在大学时代受了埃德加·斯诺的影响。③

在改革开放初期，对于中国新闻人来说，“做斯诺式的记者”④ 为他们建立新闻专业精神提供了中国式路径：忠于事实，报道真相，注重调查，强调准确性、判断力，独立思考，对读者负责。“斯诺怎样采访和写作”成为中国新闻人打开新闻改革思路的一个重要问题，他的正义感、尊重事实、实事求是、注重历史比较、注重问题本质、坚持自己的印象和见解，成为学习的方面。⑤到了 21 世纪，斯诺的报道风格成为中国对外宣传和国际传播的重要参照。

世界著名的意大利女记者奥里亚娜·法拉奇因为 1980 年采访邓小平而为中国人所熟知。她的报道风格中所凸显的“主体意识”，她独具魅力的“对话体新闻”，她“像战斗一样采访”的职业精神，为中国新闻人所研习，与中国新闻人的新闻意识建构形成互动关系。

以江城三部曲闻名的彼得·海斯勒则是当今中西新闻观念交流的文化中介者。在中美的联系和隔阂同时加深的时代，他成为摆脱偏见框架的“逆行者”，以创造性非虚构写作（creative nonfiction）或“事实性写作”的写作风格展现自己对中国的观察。他反思美国记者报道中国新闻时的问题，比如缺失上下文和背景材料，“像是在写纽约一样写中国”，以致美国读者无法理解

---

① 方洁，杨凯文，刘畅，等．中国新闻学者的普利策奖情结：近 40 年普利策奖研究回顾［J］．采写编，2018（3）：45－48．

② 黄月琴．作为象征资源的普利策新闻奖：网络“凝视”与话语实践［J］．现代传播（中国传媒大学学报），2016（6）：44－48．

③ 名记者萧乾答简妮问［J］．新闻爱好者，1992（5）：40－41．

④ 白夜．做斯诺式的记者［J］．新闻战线，1979（1）：44－48．

⑤ 裘克安．斯诺怎样采访和写作［J］．新闻战线，1979（2）：47－50．

真实的中国。他试图从“过于政治化”的报道中走出，不只从“西方”角度看问题，也努力从中国人的角度看问题，但同时强调，“作为一个外国人，我的视角与你们不同，我的整个参照体系更有可能是外部的世界”①。在两种视角的转换中，他提供了一种超越偏见的可能，也为新闻观念的交流和跨文化理解提供了见证。

（三）调查性报道与中西新闻观念互动

在改革开放初期，舆论监督的需要为调查性报道的生成提供了土壤。这一时期许多有关西方调查性报道的观念和案例被译介进来，成为新闻改革实践的参照。1980 年，有文章介绍美国新闻界 20 世纪六七十年代的系列揭露黑幕报道，比如“五角大楼文件案”“水门事件”“美莱村事件”等，并将其作为 20 世纪初期“扒粪运动”的延续。随后，系统介绍美国调查性报道发展历程或介绍西方调查性报道中具体报道手法的文章逐渐增加。

中国的舆论监督和批评性报道的实践与西方尤其是美国的调查性报道之间形成某种对照。在新闻改革探索中的记者既看到了中西方之间的不同，也看到了自身的不足。例如，在中国党报传统和群众路线的影响下，媒体直接转述群众声音的现象十分普遍，有时甚至直接刊登读者来信作为舆论监督，这与调查性报道理念所强调的由媒体独立开展调查相区别。相较而言，这一时期在舆论监督名义下开展的调查性报道与西方较为成熟的调查性报道相比，还存在着立场先行、观点多于事实、缺少完整的事实和逻辑链条、大量使用各种形容词和感情词汇等问题，距离客观平衡的专业标准还有明显差距。②

但是，这种对照还是为中国式调查性报道的发展提供了可能性。例如 1987 年《中国青年报》关于大兴安岭火灾所做的“三色报道”（《红色的警告》《黑色的咏叹》《绿色的悲哀》），体现出中国新闻的专业化努力。记者透过表层事实探究大兴安岭林业管理体制的缺陷，对于重要证据都运用两个以上的信息来源进行交叉比对，在调查理念、调查手法和文本专业程度上都接近于调查性报道。除此之外，介于新闻报道和文学作品之间的报告文学也充当了早期调查性报道的替代性渠道。正是在这些实践的基础上，西方的调查性报道与中国新闻得以建立起关联性和互动关系。

因而整体来看，改革开放后调查性报道实践的兴起并非观念引入的结果，而是中国新闻界对传统新闻实践的反思以及对社会变革的应激式回应，引介

---

① 苏小七．何伟离开中国：时间就在这里，请你们记录一切［EB/OL］．（2021－07－05）［2021－07－14］．https：//mp.weixin.qq.com/s/syKzt3IiA9RX7pZkoyLprw.

② 张洋．当代中国调查性报道的兴起：话语与实践的历史考察［J］．新闻界，2019（1）：88－100.

美国调查性报道的观念和案例则促发了中西新闻观念的相互补充，使自身经验和外来经验共同汇入新闻改革的实践之中。由此可以捕捉到西方调查性报道与中国新闻之间的互动关系：中国的调查性报道在舆论监督和深度报道等本土实践的逻辑中展开，舆论监督在中国语境中的正当性保障了调查性报道监督权力的诉求，深度报道所倡导的一系列报道技法为深入调查事实提供了可资借鉴的操作原则，而西方调查性报道为舆论监督和深度报道的推进和完善提供了话语与实践等方面的镜鉴。

然而，中西新闻观念的接触与互动并不直接促成相互的理解和接受，主体间、群体间、语言间、文化间仍旧存在着诸多有待跨越的障碍，这既阻挡了某种新闻观念在事实上占据“霸权地位”，轻易取代既有其他具有地方性的新闻观念，也加大了不同地方的新闻观念之间的对话难度。从西方调查性报道观念的导入来看，从一开始，它的“影响与接受”就被置于本土与外来的语言、社会语境、实践等各种因素交错互动的张力之网中。

外来的概念进入本地的语言体系时，新的意义基于本土环境而被创造出来。调查性报道也经历了跨语际实践的过程。从“investigate”与“调查”的词义对比来看，“investigate”语义较为强烈，“调查”语义较为温和；“investigate”的对象通常是负面的事物或现象，“调查”的对象虽然也以负面居多，但相对而言较为中立；“investigate”通常有明确的目标指向，“调查”的指向相对泛化、模糊。可见，二者并不能完全对译，与“调查”一词语义最接近的是英文中的“survey”，而“investigate”则缺少语义完全与之匹配的汉语词汇，介于“调查”“侦查”等汉语词汇之间，却又都不完全等同。

案例分析

中国记者在改革开放以来的各个时期都引用普利策的“lookout”（瞭望者）概念，这些引用有何特点，意义是什么？阅读材料并讨论。

中国记者在不同年代对普利策的“lookout”（瞭望者）概念的借用

从社会语境来看，调查的目的是服务于政策制定的需求，调查行动的合法性源于组织权力，调查者作为组织权力的代表面对被调查者具有优势权力地位，这些特性有别于英美语境下“investigate”的内涵。当记者针对社会问题或政治经济黑幕所进行的采访、考察、揭露等行为也被归属到“调查”范畴之中时，这种新兴的新闻实践将与政治治理密切相关，从而与西方记者所谓的独立的“揭黑”拉开距离。

20 世纪 90 年代以来，商业化成为新闻改革的趋势，新一代新闻人的专业意识不断增强，更强调以调查获得的证据来证实观点。调查性报道的话语意识正是在这样的情境下形成的。1994 年央视新闻评论部创办了《焦点访谈》栏目，制作出一系列引发政府官员和社会公众关注的节目，其中不乏可以被纳入调查性报道范畴的节目。西方调查性报道在这一新的情境下被消化、吸收和改编。

放大镜

《新闻调查》栏目的比较实践

1996 年央视新闻评论部推出《新闻调查》栏目，在节目策划之初，制片人和导演就将美国著名的调查性报道栏目《60 分钟》录像带作为内部参考材料，而这直接影响到栏目的调查性报道定位。制片人张洁认为，美国的《60 分钟》对调查性报道的理解，就是通过记者的调查来揭露社会某一集团企图掩盖损害社会公共利益的阴私。他强调了《新闻调查》对西方调查性报道的“消化”，逐渐从“舆论监督”和“主题性调查”延伸到“调查性报道”，并挑选出三个调查性报道应具备的基本要素：一是记者独立展开调查，二是针对损害公共利益的，三是这种行为是被掩盖的。

《新闻调查》有效吸收了调查性报道“独立”“公共性”和“揭露”等核心理念，同时将这些理念置于中国社会语境中做出调适，与中国社会、政治和经济的发展发生广泛的关联。比如说强调记者要“仗义执言”和“为民请命”，以及具有比较成熟的政治经验，能够在把握复杂现实环境的基础上从事新闻工作。可以说，《新闻调查》在导入西方调查性报道观念的过程中，既结合本土语境进行了消化与改编，同时又试图克服中西新闻观念之间的对话错位，在观念对话中不断生成自身的主体性和创造性。

21 世纪初许多社会因素的变化，使调查性报道的发展面临挑战。首先，在政策因素上，异地监督等方面的管控加强，缩小了调查性报道的话题空间，提高了调查性报道的机会成本，因而降低了新闻媒体对调查性报道的支持，减弱了记者从事调查性报道的意愿。其次，日益兴盛的消费文化也使得公众对于现实中的政治问题、社会问题逐渐疏离，将精力投注于私人生活，而可能对调查性报道这种严肃的硬新闻失去兴趣，取而代之的是人物特稿等贴近日常生活状态的非虚构写作。另外，2010 年以来飞速崛起的社交媒体平台，对于全球新闻业都造成了颠覆性的冲击，也使得传统媒体的调查性报道在全球范围内都呈现衰落趋势。

正是面对着网络社会的崛起，以及与此“共振”的政治经济变迁，中西方新闻业开始同时性地面对相似议题，调查性报道如何转型成为中西方新闻关系建构的“聚点”。在互联网环境下，依然需要人们从社会需要和新闻业自身两个角度去观察和调整调查性报道。

在新闻模式上，经由剖析ProPubulica的“为公众服务”的理念、“网络形式＋正统理念＋深度调查报道”的新闻报道模式和公众捐助的资金使用模式，人们反思调查性报道生存的新方式，寻求“网络时代调查性报道的突围”①。在业务反思上，通过对普利策调查性报道奖获奖作品的分析，观察调查性报道的变与不变。② 特别是借鉴欧美的融合新闻生产经验，通过视觉化与交互式的呈现，让新闻用户自主还原真相。

总之，对于中国与西方的新闻关系建构而言，单向的“影响”缺乏解释力，交互性的“影响与接受”也并不全面，在“影响与接受”的表层关系之下，是现实情境与反思性实践的复杂图景。在中国新闻业发展的不同阶段，西方调查性报道的导入和对调查性报道的中西比较分别与舆论监督的需要、中国市场化与职业化新闻的发展及网络时代的挑战等方面相互关联，只有历史化地去观察，追问新闻观念如何嵌入具体的社会历史语境与新闻实践之中，才能够真切地认知中西新闻的互动关系。

三、非洲新闻的多元互动与混杂关系

首先，从比较的视角来看，非洲大陆的新闻业提供了一个观察不同新闻观念碰撞、混合、对话、生成的场域。

非洲记者长期浸润于西方教育之中，这导致了以西方为导向的新闻专业化，并使非洲媒体系统作为西方世界媒体系统的附属物而长期存在。但同时，也有与此相对的呼声。比如，倡导传播理论非洲化，批评西方新闻模式的单一性，认为其并不适用于非洲，要摆脱依赖，发展非洲新闻模式以适应非洲社会。

另一些人则认为很难就非洲大陆迥然不同的新闻文化形成统一的框架。有研究者使用非洲道德哲学乌班图哲学作为非洲新闻发展模式的框架。③ 这些新建构可能将“非洲文化”同质化，比如“非洲中心性”认为，要想理解非洲人的思想和行为，就需要以非洲文化作为知识建构的基础，这对不加反

① 张秀英．网络时代调查性报道的突围：从ProPubulica两获普利策奖说起［J］．记者摇篮，2011（7）：69－70．

② 黄超．从多媒体呈现形态看调查性报道的变与不变：以第95届普利策调查性报道奖作品为例［J］．新闻记者，2011（10）：45－49．

③ RAMAPRASAD J. A profile of journalists in post-independence Tanzania［J］. Gazette，2001，63（6）：539－555.

思的欧洲中心论提出了挑战，但同时又再造中心，隐含一种非洲例外主义。在“非此即彼”的选择中，为与西方的个人主义和专业主义相区别，刻意强调社区享有高于个人的特权，这就遮蔽了客观、中立的专业性。

如此一来，一种总体的非洲新闻模式并未被建立。在某种程度上，由于非洲新闻观念缺乏相应的政治、经济和意识形态基础，在寻求主导和影响非洲人民的态度和思想时，学者们似乎更容易产生“影响的焦虑”，甚至“被操纵”的感觉。[①] 这种历史上的和现实中持续发生的影响是客观的，也是深入的。

从加纳新闻界对外国新闻选择的考察来看，反思性实践还不够充分，这些记者对非洲视角的自我反思并没有反映在他们对非洲大陆的报道中，他们严重依赖全球新闻机构，尤其是 BBC，反映出后殖民时代的影响依然存在。加纳记者虽然把越来越多地使用新华社报道作为一种抵抗的形式，但相当顺从 BBC 的品质对他们潜意识的入侵，这体现着一种后殖民时代的矛盾心理，他们在很大程度上试图合理化这些多重意识形态对他们新闻选择的影响。[②]

其次，从现实的变化来看，对于非洲新闻场域中新闻观念“影响与接受”的互动关系，最新的观察点是关于中国媒体涉足非洲。

中国媒体在非洲的扩展引发了人们就其对非洲大陆新闻专业化的影响的广泛关注。中国媒体进入非洲与广阔的政治经济发展进程紧密关联，并形成相互作用的“拉力”和“推力”。

从“拉力”上看，不断扩大基础设施建设以及农业和资源开采的投资，导致中国企业家、工人和移民的增加，让世界了解与理解中国的需求增大（中国企业有意借助于媒体来提升企业形象，扩大市场份额），而在媒体领域的现实却是少数国家垄断市场（或国际话语权），导致“中国视角”的缺乏。

从“推力”上看，中国“软实力”的发展催生四种需要：实现中国媒体跨越式发展的需要；提高国际社会对中国的了解和认识，向世界说明中国的需要；积极参与国际文化竞争，增强中国文化软实力的需要；打破西方对舆论的垄断，促进新世界信息与传播秩序的需要。

此时，有三种主要因素影响非洲的西方与非西方的新闻关系：基于经济原因与受众品味，西方媒体正在逐渐取消它们的驻外记者网络；非洲本地媒体在“西方视角”与“中国视角”之间，既对西方偏见充满反感，又对中国风格充

---

① SERWORNOO M Y W. Postcolonial trajectories of foreign news selection in the ghanaian Press [J]. Journalism studies, 2018, 20 (9): 1357 - 1375.

② 同①.

满疑虑；全球新闻业正经历着混乱转型，互联网技术的影响叠加在新闻差异之上，再一次重塑了不同新闻业环境中的信息来源、解释与传播方式。①

从非洲学者的视角来看，非洲还没有进入拥抱中国新闻模式的状态。非洲各国政府正面临国内不断要求更多的自由和国际化（或西方化）的局势，同时也缺乏相应的财力和体制条件来模仿中国的媒介系统。但这种非此即彼的辩论模式似乎忽略了非洲记者自身混合不同新闻观念的过程，也就是说，中国媒体在非洲的发展并不是取代在非洲占主导地位的自由主义新闻取向，而是意味着在非洲大陆可能出现一种中西新闻取向并存的混合新闻形式。

对于非西方国家尤其是许多非洲国家来说，发展新闻具有吸引力，并被认为与中国新闻模式相近。在这一理念下，媒体和政府之间通常是合作模式，媒体的作用是支持国家发展，从而与西方媒体对监督角色的极端重视相区分。发展新闻有亲过程、亲参与和亲政府的不同侧重。中国国内媒体更强调发展新闻亲政府的一面，倡导新闻在国家建设和国家发展中的合作作用，以及新闻在社会和政治变革中的催化剂作用。但在不同环境中，新闻形式可能不同，即使是同一个记者，其专业价值观念也可能会产生变化。

非洲学者观察在肯尼亚中国媒体工作的非洲记者，考察其编辑决策过程、招聘、惯例、组织结构和目标，以及新闻编辑室文化，认为中国有意输出一种不同于非洲主流自由主义新闻取向的新闻范式。而有非洲记者呼应了这一点，认为与非洲大陆过去受到的负面报道的规模相比，正面报道对非洲大陆来说并不完全是一个坏主意。

最后，在所谓的西方新闻模式还是中国新闻模式的讨论中，两种新闻观念并没有本质化的定义和说明，一种混杂化的新闻观念在不断调适中生成。

所谓混杂化（hybridization），通常指混杂着不同的文化和传统而生成的状态，作为一种描述性的概念，它既可能用于强调多元和差异、包容与共存，也可能用于遮蔽现实冲突与背后权力。因此，在强调混杂化过程时，也必须要指出，混杂化的观念不能在混杂中自我消解，放弃价值判断或者专业性，而必须超越既有的新闻观念本质化的、脱离语境的定义。不能仅仅停留在“西方模式”或“中国模式”的概念表达上，而要在各种实际情境和实践中加以具体把握，通过反思性实践与不同观念之间的话语竞争和对话，生成新的理解，重塑观念自身的合理性，也就是说，合理地观照新闻实践的现实。

事实上，这种在交流中的变化是很“自然”的，几乎没有人能够完全固守某个概念，将其视为一切价值的来源，那是概念拜物教的做法，没能意识

---

① GAGLIARDONE I，PÁL N. Freer but not free enough? Chinese journalists finding their feet in Africa [J]. Journalism，2017，18（8）：1049－1063.

到概念与实践的互动关联。以观念、情境与实践的互动关系来观察不同场域中新闻业和新闻人之间的关系，比较和对话的发生几乎是自然而然的。

即使同一个记者，也会在环境变化中发生一些新闻观念的转变，以更好地应对现实，调适自身的意义感。比如一些派驻非洲的中国记者，在面对非洲现实的社会环境尤其是非洲的社会问题时，虽然受到新闻政策和新闻组织上的一些约束，但还是接受或形成了某种“同情的世界主义”的观念，并试图在贫民窟等主题上展开调查性报道，促使当地的中国企业承担社会责任。①

放大镜

中非之间：两种新闻业的混合

为中国媒体工作的非洲记者表明，他们正在展现对两种“新闻模式”的混杂。在中央电视台开始自己职业生涯的非洲记者表示：我想继续进行正面报道，但也要使报道准确。我在大学里学的东西和我现在做的事情没有太大差别，两者可以结合，但我认为，新闻业现在需要采取的是正面报道。

这里记者所表明的不仅是在观念上对两种新闻取向的综合接受，并且认为在一定情境下可以做出判断，不同的观念被导入特定时空情境下新闻业的反思性实践中，在互动和互补中观照实践。当然，在特定时空情境下，存在着对情境的不同感知，由此导向不同的观念认知。与上一位记者不同，一位在《中国日报》工作的非洲记者认为中国的新闻取向对非洲没有好处，因为它会让非洲领导人在治理上更不负责任：要想在非洲有所作为，我认为把一切都放在积极的方面会让我们的领导人认为他们真的做了很多，但实际上并没有。我们没有考虑到这些问题，也没有考虑到真正有利于非洲的政策问题。强调积极的一面，我们把他们放在了一个不应该让他们在那里的舒适区。我认为我们也应该考虑这些问题并真正深入研究存在的挑战，有时我们并没有这样做。

在另一些情境下，中国的新闻取向则有可能被凸显，例如联合国机构在肯尼亚良好的工作进展可能只有中国媒体报道：中国的新闻取向很有可能在非洲流行起来，因为我们不像西方媒体那样只对冲突感兴趣。例如，有一些来自联合国环境规划署（UNEP）的报道只有新华社报道。我们在报道联合国人居署（UN-HABITAT）方面也做得非常出色。……这些西方媒体在寻找不安全的地方、麻烦的地方，但对我们来说，我们同时强调积极的和消极的。

资料来源：UMEJEI E. Hybridizing journalism：clash of two “journalisms” in Africa [J]. Chinese journal of communication，2018，11（3）：344－358.

---

① GAGLIARDONE I，PÁL N. Freer but not free enough? Chinese journalists finding their feet in Africa [J]. Journalism，2017，18（8）：1049－1063.

接受西方的新闻教育但在中国媒体工作的非洲记者在遭遇观点碰撞后，经过互相观察，又逐渐发现了观念的混杂性，自然地进入情境对话之中，生成新的理解，这就是所谓“混杂化”新闻业的意思。这些记者既会强调中国在非洲的媒体机构应该采取非洲的新闻取向，也就是某种西方式新闻取向，但又强调应该有“正面报道”的一席之地，这种互惠性理解所造就的是非洲记者试图更综合地吸纳各种新闻观念的努力。

“混杂化”的实质就是不同新闻模式之间的对话，建构关联并协商新闻观念和意义。“影响与接受”的讨论已经让我们理解到，世界各地的新闻业处于复杂的关系之中，而并非单独存在与发展，主体性并非意味着全然不同，而意味着在同化与隔绝之间调适自身，它的发展动力来自与他人对话和自我反思、自我批判的结合。

四、印度新闻业的本土多样性

多样性是印度社会的特征，印度人口组成复杂，民族和种族众多，各宗教信仰并存，宪法承认的语言有22种，语言、文化、地区、宗教、民族等维度的多元是印度社会复杂性的来源。其中语言差异可视为印度社会最重要的分歧，不同的语言能够标识不同的社会地位，英语是政府机构、高等教育机构和大型企业所使用的语言，英语使用者通常拥有较高的社会地位。语言差异还与地区差异相联结，印度独立时不再沿用英国殖民时期的行政区划，而是在不同语言使用者的聚集地建立地区委员会，各委员会的辖区拥有不同的官方语言，英语则成为非正式的全国性语言。

与此同时，语言差异也造成了印度新闻业与社会阶层的对应关系。一般说来，英语媒体为中上阶层和大城市精英提供新闻报道，而地方语言媒体则为人数众多的印度工人阶级提供新闻读物。[①] 人们对英语新闻业和地方语言新闻业的认知存在简化倾向，但不可否认的是，英语新闻业和地方语言新闻业有着严格的划分，两种新闻业的记者遵循不同的新闻传统，为不同的读者写作。印度新闻业的受众及媒体生态的异质性与西方新闻业的同质性形成了鲜明的对比，伴随早期的殖民扩张以及当下的全球化进程，同质性环境下生成的西方新闻观念流向异质的印度社会，呈现特殊的“影响与接受”关系。

（一）印度英语新闻业与西方新闻观念及制度的交互

西方新闻业与印度新闻业的“影响与接受”关系起源于英国的殖民扩张。

① O'BROCHTA W. Pick your language：how riot reporting differs between English and Hindi newspapers in India [J]. Asian journal of communication，2019，29 (5)：405-423.

殖民者在印度发行报刊，复制英国新闻业，同时也影响了印度本地新闻业的产生和发展。从某种意义上讲，印度现代新闻业成为比较新闻学的典型案例，可用来观察英国模式如何被当地精英接受、采用和建设性地调整。[①] 1947 年印度建国后采取发展新闻业的范式，自 20 世纪 90 年代以来随着本国经济的自由化，印度新闻业逐渐向市场导向的美国模式倾斜。

在殖民时期，英国人试图通过新闻、商品、音乐、戏剧在加尔各答重建英国的文化环境，客观上使其成为印度新闻业的发源地。詹姆斯·奥古斯塔斯·希基（James Augustus Hicky）为了服务英国社区，在 1780 年发行了印度第一份新闻报纸《希基公报》。此后，其他服务于英国社区的报刊也相继发行。希基在报纸上严厉地批评了印度总督、首席法官等殖民政府官员，并且刊登了一些攻击殖民政府的匿名信。但殖民政府官员将报刊中的批评视为潜在的危险，试图控制新闻业并阻止其发展。希基和其他曾批评过殖民政府的报刊编辑很快被驱逐出境，报刊也被关停。1799 年，殖民政府出台新闻审查条例，规定报纸出版前必须将整份报纸的校样提交给殖民政府审核批准，违反者将被遣返回英国。出版限制条例促使报刊编辑开始争取印度次大陆新闻自由的斗争，新闻自由观念得以传入印度。

随着新闻审查条例在 1818 年被废除，约翰·西尔克·白金汉（John Silk Buckingham）随即创办《加尔各答日报》。此人非常支持本土报刊的发展，经常在《加尔各答日报》上刊登地方语言报刊的英文版摘录。被称为“现代印度创立者”的罗姆摩罕·罗易（Rammohan Roy）与其密切互动，利用新闻业推动印度社会的现代化改革。

罗易的新闻观念显然受到以白金汉为代表的西方新闻从业者的影响，特别是在新闻自由方面，面对殖民政府颁布的限制新闻自由的条例，以罗易为首的五名印度知识分子向英国提交了两份请愿书，在印度的语境中重新诠释了新闻自由观念。请愿书陈述了新闻自由的重要性：好的统治者必须意识到，在管理一个庞大的帝国时很容易出现错误。为了及时发现错误并进行干预，必须向民众提供反映问题的渠道，而不受限制的出版自由是唯一可以使用的有效手段。

为了消除统治者的焦虑，他们强调了新闻自由的工具性价值，即在实施新闻自由的地方，人们可以很容易地向最高政府反映因地方当局的行为而产生的不满，从而使地方当局的行为得到纠正，激发革命的不满情绪随之消散；

---

① SONWALKAR P. From Akhbarat to print：the hybridity of news culture in early indian journalism［M］//Indian journalism in a new era：changes，challenges，and perspectives. India：Oxford University Press，2019.

相反，在没有新闻自由的地方，由于不满情绪没有得到呈现和疏导，发生了无数的革命。[①] 这两份请愿书在当时被称为“印度历史上的《论出版自由》”。

源自英国的新闻自由话语在印度的新闻话语实践中显示出语境差异。希基和白金汉强调新闻自由的目的是遏制政府审查，而罗易等知识分子则强调新闻自由有利于巩固政府统治的一面。罗易等人在请愿书中将现代新闻业类比于封建君主的情报系统，提示只有解除新闻限制才能及时发觉威胁统治的因素。当英国出版和新闻自由话语将新闻视为理性公民意见交换的公共论坛时，印度知识分子则将人民的无知预设为前提，认为消除无知可能导致的混乱是新闻自由的任务之一。

在1757年到1947年的殖民统治期间，印度在报道、编辑和风格等新闻实践方面深受英国新闻的影响。为了吸引英国思想家对印度独立运动的关注和同情，印度报纸中报道的标题、词汇和角度都有模仿英国的痕迹。独立后印度新闻业开始从理想主义事业转变为商业企业。[②] 英国向公共服务倾斜的新闻模式不再适宜社会组织尚未发育完全的印度，而以市场为导向的美国模式更易于在印度推广，印度新闻业逐渐向美国模式贴近。

印度新闻业对美国新闻模式的模仿在新闻教育领域留下了清晰的印迹。美国新闻教育与印度的首次接触发生在印度独立前，辛格（P. P. Singh）在拉合尔旁遮普大学创办了印度第一个正式的新闻培训，将在密苏里大学学习期间使用的课程和教科书融入教学中。印度第一个新闻系在1952年创办，由美国学者罗纳德·沃尔斯利（Ronald Wolseley）负责，当时使用的教材是由他本人撰写的《现代印度新闻学》和该系另一位美国教授出版的《印度记者指南》[③]，印度早期的新闻教育机构及材料都来源于美国。

印度与美国的新闻关系可以理解为“仪式性顺从”（ceremonial conformity），即由普遍的、合理化的组织工作定义的做法和程序在社会中制度化后，由于这些做法和程序可能与新组织的目标相抵触，它们有时被新组织“仪式性地”采用。具体而言，印度新闻教育机构一方面仪式性顺从美国新闻教育模式，以获得全球范围内的合法性，另一方面积极面向地方媒体实践，改造美国新闻教育模式，提供适合新闻业界需求的课程。[④] 印度新闻业与美国新

---

① SONWALKAR P. Indian journalism in the colonial crucible：a nineteenth-century story of political protest [J]. Journalism studies，2015，16（5）：624－636.

② STÅHLBERG P. Lucknow daily：how a Hindi newspaper constructs society [D]. Stockholm University，2002：56.

③ MURTHY C. Education in mass communication：challenges and strategies：a case study of Indian scenario [J]. Jurnalism si comunicare，2010，5（1）：5－16.

④ BOCKINO D. Indian field notes：new institutionalism and journalism education [J]. Asian journal of communication，2017：27（3）：267－284.

闻业在新闻教育领域呈现了外表同构与实质相异的关系。

整体来看，在印度英语新闻业对西方新闻观念的理解与接受中，既有过去殖民地对宗主国现代性的解读，也有为了获得合法性的仪式性顺从，还有面对地方问题时的主动引述。印度英语新闻业对西方新闻观念的各个方面进行了不同程度的理解和改编，下面我们将进一步深入具体案例，从不同切面认知新闻观念与地方情境的互动关系。

（二）地方语言新闻业与西方新闻观念和日常实践的双重脱钩

到 20 世纪 70 年代末，印度新闻业中英语媒体的主导地位受到挑战。随着印度民众识字率的提升和印刷、信息传播技术的进步，印度新闻业发生了一场革命，从 1976 年到 1996 年，所有印度新闻报纸的每日总发行量增加了四倍，其中大部分增长是由地方语言报纸贡献的。[①] 根据 2006 年全国读者调查（NRS），在读者人数前十名的印度报纸中没有一份英语报纸。同年印度国家统计局报告称，地方语言报纸的读者人数从 1.91 亿增长到 2.036 亿，而英语日报则停滞在 2 100 万左右。[②] 地方语言新闻业在印度的规模远远超过英语新闻业。

印度地方语言新闻和英语新闻互为补充。英语新闻是精英的、全国性的；地方语言新闻则相反，它的受众不仅限于精英阶级，受众构成更加多元化，并且只在使用对应语言的地区发行，流通范围也从大城市扩大到了小城镇和农村地区。

地方语言媒体的特殊性很大程度上来自其所有权结构，由于用一种以上的语言经营媒体是很困难的，因此地方语言新闻报纸大多为私人或家族企业所有。[③] 地方语言新闻频道也是如此，其中大约三分之二由地方政治家和商业集团拥有，在频道广告收入有限不足以支持运营的情况下，频道所有者利用本频道争夺对己有利的政治和经济议程。地方语言新闻记者对西方新闻价值体系的回应正是在这种背景下展开。

首先，即时性是唯一植入地方语言新闻记者职业意识形态认同中的西方新闻价值，但在实践中仍然会为频道的基本政治和经济关系所取代。例如，不利于频道所有者的民调信息和选举结果会被扣下。

---

① ROBIN J. India's newspaper revolution：capitalism，politics and the Indian-language press [M]. London：Hurst & Company，2000.

② NEYAZI T A. Cultural imperialism or vernacular modernity? Hindi newspapers in a globalizing India [J]. Media，culture & society，2010，32 (6)：907－924.

③ STÅHLBERG P. Lucknow daily：how a Hindi newspaper constructs society [D]. Stockholm University，2002：40.

其次，与英语新闻相反，客观性没有纳入地方语言新闻记者的价值体系中。由于市场压力和频道所有者的政治倾向与商业利益，记者们经常生产一些缺乏中立性甚至有特定观点的新闻，很多记者对此并不抵触，认为做不平衡的报道是没有问题的，大家关心的只是目标受众到达率。

此外，服务公众也是西方记者职业意识形态之一。在西方语境下，服务公众是指让受众获得及时和真实的信息，使他们能够理解复杂的问题并参与公共生活。但在印度地方语言新闻记者的解读中，受众了解新闻的偏向性，他们观看特定频道的目的正是获得与自己偏向性一致的新闻和分析，记者通过提供受众想要的信息来服务公众。还有一些记者认为，作为为私人利益集团资助的频道工作的记者，他们最重要的任务是为雇主而非公众服务。

同样，西方新闻伦理也并不被纳入印度地方语言新闻记者的职业意识形态中。其中，许多记者提到他们会对没有购买频道广告的企业进行负面报道，对与频道所有者敌对的政治和经济利益集团进行恶意攻击，采用“钓鱼式调查”[①] 方法制造新闻，以及与政治家密切交往，忽略对他们不利的报道以换取未来的好处。大多数记者认为这些行为只是“工作的一部分”。

西方新闻职业意识形态还包括媒体机构自治和独立性，但在印度地方新闻的实践中，所有记者都感受到各种工作中的限制，区别仅在于限制的程度和类型，报道的角度和倾向被明确地指示，记者被强迫报道某些事件和个人，而一些违背频道立场的报道会被要求放弃，这些限制又进一步导致了记者普遍的自我审查。

印度英语新闻业接受并改造了西方新闻观念，对西方模式秉持仪式性顺从的态度，但地方语言新闻业反映出与西方新闻观念和日常实践的双重脱钩。虽然记者没有明确否认西方新闻价值或者职业意识形态，但他们还是倾向于将除即时性以外的新闻价值视为不可实现的、不实用的，认为这些新闻价值对他们的工作基本没有意义。

一位印地语记者说：“我认识的在这个领域工作的人中，没有人真正相信这些新闻价值在新闻业中真的起作用。你可以说它们几乎无关紧要。”印度地方语言新闻记者的身份认同更倾向于媒体所有者的雇员，许多记者认为最重要的素质是能够从一个媒体无缝地进入另一个媒体，适应媒体不同的立场，并成功地执行任务，“可以做任何真诚雇用我的组织所要求的事情”[②]。

---

① 即卧底记者诱使个人采取非法行为，然后声称发现了丑闻。

② CHADHA K，KOLISKA M. Playing by a different set of rules：journalistic values in India's regional television newsrooms [J]. Journalism practice，2016，10 (5)：608 - 625.

案例分析

结合阅读材料，思考印度英语新闻业是如何对西方新闻观念进行理解和改编的。

《印度英语新闻业对西方新闻观念的理解和改编》

地方语言在某种程度上挑战了记者全球职业意识形态的普遍主义假设，也展现了印度和西方新闻关系的另一种形态。印度地方语言媒体雇用几乎未经训练的记者，这些记者的新闻价值观可能来自对指导媒体实践工作的规范和价值的社会化，而不是独立的职业意识形态[1]；地方语言媒体也会采用非专业人士撰写的新闻稿，这些稿件通常未经编辑或事实核查[2]。在这种情况下，很多地方语言媒体的新闻选择没有模式化的标准，它们遵循的是“来提供你的新闻”（the come and give your news）的原则，在特定语言受众所居住的有限范围内收集小的、琐碎的、发生在普通人身上的普通事件。[3]

此外，在英语媒体采用客观性、中立性原则的同时，作为其对立面的地方语言媒体则被视为全球化或全国背景下体现地方自豪感的手段。[4] 在发生民族冲突或宗教冲突时，具有强烈地方主义立场的地方语言报纸常常在本民族或宗教的立场上进行煽动性报道，助长仇恨、犯罪和混乱。

但这并不意味着地方语言新闻必须模仿英语新闻或西方新闻，一方面地方语言新闻业处于与英语新闻业、西方新闻业不同的文化和政治条件中，另一方面英语新闻业囿于精英性质和中立性原则，将宗教冲突和种族冲突塑造为反现代的、挑战合法性边界的狂热行动，而“以社群为中心的”接近人民的地方语言新闻更能阐明冲突中的异质性。[5]

在印度新闻业语境下，西方与非西方的新闻关系并不能预设为全球与地方、现代与本土的两个整体之间的关系。在西方与印度的新闻关系中，包含着西方新闻与印度英语新闻的关系、西方新闻与印度地方语言新闻的关系，

① STÅHLBERG P. Lucknow daily：how a Hindi newspaper constructs society [D]. Stockholm University，2002：180.

② O'BROCHTA W. Pick your language：how riot reporting differs between English and Hindi newspapers in India [J]. Asian journal of communication，2019，29 (5)：405 - 423.

③ NINAN S. Headlines from the heartland：reinventing the Hindi public sphere [M]. New Delhi：SAGE Publications India，2007.

④ NEYAZI T A. Cultural imperialism or vernacular modernity? Hindi newspapers in a globalizing India [J]. Media，culture & society，2010，32 (6)：907 - 924.

⑤ RAJAGOPAL A. Politics after television：Hindu nationalism and the reshaping of the public in India [M]. Cambridge University Press，2001：170 - 171.

甚至西方新闻与某个特定地方语言新闻的关系。在比较时，往往困于全球与地方、现代与本土的关系范式，但我们不能忘记地方之下还有地方，本土之中也有本土，只有跳出二元关系，回归最基本的地方性，才能呈现多元新闻关系的真实样态。

第三节　全球媒介伦理建构的融合路径

媒介伦理在全球化历史中展开，如何构建一套国际的、具有包容性的、适合全球的媒介伦理成为值得思考的问题。全球媒介伦理建构的主要任务是为全球新闻媒体时代的新闻实践制定一套全面的原则和标准，其行动目标似乎很明确，比如：从更广泛的目标上重新诠释新闻学的目标；构建新的原则作为全球新闻业的评估指南，并重新诠释现有观念；将这些想法应用于事件的报道中。[①] 但问题是，这依然摆脱不了规范性道德的弱点，即忽略道德的历史性与情境性。

全球媒介伦理可以分为四个层次即个人层次、组织层次、国家层次和国际层次，每一层次都涉及不同的伦理准则要求。[②] 个人层次包括追求真实与客观、对社会负责、尊重隐私与人的尊严、最小伤害等；组织层次包括生存、盈利能力、合法性、专业性等；国家层次上，威权国家追求秩序，自由主义国家追求自由平等，社会责任论主导的国家追求平等，社群发达的国家追求团结；国际层次涵盖自由而均衡的流动、接近与参与、传播权利与责任以及国际合法性。

这种分类注重的是新闻道德的确定性与普遍性，难以回应新闻道德实践中的难题：如何理解各民族文化传统中的伦理思想与全球媒介伦理的联系？如何看待和处理在运用同一准则时，由于文化差异、理解差异和具体运用所引发的分歧乃至冲突？

一、全球媒介伦理比较的思维路径

全球媒介伦理比较是从反思一元论和道德客观主义开始建构的。一元论认为，只存在一个合理的价值体系，对所有人类而言，无论何时何地，都是

---

① WARD S J A. Ethical flourishing as aim of global media ethics [J]. Journalism studies, 2011, 12 (6): 738 - 746.

② TEHRANIAN M. Peace journalism: negotiating global media ethics [J]. Harvard international journal of press/politics, 2002, 7 (2): 58 - 83.

相同的。这与普世主义（universalism）的价值观不谋而合。普世主义认为，存在着普遍有效的规范和价值观，亦即不限于一时一地，而对任何时代、任何地方的几乎所有人都具有形式合法性和道德约束力的规范和价值观。

普世主义一度在世界盛行，但批评接踵而至。首先，它坚信一种价值观体系对任何时代、任何民族来说都是有效的，这不免陷入道德教条主义，而且助长专制与不宽容；其次，实际上这种普世的价值观并不能代表普遍的共识，而只能代表“白人、盎格鲁-撒克逊人，新教徒和基督教的意识形态共识”[①]。世界上没有人能够知道所有国家或地区的所有人的价值。这样的批评似乎让普世主义陷入一种伦理相对主义的旋涡中。

（一）伦理相对主义

文化相对主义是伦理相对主义的重要来源，为其提供了大量经验案例。通过民族志的实地考察，人类学家发现世界上各文化之间存在文化差异，且各文化的价值具有不可比性。各个民族的文化是在其各自特定的自然环境和文化环境下形成的，文化的价值是相对的，不存在一个能判断不同文化之优劣的普适于一切文化的价值标准，生活于某一文化形态下的社会成员无权评判处于别的文化形态下的社会成员。因此，将欧洲的文化视为先进文化，将其他地区与民族的文化视为劣等文化，这种原始进化论的做法实质上是民族中心主义（ethnocentrism）。

伦理相对主义的相应观点是，道德规范、道德原则和道德体系总是具有特殊性、多样性、条件性和不确定性，不存在普遍有效的和必不可少的道德价值，不同道德标准的正确性是相对于不同的个人和不同的社会来说的。对于一个人或社会是正确的，对于另一个人或社会则不必是正确的。一个人以某种方式行动是否正当，是完全依据或相对于他所属的社会来说的。道德评价只有相对于特定的社会、民族、文化或时代才是确定的和有效的。

伦理相对主义一方面通过理性怀疑各类所谓的道德权威，反驳道德客观主义的各类论证，另一方面又重视经验，从道德实践中汲取养分。它是一元论和普世理论的批判者，反对盲目崇拜权威，强调在科学的、实践的基础上做出判断，同时从非理性主义、反理性主义那里汲取养分。这意味着以一种更加开放、宽容的心态面对世界不同国家与地区的道德伦理，以及形色各异的文化，形成文化间的相互理解与尊重，有利于文化间平等的交流，同时，对西方中心主义、霸权主义也起到了很好的抵制作用。伦理相对主义让我们认知到了世界各民族地区伦理的差异性，对建构全球媒介伦理具有重要启发。

---

① NIKOLAEV A G. Ethical issues in international communication [M]. Springer，2011：9.

但是伦理相对主义也有缺陷。其一，伦理相对主义必须面对自身命题的悖论，在断言世界上所有价值观都是相对的，不存在普遍的伦理的时候，这种断言本身也陷入了独断。

其二，世界上的道德准则如果只是孤立的、各不相同的、差异性的存在，那么在一个没有共性的条件下全球媒介伦理的交流根本不可能，甚至引发道德矛盾与道德冲突。这些道德矛盾与道德冲突在伦理相对主义者看来是不可避免的，也是无法解决的。

其三，极端的伦理相对主义者对不同民族、国家、地区、社会、阶层、语言、文化等表现出的多样性和相对性感到迷茫，对人类道德的普遍性和共性丧失信心，以至于将道德看作完全主观、可有可无的东西，最终也将落入道德虚无主义的陷阱。

其四，伦理的相对性强调的是静态的差异，而缺少发展的眼光与历史的视角。同一文化在不同历史发展阶段、不同文化在同一历史发展阶段都有可能发生变化，不同文化之间还有可能发生交流与交融。伦理相对主义将这种道德变化的可能性抹去，看重对某一时期经验、材料的简单静态分析，忽略更深层次的动态性与实践性，无法关切现实。

其五，道德总是相对性（特殊性）与绝对性（普遍性）的辩证统一。伦理相对主义只看到全球各地区、各民族道德中的差异，看不到共同点，实则割裂了道德的普遍性与特殊性、客观性与主观性、绝对性与相对性之间的联系，过于夸大全球道德中的特殊性、主观性与相对性，忽略了其中的普遍性、客观性与绝对性。

其六，伦理相对主义将伦理规范性的相对性绝对化。如果只看到道德相对性的一面，忽略道德普遍性的一面，则容易使跨文化与跨国原则失去关联性。因此，将文化相对主义拓展至伦理领域是不合适的，不能将文化相对主义与伦理相对主义混为一谈。

（二）伦理多元主义

在对道德一元论、伦理相对主义的批判与超越的基础上，伦理多元主义（ethical pluralism）应运而生。它认为在一元论与伦理相对主义之间存在一个中间地带，即某一价值观念（体系）有理由比其他价值观念（体系）更具合理性。同时，很多表面上的伦理差异反映了共同价值的多元化阐释、应用和理解。由此，伦理多元主义构成了伦理相对主义（以及分裂趋向）和一元论（以及种族中心主义或殖民地化）的中间立场。这就是跨文化伦理多元主义范式。

在伦理多元主义者看来，不同民族、不同国家的伦理准则均可以被归入一个更大的框架之中。多元主义意味着特殊性和普遍性的共存。在特殊性的层次上，通过参考选择的情景，在相互冲突的多元价值之间做出理性选择是可能的，这种情景包括背景性的善观念；普遍性则在更为抽象的层次上，多元主义的形式特征本身表明了普遍适用的伦理规范。这样，建立一套适应全球的、多元统一的伦理体系是可能的。

二、全球媒介与多元责任诉求

媒介伦理的发展大致有五个阶段：

第一阶段是 16 世纪至 17 世纪，新闻业伦理话语已经出现。编辑向读者保证，他们根据“事实”印制新闻。

第二阶段发生在 17 世纪至 18 世纪的启蒙运动时期，此时“报纸作为公共领域”而存在，特别是在英国、法国和美国，新闻声称是公众的论坛，保护公众的自由不受政府侵害。

第三阶段，新闻界成为民主不可或缺的部分，新闻被定义为首先服务于自治的大众社会。新闻业的角色是大众的教育者、自由社会的倡导者和反对暴政的自由的保护者。

第四阶段，自由主义进一步发展，对自由主义的发展与批评贯穿了整个 20 世纪。20 世纪初，客观新闻学兴起，新闻专业主义确立，新闻界强调自身有责任客观地报道新闻，记者应该保持平衡、中立的态度，将观点与事实分开。随着《哈钦斯报告》的发表，20 世纪 50 年代，社会责任论兴起，对自由主义理论进一步修正，它强调新闻业在追求新闻自由的同时应该兼顾社会责任。到 20 世纪后半叶，记者被要求为更多的目标服务。60 年代的越战（以及越战中的“五角大楼文件案”）让反战派的激进主义新闻工作者质疑客观报道，支持公民权利，强调新闻的目的不仅仅是报道，还要通过公平地代表和授权许多团体来实现更公平的社会；公共新闻认为，新闻学的主要目的是重新激发公众对政治参与的热情，创造条件让公民参与公共事务。共产主义者呼吁新闻界加强社区建设，而不是鼓励个人主义；女权主义者寻求新闻不要贬低妇女，要促进公民之间的关爱。

第五阶段，20 世纪 90 年代末，客观专业的模式受到新的挑战。此时互联网兴起，传统媒体与新媒体并存，新闻业进入“混合媒体”（mixed media）阶段。从 1995 年美国新闻网站德拉吉报道（Drudge Report）的创立开始，公民新闻（也叫参与式新闻，participatory journalism）崛起，非专业的公民记者和博客作者参与到新闻生产中来，专业的新闻记者的身份受到挑战，新闻业“把关人”的概念也受到挑战。

全球化背景下互联网带来的全球传播推动全球媒介伦理的兴起。全球化经历了几个世纪的发展，逐步打破地域之间的孤立与隔阂，也让全球不同文化发现了彼此及彼此间的差异。从印刷传播时代（文字传播时代）到电报传播时代、电视传播时代，无论是文字还是信号，其传播的空间范围仍然是有限的。从来没有一种技术像互联网这样让全球信息流通几近畅通无阻，以至人们不得不考虑跨境新闻的影响。

不客观、有偏见的报道可能会煽动种族之间的矛盾，激发群体之间的冲突，导致双方相互攻击。在一个价值观多元、宗教多元、种族多样的地球村中，我们生活的世界并不平静。在这样的环境下，媒介产生的全球影响要求媒介承担全球责任。新闻业应当成为文化理解的桥梁，新闻媒体应以反映全球多种观点的方式报道事件，以帮助不同的群体相互理解、避免冲突，而非囿于某一地区、某一民族、某一种族，站在一方的立场上煽动对立。

同时，在全球化时代，也面临着全球性的问题，如贫困问题、环境问题、政治经济发展不平衡问题，这些问题需要采取协调一致的全球行动。这需要新闻工作者共同构建公平、知情的媒体，促成全球问题的解决。如果没有全球媒介伦理，就很难批评其他媒体的做法。

一方面，我们生存的环境要求我们寻找全球媒介伦理的路径；但另一方面，我们面对的现实是，当今世界上众多新闻道德准则中大多数是针对地方、地区或国家媒体的。关于记者是否对公民以外的人负有责任，很少有人提到。同时，我们发现全球伦理的某些要素似乎存在。确立一套全球媒介通用的伦理标准，这样的尝试似乎一直在进行，至少可以追溯到冷战时期。

1954 年国际新闻工作者联合会通过了《记者行为基本原则宣言》。此项国际宣言被正式宣布为从事新闻采访、传播、发行与评论者，以及从事事件之描述者的职业行为标准。它对新闻工作者作出以下要求：尊重真理、尊重公众知晓真理的权利；在任何时候都要捍卫自由收集信息、诚实发布信息及对事件进行一定评论和批评的权利；只能通过公正的方式获得新闻、图片和文件；等等。

20 世纪 70 年代末，联合国教科文组织又颁布了《大众媒体宣言》（Mass Media Declaration），强调媒介存在一些共同的伦理规范。20 世纪 80 年代，联合国教科文组织的研究报告《多种声音，一个世界》《国际新闻职业伦理原则》，以及在职新闻工作者咨询俱乐部发行的《新闻职业道德》，都在尝试整合出一个全球性的媒介伦理准则。纵观这些尝试，其中内含一种认知，即有一种普适性的伦理存在，能够适用于全球各个地区与国家。这其实还是一种一元论的思维。

诸多的全球性准则似乎都指向全球媒介伦理，但学者们认为，全球媒介伦理的真正起点是20世纪90年代初，当时本土与全球之间的紧张关系开始主导着媒体发展的学术和政策讨论，尤其是在发展中国家。[①] 在此背景下发明的“全球本土化”概念指向全球与本土之间的共生程度，即世界在压缩，同时世界作为一个整体的意识在加强。媒体的成功似乎在很大程度上取决于其能否将地方变量和全球变量调和成统一的政治和文化参考框架。

“9·11”事件之后，更多人看到了不同国家、民族、文化之间的冲突与对立，在地球村中，村民并没有享受到相互之间面对面的亲密交流，而是生活在一个主要由政府媒体垄断或商业媒体寡头垄断的中介世界中，它们构建“他者”的形象，推广特定商品和身份。这两种形式的媒体往往将“他们”与“我们”对立起来。[②] 于是，人们主张在全球推行“和平”这一核心价值，并在此基础上建构可持续的媒介伦理。这催生了一种新的新闻形式——和平新闻（peace journalism）。在这一语境下，全球媒介伦理试图在更大范围内容纳全球共同价值。

三、全球媒介伦理建构的反思性

以德性伦理的视域来探讨媒介伦理，就会把目光投向这样的问题：媒介实践应具有怎样的社会功能？什么是好的媒介实践？媒介实践的内在目的是什么？进而沉浸于媒介实践，反思有德性的媒体人应如何把握“适当”，分辨什么是适当的时间、适当的场合、适当的人、适当的原因，会用适当的方式感受各种感情，由此理解全球媒介伦理建构的反思性。同时，在通向“去中心化”的媒介世界中，全球媒介伦理应参照后殖民主义理论、批判理论、跨文化传播理论，建构自身的反思性。

后殖民主义理论一直在反对已经确立的、以西方为中心的殖民话语。它敦促学者从欧洲中心主义的狭隘理论中解放出来，因为之前的欧洲中心主义话语要么完全忽略了世界上的其他地方，要么忽略了世界其他地区实践的复杂性。从这一视角出发，全球媒介伦理研究者们思考全球与本土的动态关系，反思以西方为中心的理论。可以说所有以“后殖民主义”为名的批判实践都试图摆脱西方作为世界中心的地位，超越以西方为中心的历史主义，超越自我/他者和中心/边缘的帝国二元结构，并最终超越任何形式的帝国主义。

在后殖民主义理论的引导下，一些来自前殖民地区的学者从本土出发，

① KALE D W. Peace as an ethic for intercultural communication ［M］ //SAMOVAR L A，PORTER R E. Intercultural communication：a reader. 9th ed. Belmont，CA：Wadsworth，2000：450－455.

② TEHRANIAN M. Peace journalism：negotiating global media ethics ［J］. Harvard international journal of press/politics，2002，7（2）：58－83.

试图建立多元的全球媒介伦理，尤其是非洲这个深受殖民影响的地区的学者，他们渴望建立一套属于非洲自己的媒介伦理体系，摆脱欧洲带来的影响。但这也引发另一种极端：重视地方媒介伦理实践，强调地方文化的特殊性，走向伦理相对主义。伦理相对主义在对抗一元论、摆脱西方中心主义上有优势，但最终仍旧陷入道德虚无主义的泥潭，不认同全球媒介伦理的存在。到头来，偏向于本土媒介实践而无法进入一个全球对话与交流的状态。

批判理论是指通过揭露制度和文化中的霸权（如奴役、不平等、压迫等）对畸形社会的制造和复制，启蒙人的自觉、反抗的意识和能力，以获得自由、解放的理论。从批判的角度来看，专业新闻伦理与自由主义所基于的偏见和局限性相同。自由新闻理论以启蒙思想为基础，这些思想形式是男性、以欧洲为中心、个人主义和普遍主义。

而批判理论提供了一种反叙事，它坚持将本土知识框架和当地生活经验纳入总体的全球媒介伦理中。比如，在思考西方的自由、社会责任这些原则的时候，不能直接将其嫁接到非洲本土。在非洲记者的实践中，他们对自由、社会责任的理解有其情景化的解释，与原本西方的理解并非一致。而且，非洲内部的复杂性与多元性也应该被考虑在内。在这种批判反思中，对“去西方化”的强调使讨论变得丰富起来。

在讨论媒介伦理原则时，“去西方化”还意味着使用跨文化比较，并适当重视非洲、印度和东方的伦理制度。接受批判理论和跨文化的方法，让我们避免陷入两种极端的境地：一种是对本土情况不敏感的普遍主义；一种是相信每种新闻文化都有不同价值，其他传统没有什么可借鉴的地方。

批判理论在主体性的视野里反思权力支配关系，使主体重返社会经验，恢复道德主体的选择能力，在恢复人的交往理性的过程中通向相互交往的主体，进而在相互尊重、相互开放的伦理对话中建构全球媒介伦理。跨文化传播理论进一步促进人们转向主体间性，反思“尊重他者”的道德行为可能隐藏的傲慢与偏见，以及文化间伦理的相似性可能掩盖的差异与冲突。

其结果是，从主体性的道德价值“尊重他者”转移到“从他者出发”，每一个处于传播关系中的人不再仅仅以自我文化的善意或普遍的善意对待他者，而且要理解他者需要怎样的善意；也不再仅仅考虑对他者文化的伦理知识进行语境化的理解，还要进一步思考如何产生互惠性理解，即在对话与合作中的理解，超越把他者文化的伦理当作知识理解与兴趣满足的局限，在伦理差异中形成互补性知识，强调伦理观念的互相印证。

由此，上述三种反思把人置于全球与本土关系、权力支配关系和伦理对话关系之中，形成了在关系中建构全球媒介伦理的可能性。这种可能性正在媒介伦理实践中得到某种显现。

案例分析

从全球媒介伦理比较的角度，分析中东、欧洲、美国、中国的不同媒体对难民新闻的报道，注意其中全球与本土的关系以及去西方化的讨论。

全球媒介伦理比较案例

四、全球媒介伦理的跨文化路径

回到人的交往关系中探讨全球媒介伦理建构，常常通过对全球各地的媒介伦理实践与文本进行比较，建立一套“去西方化”的、适应全球的媒介伦理。

针对欧洲、北非、中东以及亚洲的伊斯兰国家的一项媒介伦理比较研究，将真实性和客观性提炼为新闻业的核心价值，而其他的媒介标准则呈现出地区间的多元性。[①] 比如，在隐私和公共问题上，跨文化的共识是存在私有/公共二分法，个人和家庭这些私人领域需要保护，但并非“东方的私密性对西方的公共性”这么简单。很多伊斯兰的伦理准则也寻求在隐私与公共之间保持平衡：中亚独立电子大众媒体协会规定“电视和广播新闻记者无权报道未经其允许的个人生活细节”；吉尔吉斯斯坦媒介伦理准则规定，“除非采取旨在保护社会利益的行动，否则不得干预个人的私生活”。归根结底，西方伦理与东方伦理的二分法无法作为一般范式。

如果不去寻找全球共通的、共同存在的东西作为标准，那么全球共识无法达成，全球媒介伦理更无法建立。文本比较分析过后，一般的方法是提炼出“普遍存在的伦理”，作为全球媒介伦理的哲学基础，来解决种种分歧。但这种方法常常掩盖了伦理差异与冲突。跨文化的路径转而寻求把普遍存在的伦理归结为“原始规范”，假设它根植于全人类的共识，通过探讨全球媒介伦理的各种理论立场，运用伦理多元主义的思路，在全球与本土之间进行调和。

这种选择基于两个事实：其一，随着时间的推移，价值观念会发生变化；其二，不同文化对价值观念的解释不同。同时，直面当下的事实：全球知识生产和分配不平等。因此，普世价值不再被理解为超越性的观念，而被理解为嵌入特定语境中的原始规范，因为普遍性和特殊性是紧密联系在一起的。伦理应该从人类对话的经验中产生出来，只有通过新闻伦理的跨文化对话，

① HAFEZ K. Journalism ethics revisited：a comparison of ethics codes in Europe，North Africa，the Middle East，and Muslim Asia [J]. Political communication，2002，19（2）：225－250.

才能建构充满对话性的全球媒介伦理。

然而，现实的伦理对话并不乐观，运用多元化、调和的方法，在建构全球媒介伦理的时候尽量考虑到各方因素的影响，将学者、新闻生产者、媒体内容消费者、媒体用户、媒体拥有者、媒体专业协会、媒体非政府组织等这些因素都考虑在内，似乎带来了某种可能性。

首先，伦理对话强调存在共识，但要在各文化中寻求特殊性的解释。究其本质，它仍然是世界主义的，只不过将这种世界主义化约为"原始典范"。这种"原始典范"建立在全人类的伦理的基础上，这有可能扩大伦理基础，让这个基础变得大而空泛。

其次，在西方与非西方的关系上，由于非西方不可避免地受到西方的影响，因此要追问的是西方的伦理准则是如何进入非西方世界的，经过反思找到解构权力关系的方法。非洲曾经长期属于欧洲国家的殖民地，在此期间，非洲法属国家没有媒体，只有法国人才被允许拥有媒体。非洲独立后，西方为第三世界国家提供新闻学教学。非洲对西方的依赖，对西方内容不加批评地引进，使得西方的新闻价值观、意识形态由此传入非洲。

在中东，媒介伦理守则的内容各不相同，但它们通常强调自由、责任、隐私、公平、客观和信息获取。中东制定的最新伦理准则已开始纳入道德观念，例如自由、平衡和独立，这些观念通常与西方新闻业有关。① 例如，设在中东的半岛电视台采用的是全球伦理标准，即西方伦理标准。因为只有设定这样的伦理标准才能更好地进行国际传播。在土耳其，制定《新闻界专业守则》的时候，写入新闻发布会保证通信自由等条款，在大多数段落中体现欧洲标准。土耳其因为已经取得了欧盟候选人的地位，所以不得不采取欧洲标准，以便为欧盟所接纳。这一切均指向世界信息与传播秩序的不平等，这一既定事实不改变，谈"去西方化"将只是梦幻泡影。

最后，尽管一部分人强调全球与本土的调和，既照顾到全球媒介伦理，又兼顾本土文化，但回到现实中，有时候西方伦理/全球伦理与地方伦理之间无法实现调和，二者甚至是冲突的。比如，公正报道被认为是全球媒体应该遵循的，但在报道巴以冲突相关的新闻方面，此法并不十分有效。半岛电视台的崛起与对第二次巴勒斯坦起义的深度报道有关，这让半岛电视台在中东建立了公信力。但是半岛电视台在报道巴以冲突时，则放弃了公正报道。在被问及报道巴以冲突的专业标准时，频道主编艾哈迈德·阿尔·斯凯克（Ahmad al Skaikh）是这样说的：

---

① AYISH M，RAO S. Introduction：explorations in global media ethics [J]. Journalism studies，2011，12 (6)：718－726.

> 我们的目标并不完全是报道事实……战争必须以结束战争为目标，真正引导的价值并不是公正，而是寻找可以结束战争的东西。新闻业中公正和客观的伦理标准不能保证弱势群体巴勒斯坦人得到公正的代表权，他们有权在新闻媒体中讲述自己的故事，半岛电视台承担了这一任务。阿拉伯新闻工作者必须发展自己的方式来报道巴勒斯坦问题。这种报道可能符合或可能不符合全球新闻学所倡导的公正和客观的理想。但是，对于他们中的许多人而言，根据他们对这些专业理想的理解，这仍然是符合伦理和平衡的。[①]

调和的想法变得不切实际。加拿大裔的皮耶维（J. Piecowye）是阿联酋英语栏目《光线》（Lightline）的主持人。作为一个在阿联酋已经定居5年的人，他对阿联酋十分了解。在一次节目中，就是否要谈论一对英国夫妇在街头接吻的话题时，他陷入了纠结：这在英语节目中并不存在禁忌，但是按照伊斯兰教义的规定，情侣公开进行亲密行为是不对的。纠结之后，他最终采取了本土的伦理，没有谈论这一“禁忌”话题。阿联酋一直试图通过将自己展示为一个开放和进步的社会来吸引游客，同时又试图维持伊斯兰文化。尽管阿联酋正逐渐与全球媒体实践融合在一起（许多广播公司员工都是外籍人士），但媒体内容仍在很大程度上受到当地伊斯兰文化和道德规范的影响，而不是从西方引进的规范和规则。[②] 全球的伦理准则似乎很难进入本土实践中。

你怎么看？

阅读二维码里的访谈材料，讨论建构全球媒介伦理的可能性以及面临的困难。

《全球媒介伦理的多重对话与多重实现》

至此，全球媒介伦理的发展路径清晰地呈现在眼前。西方中心的、一元论的全球媒介伦理曾经被视为理所当然。在后殖民主义、后现代主义、批判理论等理论的滋养下，全球媒介伦理的发展逐步突破以西方为中心的“一元论”的想法，在本土建立起自己的媒介伦理理论，走上了伦理相对主义的道路。但是，这条道路遭遇了诸多的挑战，一套去西方化、去中心化且基于全球的、多元的全球媒介伦理被认可，伦理多元主义打开了人们的思路。

---

① AL-NAJJAR A. Contesting patriotism and global journalism ethics in Arab journalism [J]. Journalism studies, 2011, 12 (6): 747-756.

② PIECOWYE J. Negotiating global and local journalism ethics: a case-study of how a local Dubai radio talk show covered the arrest of a couple for kissing in public [J]. Journalism studies, 2011, 12 (6): 816-825.

但是，困境再次出现了。似乎全球媒介伦理只能要么偏向全球，要么脱离全球，介于全球与本土之间。偏向全球只能继续回到原来的西方一元论的世界，滋生世界主义、普世主义的因素；脱离全球，只能是摆脱西方中心主义，再建一个“非洲中心”“亚洲中心”，让全球对话失去可能，全球媒介伦理失去意义，甚至陷入伦理虚无主义；介于全球与本土之间的调和似乎是一种美好的设想，但它仍不可避免地为一种西方霸权主义的力量所裹挟，在现有世界信息与传播秩序不平衡的情形下，构建一个基于全球又兼顾本土的全球媒介伦理秩序是困难的、不切实际的，它仍面临各种质疑。当它进入实践，便会陷入种种窘境。象征性将“他者”包括在内，以作为一种手段来验证现有的、占主导地位的框架的霸权，这可能会（尽管无意间）导致伦理相对主义，再次陷入无法交流的情境之中。

当真正体会这一困境时，我们就会转向跨文化传播，即强调每一个传播参与者的主体性地位，谋求在不同文化背景的传播者之间建立某种具有主体间性（inter-subjectivity）的相互关系，这对于全球媒介伦理建构尤为重要。

在传播方面，卡尔（David W. Kale）明确表示，通过破坏他人对于其自身观念以及人类精神的尊严和价值的方法进行传播，是不道德的。基于这样的理解，卡尔进一步提出了跨文化传播中全球化道德准则的四原则：（1）对不同文化的人采取他们自己希望得到的尊敬态度；（2）尽可能准确地描述你所感知的世界；（3）鼓励其他文化的人用他们独特的方式表达自己；（4）努力寻找同其他文化的人的共同点。① 也就是说，只有在相互尊重的基础上尽可能表述自己并倾听他人的表述，在表述与倾听中寻找共同点，达成共识，跨文化传播活动才能回避冲突，达到和平。“倾听”作为一种媒介伦理概念可以利用新媒体技术提供的机会来促进更大的参与度和互惠性。② 也只有这样，全球媒介伦理的建构才能真正体现出以人为目的。

从本质上讲，跨文化传播的媒介伦理追求就是促进全球媒介伦理的全球理解。它的思维逻辑在于将“我与他”的主客体思维转换为“我与你”的主体间性思维。而后，进一步将主体间性转换成文化间性，形成文化的互惠结构，提高每一个个体超越自身和与其他文化互动的能力，从而建构完整的自我意识。③ 这种基于动态的、全球对话状态的全球媒介伦理建构，摒弃了之前静态的媒介伦理建构的弊端，在伦理融合意义上促成全球媒介伦理。

---

① KALE D W. Peace as an ethic for intercultural communication [M] //SAMOVAR L A, PORTER R E. Intercultural communication: a reader. 9th ed. Belmont, CA: Wadsworth, 2000: 450 - 455.

② WARD S J A, WASSERMAN H. Open ethics [J]. Journalism studies, 2015, 16 (6): 834 - 849.

③ 单波．跨文化传播的问题与可能性 [M]. 武汉：武汉大学出版社，2010：26.

扩展阅读

1. 屠苏．国际传播：沿袭与流变：第3版［M］．胡春阳，姚朵仪，译．上海：复旦大学出版社，2022.

2. 麦克费尔．全球传播：理论、利益相关者和趋势［M］．张丽萍，译．北京：中国传媒大学出版社，2016.

3. 单波，石义彬，刘学．新闻传播学的跨文化转向［M］．上海：上海交通大学出版社，2011.

4. THUSSU D K. Media on the move：global flow and contra-flow［M］. London：Routledge，2006.

5. WARD S J A. Ethical flourishing as aim of global media ethics［J］. Journalism studies，2011，12（6）：738－746.

6. PHILIP S. Al-Jazeera English：global news in a changing world［M］. New York：Palgrave Macmillan，2012.

7. BOYD-BARRETT O，MIRRLEES T. Media imperialism：continuity and change［M］. Rowman & Littlefield，2019.

8. MUTSVAIRO B，BORGES-REY E，BEBAWI S，et al. Ontologies of journalism in the Global South［J］. Journalism and mass communication quarterly，2021，98（4）：996－1016.

9. PALMER L. The fixers：local news workers and the underground labor of international reporting［M］. Oxford University Press，2019.

10. SCAMMELL C，BIELSA E. Cross-cultural engagement through translated news：a reception analysis［J］. Journalism，2022，23（7）：1430－1448.

思考题

1. 请寻找特定的案例，说明边缘的声音如何在全球新闻流中被听见，并分析听见后的效果。

2. 寻找全球新闻对话的案例，说明拓展新闻传播权力关系的可能路径。

第九章

中国新闻话语实践的中国性与世界性

自近代以来，中国被卷入现代交往体系，中华文明与西方文明、传统与现代的冲突带来绵延不绝的认同危机，由此生发出中国性与世界性的问题。中国性直接面对民族认同、文化认同和中华文明认同，一方面通过“同源论”的角度建构中华民族的内在同一性，另一方面又通过“融合”说、“多元一体”说建构中华民族的融合性、多元性和一体化。而杜维明的“文化中国”说超越地缘、血缘和根源的想象，建构中华文化的世界意义空间，使得全球语境中的中国性指向开放性、多元性和自省性。①

与此同时，中国性始终在与世界性的参照中得以建构，中国的特性与世界的共性相互印证，在多元互动中不断生成文化间的权力关系或文化兼容性。如此一来，中国性所建构的主体性隐含关系性和自我反思性，并意味着沟通性。如果无法沟通世界，那么无法确证中国具有何种特性，能够给世界带来什么“方法”或“视角”，更无法在参与世界普遍主义的建构中显示自身的存在。

中西方的交往与碰撞催生了中国近代新闻业，随着中国邸报传统与西方现代新闻业的对接与转化，以及现代化比较视野把中国新闻业作为一个特殊“样本”进行审视，新闻业的中国性与世界性成为贯通历史的新闻话语实践。最后这一章将以新华社“建设有中国特色的世界性通讯社”的话语实践为样本，理解中国式现代化语境下的新闻比较路径。

一、调适与抗衡

在第一章的讲述中，我们已经体验到，自近代以来，中国新闻业一直深陷于不平等的新闻世界，很少能发出中国声音。红色中华通讯社时期的新华社还只限于对外播发少量电讯，抄收国内外通讯社的新闻。到抗日战争前后，一批来华记者以世界性的视野传递中国声音②，特别是在 1944 年 8 月，新华

---

① 杜维明，刘梦溪．“文化中国”与儒家传统：杜维明教授访谈录 [J]．中国文化，1993 (1)：204 - 208.

② 单波，林莉．中国对外报道的“方法-目的”之惑：基于新华社对外报道的历史考察 [J]．现代传播（中国传媒大学学报），2019 (10)：36 - 41.

社对外英文广播开通，新华社转向一个重要问题：如何改进报道以更好满足外国读者的新闻需求，从而使世界听到自己的声音。其中的主要难题是如何调适中国新闻的中国性与世界性，以世界为方法报道中国，以此连通中国新闻与外国读者。

然而，新闻与宣传的非融合性带来了调适的不确定性。早期新华社的英文广播曾在国外产生了一定影响，据研究这段新闻史的美国记者李苏珊（Susan V. Lawrence）介绍，“新华社英文广播上天之前，美国官方关于中国的信息源是日本同盟通讯社，自接收到新华社英文电讯后，美国高层领导看到的中国华北战争图景，便有了急剧改观”①。英国广播公司则反应不一，有人认为收听延安的广播比收听南京国民党的广播效果要好，英国报纸上有了来自延安广播的中国消息，而有人反映延安广播里面“宣传”太多，他们可以用的很少。英国顾问林迈可（Michael Lindsay）也意识到，记者们脑海中更多的是宣传意识，缺少新闻专业意识，这使得中国新闻可能仍旧与世界相隔：“各分社的记者常常误以为自己在为一个会相信他报道中所说的一切事情的读者而写作，而实际上他们是为那些对中国形势不甚了解甚至抱有怀疑敌视态度的读者而写作，因而报道常常不能适应国外读者。”②

在中国性与世界性的相互调适中，新华社的新闻工作还是有了新的变化。比如，1946 年新华社总社对各分社提出“电讯要简练”的要求，使目光转向“新闻性”，便能够发现以下问题，如“新闻中夹杂过多的主观议论”，“有的导语和结束语类似标语口号，缺乏具体内容，不能起到导语或结尾的作用”等。正是在“新闻性”的层面上，记者发现了普遍性或世界性的因素，转向“学习人家（包括西方记者）那种简洁明快的笔调，画龙点睛的手法，凡事抓住要领的技能，以及事事说明出处的态度”，并且认识到只有在广泛学习和吸收之后才有可能理解自身，在新闻宣传作风上“创造我们独特的风格”③。此时的风格并非自我确证，而是在“读者”“敌我友”“他人”以及“西方记者”等各种因素会通后的再创造，中国性与世界性的调适又表现为政治性与新闻性的调适。

调适意味着既感知到了差异，又尝试着在差异之间辨别与反思，并在自我与他人的互动关系中改进自我。新华社外派记者张结在朝鲜战场采写国际新闻时，从外国记者身上看到了与自己所不同的地方，“虽然他们的采访、写作方法对我们来说不完全适用，但有一些做法是值得我们学习和借鉴的”，比

---

① 熊蕾．让世界听到中国的声音：新华社英语广播开播 60 周年纪事 [J]．中国记者，2004（10）：38－39.

② 刘云莱．新华社史话 [M]．北京：新华出版社，1988：34－35.

③ 同②63－64.

如自己吃力地问了许多问题后，对于要写什么却并不清楚，然而外国记者每天起床第一件事就是收听世界各地的广播，考虑在开城应注意什么问题，并且围绕问题收集材料，实际采访所用时间却并不多。由此他认识到，外国记者“收听世界各地的新闻和了解人们主要关心的问题，实际上也是采访工作的一部分，而这一点正是我们所欠缺的”①。

但是，这种吸纳外来经验的做法具有很大的偶然性，难以改变新华社外在于世界性通讯社的窘境。虽然新华社逐渐在朝鲜战争、日内瓦会议、万隆会议等一系列国际事件中崭露头角，但依然只是一个国内通讯社，中国声音依然微弱。1955年，对此极不满意的毛泽东要求新华社“把地球管起来，让全世界都能听到我们的声音”②。显然，一个“站起来”的民族国家，一个面向人类解放的现代转型国家，必须把自己与世界联系起来。由此，新华社逐渐开始从国内走向世界，新闻话语调整为“把新华社建设成为一个足以与西方各大通讯社相抗衡的世界性通讯社”③，使新华社面向中国新闻与世界新闻的竞争关系，成为具有新闻竞争力的主体，也面向一种双重“需要”，即“中国需要了解世界，世界需要了解中国”，中国新闻成为这种“需要”的中介。

1957年初，新华社社长吴冷西应邀访问路透社和法新社并考察埃及、巴基斯坦、印度、印度尼西亚四个国家的通讯社之后，感受到了新闻竞争的压力，觉得应该把“像路透社那样规模和效率的世界性通讯社”作为新华社的奋斗目标，同时基于当时的政治环境与社会条件又有所保留，只言“在亚洲和非洲同它竞争一番”④，由此规划出西方与非西方的新闻竞争空间。

达成建设世界性通讯社的目标，需要有通向世界性的方法。刘少奇在1956年对新华社的讲话中提出“学习塔斯社，同时也要学习资产阶级通讯社”，而且“要有批判，不要迷信，不要盲从”，不能学习塔斯社“死板得很，毫不活泼”的新闻格式，也不能因为立场不同而完全拒绝资产阶级的经验，“如果不敢强调客观的、真实的报道，只强调立场，那末，我们的报道就有主观主义，有片面性”⑤。

在此，新闻的世界性是超越自身片面性的有效参照。以他者的经验为参

---

① 张结．从朝鲜停战到越南停战：我学习采写国际新闻的第一课［M］//新华社新闻研究所．新华社回忆录：二．北京：新华出版社，1991：212.

② 毛泽东．让全世界都能听到我们的声音［M］//毛泽东新闻工作文选．北京：新华出版社，1983：182.

③ 吴冷西．新华社二十年［M］//新华社新闻研究所．新华社回忆录．北京：新华出版社，1986：374.

④ 吴冷西．在世界性通讯社的征途上［J］．中国记者，2001（8）：18－21.

⑤ 刘少奇同志对新华社工作的第一次指示［M］//新华社新闻研究部．新华社文件资料选编：第3辑：1953—1956．新华社新闻研究部，1981：417－418.

照超越自身的“主观主义”“片面性”，显示出对新闻工作的理性认识，导引出“新华社要成为世界性通讯社，新华社的新闻就必须是客观的、真实的、公正的、全面的”这一规律性认识，但随即又强调“同时必须是有立场的”，重点要学习的经验在于“资产阶级通讯社记者的报道技巧”，因为“他们善于运用客观的手法、巧妙的笔调，既报道了事实，又挖苦了我们，他们的立场站得很稳”①。由此，在克服“主观主义”“片面性”和“必须是有立场的”之间，形成了中国新闻主体性的内在张力。

在这种语境下，中国新闻既在他者的新闻世界里汲取新闻经验，又要与他者斗争，使中国新闻主体的力量对象化。1956 年，新华社即在《新闻业务》杂志开辟《世界性通讯社介绍》栏目，介绍西方新闻业的经验和方法，试图说明资本主义国家的通讯社是在市场竞争中发展起来的，而市场竞争又塑造了新闻报道的风格。例如，“美联社为了和它的对手竞争，使新闻写得新奇，大多都对每一个新闻事件，按照它的发展，用最快的速度作连续报道，绝不等到有了结果再做一次全面的叙述”。从读者角度出发，“为了争取新闻发布得快，把新奇的东西尽先告诉读者，美联社的新闻导语，是典型的倒装金字塔式的导语”②。

但与此同时，又不断强调“无产阶级新闻观点和资产阶级新闻观点是水火不相容的两种东西，中间没有调和的余地”，即使认识到新闻经验必然有相通之处和规律性认识，由此“在批判资产阶级的新闻观点的同时，并不排斥资产阶级新闻学中仅仅是技巧方面的一些对我们有用的东西，我们可以批判地吸收这些技巧，来为无产阶级的新闻事业服务”，但这些技巧也被认为是相互攻击和斗争的“武器”。③

在斗争的语境下，共通的、具有规律性的方法和经验，成为既可欲又可怖的东西。譬如，中国记者对路透社派驻中国的记者写的一篇报道的分析中指出，“它的内容是公正的，而且写得比较生动”，“普通的常识是：路透社发的消息绝不会违背西方资产阶级敌视共产主义的根本立场。可这篇报道北京的星期天的特写，为什么却会使人得到‘公正’的印象呢？这是因为它是一篇客观的报道”，但随即中国记者又指出“这位路透社记者并没有离开西方资产阶级的立场”，“以这类客观报道来增加它欺骗和迷惑读者群众的政治资本”④。想要认同公正、生动和客观的普遍性方法，但又因为对他者的深深怀

① 刘少奇同志对新华社工作的第一次指示［M］//新华社新闻研究部．新华社文件资料选编：第 3 辑：1953—1956. 新华社新闻研究部，1981：418－420.

② 美联社［J］. 新闻业务，1956（7）：40－43.

③ 本刊编者．资产阶级新闻观点必须批判［J］. 新闻业务，1957（12）：3－5.

④ 慎志．路透社的一篇特写［J］. 新闻业务，1957（2）：38－39.

疑和排斥引向了对其具有普遍性的新闻方法的怀疑和排斥，造成了中国新闻主体性建构的纠结和缺失。

将“我们”和“他们”的立场视为截然相对的，同时将这种二分法泛化到新闻领域，使得原本可沟通的新闻经验被人为分割：“立场”与客观、真实、公正、全面一样，都是普遍的，但后者是从“他们”那里学习来的，成为中国新闻主体性的组成部分。人民立场、阶级立场、官方主办等中国原则加上“他们”的经验，建构了斗争语境下的中国新闻主体性。而正是因为那些新闻经验被定义为“他们的”，所以当立场趋于绝对化时，就有可能从中国新闻中被剔除出去，使得建基于共通经验基础上的共同理解逐渐丧失。

到 1963 年，新华社的对外报道转向“同帝国主义、反动派和现代修正主义三个对手作斗争”，与此同时又要为亚非拉地区树立榜样，要尽快“占领阵地，扩大我们的影响”。但这很容易被当作“宣传”而不予理会[①]，无助于外国读者对中国话语的理解，以致英中了解协会（Society for Anglo-China Understanding，SACU）副会长费里克斯·格林（Felix Greene）直言新华社的“文风和表达方式是很缺乏感染力的”，对外宣传“从整体上说是失败的”；中国一些较为普通的政治词汇，如“修正主义、两条路线、矛盾、社会帝国主义、资产阶级法权”，它们所代表的一整套概念，“西方不关心政治的一般公众是不懂的”[②]。这些都在一定意义上说明，抗衡的新闻话语缩减了中国新闻面向世界的可能性，也遮蔽了从世界性视角看见中国的可能性。

二、参照与接轨

改革开放初期，系统地学习西方新闻业以改革传统新闻观念成为新闻人的共识，通过参照西方，建构中国新闻的开放性和丰富性。1978 年底，《新闻战线》复刊，几乎每一期都会有介绍国外新闻的信息。1981 年，新华社副社长李普在对外报道会议上提议收集西方记者关于中国的报道，“看他们对重大题目是怎样报道的，从中看出他们注意些什么问题，也可以学习人家的报道手法，了解读者的兴趣和读者的需要。他的每一篇稿子都是商品，他生产这个商品都要想着怎样推销出去”[③]。同年，新华社对外部发行《对外报道参考》半月刊，大量探讨西方新闻报道的技巧与艺术。

中国新闻改革也引起世界新闻界的关注，如注重调查报道、读者意见调

① 沈苏儒．对外报道教程：增订版［M］．北京：五洲传播出版社，2004：114.

② 熊蕾．让世界听到中国的声音：新华社英语广播开播 60 周年纪事［J］．中国记者，2004（10）：38－39.

③ 李普．关于针对性［M］//新华社新闻研究所．新闻论丛：五．北京：新华出版社，1984：40.

查等。[①] 与此同时，许多外国的新闻学者、新闻记者来华访问，中国新闻人也走出了国门去实地考察，为新闻改革寻求参照，中国新闻人和外国新闻人因此有了互相观察与互相补充的可能。

1978 年，美国新闻记者、纽约大学新闻学教授詹姆斯·阿伦森（James Aronson）应邀来华讲课。他在向新华社记者介绍西方新闻知识的时候，有意识地切近中国概念，把知识广、坚韧性、使命感、不轻信概括为记者的"四项基本条件"，建议新华社记者"从中国和亚洲的观点出发，对事件做出自己的解释，并且从社会主义的角度向读者进行报道"[②]。他看到了中国新闻所蕴含的"中国性"的一面，但这种"中国性"不是自我论证的、固定不变的，只能在跨文化互动中把握。

在他看来，中西方差异是绝对的，因为社会制度深深地影响了新闻从业者的观念；中西方差异也是相对的，因为"新闻学中有一些基本的法则不管在什么制度下都是适用的，运用这些法则有助于创立一种更为有效的新闻事业"，并且"不需要回答资本主义新闻体制和社会主义新闻体制孰优孰劣的问题，自由都是有限度的，我们需要的是不论在哪种制度下，都要建立一种尽可能诚实的、建设性的、增长见识的而且具有足够专业技能的新闻事业"[③]。阿伦森的话语透露出明显的跨文化意识：中国性既非特殊性也非普遍性，中国性在与世界性的关系中存在；无法与他人、与世界有效互动，中国性也就无从谈起。中国新闻应该是中国性和世界性互动的结果，它在与自身所处的社会文化和制度发生深刻关联的同时，又与世界其他文化和制度下的新闻业以及新闻的基本法则相关联，因为世界各地的差异实际存在才产生了全球新闻交往的需要，又因为人们对于新闻理性的共识才为满足全球新闻交往需要创造了可能。

阿伦森的讲课影响了新华社对外记者黎信，后者在《光明日报通讯》上向全国记者转介"四项基本条件"，潜心研究西方新闻精品及其写作技巧，由此转向在吸收中丰富中国新闻文化："西方新闻学中凡是那些符合新闻规律的东西，乃是一种人类共有的财富，我们应该吸收，消化。吸收人家新闻文化的精华，再找到切合我国实际的较好的结合点，这样，我们便可以创造出中国独特的新闻文化。"同时提出，要从新闻报道与写作和新闻政策与体制等方面整体性理解西方新闻，只有破除偏见和成见，才能更好吸收借鉴他人的新

---

① 格雷厄姆．中国"新的新闻"［M］//江宁生，李成．中国见闻：二．北京：新华出版社，1980：47－53.

② 阿伦森．新闻采访和写作［M］．北京：新华通讯社对外新闻编辑部，1980：73.

③ 同②189－191.

闻文化，创造自己的新闻文化。[①] 中国记者逐渐意识到新闻的世界性并非截然二分，转而通过对新闻活动中的“共同规律”的理解，寻找学习、借鉴西方新闻经验的可能。

1982 年，穆青在联合国新闻中心的大厅内看到很多屏幕滚动显示世界各地的新闻，这些屏幕分别属于西方的美联社、法新社、路透社以及来自第三世界的南通社、印度通讯社等，看不到显示新华社新闻的屏幕，这使他产生“我们的新闻还不能走向世界并在世界发生影响”[②] 的耻辱感。随后他在 1983 年明确提出“建设有中国特色的世界性通讯社”的新目标，内含新闻改革、继承传统和对外开放的路径选择。新闻改革直面现行的新闻管理体制以及由此形成的思想观念和作风问题，向世界新闻舞台延伸。为了激发新闻改革的力量，又必须回归中国新闻的内在精神传统，即“坚持真理，实事求是”[③]。同时在对外开放中重建对于“世界性通讯社”的理解：

> 第一，它能及时地、充分地反映本国和世界各地发生的重大的新闻，包括一定质量、数量的文字、图片新闻。第二，它应有收集全世界新闻的工作体系，有遍布全世界的记者网、新闻来源和遍及全世界的订户。第三，它有用现代化技术装备起来的四通八达的通讯线路和分布在全世界的向报纸、用户供稿的系统。第四，它要有一批纵论世界风云的名记者、名编辑、名评论家。第五，它有相当多的经营项目，相当可观的收入。[④]

此时，对“世界性”的理解已从“把地球管起来”延伸到走进世界新闻舞台，并且在竞争中获得“国际公认”的影响和地位。获得竞争力的重心设定在“中国特色”上：在服务上强调开放性，通过“我们的”报道、评论，为中国人民、世界人民服务；在新闻理念上是反资本导向的，通向和平新闻学，即“我们的新闻报道不是为了赚钱，而是为了向全世界人民报道事实、传播真理，推动历史前进，为了加强世界人民的团结，争取和平，反对霸权，反对侵略”；在内容上是独特的，提供最权威的、准确而及时的、全面而丰富的中国新闻，客观、公正地反映第三世界的真实情况，特别是东方的报道。[⑤]

这个“世界性通讯社”构想并不成体系，也因为过于宏观而偏离了新闻专业层面，但其意义在于挑战了西方新闻视角所预设的“单边普遍主义”，打破了把西方通讯社等同于“世界性通讯社”的单一想象。用穆青的话来说就

---

① 文璐．西风东渐：技巧与文化：访黎信［J］．新闻战线，1989（2）：15－16.

② 张严平．穆青传［M］．北京：新华出版社，2005：343－345.

③ 穆青．新闻散论［M］．北京：新华出版社，1996：148.

④ 同③242.

⑤ 同③243－244.

是，新华社“不是以西方通讯社的小伙计身份进入世界新闻舞台，而要成为与西方通讯社争雄的强大对手”①。作为“西方通讯社的小伙计”意味着被西方完全同化，而要成为“与西方通讯社争雄的强大对手”，则需要保持对等的主体性和竞争力。

问题的另一面在于，如果仅仅强调主体性和竞争力，还是会落入“单边普遍主义”。如何使“中国特色”的世界性通讯社成为普遍合作与共建共享的新新闻文化，还是一个有待解决的问题。在这一时期的新闻话语实践中，中国性仍偏向于政治、体制和文化，世界性则偏向于技术和市场，无法在各领域同时促发中国性与世界性的调适，从而使中国和世界互相兼容、互相普遍化。

于是，就出现了穆青观察到的困境：新华社要打进由西方人统治的新闻市场非常困难。首先，人家认为新华社是社会主义的国家通讯社，主要是进行共产主义宣传，因而处处提防；其次，我们在技术、设备方面都差很多，人家瞧不起你，并不把你当竞争对手；最后，我们的时效比西方差，有的报道晚十几个小时，有的甚至晚一两天。这种情况下，虽然新华社能够比较公正地反映一些情况，但往往时过境迁，报道没法采用。面对这种情况，穆青提出要提高稿件的数量、质量、时效，同时要立场鲜明、客观、公正，并以发展中国家为突破口，稳妥地、逐步地向欧美发达国家发展，从而真正融入世界新闻市场②；寻求在管理层面与国际接轨，促使新闻的管理工作走向科学化、制度化，为走向世界新闻舞台提供机制保证③。这契合了中国面向世界、走向世界的现实需要，为中国性与世界性的互相调适与互相建构准备了条件。

三、沟通世界

20 世纪 90 年代，中国在“走向世界”的过程中，逐渐打破自我封闭和以自我为中心建构主体性的观念和做法，人们开始意识到他人和我们一样生活在世界之中，必须面向连通的世界，在连通中寻求国际新闻传播力。这自然演绎出“同世界接轨”的想象，既包含中国人所谓“天下同归而殊途”“和而不同”的传统智慧，也呈现出在无限连接中变通自我道路的现代化转化。

2002 年，《新华社英文采编体例》明确说明，“世界性通讯社报道有其共

---

① 穆青．肩负起神圣的历史使命：在纪念新华社诞生 60 周年大会上的讲话［J］．中国记者，1991(12)：6－8.

② 穆青．新闻散论［M］．北京：新华出版社，1996：426－430.

③ 同②263－266.

同规律，同时又有各自的特点”，新华社体例必须同其他世界性通讯社基本一致，确保我们的新闻产品模式同世界接轨。[①] 一方面在与其他新闻理论和观念“对话、互动、博弈和印证”之中建构中国新闻的特性；另一方面，“接轨”喻示二元对立，连接或断开都是可能的选择。

中国新闻走向世界同时锚定两重目标：既要建构现代中国的国际话语权，同时又要建构公正合理的新世界信息与传播秩序。其话语逻辑是：没有话语权和影响力，就无法改善我们自身的生存空间和发展空间，也就无法抵抗西方霸权，无法建构公正合理的新世界信息与传播秩序。其中的难题是：积极争夺国际话语权可以打破世界信息与传播秩序，但无法保证建构新世界信息与传播秩序。与此同时，改革中的中国转向市场，面向经济人和道德人相统一的市场精神，理解利己和利他的辩证统一。

比较典型的是，新华社的对外特稿记者在进入国际新闻市场后，意识到对外特稿之所以采用情况不好，是因为只管按自己的调子写稿，完全不顾国外读者能不能接受，转而将重点放在学习、研究怎样用外国人习惯的方式讲故事，避免“宣传腔”。为了尽可能使海外读者对其所报道的内容感到亲切，新华社强调所有特稿都以英文定稿，从取舍材料、结构文章到遣词造句，全部直接用英文思维来组织；站在和读者平等的立场，以介绍、解释为主，避免居高临下的报道方式；结论只能通过作者提供的事实，由读者自己得出。[②]

市场的互惠性导向，蕴含着“从他者出发”的内在动力，通过满足他者来传播中国声音，通过聘用外籍记者贴近西方受众话语习惯，消解中西话语的隔阂；也通过他者的反馈来调整并丰富中国声音，“耳目喉舌”的新闻话语得以延展到“沟通世界”。

“沟通世界”的最初表现是建构中国新闻的“世界意识”。20世纪末，新华社宣告已经基本实现1983年提出的在20世纪末建成有中国特色社会主义现代化世界性通讯社的宏伟目标，提出进一步增强世界观念，培养世界型人才，改善和完善发稿体制，强化用户意识等。中国性进一步与世界性融合，有中国特色的世界性通讯社意味着新闻来源、报道思想、写作手法等必须是面向全球的；既强调不能完全照搬西方通讯社的发展模式，同时也要求汲取西方世界性通讯社在新闻采访、新闻写作、通信技术、经营管理、发展用户等方面的成功经验和有益成分，并且用马克思主义的世界观和方法论全面、

---

① 陈鹤高．规范采编体例：提高对外报道质量的重要一环：《新华社英文采编体例》评介［J］．中国记者，2002（9）：18－19.

② 熊蕾．国际新闻市场中的对外特稿［J］．新闻记者，1992（8）：13－15.

客观、公正、真实地认识和反映客观世界。①

"世界意识"成为新华社人的基本要求：不管是对内报道还是对外报道，不管是面向全国的受众还是面向一个地区的受众，都必须以当今世界为参照系，都必须以世界为背景引导舆论。②"世界意识"转化为全球媒介市场竞争意识：针对市场分化趋势，加强"角色"定位，积极争夺读者群和观众群；通过不同方式联合重组，建设大型多媒体集团。③ 对竞争压力的感知进一步强化"话语权争夺"意识，其合理性论证来自两个基本判断：

一是随着我国综合国力不断增强、国际地位持续上升，国际话语权缺失的问题愈益突出，由此必须加强国际传播能力建设，以获取与中国综合国力和国际地位相称的国际话语权。传媒界同外交界、经贸界一样，必然要在全球化深入发展的阶段积极参与到国际话语权竞争和国家软实力的建构中。

二是目前国际传播格局依然是"西强我弱"，以美国为代表的西方媒体长期以来凭借其在综合国力和传播实力方面的绝对实力，掌握了国际传播话语权。④ 由此，不断增强自身实力、占有世界新闻市场和争夺国际话语权成为新华社长期坚持的基本目标。此时，"世界性通讯社"转向"国际一流"的目标，进一步构建现代化的采集网络和传播体系。

"沟通世界"再进一步转向相互了解的需要，即中国需要了解世界，世界需要了解中国。一方面，需要放眼世界、俯视全球，从多角度提供更多的信息。另一方面，中国的独特发展路径常常与西方话语产生紧张关系，不能纳入同样的框架加以解释，在西方强势话语的歧视和排斥中，中国新闻人总是感到被"误解"和"歪曲"。由此，"世界需要了解中国"进一步转化为主动地"向世界说明中国""向世界说明真实的中国"。但了解不等于理解，理解也不意味着接受，放大"中国声音"不是创造理解与接受的契机所在，"中国声音"需要在中国与世界的双向交流中形成意义分享。

显然，"沟通世界"不能止于了解的需要，而是要通过世界媒体间的合作建构共同话语。新华社随后又把话语调整为"世界媒体应加强沟通，在沟通中形成共识；世界媒体应加强合作，在合作中发挥更大的效应"⑤。

2009 年 10 月，新华社与新闻集团、美联社、路透社、俄通社-塔斯社、共同社、英国广播公司、时代华纳特纳广播集团和谷歌共同倡议发起以"合

① 白继红，李勇华．探索世界性通讯社规律：'98 新华社新闻学术年会概述［J］．中国记者，1998（12）：49－51.

② 本刊评论员．要有强烈的世界意识［J］．中国记者，1998（11）：1.

③ 南振中．为新世纪新华社事业的更大发展奠基［J］．中国记者，2001（2）：8－11.

④ 严文斌，陈瑶．突破国际话语弱势 还原中国国家形象［J］．中国记者，2009（8）：21－24.

⑤ 世界媒体峰会共同宣言［J］．中国记者，2009（11）：7.

作·应对·共赢·发展”为主题的世界媒体峰会，签署《世界媒体峰会共同宣言》。该峰会呼吁“世界各地媒体向全世界传播真实、客观、公正、公平的新闻信息，促进政府和公共机构的透明度和公信力，促进世界不同国家和地区人民间的相互理解和交流”，“在世界传媒业发展进程中扮演着重要角色的各种形态媒体，相互学习，相互借鉴，功能互补，不断创新，共同发展”。相对于以争夺国际话语权的方式重构世界信息与传播秩序，世界媒体峰会提供了建立长效的国际媒体沟通机制的可能。

与“沟通世界”的新观念相一致，中国新闻人逐渐意识到新闻工作的价值就是能够让社会相互沟通，而不仅仅是传播。中国记者也希望通过保持某种平衡和更加专业的表现进入与世界沟通的状态，即如何做到有职业素养，如何公正对待受访者，如何做到报道平衡，如何把不同方面的不同声音都传达出来。[①] 新闻职业标准和社会责任的共同建构实际上就是中国与世界相互理解的重要途径，其中蕴含着中国与世界沟通的可能性。

在“沟通世界”的过程中，新闻传播的市场导向使得中国新闻人能够吸纳与世界对话的各种方式，“以世界为方法”实现中国的目的。但市场占有和话语权争夺本身并不导向沟通，且无法与世界共享，因此想要使世界了解、理解与接受中国，自己反而首先要了解、理解与接受世界，才有可能找到与他人对话并建构共同利益和价值的方式，否则就会回到自说自话的老路。

因此，“以中国为目的”“以世界为方法”又要求“以世界为目的”，这蕴含着与他人共在、为他人着想并且成全他人的伦理要求。只有“以世界为目的”，中国经验和中国话语才能够引起世界的兴趣，由兴趣、知识再到信任关系的建构，中国与世界才能在利益和价值上相互连通，此时“以中国为方法”也得以可能。

对中国新闻来说，“以中国为方法”既意味着报道内容上连接起中国经验与全球问题、中国话语与世界话语，也意味着在报道理念上将“与他人共在”“和而不同”等智慧转化为新闻传播的实践，促成不同国家、文化与制度之间的跨文化对话，建构中国性与世界性的多样化互通关系。

四、重构中国性与世界性关系

从新华社的新闻话语实践过程来看，中国性在这里呈现为中国新闻的主体性建构，交织着抗衡、比较和沟通的主体性偏向与转向。在万物互联的技

① 熊蕾，波罗鲍姆．变脸：中国新一代职业媒体人口述实录［M］. 北京：新华出版社，2009：27.

术世界，中国新闻的主体性需要克服偏狭的主体性，转向追求沟通、理解与包容的主体性，在沟通世界的过程中消解单一的普遍主义，共建新闻世界的普遍主义，既表现出共在共享、关系理性的“中国性”，又立足于多元交往的“世界性”，使“中国性”朝向关联的世界、可协商的世界、混杂的世界、合作的世界、交往的世界。

（一）中国性与关联的世界

中国性与世界存在着广泛的关联性。对新华社来说，它与其他世界性通讯社之间存在互引关系，通过对“互引关系”的研究，可以探索国际主流媒体信息流动的网络与结构，以此考察新华社与世界的关联程度。

对新华社同美联社、路透社、法新社、俄通社-塔斯社 2011—2015 年间互引关系的研究指出，新华社已成为国际新闻最重要的消息源，被引用量最高，但新华社在消息源的开放性上较为保守，对其他通讯社的引用量居倒数第二位，表现出对西方消息源持谨慎、保守的态度；从引用消息源与影响媒介议程的情况来看，中国消息源日益“正面”影响西方媒介议程，但也有大量“负面”解读，而由于新华社使用西方消息源的保守态度，西方媒体较难影响到中国媒体议程。[①] 这在一定程度上说明新华社与其他世界性通讯社的双向开放并不对等。

社交媒体使世界性通讯社直接面向其他国家或地区推送新闻内容，与世界产生深度关联，但国际新闻依然失衡，世界新闻秩序呈现为“核心-半边缘-边缘”的结构。国际新闻社及其粉丝更多地分享中心和半边缘国家的信息，而且多是正面框架；较少分享边缘国家的信息，且分享的多是负面框架。中心和半边缘国家多是被置于外交关系、贸易、经济、娱乐和人类利益的背景下被分享；边缘国家则多是与冲突、灾难和侵犯人权的行为相关。

在这种关联性比较中，新华社与法新社、美联社、路透社的推特内容（2010—2016 年）明显不同，成为反向新闻流动中的一股力量。一方面，中国这样的发展中国家或半边缘国家正在获得国际新闻的正面报道；另一方面，新华社正在有效地与西方通讯社竞争，其发布的推特数量最多，拥有第三多的粉丝数量，在其推文中大多数国家以正面或积极的角度被报道与分享。[②] 可以说，通过与西方主宰的全球新闻流动的竞争，建立全球粉丝的交流平台是新华社通向关联的世界的重要路径。

---

① 吴瑛，王曦雁，王佳慧．媒介间议程设置：对世界五大通讯社互引关系的研究［J］．对外传播，2016（8）：13－14．

② SAEED M U，AHMAD M H，SALEEM N. Portrayal of developed and under developed countries in tweets of international news agencies（2010－2016）［J］．Journal of political studies，2020，27（1）：183－198．

（二）中国性与可协商的世界

我们在第四章讲过，德国学者汉尼茨等把新闻视为一套经过文化协商的职业价值观和惯例。尽管他们把新闻文化切割为西方、西方外围和非民主国家的空间分布并未超越特定的西方偏向，但通过对三个领域和七个维度的分析，一个国家或地区的新闻文化将表现于记者职业心态的多样性与变化性，不再被化为一个“公约数”，还是呈现了全球新闻文化的可协商性和复杂性，使世界新闻业地图的立体化成为可能。

其中，中国新闻文化已被视为与西方新闻文化发生联系与互动的独特个案，中国日益注重市场导向，但权力距离相对较小；中国记者非常重视向受众提供政治导向，但提供政治导向并不一定与强调公正性相冲突；中国新闻记者也倾向于将他们的职业角色定位为干预主义者，并且在伦理观念上更为灵活。①

这导向了更具包容性的新闻文化，在质疑和重审西方中心的规范性预设的同时，逐渐重构对非西方记者角色的解释，不再以西方的经验和标准来直接衡量非西方，而从非西方和西方的相互观察、印证和补充中协商角色话语，由此可以发现多样性的记者角色。② 不同地区、领域、机构的记者角色的多层次、多维度的复杂组合，展现了记者角色在不断变化的世界中的流动性，也导向了西方新闻文化与非西方新闻文化的对话。

（三）中国性与混杂的世界

全球化将开放和变化带给了世界，世界变得混杂。记者的角色呈现出多层次的混杂模式，新闻文化也表现出了多层次的混杂状况，既不同于现有的理想媒介系统类型，也不同于关于政治或区域集群的传统假设。虽然无力解释复杂的传播权力关系，但混杂化挑战了中心化和单向流动的传统比较思维，也给中国新闻业带来了发展契机。

我们在第八章已经提到过，从混杂化的视角来看，随着中国媒体进入非洲，受西方影响的非洲记者试图观察和调和中西新闻的不同取向。中国媒体在非洲的扩展不会取代非洲占主导地位的自由主义新闻取向，但中国新闻文化中的建设性新闻和发展新闻被视为可选项，同时非洲记者也试图将新闻观念与本地的哲学和伦理学观点结合，以使新闻业与社会发展相协调。驻非洲的中国记者的观点也呈现混杂性，自由主义新闻模式与正面报道等观念往往

---

① HANITZSCH T，HANUSCH F，MELLADO C，et al. Mapping journalism cultures across nations：a comparative study of 18 countries [J]. Journalism studies，2011，12 (3)：273-293.

② HANITZSCH T，VOS T P. Journalism beyond democracy：a new look into journalistic roles in political and everyday life [J]. Journalism，2016，19 (2)：146-164.

能够在新闻专业精神的维度上相互补充。

然而，也有研究指出，在非洲问题的报道中，新华社往往忽视有分歧的问题与潜在的风险，西方新闻机构比新华社更频繁地出现风险框架，反而更能反映非洲人对不稳定性的焦虑。① 因此，面对混杂的新闻世界，新华社还必须通过理解地方性的新闻需要建构包容性的新闻框架。

（四）中国性与合作的世界

媒体间的连接与交换、对话与交流机制是中国新闻融入世界新闻的重要路径。1972 年，新华社通过与美联社签订中美之间第一个媒体合作协议，实现新闻和图片交换。20 世纪 90 年代，中美媒体合作进一步增多，广电之间互购节目、交换新闻、联合直播，报刊之间进行版权合作，通讯社之间也一直在互换新闻稿件。媒体合作带来了中西方新闻关系的建构，而"一带一路"语境下的媒体合作进一步为中国新闻提供多元的世界性，这种多元的世界性又成为中国特色新闻业的重要组成部分。

在国际新闻市场竞争和建立国际新闻新秩序双重目标下，新华社将非洲视为建设有中国特色的世界性通讯社的突破点，通过新闻合作协议，提高新华社稿件在非洲的使用量，降低因采用少数西方国家新闻来源导致的高集中度，抵抗来自西方的关于非洲的负面报道，改变非洲媒体的资源匮乏和严峻的经济状况。

但互惠性的合作必须植根于相互信任，在加纳新闻界对外国新闻的采用中，英国广播公司世界服务部以占总数的 58.36%排名第一，而新华社是第三大最常用的外国新闻来源（5.42%），低于美联社（7.21%）但高于路透社（4.47%）、CNN（4.01%）、法新社（3.36%）等；对加纳记者对国际新闻来源机构偏好的调查显示，新华社在九个主要的国际新闻机构中排名第八，而西方新闻机构排名更靠前。② 这说明新华社不能仅仅靠正面报道取得信任，还必须在合作中建构基于共同专业理念的信任。

（五）中国性与交往的世界

随着中国记者外派到全球各地，中国性直接面对交往的世界。进入 21 世纪以来，中国的驻外记者克服和探索着与世界打交道的不确定性和可能性，同

---

① JAMES E K，BOUKES M. Framing the economy of the East African Community：a decade of disparities and similarities found in Chinese and Western news media's reporting on the East African Community [J]. International communication gazette，2017，79（5）：511－532.

② SERWORNOO M Y W. Postcolonial trajectories of foreign news selection in the Ghanaian press [J]. Journalism studies，2018，20（9）：1357－1375.

非洲的媒体机构、编辑、记者、当地社区发生着各种交往关系。当新华社或中央电视台的记者派驻到非洲，他们看到的是非洲记者的复杂性，非洲记者有其自身文化传统的偏好，也有其发展的需求。尽管中国媒体机构主张一种“中国视角”，但在中国媒体工作的非洲本地记者并没有接受特定视角，而处于“西方视角”与“中国视角”之间。他们对中国媒体正面报道的理念有认同，但又对这种新闻风格充满怀疑；他们反感西方媒体专业规范之下隐藏的偏见，但似乎又不得不接受其背后的新闻专业精神。当非洲、西方与中国的媒体在此相遇时，各自带着历史和现实的各种因素，彼此审视、怀疑、竞争、合作、冲突、对话。

中国记者也在与非洲社会的交往中发生着转变。一些记者可能会带着孩子入读当地学校或国际学校，了解另一种生活方式；一些记者积极接受了“同情的世界主义”，参与到非洲的社区建设之中，并且以关于贫民窟等主题的调查报道促使当地的中国企业承担社会责任。但整体上看，由于管理制度等条件的限制，“中国人”和“本地人”的交往中似乎还未能建立起稳固的认同与归属感。①

你怎么看？

分析《全球新闻事业》第一版（1983 年）和第五版（2010 年）关于中国新闻的描述，观察其中呈现的中国新闻的中国性与世界性关系特征与变化，评论其得失。

阅读材料：

1. MERRILL J C. Global journalism：a survey of the world's mass media [M]. New York & London：Longman Inc.，1983.

2. 戴比尔，梅里尔．全球新闻事业：重大议题与传媒体制：第 5 版 [M]．郭之恩，译．北京：华夏出版社，2010.

中国新闻话语实践是中国与世界交往的产物，兼具中国性与世界性，同时又是中国与世界交往的中介，不断表达和重构中国性与世界性。没有世界性的参照与比较，中国性便只是独断的论述，只有在与世界性持续的相互观察、相互比较和相互建构中，中国性才有了某种主体性、创造性和特色性的意味。中国新闻话语实践只有将中国性向世界开放，摆脱自身的狭隘性、有限性，才能够转换单一的普遍主义话语，在中国性与世界性的多样性互通中共建世界普遍主义（universal universalism）。

---

① GAGLIARDONE I，PÁL N. Freer but not free enough? Chinese journalists finding their feet in Africa [J]. Journalism，2017，18 (8)：1049-1063.

扩展阅读

1. 费孝通．全球化与文化自觉：费孝通晚年文选［M］．北京：外语教学与研究出版社，2013.

2. 沟口雄三．作为方法的中国［M］．孙军悦，译．北京：生活·读书·新知三联书店，2011.

3. 穆青．新闻散论［M］．北京：新华出版社，1996.

4. 李大同．冰点故事［M］．桂林：广西师范大学出版社，2005.

5. 张志安，叶柳．中国怎么样?：驻华外国记者如何讲述中国故事［M］．广州：南方日报出版社，2009.

6. 孙玉胜．十年：从改变电视的语态开始：修订版［M］．北京：人民文学出版社，2012.

7. 张宁．战地记者十年目击：2002—2013：从巴基斯坦、阿富汗到伊拉克［M］．广州：南方日报出版社，2019.

8. 丹尼斯，梅里尔．媒介论争：数字时代的 20 个争议话题：第 4 版［M］．北京：中国人民大学出版社，2019.

9. HØYER S，PÖTTKER H. Diffusion of the news paradigm 1850－2000［M］. University of Gothenburg，2005.

10. UMEJEI E. Hybridizing journalism：clash of two “journalisms” in Africa［J］. Chinese journal of communication，2018，11（3）：344－358.

思考题

1. 以某一新闻报道为例，观察新华社文本与其他通讯社文本之间的互文性关系，并加以评析。

2. 选择一家非洲英文媒体，观察它在引用世界性通讯社报道方面的基本情况，并从中分析新华社的得与失。

后　记

比较研究充满各种认知风险，如化约历史与社会文化、强化刻板印象、脱离语境、困于确定与不确定悖论或同一风险性悖论等，但一旦进入教学过程，这些风险又在教学相长中得到某种化解，转向在反思之中相互启发、发现问题，不为天经地义的东西所蒙蔽，不断追求新视野、新解释与新方法。自1996年开始从事比较新闻学的教学以来，我一直试图在案例研究中化解比较研究的风险，与同学们共同面对新闻报道中的传播关系事实，沉入新闻语境，磨炼格物致知的功夫，寻觅吹沙淘金的乐趣，尝试建构比较新闻学的框架，由此推动本教材的撰写。

回过头来看，这本教材大致形成以下特点：

第一，面向中西方的比较智慧，回归人类比较实践的初心。这个初心在中国话语系统中就是“和实生物”所强调的相异的事物相互协调并进，“和而不同”所表现的有差别的和谐友善交往关系。与此相呼应的是，西方“比较”（comparative）一词的拉丁语词根［“com-”（共同）＋“-par-”（相等）］，意味着平等地汇聚在一起，比较的逻辑不是分离的逻辑，而是以和谐的方式生活在一起，尊重彼此的差异。

第二，通过案例逻辑研究使学习者直面全球与地方、地方与地方之间的新闻传播关系事实，在情境因素、互动关系、功能对等性中探索全球新闻业和新闻传播活动的“时空边界”，创造多样性认知的可能性。

第三，梳理比较新闻学的历史，以多学科的比较理论与方法搭建知识平台，建构“新闻文本-新闻记者-新闻生产-新闻消费-媒介体系-全球新闻流与新闻关系”的比较新闻学知识框架，把学习者引向探索通往多元交往世界的全球新闻发展道路。

第四，用比较案例的丰富多样性消解西方中心主义和民族中心主义的比较观，拓展比较新闻学的问题域，告别单一的普遍主义话语，在马克思主义交往理论指导下，重建全球新闻多样性互通的世界普遍主义。

本教材在教学过程中不断得到完善，先后有多位研究生参与比较案例分析，后来我把留学归来的曹皓博士拉进来，展开如下分工协作：

绪论、第一章（单波撰写）；第二章（曹皓撰写，李龙腾参与第三节的案例分析）；第三章（曹皓撰写，唐一鑫参与第二节的案例分析）；第四章（单波、张洋撰写，王宵静、张玮分别参与第二、三节的案例分析）；第五章（单波、曹皓撰写，李龙腾、邹文雪、刘沛恺、叶琼分别参与第二、三、四节的案例分析）；第六章（单波撰写，王宵静、伍馨云、吕澄欣参与案例分析）；第七章（曹皓撰写，林祎婧参与第二节的案例分析）；第八章、第九章（单波撰写，张洋、李龙腾、罗一凡参与案例分析）。李龙腾完成书中二维码与图表的制作。全书统稿工作由我完成。

在此，向所有参与者表达诚挚的感谢！

最后，向中国人民大学出版社人文分社的翟江虹总编辑表达衷心感谢，正是她的全力帮助才促成了本教材的出版。同时也感谢汤慧芸、谢旋编辑严谨、细心的编校。

在编写教材的过程中，深感“学然后知不足，教然后知困”（《礼记·学记》），因此，我们将继续完善本教材，祈望各位方家以及读者不吝赐教。

单　波

2023 年 4 月 2 日

图书在版编目（CIP）数据

比较新闻学教程：跨文化视角/单波，曹皓著．--北京：中国人民大学出版社，2024.3

新编21世纪新闻传播学系列教材

ISBN 978-7-300-32493-7

Ⅰ.①比… Ⅱ.①单… ②曹… Ⅲ.①比较新闻学—高等学校—教材 Ⅳ.①G210

中国国家版本馆CIP数据核字（2024）第024536号

新编21世纪新闻传播学系列教材

比较新闻学教程

跨文化视角

单波　曹皓　著

Bijiao Xinwenxue Jiaocheng

出版发行	中国人民大学出版社		
社　　址	北京中关村大街31号	**邮政编码**	100080
电　　话	010－62511242（总编室）		010－62511770（质管部）
	010－82501766（邮购部）		010－62514148（门市部）
	010－62515195（发行公司）		010－62515275（盗版举报）
网　　址	http://www.crup.com.cn		
经　　销	新华书店		
印　　刷	北京密兴印刷有限公司		
开　　本	787 mm×1092 mm　1/16	**版　　次**	2024年3月第1版
印　　张	18.5插页1	**印　　次**	2024年3月第1次印刷
字　　数	334 000	**定　　价**	49.80元

关联课程教材推荐

书号	书名	第一作者	定价	出书时间
978-7-300-31784-7	新闻理论教程（第 5 版）	杨保军	49.8	2023 年 6 月
978-7-300-31972-8	网络传播概论（第 5 版）	彭兰	69.8	2023 年 9 月
978-7-300-31478-5	全球传播导论	高金萍	49.8	2023 年 3 月
978-7-300-31527-0	全球新闻学研究	[德] 马丁·劳福霍兹	89.8	2023 年 6 月
978-7-300-29739-2	融合新闻学概论	李沁	49.8	2021 年 8 月

配套教学资源支持

尊敬的老师：

衷心感谢您选择使用人大版教材！

相关的配套教学资源，请到人大社网站（www. crup. com. cn）下载，或是随时与我们联系，我们将向您免费提供。

欢迎您随时反馈教材使用过程中的疑问、修订建议并提供您个人制作的课件。您的课件一经采用，我们将署名并付费。让我们与教材共成长！

联系人信息：

地址：北京海淀区中关村大街 31 号　龚洪训 收　邮编：100080

电子邮件：gonghx@crup. com. cn　电话：010－62515637　QQ：6130616

如有相关教材的选题计划，也欢迎您与我们联系，我们将竭诚为您服务！

选题联系人：	电子邮件：	电话：
翟江虹	zhaijh@crup. com. cn	010－62515636

俯仰天地　心系人文

人大社网站　www. crup. com. cn

专业教师 QQ 群：

723715191（全国新闻教师群 2 群）

欢迎您登录人大社网站浏览，了解图书信息，共享教学资源

期待您加入专业教师 QQ 群，开展学术讨论，交流教学心得